한눈에 보는 66권

김석규 지음

비전북출판사

예배와 삶의 일치

복음에는 하나님의 의가 나타나서

믿음으로 믿음에 이르게 하나니; 기록된바,

"오직 의인은 믿음으로 말미암아 살리라" 함과 같으니라.

로마서 1 : 17

한눈에 보는 66권

1판 1쇄 발행 : 2004년 3월 10일
1판 4쇄 발행 : 2005년 9월 20일

저 자 : 김석규 / 발행처 : **비전북출판사**
발행인 : 이원우 / 발행처 : **비전북출판사**
주 소 : (411-834) 경기도 고양시 일산구 장항동 585-2호
전 화 : (02)966-3090 / 팩 스 : (02)3293-6620

E-mail : vsbook@hanmail.net
등록번호 : 제10-1452호

공급인 : 박종태 / 공급처 : **비전북**
전 화 : (031)907-3927 / 팩 스 : (080)403-1004

Copyright ⓒ 2004 **비전북출판사** Printed in Korea
값 12,000원

ISBN 89-5750-005-7 03230

오직 너는 마음을 강하게 하고 극히 담대히 하여 나의 종 모세가 네게 명한 율법을
다 지켜 행하고 좌로나 우로나 치우치지 말라 그리하면 어디로 가든지 형통하리니
이 율법책을 네 입에서 떠나지 말게 하며 주야로 그것을 묵상하여
그 가운데 기록한대로 다 지켜 행하라 그리하면 네 길이 평탄하게 될 것이라
네가 형통하리라 내가 네게 명한 것이 아니냐 마음을 강하게 하고 담대히 하라
두려워 말며 놀라지 말라 네가 어디로 가든지 네 하나님 여호와가
너와 함께 하느니라 하시니라 (여호수아 1 : 7 - 9)

추천사

둘도 없는 길잡이

우리가 책을 읽는 방법에는 두 가지가 있습니다.

한가지는 통독이요 또 다른 한가지는 정독입니다.

전체적인 윤곽을 알고 싶어 할 경우에는 통독을 하는 것이 좋습니다. 그러나 내용 하나 하나를 깊이 있게 이해하고자 할 경우에는 정독이 좋습니다.

한 번 읽고 마는 책이라면 통독이나 정독 중 그때의 필요에 따라 한가지를 선택할 수 있을 것입니다.

그러나 여러 번 두고두고 읽어야 할 책이라면 먼저 통독을 하는 것이 좋습니다.

그래서 전체의 윤곽을 이해한 후에 각 부분을 깊이 있게 연구하는 것이 좋을 것입니다.

어떤 경우에는 전체적인 윤곽(거시적 분석)을 모른 채 각 부분의 연구(미시적 분석)를 하느라고 허우적거리다가 결국은 아무 것도 얻지 못하는 경우도 있습니다.

본서는 미시적인 분석을 위한 책이 아닙니다. 그러나 미시적인 분석에 앞서 개괄적인 이해를 하고자 하는 분들에게는 둘도 없는 길잡이가 될 것으로 생각합니다.

21C 새로운 천년에도 하나님의 말씀을 사랑하시는 분들에게 크나큰 유익이 될 것을 믿어 의심치 않기 때문에 본서를 적극 추천합니다.

장 두 만 박사
햇불트리니티 신학대학원 교수
강서침례교회 담임목사

추천사

성경은 보고

한국, 우리들이 사랑하는 조국의 땅에 복음이 희귀한 때가 있었습니다.

그것은 아마도 오늘날에도 어느 정도 진실일 가능성이 있습니다.

그런데 이런 어두움 속에서 조용히 복음의 깨끗하고 정확한 메시지를 전해 온 신실한 말씀의 종이 계십니다. 그 분이 바로 김석규 목사님이십니다.

나는 조국의 여러 도시와 교회를 순회하면서 적지 않은 복음적인 사역자들이 이 분의 영향을 받은 것을 알게 되었습니다.

이제 사역의 마무리 계절을 앞두고 목포에서 예수사랑침례교회를 섬기고 계시는 김 목사님은 「한눈에 보는 66권」이라는 성경 입문서를 펴내시게 되었습니다.

성경과 오랫동안 씨름해 온 사람들이나, 아니면 성경을 처음 대하는 사람들에게나 성경은 여전히 난해한 책으로 다가올 수 있습니다.

김 목사님은 이런 문제들을 오랫동안의 목회 현장 사역의 경험으로 해결해 주시고 싶어하신 것입니다.

성경 통독을 하기에 앞서 이 책을 읽을 수 있고 설교 준비에 앞서 본문의 배경으로 이 책을 읽을 수 있다면 그리고 성경공부에 앞서 이 책을 읽는다면 성경은 보고(寶庫)처럼 눈부시게 열어올 것입니다.

그리고 성경의 주인이신 예수 그리스도 바로 그분이 그분의 십자가의 죽음과 부활의 사건으로 나의 주인 되심이 명확하게 깨달아 질 것입니다. 그때 우리는 이 말씀을 붙들고 21세기 새로운 시대, 새로운 역사를 열어갈 것입니다.

이 귀한 양서를 기쁨으로 추천하는 바입니다.

주 안에서 동역자 된

이 동 원 드림

지구촌교회 담임목사

머리말
사람은 책을 만들고, 성경은 사람을 만든다!

　사람이 만들어 내는 많은 것들 중에 책만큼 소중한 것은 없다고 생각됩니다. 그러나 사람이 만들어 낸 책 중에는 독약처럼 해로운 것들도 적지 않은 것이 사실입니다. 그런 책의 저자들은 먼저 하나님의 책인 성경을 읽고 변화된 후에 책을 만들었더라면 좋았을 것을….

　성경만이 유일하게 하나님의 말씀입니다. "모든 성경은 하나님의 감동으로 된 것으로 교훈과 책망과 바르게 함과 의로 교육하기에 유익하니"(딤후 3 : 16)

　성경만큼 많이 보급된 책도 없으며, 성경만큼 많은 언어로 번역된 책도 없고, 성경만큼 장기간에 걸쳐 읽히고 있는 책도 없으며, 성경만큼 오래도록 연구되어 오고 있는 책도 없고, 성경만큼 온 인류가 그들의 석학들을 동원해서 연구케 한 책도 없습니다. 성경은 확실히 책 중의 책입니다.

　그런데 이게 웬 일입니까? 성경을 읽는 독자의 수가 의외로 적다는 것입니다. 필자는 35년간 성경을 가르치고 선포하는 일을 해오면서 어떻게 하면 사람들로 하여금 성경을 믿고 성경을 사랑하게 할 수 있을까를 고민해 왔습니다. 아마 그 결과로 태어난 것이 이 책일 것입니다.

　필자는 하나님을 참으로 친절한 분이라고 생각합니다. 왜냐하면 하나님은 인간들의 크고 작은 질문들에 대해 관심을 두고 계실뿐만 아니라 성경을 통해 그 해답들을 주셨기 때문입니다. 신구약 66권은 인간들의 궁금증에 대한 하나님의 친절한 해답서입니다! 필자는 45년 전 중학교 2학년 학생 때부터 성경에 접할 수 있는 은혜를 얻었습니다. 그 이후로 나는 대부분의 해답을 성경에서 발견할 수 있었습니다. 그래서 나는 지금 대단히 행복한 것입니다.

설교하시는 분들은 이 책에서 많은 설교 자료들을 얻을 수 있기를 바랍니다. 설교자들은 특별히 각 책의 첫 페이지 안의 내용에 유의하시길 바랍니다. 특히 주제와 키워드를 잘 묵상하시면 도움이 될 것입니다. 키워드는 복수 추상명사인데 그 한 단어 속에 책 한 권의 내용이 들어 있기도 합니다.

성경을 반드시 읽어야겠는데 하면서도 마음같이 되지 아니 하는 분들이 의외로 많이 있습니다. 이 책은 그러한 분들을 돕기 위해 쓰여졌으므로 용기를 내서 이 책과 함께 성경을 펼치시길 바랍니다. 성경공부에 시간을 투자하시면 최고의 이익배당을 받게 될 것을 보장합니다.

이 책을 내는데 특별히 도움을 주신 이경문 집사님과 김길용 형제님에게 감사드립니다. 좋은 책이 나오기까지 열과 성을 쏟아 주신 비전북출판사 전 직원 여러분에게도 감사드리고, 무엇보다 졸저를 위해 추천사를 써 주신 하나님의 사람들에게 고개 숙여 감사드립니다. 끝으로 나는 이 책을 나의 사랑하는 아내이자 평생 동역자인 이희순 사모에게 바칩니다.

모쪼록 이 작은 책이 21C 새로운 세기에 예수 그리스도를 높이고 하나님의 나라 확장에 도움이 되었으면 합니다. 감사합니다!

21C 새로운 세기에…
저자   김 석 규

차례

Contents

성경 전서 개요

창	창 세 기	Ge	Genesis	50장	나	나 훔	Na	Nahum	3장
출	출 애 굽 기	Ex	Exodus	40장	합	하 박 국	Hab	Habakkuk	3장
레	레 위 기	Lev	Leviticus	27장	습	스 바 냐	Zep	Zephaniah	3장
민	민 수 기	Nu	Numbers	36장	학	학 개	Hag	Haggai	2장
신	신 명 기	Dt	Deuteronomy	34장	슥	스 가 랴	Zec	Zechariah	14장
수	여 호 수 아	Jos	Joshua	24장	말	말 라 기	Mal	Malachi	4장
삿	사 사 기	Jdg	Judges	21장	마	마 태 복 음	Mt	Matthew	28장
룻	룻 기	Ru	Ruth	4장	막	마 가 복 음	Mk	Mark	16장
삼상	사 무 엘 상	1Sa	1 Samuel	31장	눅	누 가 복 음	Lk	Luke	24장
삼하	사 무 엘 하	2Sa	2 Samuel	24장	요	요 한 복 음	Jn	John	21장
왕상	열 왕 기 상	1Ki	1 Kings	22장	행	사 도 행 전	Ac	Acts	28장
왕하	열 왕 기 하	2Ki	2 Kings	25장	롬	로 마 서	Ro	Romans	16장
대상	역 대 상	1Ch	1 Chronicles	29장	고전	고린도전서	1Co	1 Corinthians	16장
대하	역 대 하	2Ch	2 Chronicles	36장	고후	고린도후서	2Co	2 Corinthians	13장
스	에 스 라	Ezr	Ezra	10장	갈	갈라디아서	Gal	Galatians	6장
느	느 헤 미 야	Ne	Nehemiah	13장	엡	에 베 소 서	Eph	Ephesians	6장
에	에 스 더	Est	Esther	10장	빌	빌 립 보 서	Php	Philippians	4장
욥	욥 기	Job	Job	42장	골	골 로 새 서	Col	Colossians	4장
시	시 편	Ps	Psalms	150편	살전	데살로니가전서	1Th	1 Thessalonians	5장
잠	잠 언	Pr	Proverbs	31장	살후	데살로니가후서	2Th	2 Thessalonians	3장
전	전 도 서	Ecc	Ecclesiastes	12장	딤전	디모데전서	1Ti	1 Timothy	6장
아	아 가	SS	Song of Songs	8장	딤후	디모데후서	2Ti	2 Timothy	4장
사	이 사 야	Isa	Isaiah	66장	딛	디 도 서	Tit	Titus	3장
렘	예 레 미 야	Jer	Jeremiah	52장	몬	빌 레 몬 서	Phm	Philemon	1장
애	예레이마애가	La	Lamentations	5장	히	히 브 리 서	Heb	Hebrews	13장
겔	에 스 겔	Eze	Ezekiel	48장	약	야 고 보 서	Jas	James	5장
단	다 니 엘	Da	Daniel	12장	벧전	베드로전서	1Pe	1 Peter	5장
호	호 세 아	Hos	Hosea	14장	벧후	베드로후서	2Pe	2 Peter	3장
욜	요 엘	Joel	Joel	3장	요일	요 한 1 서	1Jn	1 John	5장
암	아 모 스	Am	Amos	9장	요이	요 한 2 서	2Jn	2 John	1장
옵	오 바 댜	Ob	Obadiah	1장	요삼	요 한 3 서	3Jn	3 John	1장
욘	요 나	Jnh	Jonah	4장	유	유 다 서	Jude	Jude	1장
미	미 가	Mic	Micah	7장	계	요한계시록	Rev	Revelation	22장

구약 : 총 929장 / 23,214절   신약 : 총 260장 / 7,957절   약어표 (ABBREVIATIONS)

모세오경

모세가 놋뱀을 만들어 장대 위에 다니 뱀에게 물린 자마다
놋뱀을 쳐다본즉 살더라(민 21 : 9)

창세기

세상에서 가장 중요한 책

◎ **본 문** : 태초에 하나님이 천지를 창조하시니라 (1 : 1)

◎ **주 제** : 시작이 중요하다

◎ **키워드** : 기원들

인류의 원수이자 하나님의 원수인 사단이 가장 미워하는 두 책이 있으니
그것은 곧 창세기와 요한계시록입니다.
왜냐하면 그 두 책은 사단의 몰락을 예언 묘사하고 있기 때문입니다.
창세기는 그를 몰락시킬 자가 누구인지를 예언하고 있고,
요한계시록은 그 몰락의 전 과정을 묘사하고 있는 것입니다.
사단은 사람들이 그 사실을 알기를 원치 않습니다.
그래서 사단은 사람들로 하여금 그 두 책을 읽지 못하게
갖은 술책을 다 쓰는 것입니다.
대표적인 술책으로 창세기는 비과학적이고
요한계시록은 너무 신비스럽다는 것입니다.

1. 우리는 창세기의 문체(style)가 산문체임을 알 필요가 있습니다.

신화나 전설은 고대의 다른 책들처럼 운문체로 쓰여졌습니다. 그러나 창세기는 역사상의 사실(사건)들을 다루고 있기 때문에 산문체(역사체)를 취하고 있는 것입니다. 창세기를 신화나 전설로 여기는 사람들을 주님께서 긍휼히 여겨주시길 기도합니다. 창세기는 신화도 전설도 시도 아닙니다. 창세기는 인간들이 반드시 알고 있어야 할 가장 중요한 역사적 사실의 기록인 것입니다. 창세기는 어떤 머리 좋은 사람이 만들어낸 그럴듯한 이야기가 아니고 영원한 미래와 관계가 있는 역사적 사실의 기록입니다. 창세기는 비과학적인 책이 아니고 초과학적인 역사책입니다. 우리 그리스도인들은 역사적인 사실을 믿고 알고 있는 것입니다.

2. 우리는 창세기의 주제가 하나님의 은혜에 의한 인간의 구원임을 숙지하고 있어야 합니다.

성경 각 책은 주제가 있는데 창세기의 주제는 인간의 죄와 하나님의 구원입니다. 창세기를 읽어 내려가면 인간은 어떤 환경(조건) 아래서도 실패(범죄)하고 있음을 쉽게 알 수 있고, 하나님은 그러한 인간을 친히 찾아오셔서 구원해 주시는 고마운(은혜로운) 분이심을 곧 알 수 있습니다. 인간은 연약하고, 인간은 무능하고, 인간은 불완전하고, 인간은 불충분합니다. 그러므로 인간은 자기 노력(선행, 고행, 적선, 수양 등)을 하루 빨리 포기하고 범죄한 모습 그대로 하나님의 은혜의 보좌 앞으로 나와야만 하는 것입니다. 그러나 많은 사람들은 자기의 병(죄)을 자기가 치료한 후에 의사이신 하나님께로 나오겠다고 고집하고 있으니 참으로 안타까운 노릇이라 아니 할 수 없습니다. 너무 늦기 전에 하나님의 크신 은혜를 의지하는 사람은 복이 있는 사람입니다(엡 2 : 5,8 딛 3 : 5, 사 64 : 6). "… 보라 지금은 은혜 받을 만한 때요 보라 지금은 구원의 날이로다"(고후 6 : 2)

3. 우리는 창세기를 통해 하나님의 모든 계시의 묘판을 갖게 된 것입니다.

하나님은 자신과 자신의 계획을 계시하는 분이십니다. 하나님의 모든 계시는 창세기 안에 다 들어 있습니다. 나머지 책들은 창세기 안에 들어있는 계시를 점진적으로 확대 전개하고 있는데 불과한 것입니다. 그러므로 창세기를 이해하지 않고서는 마태복음도 로마서도 이해할 수가 없는 것입니다. 그러므로 우리는 창세기를 연구하는데 충분한 시간을 투자할 필요와 가치가 있는 것입니다. 하나님은 창세기를 공부하는데 투자한 시간과 노력에 대해 충분한 보상을 해 주십니다.

우리는 창세기를 두 시각으로 공부해야 합니다. 거시적으로 공부한다는 말은 전체를 단번에 훑어본다는 뜻이고 미시적으로 공부한다는 말은 한 장씩 자세하게 공부한다는 뜻입니다. 오늘 우리들은 거시적으로 창세기를 살펴보도록 하겠습니다.

4. 우리는 창세기에서 여러 기원들을 볼 수 있습니다.

우리는 사물의 기원(뿌리)을 올바로 알고 있어야 합니다. 창세기는 세상에 존재하고 있는 많은 중요한 사물들의 기원을 명쾌하게 밝혀주고 있는데 하나님은 그것을 선언적인 형식으로 말씀하십니다. 하나님은 인간들에게 증명하려고 애쓰지 아니하시고 선언 형식으로 말씀하신 후, 그것을 믿으라고 요구하십니다. 우리는 이 사실에 대해 감사해야 합니다. 왜냐하면 하나님께서 인간들에게 증명하기를 시작하면 인간들은 한없이 교만해 질 것이고 그리고 그 결국은 멸망이기 때문입니다.

지금도 믿기를 거부하고 계속 증명을 요구하는 사람들을 볼 수 있는데 그들은 하나같이 교만한 사람들입니다. "… 하나님이 교만한 자를 대적하시되 겸손한 자들에게는 은혜를 주시느니라"(벧전 5 : 5). 하나님 앞에서 인간에게 꼭 필요로 하는 것은 겸손(믿음)으로 이 위대한 진리를 깨달은 사람은 참으로 복있는 사람입니다.

1. 물질과 시간과 공간과 운동의 기원(1 : 1)

"태초에 하나님이 천지를 창조하시니라" 모든 것은 하나님에 의해 시작되었고 하나님은 스스로 계신 분이십니다(출 3 : 14). 얼마나 명쾌하고 확실합니까! 일본의 유명한 그리스도인이었던 하천풍언(賀川豊彦 : 가가와 도요히코)은 우주의 기원에 대해 고민하다가 창세기 1 : 1을 읽고 명쾌한 해답을 발견했다고 합니다. 그 후에 그는 위대한 그리스도인이 되었던 것입니다.

2. 파괴의 기원(1 : 2)

사단이 땅을 철저하게 파괴했습니다. 하나님이 처음 창조했던 땅은 완전했습니다. "여호와는 하늘을 창조하신 하나님이시며 땅도 조성하시고 견고케 하시되 헛되이 창조치 아니하시고…"(사 45 : 18) 한마디로 사단은 파괴자입니다. 하나님께서 창조한 하늘과 땅 중에 사단은 땅을 무참하게 파괴했던 것입니다(사 14 : 12).

지금도 사단은 파괴자입니다. 신앙을 파괴하고, 가치관을 파괴하고, 인격을 파괴하고, 가정을 파괴하고, 교회를 파괴하고, 사회를 파괴하고, 국가를 파괴하는 자입니다. 그러나 하나님을 찬양하십시오. 하나님께서는 구속자(회복시키는 분)이십니다. 할렐루야!

3. 자연계의 기원(1 : 3-25)

자연을 떠나서 인간은 생존할 수 없습니다. 자연은 인간을 위해 하나님이 조성해 준 소중한 것입니다. 자연 환경을 파괴하면 엄청난 값을 지불하게 될 것입니다. 자연계를 잘 가꾸는 지혜가 절실히 필요한 시대에 우리가 살고 있습니다.

4. 인류의 기원(1 : 26-2 : 25)

인류는 진화의 산물이 아니고 하나님의 고귀한 창조의 결과입니다. 인간은 하나님의 형상으로 창조된 유일한 피조물이며 창조의 절정인 것입니다. 피조물 중의 피조물입니다.

인간은 하나님의 형상으로 지음 받았기 때문에 고귀한 것입니다. 그러므로 살인은 크나큰 죄가 되는 것입니다. 사람들이 유물론이나 진화론을 받아들이면 사람의 생명은 파리의 목숨과 다를 바가 없게 되는 것입니다.

5. 죄의 기원(3 : 1-7)

인간에게 있어서 최고의 비극은 누구에게나 죄가 있다는 것입니다(롬 3 : 10, 롬 5 : 12). "모든 사람이 죄를 범하였으매 하나님의 영광에 이르지 못하더니"(롬 3 : 23). 죄란 인간이 사단의 유혹을 거부하지 않고 하나님께 불순종함으로써 인간에게 들어온 것으로 암과 같은 것입니다.

6. 구속의 기원(3 : 8-24)

하나님은 범죄한(타락한) 인간을 위해 "여인의 후손" 곧 메시야를 약속하셨고, 그들을 위해 손수 가죽옷(구속의 모형)을 지어 입히셨던 것입니다. 구원은 인간 자신으로부터 나오지 않고 외부로부터 곧 하나님께로부터 오는 것입니다. "하나님이 세상을 이처럼 사랑하사 독생자를 주셨으니 이는 저를 믿는 자마다 멸망치 않고 영생을 얻게 하려 하심이니라"(요 3 : 16)

7. 가정의 기원(4 : 1-15)

가정은 인간의 행복을 위해 하나님이 친히 고안해낸 하나님의 걸작품 중의 하나입니다. 그러나 죄가 들어오면서부터 가정에 비극이 생겨나기 시작했습니다. 우리는 가정의 행복을 위해 먼저 하나님을 가정의 주인으로 모셔야 합니다. 하나님을 떠나서는 모든 수고가 헛되고 헛될 뿐입니다. 또한, 우리는 성경의 원리를 따라 살아야 합니다. 성경은 모든 것의 잣대이기 때문에 가족 구성원들은 항상 성경과 더불어 살아가야 합니다. 그리고 우리는 성령을 좇아 살아가야 합니다. 인간은 참으로 이기적이고, 그 마음은 매우 협소하기 때문에 사람들과 더불어 화목하게 살아간다는 것이 쉽지 않습니다. 그러므로 우리는 성령을 좇아 살지 않으면 안됩니다.

8. 하나님을 배제한 문명의 기원(4 : 16-24)

살인자 가인은 에덴의 동편 놋 땅에 성을 세웠고 라멕은 일부다처를 시작했습니다. 야발은 목축을 시작했으며 유발은 악기(음악)를 만들어 냈습니다. 두발가인은 동철로 무기를 생산했고 라멕은 드디어(마침내) 살인을 찬양하기에 이르렀습니다. "여호와의 앞을 떠나간" 가인과 그의 후손들이 기껏 만들어 낸 것은 하나님을 배제한 탕자의 문명이었습니다.

9. 메시야 족보의 기원(5 : 1-32)

마태복음 1장과 누가복음 3장에 메시야 족보가 나오지만 그 족보의 기원은 창세기 5장에 있습니다. 창세기 5장에 나오는 "아담 자손의 계보"는 메시야가 세상으로 들어오는 문을 보여 주려는 것입니다. "내가 진실로 진실로 너희에게 이르노니 양의 우리에 문으로 들어가지 아니하고 다른 데로 넘어가는 자는 절도며 강도요 문으로 들어가는 이가 양의 목자라"(요 10 : 1-2)

10. 세계적인 심판의 기원(6 : 1-9 : 29)

노아가 600세 되던 해 2월17일에 시작된 홍수 심판은 온 세계에 걸친 심판이었습니다. 이 홍수 심판은 요한계시록과 베드로후서에 언급되고 있는 범세계적인 불의 심판을 예시하는 것입니다(벧후 3 : 10-12).

11. 국가의 기원(10 : 1-32)

현재 이 지구상에는 200개가 넘는 국가들이 있습니다. 역사를 읽어보면 많은 국가들이 일어났다가 사라져갔지만 오랫동안 계속되고 있는 국가들도 적지 아니합니다. 노아의 후손들에 의해 지중해 연안에 처음으로 부족국가들이 세워지기 시작했습니다. 다니엘서 2장을 보면 국가의 흥망성쇠는 하나님의 손안에 있음을 알 수 있습니다. 그래서 하나님을 가리켜 역사를 지배하시는 분이라고 말하는 것입니다.

12. 다양한 언어의 기원(11 : 1-30)

가장 무서운 장벽은 언어의 장벽입니다. 언어학자들은 인류가 본래는 하나의 언어를 사용했다고 합니다. 그런데 언제부터인가 인류는 각기 다른 언어로 말하게 되었다는 것입니다. 인류는 언제부터 그리고 왜 다른 언어로 말하게 되었을까요? 이 질문에 대한 해답은 오직 창세기 11장에서만 찾을 수 있다고 합니다.

바벨탑에 대한 하나님의 심판의 결과로 인류는 언어의 장벽이라는 무서운 재앙을 경험하게 된 것입니다. 그러나 천국과 신천지에서는 결코 그것을 볼 수 없을 것입니다. 할렐루야!

13. 히브리 민족의 기원(11 : 31-50 : 26)

창세기가 기록된 가장 중요한 목적은 이 지구상에서 가장 독특한 민족인 히브리 민족의 기원을 보여 주는데 있는 것입니다. 히브리 민족(이스라엘)은 하나님께 있어서 매우 중요한 민족입니다. 그래서 이방인들은 선민(이스라엘)에 대한 태도 여하에 따라 축복을 받게도 되고 저주를 받게도 되는 것입니다.

> 여호와께서 아브람에게 이르시되 너는 너의 본토 친척 아비 집을 떠나 내가 네게 지시할 땅으로 가라 내가 너로 큰 민족을 이루고 네게 복을 주어 네 이름을 창대케 하리니 너는 복의 근원이 될지라 너를 축복하는 자에게는 내가 복을 내리고 너를 저주하는 자에게는 내가 저주하리니 땅의 모든 족속이 너를 인하여 복을 얻을 것이니라 (12 : 1-3)

그러므로 우리 그리스도인들은 이스라엘을 위해 기도하고 유대인들을 도와주어야 합니다. 국가적으로도 이스라엘과는 좋은 관계를 유지해야 복을 받습니다. 이스라엘과 나쁜 관계를 만들면 불이익을 당하게 될 것입니다. 유대인 회사와 좋은 관계를 맺고 유지하는 회사는 번창할 것입니다.

우리는 하나님께서 중요하게 여기시는 히브리 민족을 중요하게 여겨야겠습니다. 우리는 하나님의 말씀은 일점일획도 헛되이 땅에 떨어지거나 사람들에 의해 짓밟히지 않는다는 사실을 굳게 믿어야만 합니다.

5. 우리는 창세기에서 4족장들로부터 소중한 교훈들을 얻을 수 있습니다.

구약성경의 모든 내용은 우리의 교훈을 위해 기록된 것입니다(롬15:4). 창세기 11장에서 50장까지에 등장하는 4족장은 우리에게 너무나 소중한 교훈들을 주는 사람들입니다.

1. 아브라함

아브라함은 혈통 상으로는 이스라엘 민족의 조상이지만 (롬4:12), 영적으로는 모든 믿는 자들의 조상입니다(롬4:11, 갈3:7). 그러므로 우리가 믿음에 대해 무엇인가를 알고자 한다면 우리는 반드시 아브라함을 연구해야만 합니다. 아브라함은 본래 우상숭배 하는 가정에서 태어나서 우상숭배자로 성장했습니다.

그러나 천지의 대주재이신 하나님은 그를 갈대아 우르(우상숭배가 번성했던 곳)에서 이끌어내셨습니다(수 24:2,3).

믿음이 무엇이냐하면 하나님의 은사입니다. "예수로 말미암아 난 믿음이 너희 모든 사람 앞에서 이같이 완전히 낫게 하였느니라"(행3:16). "믿음의 창시자요 완성자이신 예수를 바라봅시다"(히 12:2). 믿음은 하나님을 기쁘시게 하는 것입니다. "믿음이 없이는 하나님을 기쁘시게 하지 못하나니"(히11:6).

아브라함은 믿음으로 하나님을 기쁘시게 했기 때문에 '하나님의 벗'이라 칭함을 받았던 것입니다(약2:23 사41:8). 언제 그토록 큰 칭찬을 들었을까요? 외아들을 하나님께 드렸을 때였습니다. "네가 네 아들 네 독자까지도 내게 아끼지 아니하였으니 내가 이제야 네가 하나님을 경외하는 줄을 아노라"(창22:12).

아브라함이 이삭을 드릴 수 있었던 것은 믿음 때문이었습니다.

"아브라함은 시험을 받을 때에 믿음으로 이삭을 드렸으니 그는 약속들을 받은 자로되 그 외아들을 드렸느니라"(히11:17). "그가 하나님이 능히 이삭을 죽은 자 가운데서 다시 살리실 줄로 생각한지라 비유컨대 그를 죽은 자 가운데서 도로 받은 것이니라"(히11:19).

아브라함의 생애는 우리에게 '출발하는 믿음'과 '역사하는 믿음'과 '성숙한 믿음'을 보여줍니다. 아브라함은 하나님의 말씀(부르심)을 들으면서부터 믿음생활을 시작했습니다(롬10:17). 모든 믿음의 사람들도 마찬가지 이었습니다. 모세와 여호수아와 다윗도 그러했고, 베드로와 삭개오와 바울도 그러했습니다.

그리고 아브라함은 롯을 구출하는 전쟁을 통해 역사하는 믿음을 경험했으며, 세상(롯)과의 분리와 독자 이삭(하나님의 선물)을 주신 분께 되돌려 드림으로 성숙한 믿음을 구사할 수 있었습니다. 특별히 "제단"과 "장막"이라는 두 단어는 아브라함의 믿음을 가장 잘 드러내주는 말들입니다. 제단은 그가 평생을 예배자로 살았음을 증언하고, 장막은 그가 평생을 나그네(Pilgrim)로 살았음을 증거합니다.

당신의 삶은 어떻습니까? 그리스도인이라면 누구나 그 조상인 아브라함처럼 살아야 할 것입니다. 아브라함은 우리 모든 믿는 자들의 최고 선배이자 모델입니다. 아브라함의 발자취 따르기를 두려워하지 마십시오. 그것은 축복이고 그것은 특권입니다.

2. 이삭

우리는 창세기에서 이삭에 대해서는 별로 많은 기록을 볼 수 없습니다. 그러나 우리는 이삭을 통해서 아버지에 대한 아들의 완벽한 순종과 인류에게 베풀어지는 하나님의 은혜가 어떤 것인지를 배울 수 있습니다. 이삭은 많은 재산(짐승 떼와 종들과 우물과 땅)을 아버지로부터 값없이 받았을 뿐 아니라 심지어는 자신의 아내조차도 아버지가 늙은 종을 하란에 보내어서 구해오도록 하였던 것입니다. 그는 너무나 소중한 것들을 수고하지 않고 가만히 앉아서 얻었던 것입니다. 성경은 그것을 은혜라고 말합니다.

신약성경은 허물과 죄로 죽었던 인간이 전적인 은혜로 구원받는다고 증거 합니다. "범죄로 죽은 우리를 그리스도와 함께 살려 주셨습니다. 여러분은 은혜로 구원을 얻었습니다"(엡2:5). "여러분은 믿음을 통하여 은혜로 구원을 얻었습니다. 이것은 여러분에게서 난 것이 아니요, 하나님의 선물입니다"(엡2:8).

바울은 구원 문제 뿐만 아니라 자신이 사도가 된 것도 전적인 하나님의 은혜 덕분이라고 여러 차례 간증했습니다. 그렇습니다. 우리들도 하나님의 은혜로 오늘까지 살아있고 그리고 직분들을 받아 하나님과 사람들을 섬기고 있는 것입니다. "그러나 나는 하나님의 은혜로 오늘의 내가 되었습니다. 나에게 베풀어주신 하나님의 은혜는 헛되지 않았습니다. 나는 사도들 가운데 어느 누구보다도 더 열심히 일 하였습니다. 그러나 이러한 것은 내가 아니라, 나와 함께 하신 하나님의 은혜입니다"(고전15:10). 하나님의 은혜를 깨닫지 못한 사람은 결코 신앙생활에 성공하지 못합니다. 모든 위대한 그리스도인들은 하나님의 은혜에 감격하여 헌신하였던 사람들이었습니다. "하나님의 은혜를 깨달은 날부터 너희 중에서와 같이 또한 온 천하에서도 열매를 맺어 자라는 도다"(골1:6).

하나님으로부터 받는 것은 수치가 아닙니다. 하나님은 창조주로서 항상 그의 피조물들에게 베풀기를 기뻐하시는 분이십니다. 하나님의 은혜를 많이 받은 사람들이 결국 은혜를 베푸는 삶을 살게 되는 것입니다. "우리가 하나님과 함께 일하는 자로서 너희를 권하노니 하나님의 은혜를 헛되이 받지 말라 이르시되 내가 은혜 베풀 때에 너에게 듣고 구원의 날에 너를 도왔다 하셨으니 보라 지금은 은혜 받을 만한 때요 보라 지금은 구원의 날이로다"(고후6:1,2).

3. 야곱

야곱은 우리에게 가장 많은 것을 생각하게 하는 족장입니다. 그는 ,이삭의 둘째 아들로 태어나서 파란만장한 삶을 살았을 뿐 아니라 마침내 가장 놀라운 변화를 경험하기도 했습니다. 자연인으로서의 야곱은 그야말로 간교했습니다. 그 결과로 그는 누구보다도 고생을 많이 하게 됩니다. 야곱이 우리에게 주는 최고의 교훈은 고난의 유익과 성령의 훈련입니다. 야곱은 고난과 훈련을 통해 결국 이스라엘로 변화될 수 있었던 것입니다. 그가 감히 하나님과 겨루어 이길 수 있었던 것은 그의 완전한 굴복(의존)을 통해서였습니다.

우리 안에 있는 육신(옛 성품)은 얼마나 간교하고 끈질긴 것인지! 오직 성령님의 노련한 다룸에 의해서만 우리의 육신은 부러지고 조각나고 분쇄되는 것입니다. 하나님은 자기가 쓰고자 하는 사람이면 누구나 먼저 엄중하게 다루어서 마침내 "아들의 형상"으로 빚어내시는 것입니다.

애굽으로 신세를 지러 내려간 야곱이 바로를 축복하는 장면을 보면 우리는 한 인간이 어떤 수준으로까지 변화될 수 있는지를 보게 됩니다. "하나님이 미리 아신 자들을 또한 그 아들의 형상을 본받게 하기 위하여 미리 정하셨으니"(롬8:29).

사랑하는 여러분. 하나님은 당신도 아들의 형상으로 조각하기 원하신다는 사실을 잊지 마십시오. 진흙이 토기장이의 손 안에서 명품으로 만들어지듯이 사람은 오직 하나님의 손 안에서만 변화될 수 있습니다. 고난을 두려워하지 마십시오. 고난이 우리에게 영광을 가져오는 것입니다. "생각건대 현재의 고난은 장차 우리에게 나타날 영광과 족히 비교할 수 없도다"(롬8:18). "고난당하기 전에는 내가 그릇 행하였더니 이제는 주의 말씀을 지키나이다"(시119:67). "고난당한 것이 내게 유익이라 이로 말미암아 내가 주의 율례들을 배우게 되었나이다"(시119:71). " 너희가 그리스도의 이름으로 치욕을 당하면 복 있는 자로다 영광의 영 곧 하나님의 영이 너희 위에 계심이라"(벧전 4:14).

야곱은 장시간의 고난과 훈련을 통과한 후에 마침내 위대한 선지자로 변화되었습니다. 그는 12지파의 미래를 환히 내다보면서 하나님의 관점으로 예언하였습니다. 하나님이 그를 영광의 영으로 충만케 했을 때 그는 하나님의 계시를 받을 수 있었습니다. 하나님의 계시가 그에게 임했을 때, 그는 충분한 보상을 받았던 것입니다. 십자가가 없는 부활이 없고, 고난이 없는 영광도 없습니다. 하나님은 항상 정확하게 갚으시는 분이십니다. 우리가 하나님 앞에서 심으면 하나님은 반드시 갚아주십니다. 야곱은 고난의 터널과 성령의 훈련소를 통과한 후에 위대한 선지자로 나올 수 있었습니다. 우리를 부르시고 우리를 고난과 훈련으로 변화시킨 후에 우리를 들어 쓰시는 하나님을 찬양합시다!

4. 요셉

요셉은 야곱의 열한째 아들로 부모의 편애와 자신의 꿈 때문에 심한 고생을 했던 족장이었습니다. 요셉이 우리에게 주는 교훈은 통치입니다. 그는 바로와 함께 애굽을 통치함으로 사람들을 굶주림으로부터 구원해낼 수 있었습니다.

하나님이 인간을 창조한 목적 중의 하나는 하나님의 피조세계를 다스리게 하는 것이었습니다.(창1:26,28). 성경의 마지막 책인 요한계시록도 통치 이야기로 마무리를 하고 있습니다. "그들이 하나님과 그리스도의 제사장이 되어 천 년 동안 그리스도와 더불어 왕 노릇 하리라"(계 20:6). "그들이 세세토록 왕 노릇 하리로다" (계22:5). 하나님의 자녀들이 결국 온 우주(새 하늘과 새 땅)를 다스리게 된다는 것입니다. "할렐루야 주 우리 하나님 곧 전능하신이가 통치하시도다"(계19:6). "하늘에 있는 군대들이 희고 깨끗한 세마포 옷을 입고 백마를 타고 그를 따르더라 그 옷과 그 다리에 이름 쓴 것이 있으니 만왕의 왕이요 만주의 주라 하였도다"(계 19:14,16). "그들의 이마와 손에 표를 받지 아니한 자들이 살아서 그리스도와 더 불어 천 년 동안 왕노릇 하니"(계20:4).

그리스도인은 왕 같은 제사장입니다(벧전 2:9). 통치자란 말입니다. 그러므로 그리스도인은 먼저 죄와 자아(육신)와 세상과 원수(사단)를 다스려야 합니다. "우 리의 씨름은 혈과 육을 상대하는 것이 아니요 통치자들과 권세들과 이 어둠의 세 상 주관자들과 하늘에 있는 악의 영들을 상대함이라"(엡 6:12). 마지막에는 새 하 늘과 새 땅을 우리들이 다스리게 될 것입니다.

사랑하는 여러분, 우리는 지금 통치에 대한 훈련을 받고 있는 중에 있습니다. 왕될 사람들은 남들이 받지 않는 특별한 교육도 받는 것입니다. 왕은 아무나 되는 것이 아니기 때문입니다. 무엇보다도 통치자는 앞을 내다보고 그리고 섬기는 사람 이 되어야만 합니다. 그리고 통치자는 능력이 있어야 합니다. 우리의 능력은 하늘 과 땅의 모든 권세를 손에 잡고 계시는 주님이시고 그리고 그 주님이 우리에게 보 내신 성령 이십니다(마 28:18, 행1:8).

요셉은 꿈꾸는 사람으로서 깨끗한 삶을 살았으며, 무엇보다도 마음에 쓴 뿌리 를 갖지 않고 사람들을 힘껏 섬겼던 지도자였습니다. 예수님의 지도력도 섬기는 지도력(Servant Leadership)이었습니다(마 20:25-28). 주님은 섬기는 자가 큰 자라고 분명하게 말씀하셨습니다. 당신은 지금 섬기는 자로 살고 있습니까?

주님은 섬기는 자들에게 장차 면류관을 주십니다. 면류관(상)이 무엇입니까? 면류관은 통치권을 가리킵니다. 우리들은 장차 분봉 왕이 될 사람들이며, 주님은 그때 우리들의 능력에 맞게 고을 권세들을 주실 것입니다. 요셉은 어릴 때부터 통 치에 대한 꿈을 꾸었고, 그리고 마침내 통치자가 되었습니다. 그 꿈은 하나님이 주신 것이었고, 그 꿈을 이루신 분도 하나님이셨습니다. 그러므로 하나님만이 세 세토록 찬양을 받기에 합당하십니다. 할렐루야!

출애굽기
영광의 책

◎ **본　문** : 그 후에 구름이 회막에 덮이고 여호와의 영광이

　　　　　 성막에 충만하매 (40 : 34)

◎ **주　제** : 성도는 영광을 위해 구속받은 것이다

◎ **키워드** : 관계들

창세기의 마지막과 출애굽기의 시작 사이에는

약 350년의 간격이 있습니다.

하나님은 침묵도 하나님처럼 하신다고 생각이 됩니다.

350년에 걸친 침묵! 참으로 장대한 것입니다.

사단도 조급하고 인간도 조급하지만

하나님만은 절대로 조급하시질 않습니다.

1. 우리는 출애굽기가 창세기의 속편임을 기억할 필요가 있습니다.

창세기는 이스라엘 민족이 어떻게 애굽으로 내려가게 되었는가를 보여 주고 출애굽기는 그들이 어떻게 애굽으로부터 나오게 되었는가를 보여 줍니다.

하나님은 야곱의 넷째 아들 "유다의 죄"(창 38장) 때문에 요셉과 야곱의 가족들을 애굽으로 내려가도록 허용 하셨던 것입니다. 유다의 죄란 다름이 아니라 유다가 가나안 사람 수아의 딸과 결혼한 것입니다. 하나님은 자기 백성이 이방인과 결혼하는 것을 가장 싫어하십니다. 하나님은 자기 백성이 순결하게 남아 있기를 원하십니다. 그러나 하나님은 유다가 이방 여인과 결혼하는 것을 보면서 가나안 땅에서는 그것이 어렵겠다고 판단하셨던 것입니다. 반면에 애굽 사람들은 목축하는 사람들을 경멸하였기 때문에 히브리인이 애굽 사람과 결혼한다는 것은 불가능에 가까웠던 것입니다. 그래서 하나님께서는 야곱의 가족들을 애굽으로 내려가도록 허용하셨던 것입니다.

350년 후, 하나의 국가를 이룰 수 있을 만큼 인구가 충분하게 되었고 그 백성들이 하나님께 부르짖었기 때문에 하나님은 모세를 보내어 그들을 애굽으로부터 인도해 내셨습니다. 신약의 빛을 통해 보면 유다는 아담의 모형이고 모세는 예수 그리스도의 모형입니다. 유다로 말미암아 이스라엘은 애굽(속박)으로 들어갔고 모세로 말미암아 이스라엘은 애굽으로부터 나오게 되었던 것입니다. 마찬가지로 한 사람 아담으로 말미암아 죄는 세상으로 들어왔고 한 사람 그리스도로 말미암아 죄는 세상으로부터 나가게 되는 것입니다(롬 5 : 12-19). 오직 예수 그리스도를 통해서만 죄의 문제는 해결이 됩니다. "다른 이로서는 구원을 얻을 수 없나니 천하 인간에 구원을 얻을 만한 다른 이름을 우리에게 주신 일이 없음이라"(행 4 : 12).

2. 우리는 출애굽기가 "구속의 책" 이라는 사실을 명심하고 있어야 합니다.

창세기는 영광으로 시작해서 침통함으로 끝나고 있습니다. 그러나 출애굽기는 흑암(치욕)으로 시작해서 영광으로 끝나고 있습니다. 이스라엘의 치욕과 영광 사이에는 유월절(구속)이라는 위대한 사건이 있었던 것입니다. 개인의 생애에 있어서도 마찬가지입니다. 당신의 생애에 있어서 유월절은 언제 있었습니까?

3 : 8은 구속에 대한 하나님의 약속이고, 12 : 23은 구속에 대한 하나님의 성취

를 보여 줍니다. 사람들이 자동차나 배를 만들려고 할 때, 먼저 설계도 및 모형을 만들듯이 하나님께서도 예수 그리스도를 통해 인류를 구속하시기 전에 유월절(Passover)이라는 구속의 모형을 먼저 만드셨던 것입니다. "… 우리의 유월절 양 곧 그리스도께서 희생이 되셨느니라"(고전 5 : 7)

3. 우리는 출애굽기의 목적을 알고 이 책을 읽어야 합니다.

출애굽기의 목적은 두 가지입니다.

1. 창세기가 히브리 민족의 기원을 보여 주기 위해 기록된 것처럼 출애굽기는 그들의 유월절(12장)과 율법(19장-24장)과 성막(25장-40장)의 기원을 보여 주기 위해 기록된 것입니다.

2. 출애굽기는 하나님께서 아브라함과 맺었던 언약(창 15 : 12-16)이 어떻게 성취되었는가를 보여 주기 위해 기록된 것입니다.

하나님은 약속하시고 하나님은 성취하십니다. 인간들은 이룰 수도 없는 약속을 함부로 공표 하지만 하나님은 결코 그런 실수를 범하지 아니하십니다.

4. 우리는 출애굽기가 "관계의 책"이란 사실을 알지 못하면 이 책을 이해할 수가 없습니다.

출애굽기는 5가지 관계에 대해 가르치고 있습니다.

1. 이스라엘 민족과 애굽과의 관계 : 속박(1 : 1-2 : 25)

애굽은 이스라엘을 속박(압제)했고, 이스라엘은 애굽에 의해 속박 당했습니다. 하나님에 의해 창조된 인간이 하나님과의 관계를 단절하고 세상과 관계를 맺으면 항상 거기엔 속박이 있기 마련입니다.

인간은 자연 출생에 의해 자기 의사와 관계없이 세상에 속하게 됩니다. 그러므로 자연인은 한 사람의 예외도 없이 세상의 속박을 받게되고 또 저항해 보았자 이겨 낼 수도 없는 것입니다. 이 세상에 속한 사람들을 보십시오. 그들은 누구나 노예입니다. 돈의 노예, 권력의 노예, 명예의 노예, 쾌락의 노예, 과학문명의 노예, 문학의 노예, 철학의 노예, 종교의 노예, 매스컴의 노예, 이데올로기의 노예, 술의 노예, 마약의 노예, 포르노의 노예, 오락의 노예인 것입니다. 그러나 그리스도인은 세상에서 살고는 있지만 세상에 속한 사람은 아니기 때문에 그러한 것들로부터 자유로울 수가 있습니다. 그래서 그들은 때때로 세상사람들로부터 오해와 미움을 받기도 하는 것입니다. 그러나 존경과 인정도 함께 받습니다.

세상의 속박으로부터 벗어나기를 원하십니까? 예수 그리스도께로 나오십시오! "너희가 세상에 속하였으면 세상이 자기의 것을 사랑할 터이나 너희는 세상에 속한 자가 아니요 도리어 세상에서 나의 택함을 입은 자인 고로 세상이 너희를 미워하느니라"(요 15 : 19)

2. 이스라엘 민족과 모세와의 관계 : 구속(3 : 1-15 : 21)

이스라엘 민족이 모세와 관계를 맺자 자유와 해방과 물질을 얻었습니다. 그것을 우리는 구속(Redemption)이라고 부릅니다.

당신도 세상과 죄로부터 구속받기를 원하면 예수 그리스도께로 나와야 합니다 (요 8 : 32-36). 가장 무서운 속박은 종교의 속박입니다. 종교는 사람에게 마약과 같습니다. 달콤하지만 거기엔 속박이 있습니다. 예수 그리스도는 사람들을 종교로부터도 자유케 하십니다. "그리스도께서 우리로 자유케 하려고 자유를 주셨으니 그러므로 굳세게 서서 다시는 종의 멍에를 메지 말라"(갈 5 : 1) 사도 바울이 여기서 언급한 종의 멍에란 율법의 멍에, 곧 종교의 멍에를 가리킨 것입니다.

3. 이스라엘 민족과 여정과의 관계 : 교육(15 : 22-19 : 25)

이스라엘 백성들이 출애굽은 했지만 가나안 땅에 들어가려면 교육(훈련)이 필요했습니다. 광야를 통과하는 여행길(환경)이 하나님의 학교였던 것입니다. 하나님의 학교(교육)를 필요로 하지 않을 정도로 거룩한 사람은 하나도 없습니다. 하나님은 자기 자녀들(학생들)이 어디서 교육을 받는 것이 좋을지를 가장 잘 아시는 분이십니다.

바울은 구약, 특히 이스라엘 백성의 광야 생활이 신약 성도들의 교훈을 위해 기록되었다고 증거했습니다(고전 10 : 1-11). "무엇이든지 전에 기록한 바는 우리의 교훈을 위하여 기록된 것이니 우리로 하여금 인내로 또는 성경의 안위로 소망을 가지게 함이니라"(롬 15 : 4)

4. 이스라엘 민족과 율법과의 관계 : 성별(20 : 1-23 : 33)

하나님께서는 이스라엘 민족이 율법을 준수함으로써 이방인들로부터 성별되기를 원하셨습니다. 그래서 하나님께서는 이스라엘에게만 율법을 주셨던 것입니다. 이방인들로부터는 성별을 기대하지 않았기 때문에 그들에게는 율법을 내리시지 않았던 것입니다.

오늘날 그리스도인들에게도 여러 계명들이 주어졌는데 그것은 그들의 성별을 위한 것입니다. "새 계명을 너희에게 주노니 서로 사랑하라 내가 너희를 사랑한 것같이 너희도 서로 사랑하라 너희가 서로 사랑하면 이로써 모든 사람이 너희가 내 제자인줄 알리라"(요 13 : 34-35)

5. 이스라엘 민족과 성막과의 관계 : 경배(24 : 1-40 : 38)

이스라엘 민족은 목축도 했고, 전쟁도 했고, 여행도 했고, 식사도 했고, 심지어는 불평도 했습니다. 그러나 그들은 성막에 와서 하나님께 경배함으로써 하나님의 영광을 볼 수가 있었습니다. 그 순간이 그들에게는 가장 영광스러운 순간이었던 것입니다. 하나님의 백성은 경배(예배)를 통해 영광스럽게 되어 가는 것입니다. "아버지께 참으로 예배하는 자들은 신령과 진정으로 예배할 때가 오나니 곧 이때라 아버지께서는 이렇게 자기에게 예배하는 자들을 찾으시느니라"(요 4 : 23)

예배를 경시하는 그리스도인들에게는 재앙이 있을 것입니다. 하나님께서는 예배를 통해 임재해 주시고 자신의 영광을 나타내십니다. 예배는 중요한 것으로서 아무리 강조해도 지나치다고 할 수 없는 것이 예배입니다.

레위기

사람을 거룩케 하는 책

◎ **본 문** : 나는 너희의 하나님이 되려고 너희를 애굽 땅에서

인도하여 낸 여호와라 내가 거룩하니 너희도 거룩할 지어다 (11 : 45)

◎ **주 제** : 성도는 훈련을 통해 거룩하게 되고 거룩한 사람이 모든 것을 다스리게 된다

◎ **키워드** : (거룩을 위한) 훈련들

레위기는 "여호와께서 회막에서 모세를 부르시고"란
말씀으로 시작되고 있는데 [회막]이 무엇인지 알려면
우리는 출애굽기(25장-40장)로 돌아가야 합니다.
그러므로 레위기는 출애굽기의 속편입니다.

1. 우리는 무엇보다 레위기의 목적을 파악해야 합니다.

창세기는 이스라엘 민족의 기원을 보여 주기 위해 기록되었고, 출애굽기는 그들의 유월절과 율법과 성막의 기원을 보여 주기 위해서였고, 이 레위기는 이스라엘 민족의 안식일과 안식년과 희년과 5제사와 7절기와 정결의 법의 기원을 보여 주기 위해 기록된 것입니다.

하나님께서는 인간으로 하여금 그분의 모든 피조물을 다스리게 하시겠다는 것이 인간 창조의 목표였습니다. "사람이 무엇이관대 주께서 저를 생각하시며 인자가 무엇이관대 주께서 저를 권고하시나이까… 주의 손으로 만드신 것을 다스리게 하시고 만물을 그 발 아래 두셨으니 곧 모든 우양과 들짐승이며 공중의 새와 바다의 어족과 해로에 다니는 것이니이다"(시 8 : 4-8) 이 목표를 달성하려면 인간은 구속되어야하고 또한 거룩하게 되어야 합니다(롬 8 : 29-30). 왜냐하면 거룩한 인간만이 모든 것을 다스릴 수 있기 때문입니다.

구원받은 사람은 저절로 거룩한 사람으로 되는가? 그렇치 않습니다. 구원받은 성도는 훈련을 통해 거룩하게 됩니다. 레위기는 성도의 훈련용 교과서로 쓰여진 것입니다. 환언하면, 창세기는 인간의 타락을, 출애굽기는 인간의 구속을, 레위기는 인간의 거룩을 보여 주려고 기록된 것입니다. 성도가 거룩해지려면 구체적으로 성막에 임재하신 여호와께 5제사를 드려야 하며 안식일과 안식년과 희년과 7절기를 지켜야 하고 결례의 율법을 따라 살아가야만 합니다.

2. 우리는 5제사를 바르게 이해할 필요가 있습니다.

1. 번제(Burnt Offering)

번제는 소나 양이나 염소나 비둘기 새끼가 그 제물로 될 수 있는데 반드시 수컷이어야만 되고 흠이 없어야만 합니다. 제물은 가죽을 벗긴 후 각을 떠야 하며 그 내장과 정강이는 물로 씻어야 하고 가죽을 제외한 제물 전체를 번제단에서 태우는 제사입니다. 그래서 번제를 "전소의 제사"라고도 합니다.

번제물은 십자가의 예수 그리스도를 가리키고(엡 5 : 2), 제사장들은 그리스도인들을 가리킵니다(벧전 2 : 9, 계 1 : 6, 롬 15 : 16, 요 20 : 21-23). 요컨대 번제는 죄인을 거룩케 하기 위한 하나님의 헌신을 보여 줍니다(히 9 : 26-28, 히 10 :

10). 그래서 번제를 맨 먼저 다룬 것 같습니다. 그리고 가죽은 제사장이 소유하게 되는데 이는 예수 그리스도가 믿는 자의 의(義)가 됨을 가리킵니다(고전 1 : 30, 히 10 : 10). 번제물에 안수하는 것은 죄의 전가를 가리키고 피를 번제단에 뿌리는 것은 완전한 속죄를 가리키는 것입니다(롬 5 : 9, 엡 1 : 7, 요일 1 : 7). "…제사장은 그 전부를 단 위에 불살라 번제를 삼을지니 이는 화제라 여호와께 향기로운 냄새니라"(1 : 9)

2. 소제(Cereal Offering)

소제는 고운 가루가 그 제물로 될 수가 있는데 기름과 유향과 소금을 넣어 반죽한 후에 화덕에 굽거나 번철에 부치거나 솥에 삶아서 사용합니다. 다만 누룩과 꿀은 넣을 수가 없습니다.

소제물의 일부는 기념물로 번제단 위에서 태우고 나머지는 대제사장과 제사장들의 몫이 됩니다. 그래서 소제는 그리스도인의 헌신을 가리키는 것입니다. 다시 말해서, 번제는 죄인의 구속을 위한 하나님의 헌신을 보여 주고 소제는 하나님(구속주)을 위한 성도의 헌신을 보여 주는 제사입니다.

누룩은 죄를 상징하고 꿀은 세상 즐거움(요일 2 : 16)을 상징하기 때문에 소제물에 넣지 못하게 한 것입니다. 성도는 자신을 죄에게 드릴 수 없고, 성도는 자신을 세상 즐거움을 추구하는데 드릴 수가 없는 것입니다.

소제물에 기름을 넣는 것은 그리스도인의 헌신은 성령의 인도하에 이루어져야 하고 유향을 넣는 것은 기도를 통해 헌신의 방향(영역)이 결정되어야 하며 소금을 치는 것은 그리스도인의 헌신이 결코 변덕스러울 수가 없음을 나타내는 것입니다. 소제는 거룩함을 얻은 성도가 헌신을 통해 계속 거룩함을 유지해야함을 나타내 보입니다.

처음 익은 열매로 소제물을 삼는 것은 성도의 헌신이 언제 이루어져야 하는지를 보여 줍니다. 구원받고 즉시 헌신하는 것이 가장 바람직합니다. "그러나 너를 책망할 것이 있나니 너의 처음 사랑을 버렸느니라"(계 2 : 4) 처음 익은 열매를 볶아서 찧는 것은 자기를 부인하는 그리스도인만이 참된 헌신을 할 수 있음을 나타냅니다(마 16 : 24).

3. 화목제(Peace Offering)

화목제는 성도의 교제를 잘 보여 줍니다(요일 1 : 3-4). 화목 제물에는 하나님의 몫과 제사장의 몫과 드리는 사람의 몫이 있는 것입니다. 한 제물에 세 인격이 참여하는 것입니다.

성도간의 친밀하고 깊은 교제는 성도를 거룩하게 만들어 줍니다. 반대로 악한 친구는 성도의 삶을 망쳐 놓을 수 있기 때문에 성경은 친구 사귀기를 조심하라고 경계하는 것입니다.

4. 속죄제(Sin Offering)

속죄제는 성도가 구원받은 후에 범한 죄는 자백(회개)에 의해 깨끗하게 될 수 있음을 보여 주는 제사입니다(요일 1 : 8-10).

5. 속건제(Guilt Offering)

속건제는 성도의 죄 중에서도 거룩한 것을 범한 죄와 특별히 남의 소유권에 대한 범죄는 변상에 의해서만 깨끗하게 될 수 있음을 보여 주는 제사입니다. 삭개오가 매우 적절한 예라 할 수 있습니다(눅 19 : 8).

3. 우리는 안식일과 안식년과 희년에 대해서도 바로 알고 있어야 합니다.

안식일은 한 주간의 마지막 날이고 주일은 한 주간의 첫째 날입니다. 주일과 안식일을 같은 날로 알고 있는 사람들이 의외로 많은 것 같습니다. 유대인의 안식일과 그리스도인의 주일은 완전하게 다른 날입니다.

안식일은 예수 그리스도의 대속(요 19 : 30)에 의해 죄인의 양심이 쉼을 얻게 되는 놀라운 진리를 보여 줍니다(마 11 : 28-30, 요 8 : 34-36).

안식년은 이스라엘 백성이 가나안 땅에 들어간 해로부터 계산해서 제7년째가 되는 해로 성도가 천국에 들어감으로 얻게되는 사역으로부터의 해방(안식)을 가리키고(히 4 : 1-10), 희년은 안식년이 7번 지난 후 50년 째 되는 해로 성도와 모든 피조물이 사단과의 전쟁으로부터 해방(안식)되는 천년간의 안식을 가리킵니다(사 11 : 6-9, 계 20 : 1-6).

4. 우리는 7절기를 통해 거룩에 대한 하나님의 절묘한 시나리오를 볼 수 있습니다.

1. 유월절(23 : 5)

유월절(Passover)은 유대력으로 1월(니산월 혹은 아빕월) 14일 저녁(실제는 15일의 시작)에 시작됩니다. 유월절은 이스라엘 민족이 출애굽할 때 경험했던 하나님의 구원을 기념하는 가장 성스러운 축제(Feast)입니다. 유월이란 말은 넘어간다는 뜻으로 하나님의 천사가 온 애굽을 심판하여 장자와 짐승의 첫 새끼를 죽일 때, 어린양의 피를 문 인방과 문설주에 발랐던 유대인의 집은 심판하지 않고 넘어갔던 저 위대한 역사적 사실로부터 유래한 말입니다.

어린양의 피는 하나님이 보시기 위해 흘려졌고 발라졌던 것입니다. 그 피가 하나님의 마음을 만족시켜 드렸던 것입니다. 피의 가치는 하나님이 정합니다. 피는 사람보다 하나님을 위한 것입니다. "내가 애굽 땅을 칠 때에 그 피가 너희의 거하는 집에 있어서 너희를 위하여 표적이 될지라 내가 피를 볼 때에 너희를 넘어가리니 재앙이 너희에게 내려 멸하지 아니하리라"(출 12 : 13)

유월절의 어린양은 예수 그리스도의 모형입니다. "이튿날 요한이 예수께서 자기에게 나아오심을 보고 가로되 보라 세상 죄를 지고 가는 하나님의 어린양이로다"(요 1 : 29) 어린양의 피는 예수 그리스도의 보혈의 모형입니다. "너희가 알거니와 너희 조상의 유전한 망령된 행실에서 구속된 것은 은이나 금같이 없어질 것으로 한 것이 아니요 오직 흠 없고 점 없는 어린양 같은 그리스도의 보배로운 피로 한 것이니라"(벧전 1 : 18-19)

한 국가로써의 이스라엘은 유월절에 탄생했다고 할 수 있습니다. 이스라엘 나라는 첫 유월절 밤에 태어난 것입니다. 유월절은 이스라엘이 새롭게 출발한 날이었습니다. 죄인이 그리스도의 보혈로 죄 씻음 받던 날도 새로운 출발, 새로운 시작의 날입니다.

유월절 어린양의 죽음이 이스라엘에게 새 생명을 가져다 준 것처럼 그리스도의 죽음도 그리스도인들에게 새 생명 곧 영생을 가져다 줍니다. 그래서 그리스도는 우리에게 생명인 것입니다. 그리스도가 없는 종교는 죽은 것이며 모조품이고 조화입니다. 그리스도 그분이 곧 우리의 생명이고 그리스도 그분이 곧 우리의 새로운 출발입니다.

그리스도는 우리에게 생명을 주시려고 죽으신 것입니다. 종교가 줄 수 없는 생명을 그리스도가 주신 것입니다! "죽임을 당하신 어린양이 능력과 부와 지혜와 힘과 존귀와 영광과 찬송을 받으시기에 합당하도다… 보좌에 앉으신 이와 어린양에게 찬송과 존귀와 영광과 능력을 세세토록 돌릴지어다"(계 5 : 12-13)

2. 무교절(23 : 6-8)

무교절은 1월15일에 시작해서 한 주간 동안 계속되었습니다. 무교절은 이스라엘 백성들이 급히 출애굽 하면서 경험했던 고생을 기념하는 절기입니다(출 12 : 39). 무교절에는 "아무 노동도 하지 말라"고 두 번이나(23 : 7-8) 언급 하셨는데 여기서 무교절은 예수 그리스도가 삼일 동안 무덤에 장사되실 것을 보여 주는 것입니다. 유월절은 그리스도의 죽음을 예시하고 무교절은 그리스도의 장사되심을 예시합니다.

무교절은 또한 참된 교회의 모형입니다(고전 5 : 7-8). 교회에는 누룩이 없어야 합니다. 교리상의 누룩을 제거해야 하고 윤리적인 누룩도 제거해야 합니다. 예수님은 친히 제자들에게 바리새인과 사두개인들의 누룩을 주의하라고 말씀하셨습니다(마 16 : 6,12). 오늘날도 역시 교리상의 누룩과 윤리상의 누룩이 교회의 큰 문제들이라고 생각됩니다. 이 누룩 때문에 교회는 부패했고 무기력해진 것입니다. 우리는 서둘러 이 누룩을 교회로부터 제거해야 합니다. 그래야 교회가 교회다워집니다. 그래야 교회가 능력 있게 되고 그래야 교회가 고유의 사명을 감당할 수 있게 되는 것입니다. "너희는 누룩 없는 자인데 새 덩어리가 되기 위하여 묵은 누룩을 내어버리라 우리의 유월절 양 곧 그리스도께서 희생이 되셨느니라 이러므로 우리가 명절을 지키되 묵은 누룩도 말고 괴악하고 악독한 누룩도 말고 오직 순전함과 진실함의 누룩 없는 떡으로 하자"(고전 5 : 7-8)

3. 초실절(23 : 9-14)

초실절은 유월절 주간의 안식일 다음날에 시작됩니다. 초실절은 수확한 보리를 하나님께 봉헌하는 절기입니다. 예수님도 역시 안식 후 첫날, 곧 초실절에 죽은자들 가운데서 부활하셨던 것입니다. 예수 그리스도의 몸의 부활은 모든 신자들의 몸의 부활의 첫 열매와 보증인 것입니다(고전 15 : 20-23, 살전 4 : 13-18).

유월절은 그리스도의 죽음을, 무교절은 그리스도의 장사지냄을, 초실절은 그리스도의 부활을 예시하는 완벽한 그림입니다.

4. 오순절(23 : 15-22)

오순절은 초실절 후, 일곱 번째 안식일 다음 날에 시작됩니다. 오순절은 수확한 밀의 첫 열매를 하나님께 드리는 절기입니다.

오순절(Pentecost)은 예수 그리스도의 승천과 성령의 강림을 예시합니다. 오순절 바로 그날 성령님께서 교회에 강림하셨던 것입니다. 그래서 우리는 오순절 하면 성령의 강림을 연상합니다. 그러나 오순절은 성령의 강림만이 아니라 예수 그리스도의 승천도 포함하고 있는 것입니다. 예수님은 친히 성령의 강림이 자신의 승천과 관계된 사건이 될 것이라고 밝히셨습니다. "그러하나 내가 너희에게 실상을 말하노니 내가 떠나가는 것이 너희에게 유익이라 내가 떠나가지 아니하면 보혜사(성령)가 너희에게로 오시지 아니할 것이요 가면 내가 그를 너희에게로 보내리니"(요 16 : 7)

성령님께서 오셨다는 것은 이미 예수 그리스도가 천국(아버지 집)으로 돌아가셨음을 입증하는 것입니다. 예수 그리스도가 승천하지 않았으면 성령님은 오실 수가 없는 것입니다. 유월절은 그리스도의 죽음을 예시하고, 무교절은 그리스도의 장사를 예시하고, 초실절은 그리스도의 부활을 예시하고, 오순절은 그리스도의 승천과 성령의 강림을 예시합니다.

5. 나팔절(23 : 23-25)

나팔절은 유대력으로 7월 1일입니다. 나팔은 매월 첫날에 불었습니다(민 10 : 10, 시 81 : 3). 그러나 제7월은 그 달 중에 있는 대속죄일 때문에 특별한 달이었습니다. 그래서 7월 1일은 나팔절로 된 것입니다.

나팔절은 예수 그리스도의 재림을 예시합니다. 신약에서는 나팔이 예수 그리스도의 재림과 결합되어 있습니다(마 24 : 31, 고전 15 : 52, 살전 4 : 16).

6. 대속죄일(23 : 26-32)

대속죄일은 유대력으로 7월 10일입니다. 대속죄일은 7절기 중에 유일하게 금식하는 날입니다. 이 날 년 1회의 특별한 속죄가 제사장들과 온 백성과 성막을 위해 마련되었던 것입니다. 속죄의 히브리말은 덮는다는 뜻인데 이것은 구약의 모든 모형들 중에서도 가장 의미 있는 것으로 예수 그리스도의 구속의 역사(Works)를 가장 잘 보여 주는 것입니다. 예수 그리스도의 십자가의 대속은 죄를 덮기 위한 완벽한 하나님의 행사(Works)였습니다.

7. 초막절(23 : 33-43)

초막절은 유대력으로 7월 15일에 시작해서 한 주간 동안 계속되었습니다. 8일째 되는 날(7월 22일)은 1년 동안의 모든 절기가 완전히 끝나게 되는 것입니다. 이 절기는 광야 방황 기간에 있었던 하나님의 구원과 보호를 기념하면서 또한 1년간의 모든 수확이 끝난 것을 축하하는 것입니다(23 : 39). 초막절은 그리스도가 통치하는 천년왕국의 평화와 번영을 예시합니다(슥 14 : 16).

유월절은 예수 그리스도의 죽음을 …
무교절은 예수 그리스도의 장사를 …
초실절은 예수 그리스도의 부활을 …
오순절은 예수 그리스도의 승천을 …
나팔절은 예수 그리스도의 재림을 …
대속죄일은 그리스도의 구속의 역사를 …
초막절은 예수 그리스도가 통치하는 천년왕국을 예시합니다.

우리는 이스라엘의 7절기를 공부하면서 하나님께서는 얼마나 세심하고도 완벽한 설계자이신지 감탄을 금할 수가 없습니다.

5. 우리는 레위기의 마지막 부분을 주시해야 할 필요가 있습니다.

레위기의 마지막(27 : 32-34)은 십일조에 대한 교훈입니다. 거룩(성별)이 주제인 레위기가 십일조로 끝나고 있는 것은 무엇 때문일까요? 거룩과 십일조 사이에 어떤 연관이 있다는 것입니까? 예수님은 인간에게 있어서 가장 위험한 우상은 재물(Mammon)이라고 지적하셨습니다. "너희가 하나님과 재물을 겸하여 섬기지 못하느니라"(마 6 : 24 하반절) 재물은 하나님과 겨룰 만큼 강력한 것입니다.

자본주의 사회에서의 재물의 위력은 막강한 것입니다. 재산 때문에 형제가 싸우고 부모와 자식이 싸우는 것을 우리는 심심하지 않게 언론 매체를 통해 볼 수 있습니다. 얼마 전에는 우리 나라의 모 대재벌이 재산 문제로 부인과 법정 투쟁에 들어갔다는 뉴스에 우리는 놀라움을 금할 수 없었습니다. 재물을 하나님보다 크게 여기는 사람은 그야말로 추악한 사람입니다. 재물을 제 위치에 놓을 줄 알고 재물을 제대로 다룰 줄 아는 사람만이 거룩한 사람입니다. 돈 문제가 깨끗지 못하면 그는 추한 사람입니다. 그래서 하나님께서는 거룩을 다루는 레위기에서 그 결론을 십일조에 대한 교훈으로 장식하신 것입니다.

하나님께서 십일조의 제도를 내신 것은 하나님 자신과 인간을 위해서 입니다. 십일조를 통해 인간으로 인간되게 하고 하나님은 하나님의 자리를 차지하실 수가 있는 것입니다. 하나님과 인간 사이에 재물이라는 우상이 들어오면 인간은 추하게 되고 하나님은 질투하시게 됩니다.

재물은 하나님과 사람 아래 있어야 합니다. 그리스도인이 십일조를 드리는 것은 하나님이 만물의 주인이심을 인정하고 그 하나님을 재물보다 더 사랑한다는 사랑의 고백인 것입니다. 재물은 물론 귀한 것입니다. 그러나 하나님과는 감히 비교가 될 수 없는 것입니다.

십일조는 그리스도인이 하나님께 드리는 최소한의 헌금입니다. 왜냐하면 하나님께서는 십일조를 드리지 않는 것을 도적질이라고 말씀하셨기 때문입니다(말 3 : 8). 하나님은 살인을 싫어하시듯이 도적질도 싫어하십니다. 우리는 도적을 거룩하다고 하지 않습니다. 재물을 바로 다루지 못하는 사람은 반드시 실패합니다. 그리스도인은 하나님 앞에서 그 손이 깨끗해야 합니다. 그리스도인이 자기 손으로 십일조를 즐겁게 하나님께 바치지 아니하면 하나님은 그것을 직접 걷어 가십니다. 왜냐하면 십분의 일은 하나님의 것이기 때문입니다.

하나님은 인간들로부터 만홀히 여김을 당하지 아니 하십니다. 하나님은 자신의 소유권을 매우 철저하게 잘 챙기시는 분이시므로 사람들이 하나님의 것을 횡령할 수 있다고 착각해서는 안 됩니다.

레위기가 십일조로 끝나고 있다는 것은 참으로 의미 심장한 것입니다. 우리는 하나님 앞에서 거룩한 사람이 되기 위해 십일조 문제를 엄격(심각)하게 다루어야 합니다.

사실 십일조만이 하나님의 것은 아닙니다. 나머지 십분의 구도 하나님의 것입니다. 하나님은 "금도 내 것이요 은도 내 것"이라고 말씀하셨습니다. 그렇습니다. 모든 것은 창조주의 것입니다. 만든 이가 주인이라는 것은 얼마나 이치에 맞는 말입니까! 창조주 하나님이 주인이고 인간은 청지기(관리인)에 불과한 것입니다. 사실 우리의 생명까지도 하나님의 것입니다.

십일조를 통해 하나님과의 관계를 올바르게 설정하고 유지해야 거룩한 사람이라고 할 수 있습니다. 우리 모두는 하나님 앞에서 거룩한 사람이 되어야 하고, 또 될 수 있습니다. 하나님께서는 절대로 불가능한 일을 우리에게 요구하시는 분이 아닙니다. 주님을 찬양합니다!

광야의 책

◎ **본　문** : 여호와께서 시내 광야 회막에서 모세에게 일러 가라사대 (1 : 1 하반절)

◎ **주　제** : 하나님께 순종하는 사람이 결국 승리한다

◎ **키워드** : 순종과 승리

민수기라는 명칭은 70인 역에서 온 것으로
두 차례의 인구 조사에서 유래된 것입니다(1 : 1-43, 26 : 1-51).
그러나 히브리어 성경의 명칭은 "광야에서" 입니다.
민수기에 "광야" 란 말이 45번이나 나옵니다.
그리고 히브리어 민수기는 "광야에서" 란 말로 시작되고 있습니다.
그러므로 민수기는 "광야의 책" 이라고 불려야 옳은 것입니다.
이스라엘의 광야생활은 정상적인(필수적인) 광야생활과
예외적인(불필요한) 광야생활로 나누이는데
오늘날 그리스도인들에게도 두 종류의 광야생활이 존재합니다.

1. 우리는 먼저 민수기의 목적으로부터 시작하는 것이 좋겠습니다.

창세기는 이스라엘 민족의 기원을 보여 주기 위해, 출애굽기는 이스라엘의 유월절과 율법과 성막의 기원을 보여 주기 위해, 레위기는 이스라엘의 안식일과 안식년과 희년과 5제사와 7절기와 정결의 법의 기원을 보여 주기 위해 기록된 것입니다. 그러나 민수기는 이스라엘의 군대 조직과 가나안에 들어간 이스라엘의 세대를 보여 주기 위해 기록된 것입니다.

2. 우리는 민수기의 메시지에 귀 기울일 필요가 있습니다.

하나님은 전쟁(1 : 2-3)과 봉사(2 : 1-8 : 26)를 위해 인간을 구속하고(출애굽기), 성별하지만(레위기), 불순종하면 가차없이 징계하십니다(14 : 35). 그리고 순종하는 사람들만 가나안 땅(승리의 삶)으로 인도해 들이십니다.

"사무엘이 가로되 여호와께서 번제와 다른 제사를 그 목소리 순종하는 것을 좋아하심같이 좋아하시겠나이까 순종이 제사보다 낫고 듣는 것이 수양의 기름보다 나으니"(삼상 15 : 22)

3. 우리는 광야에서 준비되어야 합니다(1 : 1-10 : 36).

제1차 인구 조사(1장), 병영의 질서(2장), 레위인의 계수(3장, 4장), 의심의 법(5장), 나실인의 규례(6장), 족장들의 예물(7장), 레위인의 성별(8장), 두 번째 유월절(9장), 나팔에 대한 규례(10장) 등은 전부가 전쟁을 위한 준비였던 것입니다.

예수님께서도 전쟁을 하기 전에 아군이 적군과 싸워서 이길 수 있는지 헤아려 보아야한다고 말씀하셨는데(눅 14 : 25-33) 이것은 곧 준비가 제대로 안 된 군대는 전투에서 승리할 수가 없다는 진리를 가르치기 위한 말씀이었던 것입니다.

오늘날도 많은 교인들이 기본적인 훈련도 못 받은 채 신학교에 입학하거나, 또는 직분을 받거나 결혼에 돌입하는 것을 볼 수 있는데 참으로 걱정스러운 일이라 아니할 수 없습니다. 디모데후서 2 : 3-4을 보면 그리스도인을 가리켜 군사라고 했는데, 군사면 반드시 전쟁을 할 것이고 전쟁을 하려면 반드시 준비가 되어 있어야 하는 것입니다.

어떤 준비를 해야합니까? 에베소서 6 : 13-18을 보면 갖추어야 할 필수적인 무기들을 알 수 있습니다. '진리의 허리띠', '의의 흉배', '평안의 복음의 신', '믿음의 방패', '구원의 투구', '성령의 검' 즉, 하나님의 전신갑주이며 '기도와 간구' 등 입니다.

4. 우리는 광야에서 패배하지 말아야 합니다(11 : 1-20 : 29, 21 : 4-9, 25 : 1-18).

불신앙과 불순종의 결과로 이스라엘 민족은 예외적인(불필요한) 광야생활을 경험하지 않으면 안되었습니다. 가데스 바네아까지는 정상적인 광야생활이었지만 가데스에서 시작된 광야생활은 예외적인(불필요한) 광야생활이었던 것입니다. 불신앙과 불순종의 무서운 결과였습니다.

왜 불순종했을까요? 그것은 그들의 몸에 배어있던 노예 근성 때문이었습니다. 그들의 몸은 애굽에서 벗어나 있었지만 그들의 마음은 아직 애굽에 머물러 있었던 것입니다. 몸은 애굽을 떠났지만 마음에는 애굽이 가득했던 것입니다. 몸은 자유로웠지만 마음은 여전히 노예였던 것입니다.

애굽(세상)이 계속 마음을 지배하고 있는 그리스도인은 결코 승리할 수 없습니다. 가나안 땅(승리의 삶)은 자유인을 위한 것이지 노예를 위한 것이 아닙니다. 가나안은 자유인을 위한 땅이기 때문에 노예는 그리로 들어갈 수가 없는 것입니다. 그래서 하나님께서는 자기 백성들로 하여금 광야생활을 경험하도록 허락하시는 것입니다.

정상적인(필수적인) 광야생활의 경험을 통해 노예 근성을 씻어내겠다는 것이 하나님의 계획입니다. 광야생활을 통해 노예 근성이 처리된 자유인은 하나님 앞에서 믿음을 구사하지만 노예는 항상 불신앙을 행사하는 것입니다.

우리는 광야를 통과하면서 준비(훈련)되고, 우리는 광야에서 반드시 승리할 수 있습니다. "승리는 내 것일세. 승리는 내 것일세 …" "대저 하나님께로서 난 자마다 세상을 이기느니라 세상을 이긴 이김은 이것이니 우리의 믿음이니라"(요일 5 : 4) "그러나 이 모든 일에 우리를 사랑하시는 이로 말미암아 우리가 넉넉히 이기느니라"(롬 8 : 37)

5. 우리는 광야에서 승리할 수 있습니다.

이스라엘 백성은 광야에서 주님께 순종했을 때, 몇 차례의 승리를 경험할 수 있었습니다. 그것은 그들이 계속 순종만 하면 계속 승리할 수 있다는 보증이었던 것입니다.

1. 아랏의 왕에 대한 승리(21 : 1-3)

아랏의 왕은 가나안 땅의 남방에 거했던 가나안 족속이었습니다. 하나님은 그들을 이스라엘의 밥으로 주셨던 것입니다. 이스라엘은 하나님께 순종하였고 이스라엘은 아랏의 군대를 이길 수 있었습니다.

2. 시혼 왕과 옥 왕에 대한 승리(21 : 21-35)

시혼은 아모리 족속의 왕이었고 옥은 바산의 왕이었습니다. 그들은 이스라엘에게 도전했고 이스라엘은 그들에게 응전했습니다. 모든 전쟁은 여호와께 속한 것입니다(삼상 17 : 47). 하나님이 편들어 주는 쪽이 이긴다는 뜻입니다. 우리는 믿음을 통해 항상 하나님 편에 서 있어야 합니다. 그래야 사단과의 전쟁에서 이길 수 있습니다.

3. 미디안에 대한 승리(31 : 1-54)

미디안에 대한 이스라엘의 승리는 그들이 가나안에서 얻게 될 승리를 미리 보여준 예고편이었던 것입니다. 예고편은 얼마나 우리의 구미를 자극하는 것입니까! 예고편이 있다는 것은 참으로 좋은 것입니다. 예고편이 있으면 반드시 본 영화가 있기 때문입니다.

우리를 압도하는 책

◎ **본 문** : 오늘날 내가 네게 명하는 이 말씀을 너는 마음에 새기고…

　　　　이 말씀을 강론할 것이며 (6 : 6-7)

◎ **주 제** : 교육이 문제를 푸는 열쇠다

◎ **키워드** : (마음에) 새김과 강론함과 순종함

신명기의 본래 히브리어 성경의 명칭은 "이는…말씀이니라"입니다.

그러나 70인 역은 이 책을

"두 번째 율법"(Deuternomion)이라고 명명했습니다.

약속의 땅에 들어가기로 되어 있는 이스라엘의 제2세대들에게

시내의 율법을 재현시켰다는 의미에서도 그렇고,

"시내의 언약" 외에 "모압의 언약"이

이 책에 함께 포함되어 있다는 의미에서도(29 : 1)

이 책은 역시 "두 번째 율법"입니다.

우리말 성경의 신명기란 명칭은 70인 역에서 온 것입니다.

1. 우리는 신명기가 회고 이상의 책이라는 사실을 명심할 필요가 있습니다.

신명기는 시내산에서 받았던 율법의 회고이면서 요점의 반복입니다. 그러나 그 이상의 책이기도 합니다. 단순한 회고나 요점의 반복이 아닙니다.

모세는 지금 자신의 육안으로는 요단강 건너편에 펼쳐져 있는 가나안 땅을 바라보고 있으면서 동시에 그의 영안으로는 이스라엘 민족의 유구한 미래를 내다보고 있는 것입니다. 그래서 이 책은 다른 어떤 책보다도 압도적일 수밖에 없는 것입니다. 위인들은 그들의 눈을 과거와 함께 미래를 바라볼 줄 아는 것입니다. 과거를 회고하면서 미래를 바라보면 비범할 수밖에 없는 것입니다. 우리는 이 점에 유의해야 합니다.

2. 우리는 신명기가 우리 주님께서 특별히 애호한 책인 것을 알고 있어야 합니다.

신명기는 성육신 하신 우리 주님께서 특별히 애호한 책이었습니다. 주님께서 시험하는 자(마귀)와 싸우실 때, 이 신명기의 말씀을 인용하여 싸우셨던 것입니다 (마 4 : 1-11, 눅 4 : 1-13 ; 인용… 8 : 3, 6 : 16, 10 : 20, 6 : 13).

뿐만 아니라 구약시대의 선지자들도 이 책을 애용했으며, 특히 신약의 저자들은 14권에 걸쳐 90번이나 이 책의 말씀을 인용할 정도로 신명기는 매우 인기가 높았습니다.

심령이 컬컬할 때에 이 책을 통독하고 나면, 우리의 심령이 매우 유쾌하게 되는 것을 경험할 수 있습니다.

3. 우리는 이 책에 포함되어 있는 유대인 교육의 헌장(6 : 1-9)에 특별히 유의해야 합니다.

전세계 노벨상 수상자 가운데 24%가 유대인이라고 합니다. 그리고 유명 대학교의 교수 중 약 30%를 유대인들이 차지하고 있습니다. 이 사실이 무엇을 의미하는지는 명백합니다. 유대인들은 교육을 가장 중시하는 민족입니다.

유대인 어린이들이 가정에서 부모를 통해 듣게 되는 이야기들 중에 아끼바와 히레루의 이야기는 너무나 유명합니다. 아끼바는 예루살렘이 로마군에 의해 멸망당할 때 로마군 사령관인 디도(Titus)를 찾아가서 예루살렘 성안에 있는 학교 건물만은 보존해 주도록 간청을 했던 랍비였습니다. 그는 본래 낫 놓고 기역자도 몰랐던 무식자로 남의 집 양을 치던 목동이었습니다. 주인집 딸과 함께 내어쫓긴 그가 아들과 함께 학교를 다니면서 공부를 시작한 것은 그의 나이 40세가 넘어서였습니다.

히레루는 아끼바보다 전 시대의 사람으로 그도 역시 가난한 가정에서 자라났기 때문에 학교 공부를 중단해야만 했던 적이 있었습니다. 그러나 그의 타오르는 학구열이 유대인의 교육을 무상 의무교육으로 바꾸어 놓았던 것입니다. 이러한 유대인의 뜨거운 교육열의 뿌리를 우리는 이 신명기에서 발견하게 됩니다.

> 오늘날 내가 네게 명하는 이 말씀을 너는 마음에 새기고 네 자녀에게 부지
> 런히 가르치며 집에 앉았을 때에든지 길에 행할 때에든지 누웠을 때에든지
> 일어날 때에든지 이 말씀을 강론할 것이며 너는 또 그것을 네 손목에 매어
> 기호를 삼으며 네 미간에 붙여 표를 삼고 또 네 집 문설주와 바깥 문에 기
> 록할지니라 (6 : 6-9)

애굽에서 나왔던 불순종의 세대와 함께 광야에서 40년간 살았던 모세가 하나님께로부터 배운 가장 소중한 교훈은 무엇이었을까요? 그리고 이제 곧 요단강을 건너 약속의 땅으로 들어가게 될 제2세대들을 바라보면서 그들에게 꼭 들려주고 싶었던 말은 무엇이었을까요? 신명기를 통해 우리는 그것을 분명하게 알 수 있는데 그것은 다름 아닌 교육의 중요성입니다. 애굽에서 노예 교육을 받았던 사람들은 여호수아와 갈렙은 제외하고 전부 광야에서 죽어 갔고 광야에서 자유인으로 태어나 성경(율법) 교육을 받았던 사람들만이 가나안 땅으로 들어갈 수가 있었던 것입니다. 교육이 그렇게 중요한 것입니다.

그리고 유대인 교육의 특징인 생각하게 하는 교육과 행동하게 하는 교육도 우리는 그 뿌리를 이 책에서 찾아 볼 수 있으며 반복의 원리와 음악을 통한 교육도 우리는 이 책에서 발견할 수 있습니다.

나는 개인적으로 한국교회가 많은 교인들을 이단 종파들에게 빼앗긴(?) 것은 성

경 교육이 제대로 되지 않았기 때문이라고 생각합니다. 열심히 기도하는 것 훌륭합니다. 그러나 교육이 없는 기도는 신비주의에 빠지게 하는 것입니다. 그러므로 우리는 기도와 함께 성경 교육에 열중해야 하겠습니다.

마지막으로 우리는 교육의 최고 방법은 이야기(강론)하는 것이란 사실을 잊지 말아야겠습니다. 이야기한다는 것은 진부해 보이지만 그러나 그 이상의 방법은 없습니다. 신명기 6 : 7에서 우리는 "이 말씀을 강론할 것이며"라는 말씀을 보게 되는데, 강론이란 설명하고 이야기하는 것을 말합니다. 목사가 이야기식으로 설교하는 교회는 성장합니다. 어머니가 아이들과 이야기를 잘하는 가정의 자녀들을 보면 그들은 모두가 성공합니다. 훌륭한 그리스도인으로 성장되며 사회에서도 좋은 지도자들이 됩니다. 부모가 자녀들과 이야기하는 것보다 더 좋은 교육의 방법을 나는 본 적이 없습니다.

4. 우리는 신명기가 순종을 강조하는 책이라는 것을 간과하지 말아야 합니다.

신명기 전체는 하나님의 말씀에 순종하는 것이 축복의 길이라고 거듭 강조하고 있습니다. '듣다' '행하다' '준행하다'는 말이 각각 50여회 사용되었고, '지키다'라는 말은 약 177회나 사용되었습니다.

신명기 28장은 하나님의 말씀에 순종하면 복을 받고 불순종하면 저주받을 것이라고 엄하게 말씀하고 있는데, 이스라엘의 역사는 이 사실을 명명백백하게 입증하고 있습니다.

하나님의 말씀에 순종합시다. 하나님을 판단하고 하나님의 말씀을 판단하는 사람은 어리석은 사람입니다. 사단은 처음부터 "하나님이 참으로 그렇게 말씀하시더냐?"라고 질문함으로써 사람들에게 끊임없이 의심의 화살을 쏘아대는 원수입니다. 우리는 이렇게 대답해야 합니다. "하나님은 그렇게 말씀하셨고 나는 그 말씀에 순종할 것이다!"

내가 너희에게 명하는 말을 너희는 가감하지 말고 내가 너희에게 명하는 너희 하나님 여호와의 명령을 지키라 (4 : 2)

여호수아 / 사사기 / 룻기
사무엘상 / 사무엘하 / 열왕기상 / 열왕기하
역대상 / 역대하 / 에스라 / 느헤미야 / 에스더

역사서

가로되 블레셋 사람과 함께 죽기를 원하노라 하고
힘을 다하여 몸을 굽히매 그 집이 곧 무너져 그 안에 있는 모든 방백과
온 백성에게 덮이니 삼손이 죽을 때에 죽인 자가 살았을 때에
죽인 자보다 더욱 많았더라(삿 16 : 30)

여호수아

기업의 땅 가나안의 책

◎ **본　문** : 마음을 강하게 하라 담대히 하라 너는 이 백성으로
내가 그 조상에게 맹세하여 주리라 한 땅을 얻게 하리라 (1 : 6)

◎ **주　제** : 하나님은 자기 백성의 승리를 기뻐하신다

◎ **키워드** : (승리의)비결들

여호수아서는 모세가 죽은 때로부터 여호수아가 죽을 때까지
약 30년간의 다양한 사건들을 기록하고 있습니다.
모세는 이스라엘 백성을 속박의 땅 애굽에서 이끌어 내긴 했으나
약속의 땅 가나안으로 인도해 들이지는 못했습니다.
그러나 여호수아는 그 백성을 그들의 기업이 될 축복의 땅으로
인도해 들여서 그것을 마음껏 누릴 수 있게 했던 것입니다.
모세는 율법의 모형이고 여호수아는 은혜의 모형입니다.
하나님이 율법으로는 가나안에 들어갈 수도 없고,
가나안을 정복할 수도, 누릴 수도 없게 하신 것입니다.
"그러나 성경이 무엇을 말하느뇨 계집종과 그 아들을 내어 쫓으라
계집종의 아들이 자유하는 여자의 아들로 더불어
유업을 얻지 못하리라 하였느니라" (갈 4 : 30)

1. 우리는 여호수아서의 목적을 먼저 배우도록 해야만 합니다.

1. 첫 번째 목적

창세기는 이스라엘 민족의 유래를 보여 주기 위해, 출애굽기는 그들의 유월절과 율법과 성막의 유래를 보여 주기 위해, 레위기는 그들의 안식일과 안식년과 희년과 5제사와 7절기와 정결의 법의 유래를 보여 주기 위해, 민수기는 이스라엘의 군대 조직과 노예들의 세대와 자유인의 세대간의 연결을 보여 주기 위해, 신명기는 가나안을 정복하기 위한 이스라엘의 철저한 준비를 보여 주기 위해 기록되었습니다.

그러나 이 여섯 번째의 책은 이스라엘 나라의 영토의 기원을 보여 주기 위해 기록된 것입니다.

2. 두 번째 목적

창세기 17 : 7-8의 약속이 어떻게 성취되었는가를 보여 주기 위해 기록되었습니다. 창세기 15 : 12-16의 하나님의 언약의 성취를 보여 주려고 출애굽기가 기록된 것과 마찬가지입니다.

그러므로 우리는 하나님의 약속들이 인류의 역사와 교회의 역사와 그리고 나 개인의 생애(역사)를 통해 언제 어디서 어떻게 이루어졌는가를 주의해서 살펴볼 필요가 있는 것입니다. 그래야만 약속을 이루시는 하나님 아버지를 찬양할 수 있고 우리의 믿음은 활기차게 되고 또한 담대하게 되는 것입니다.

2. 우리는 이 책에서 역사의 연속성을 발견할 수 있습니다.

여호수아서는 신명기가 끝나는 곳에서 시작되고 있는 이스라엘의 역사입니다. 사복음서가 사도행전으로 이어지듯이 모세의 오경도 여호수아서로 연속되고 있습니다. 사도행전과 여호수아서는 둘 다 새로운 시대의 전개를 보여 주는 중요한 역사서입니다.

우리는 여호수아서를 통해 역사는 흐르는 물과 같고 또 그 흐름을 막을 수 있는 사람은 아무도 없다는 사실을 배우게 됩니다. 인류의 역사도 그렇고, 교회의 역사도 그렇고, 개인의 역사도 그렇습니다.

3. 우리는 이 책을 크게 넷으로 구분할 수 있습니다.

1. 약속의 땅으로 들어감(1 : 1-5 : 15).
2. 약속의 땅을 정복함(6 : 1-12 : 24).
3. 약속의 땅을 분배함(13 : 1-22 : 34).
4. 여호수아의 마지막 설교(23 : 1-24 : 33).

4. 우리는 이 책에서 중요한 교훈들(Massages)을 발견할 수 있습니다.

여호수아서는 단순하고도 흥미진진한 하나의 전쟁 이야기가 아니고 그 이상의 중요한 교훈들을 담고 있습니다.

1. 하나님은 선언(언약)하신 것을 반드시 이루시는 분이시므로 우리가 일생동안 절대적으로 신뢰할 수 있는 분은 그분 밖에 없습니다(1 : 6).

2. 성도는 하나님께서 주시겠다고 약속하신 것을 자기의 것으로 삼을 줄 알아야 합니다. 주시는 것은 하나님의 일이고 취하는 것은 우리의 일입니다. "진중에 두루 다니며 백성에게 명하여 이르기를 양식을 예비하라 삼일 안에 너희가 이 요단을 건너 너희 하나님 여호와께서 너희에게 주사 얻게 하시는 땅을 얻기 위하여 들어 갈 것임이니라 하라"(1 : 11)

3. 하나님은 죄를 미워하시기 때문에 반드시 그것을 징벌하십니다. 가나안 족속의 죄는 말할 것도 없고 이스라엘 백성의 죄도 징벌하십니다. "이스라엘 자손들이 바친 물건을 인하여 범죄하였으니 이는 유다 지파 세라의 증손 삽디의 손자 갈미의 아들 아간이 바친 물건을 취하였음이라 여호와께서 이스라엘 자손들에게 진노하시니라"(7 : 1)

4. 이스라엘 군대와 가나안 군대간의 전쟁은 성도들과 귀신들간의 전쟁을 상징적으로 보여 주는 것입니다. 가나안 일곱 족속은 우리의 내적 원수인 육신(옛 성품)과 우리의 외적 원수인 사단과 그의 귀신들을 가리킵니다.

가나안 일곱 족속이 쉽게 진멸되지 않았듯이 우리의 원수들도 그렇게 쉽게 정복되는 존재가 아닙니다. 오랜 세월이 흐른 후에 가나안 일곱 족속들을 찾아 볼 수 없게 되었듯이 우리의 원수들도 우리 주님께서 재림하시면 그때 완전하게 궤멸될 것입니다.

5. 큰 승리 후에야말로 크게 겸손해야 할 때입니다. 이스라엘 백성들은 여리고의 대승리 후에 조그마한 성 아이에게 참패를 경험했던 것입니다(7 : 3-5).

6. 그리스도인의 승리의 삶을 방해하는 5가지의 요소는
탐욕(7 : 1, 21), 세상 사랑(7 : 21),
교만(7 : 3, 9 : 14), 자기 신뢰(7 : 3-4),
오해(22 : 10-34)입니다.

5. 우리는 이 책을 통해 교회적 승리의 비결을 배울 수 있습니다.

우리는 여호수아서를 통해 개인적 승리의 비결도 배울 수 있지만 그 보다는 교회적 승리를 배우지 않으면 안됩니다.

1. 하나님의 은총(1 : 5, 9)

전지전능하신 하나님이 함께 해 주시는 교회는 승리할 수밖에 없습니다. 하나님의 은총이 없이는 어떤 좋은 일도 일어날 수가 없습니다. 하나님의 은총이 가장 중요한 요소입니다.

마태복음 28장을 보면 예수 그리스도는 하늘과 땅의 모든 권세를 가지신 분으로서 지상 명령의 성취를 위해 진력하는 모든 교회와는 세상 끝날까지 항상 함께 해 주시겠다고 약속하셨는데 이것은 곧 하나님의 은총은 이미 확보된 것임을 의미하는 것입니다. 교회가 승리하지 못하고 있다면 하나님 편에 문제가 있는 것이 아니고 교회 편에 문제가 있는 것입니다. 지상 명령의 성취는 교회의 존재 이유입니다. 모든 시대의 모든 교회는 지상 명령을 성취하기 위해 총진군해야 합니다.

2. 지도자의 담력(1 : 6-7,9)

하나님의 은총 다음으로 중요한 것은 지도자의 자질입니다. 위기를 맞은 미국의 교회가 가장 염려한 것도 역시 리더십의 문제였습니다. 한국교회도 예외가 아니라고 생각됩니다. 굳이 교회만의 문제가 아니고 모든 공동체에 있어서 가장 큰 문제는 역시 리더십의 문제인 것입니다.

훌륭한 리더십을 갖춘 교회는 복 받은 교회로 목사가 열쇠이기 때문에 섬기는 리더십(Servant Leadership)을 갖춘 목사가 있는 교회는 승리하게 되어 있습니다.

3. 말씀에 대한 순종(1 : 8)

하나님께서 여호수아에게 요구(명령)한 것은 "마음을 강하게 하고 담대히 하라"는 것과 하나님의 기록된 말씀에 "순종"하라는 것이었습니다. 성경 말씀에 순종하는 것이 곧 하나님께 순종하는 것입니다.

성경 말씀을 아는 것과 성경 말씀에 순종하는 것은 별개의 문제입니다. 그러나 우리는 먼저 말씀을 사랑해야 합니다. 그래야 그 말씀을 종일 묵상도 할 수 있고 또 그 말씀에 순종도 하게되는 것입니다. "이 율법 책을 네 입에서 떠나지 말게 하며 주야로 그것을 묵상하여 그 가운데 기록한대로 다 지켜 행하라 그리하면 네 길이 평탄하게 될 것이라 네가 형통하리라"

4. 군량미의 예비(1 : 11)

굶은 군대는 승리하지 못합니다. 양식이 충분한 군대가 전쟁에서 승리할 수 있는 것입니다. "… 양식을 예비하라 삼일 안에 너희가 이 요단(강)을 건너 너희 하나님 여호와께서 너희에게 주사 얻게 하시는 땅을 얻기 위하여 들어갈 것임이니라 하라"

가나안 땅을 얻기 위해서는 먼저 양식이 준비되어야 합니다. 우리는 사단과 싸우는 전쟁에서 승리하기 위해서는 신령한 양식 곧 말씀을 충분히 쌓아 두어야만 합니다. 하나님은 그리스도인이 군량미(말씀)를 쌓는 일에 투자한 시간에 대해서는 충분한 보상을 해 주십니다. 군량미는 승리에 필수적인 것입니다.

5. 리더십의 확립(1 : 16-18)

광야의 훈련은 이스라엘 백성들을 현명하게 만들었습니다. 그들은 새로 세워진 리더십이 확립될 수 있도록 기가 막힌 격려를 아끼지 않았던 것입니다. 리더십이 무너지면 공동체도 무너지는 것입니다. 위대한 지도자 모세도 사라진데다 리더십에 공백까지 생긴다면 이스라엘은 계속되는 광야생활을 피할 수 없었을 것입니다. 그러나 이스라엘 백성은 현명했습니다. 그들은 새로운 리더십의 확립을 위해 최선의 격려를 보냈던 것입니다. 격려는 어린아이들에게나 필요한 것이라고 말하지 마십시오. 지도자야말로 격려를 참으로 필요로 하는 사람입니다.

우리는 사단과의 싸움에서 승리해야 합니다. 그러기 위해서는 리더십의 확립이 필수적인 것입니다.

6. 리더십의 행사(2 : 1)

격려를 받은 여호수아는 적절하게 리더십을 행사했습니다. "눈의 아들 여호수아가 싯딤에서 두 사람을 정탐으로 가만히 보내며 그들에게 이르되 가서 그 땅과 여리고를 엿보라 하매 그들이 가서 라합이라 하는 기생의 집에 들어가 거기서 유숙하더니"(2 : 1)

리더십의 적절한 행사는 교회적 승리에 없어서는 안 될 중요한 요소입니다. 지나친 카리스마는 리더십을 잘못 행사하게 만듭니다. 카리스마는 필요하지만 지나치면 리더십에 적지 아니한 손상을 입힐 수 있습니다. 지나친 카리스마는 자신을 해치고 많은 사람들에게 큰 고통을 가져다줍니다.

7. 보급창(길갈)의 확보(5 : 10-12)

길갈은 '굴러간다' 는 뜻으로 이스라엘 백성이 가나안 땅에 들어와서 처음으로 진을 친 곳으로 그 곳에 요단강에서 가져온 열 두개의 돌로 기념탑을 세웠으며 그 곳에서 집단 할례를 행했기 때문에 길갈로 명명되었던 것입니다. 그때 하나님께서는 여호수아에게 "… 내가 오늘날 애굽의 수치를 너희에게서 굴러가게 하였다…"(5 : 9)라고 말씀하셨습니다.

그리고 이스라엘은 길갈에서 가나안 땅에서의 첫 유월절을 지켰으며 유월절 다음날 가나안 땅의 소산을 먹자 그 다음 날부터는 만나가 끊어졌던 것입니다. 그래서 길갈은 새로운 시작의 장소가 된 것입니다.

이스라엘은 그 길갈을 가나안 정복을 위한 보급창 내지 회복의 장소(Retreat Center)로 삼았던 것입니다. 어떤 지역에서의 전쟁이 끝나면 그들은 반드시 길갈로 돌아와서 휴식을 취하면서 필요한 것들을 공급받곤 했던 것입니다. 길갈이 없었더라면 이스라엘은 가나안 땅을 정복하는데 실패했을지도 모릅니다.

오늘날 우리들에게도 길갈이 필요합니다. 예수 그리스도가 오늘날 우리들의 길갈 입니다. 예수 그리스도께로 와서 우리는 쉼을 얻을 수 있고, 예수 그리스도께로 와서 우리는 늘 새로운 필요들을 공급받는 것입니다.

8. 세상으로부터의 분리(5 : 2-9)

이스라엘은 가나안 족속들과의 싸움에 들어가기 전에 할례를 받음으로써 애굽의 수치를 그들에게서 잘라내었던 것입니다. 애굽은 세상을 상징하며 애굽에서의 노예생활은 수치입니다. 할례를 통해 애굽으로부터 분리되었을 때, 이스라엘은 가나안의 주인이 될 수 있었던 것입니다.

신약성서는 세상과 세상에 속한 것들을 악하고 추한 것으로 규정하고 있습니다. "이 세상이나 세상에 있는 것들을 사랑치 말라 누구든지 세상을 사랑하면 아버지의 사랑이 그 속에 있지 아니하니 이는 세상에 있는 모든 것이 육신의 정욕과 안목의 정욕과 이생의 자랑이니 다 아버지께로 좇아온 것이 아니요 세상으로 좇아온 것이라"(요일 2 : 15-16) 세상이란 사단의 지배하에 있는 모든 것을 가리킵니다. 그리스도인이 세상을 사랑하면 머리카락이 잘렸던 삼손처럼 무기력하게 되는 것입니다. 그래서 그리스도인은 세상으로부터 분리되어야 합니다. 그러나 분리와 격리를 혼동해서는 안 됩니다. 세상으로부터 분리된 그리스도인만이 사단과의 싸움에서 승리할 수 있습니다.

9. 축제적 예배(5 : 10-12)

이스라엘 백성들은 40년만에 유월절이라는 최고의 축제를 즐겼습니다. 이스라엘 백성들에게 있어서 절기(축제)는 감격과 소생의 샘이었습니다. 그리스도인들도 새 힘이 필요합니다. 그래야 전투에서 이길 수가 있는 것입니다. 우리는 예배를 통해 새 힘을 얻을 수 있어야 합니다. 예배의 분위기(Spirit)가 초상집 같아서는 안 됩니다. 예배는 항상 잔칫집 같아야 합니다. 축제적인 예배가 있어야 교회는 승리할 수 있습니다.

10. 죄의 자백과 청산(7 : 19-26)

아간의 범죄 때문에 이스라엘은 아이 성과의 싸움에서 참패당했습니다. 승리를 위해 그들이 해야할 일은 죄를 자백하는 것과 죄를 청산하는 것이었습니다. 그래서 여호수아는 아간을 불러다 놓고 죄를 자백하게 한 후 아골 골짜기로 데리고 가서 아간은 물론 그에게 속한 모든 것을 돌로 치고 불사르고 그 위에 돌무더기를 크게 쌓게 하였던 것입니다. 그 후에야 그들은 아이 성을 이길 수 있었던 것입니다. "여호와께서 여호수아에게 이르시되 두려워 말라 놀라지 말라 군사를 다 거느리고 일어나 아이로 올라가라 보라 내가 아이 왕과 그 백성과 그 성읍과 그 땅을 다 네 손에 주었노니"(8 : 1)

삼손의 최후 승리도 죄의 자백과 청산이 있은 후에 있었고 베드로의 오순절 날의 대 승리도 회개가 있은 후에 있었던 것입니다. 오늘날 그리스도인들은 회개란 말을 강단으로부터 거의 들어보지 못하고 있는 형편입니다. 그러나 우리가 승리를 원하면 우리는 반드시 회개해야 합니다. 회개 없는 승리란 없기 때문입니다.

11. 튼튼한 가정의 확보(24 : 14-15)

여호수아는 그의 고별사에서 다음과 같이 선언했습니다.

"오직 나와 내 집은 여호와를 섬기겠노라"

(But as for me and my household, we will serve the Lord)

그는 가정의 중요성을 부각시켰습니다. 승리하는 교회는 튼튼한 가정들을 배경으로 합니다. 그리스도인의 가정이 무너지거나 약화되면 교회도 무너지고 약화되는 것입니다. 가정의 중요성은 아무리 강조해도 지나침이 없습니다.

12. 가장 귀한 것을 하나님께 드림(24 : 23)

"여호수아가 가로되 그러면 이제 너희 중에 있는 이방 신들을 제하여 버리고 너희 마음을 이스라엘의 하나님 여호와께로 향하라"

인간에게 있어서 가장 귀한 것은 마음입니다. 하나님은 가장 귀한 분이시기 때문에 반드시 우리의 가장 귀한 것을 드려 그분을 섬겨야만 합니다. "아비나 어미를 나보다 더 사랑하는 자는 내게 합당치 아니하고 아들이나 딸을 나보다 더 사랑하는 자도 내게 합당치 아니하고"(마 10 : 37)

우리의 마음을 하나님께 드리면 하나님은 틀림없이 우리에게 승리를 주십니다.

"너희는 이 세대를 본받지 말고 오직 마음을 새롭게 함으로 변화를 받아
하나님의 선하시고 기뻐하시고 온전하신 뜻이 무엇인지 분별하도록 하라"(롬 12 : 2)

"너는 마음을 다하고 성품을 다하고 힘을 다하여
네 하나님 여호와를 사랑하라"(신 6 : 5)

사사기
비극의 책

◎ **본 문** : 그 때에 이스라엘에 왕이 없으므로 사람이 각각 그 소견에
　　　　　옳은 대로 행하였더라 (21 : 25)
◎ **주 제** : 경작을 아니하면 잡초가 무성하게 된다
◎ **키워드** : (필요한)통제들

사사기는 여호수아의 죽음으로부터 시작해서
삼손이 죽을 때까지의 약 350년간의
이스라엘의 비극적인 역사적 사건들을 다루고 있습니다.
민수기는 40년간의 이스라엘의 패배를 말해주고 있지만
사사기는 거의 민수기의 10배 가까이나 되는 이스라엘의 패배를
기록하고 있으니 비극의 책이라고 이름 부를 수밖에 없는 것입니다.

1. 우리는 먼저 사사기의 목적을 생각해 보는 것이 좋습니다.

성경의 각 책이 다 특정의 목적에 따라 쓰여졌듯이 이제 공부할 사사기도 역시 예외는 아닙니다.

첫째는 이스라엘 민족 과도기의 역사를 후대들에게 알려 주자는 것이고,

둘째는 전쟁을 알지 못하는 세대들에게 전쟁을 알게 해 주자는 것입니다.

우리도 우리 각자의 생애의 역사가 있게 마련인데 우리는 그것을 우리의 사랑스러운 자손들에게 알게 해 주어야 한다고 생각합니다. 과거를 알지 못하고선 현재를 바로 이해할 수 없고 또 올바른 미래도 기대할 수가 없는 것입니다. 그리고 전쟁을 모르는 젊은 세대는 항상 많은 문제들을 만들어내긴 하지만 그 문제들을 해결할 수 있는 능력은 갖출 수 없기 때문에 우리들은 젊은이들에게 반드시 전쟁을 알게 해 주어야만 합니다. 그래서 유대인들은 지금도 자기네 국토 이곳 저곳에 흩어져 있는 전쟁의 흔적들을 없애지 아니하고 잘 보존해 두고 있는 것입니다.

그리스도인들도 사단과의 치열한 영적 전투의 경험이 없으면 망나니가 되기 십상입니다. 하나님께서 이스라엘이 배신할 때마다 이스라엘을 메소포타미아, 모압, 블레셋, 가나안, 미디안, 암몬 족속 등에게 붙여 계속 싸우게 했던 이유도 바로 여기에 있었던 것입니다. 그런 의미에서 전쟁은 매우 소중한 것입니다.

2. 우리는 사사기의 내용을 크게 셋으로 나누어 살펴볼 수 있습니다.

1. 여호와를 의지한 이스라엘(1 : 1-2 : 5)

"여호수아가 죽은 후에 이스라엘 자손이 여호와께 문자와 가로되 우리 중 누가 먼저 올라가서 가나안 사람과 싸우리이까 여호와께서 가라사대 유다가 올라갈지니라…"(1 : 1-2)

이스라엘 백성이 여호수아가 죽은 후에 시작을 매우 잘 했습니다. 그러나 계속 그렇게 하지 못한 것은 애석한 일입니다. 시작이 반이란 말이 있듯이 시작은 중요한 것입니다. 그러나 우리는 시작을 멋지게 잘 하고도 처참하게 끝을 맺는 운동 경기들을 자주 보곤 합니다. 뿐만 아니라 초등학교, 중·고등학교, 대학교를 우수하게 졸업하고도 인생을 비참하게 끝맺는 사람들을 우리는 종종 볼 수 있는데, 왜 그런가 하면 아마 과정을 경시한 것이 그 원인이 아닐까 생각해 봅니다.

시작과 끝은 물론 중요합니다. 그러나 과정은 더욱 중요한 것입니다. "교육은 과정이다"라는 말이 있는데 그 말은 곧 "과정이 교육이다"라는 말로도 될 수 있는 것입니다. 잘못된 과정이 잘못된 인격과 잘못된 결과를 만들어 내는 것입니다. "예수는 그 지혜와 그 키가 자라가며 하나님과 사람에게 더 사랑스러워 가시더라" (눅 2 : 52)

2. 여호와를 배반한 이스라엘(2 : 6-16 : 31)

"애굽 땅에서 그들을 인도하여 내신 그 열조의 하나님 여호와를 버리고 다른 신 곧 그 사방에 있는 백성의 신들을 좇아 그들에게 절하여 여호와를 진노하시게 하였으되"(2 : 12) 인간은 확실히 인격체입니다. 자기가 섬길 자를 자기가 선택합니다. 인격의 기초는 자유의지입니다. 자유의지의 행사를 보면 우리는 그 사람의 인격을 알아 볼 수 있는 것입니다. 사람이 자유의지를 바로 행사하면 하나님께서는 기뻐하시고 잘못 행사하면 진노하실 수밖에 없습니다. 이스라엘 백성의 경우 자유의지를 잘못 행사하여 다른 신에게 절하는 죄를 범했습니다.

하나님 외에는 창조자도 없고 구속자도 없습니다. 오직 하나님만이 창조자이고 구속자이십니다. 그래서 하나님은 우상숭배를 가장 싫어하시고 가장 미워하십니다. 당신에게는 우상이 없습니까? 돈, 권력, 쾌락, 학문, 예술, 스포츠 선수, 연예인, 사업, 가정, 교육, 건강, 교황, 종교 등등…? 별의별 것이 다 현대인의 우상이 될 수 있습니다. 우상숭배라는 곁길로 들어선 이스라엘을 하나님은 징계하지 아니하실 수가 없었던 것입니다. 오늘날도 하나님의 백성인 그리스도인이 우상숭배에 빠지면 여지없이 하나님은 징계하십니다. 배신의 결과는 쓰라린 것입니다. 하나님을 배반하면 하나님은 진노하실 수밖에 없습니다.

3. 무정부 상태가 된 이스라엘(17 : 1-21 : 25)

"그 때에는 이스라엘에 왕이 없으므로 사람마다 자기 소견에 옳은 대로 행하였더라"(17 : 6)

하나님께서 아브라함을 부르실 때로부터 이스라엘의 왕은 하나님이셨습니다. 하나님보다 나은 왕을 누가 감히 제시할 수 있겠습니까? 가장 큰 복은 돈이나 명예나 권력이나 건강이나 사람이 아니고 가장 큰 복은 이 모든 것을 주실 수 있는 하나님 자신이십니다. 이스라엘 백성은 이 큰 복을 마다하고 스스로 무정부 상태로 빠져 들어갔던 것입니다.

강력한 왕(폭군을 의미하지 않음)이 없으면 국가는 혼란에 빠지는 것이 그 속성이며 강력한 왕이 없으면 사람들은 방종하게 됩니다. 리더십이 무너진 가정. 회사, 군대는 무질서할 수밖에 없고 무기력하게 되고 왕이신 하나님이 없어지면 인간들은 방자하게 되는 것입니다. 미국이란 나라는 무질서하게 보여도 거기엔 질서와 힘이 있습니다. 그러나 러시아는 무질서가 판을 치고 있는 것입니다. 왜 그렇습니까? 미국에는 하나님이라는 왕이 계시지만 러시아에는 그분이 제대로 자리를 잡지 못하고 계시기 때문입니다.

예수 그리스도는 과연 당신의 주님이시요 왕이십니까?

룻기

안식의 책

◎ **본 문** : 룻이 가로되 나로 어머니를 떠나며 어머니를 따르지 말고 돌아가라
강권하지 마옵소서 어머니께서 가시는 곳에 나도 가고 어머니께서
유숙하시는 곳에서 나도 유숙하겠나이다 어머니의 백성이 나의 백성이 되고
어머니의 하나님이 나의 하나님이 되시리니 (1 : 16)

◎ **주 제** : 예수 그리스도 안에 참된 안식이 있다

◎ **키워드** : 연합들(나오미와의 연합과 보아스와의 연합)

룻기는 전쟁을 주제로 하고 있는 사사기와는
너무나 대조적인 책입니다. 평화스러운 전원 풍경과
극히 소박하고도 자연스러운 대인 관계와
심금을 울리는 대화 때문에 우리는 마치 사막을 지나
오아시스에 도달한 느낌을 갖게됩니다.
특히 룻이 그녀의 시어머니인 나오미에게
한 답사(1 : 16-17)는 어떤 문학 작품에서도
읽어볼 수 없는 걸작 중의 걸작입니다.
한 마디로 말해서 룻기는 아름답기가 그지 없는
한 편의 전원시 내지 한 폭의 풍경화라고 할 수 있습니다.

1. 우리는 룻기가 사사기의 부록임을 알고 있어야 합니다.

오순절에 낭독되는(1 : 22) 이 아름다운 전원시(田園詩)는 "그리고 나서"라는 말로 시작되고 있는 것으로 보아서 룻기는 단순한 한 편의 서사시가 아니고 사사기에 연결되어 있는 또 하나의 역사책인 것입니다. 창세기에서 요한계시록까지 성경 66권은 모두가 역사적 사실의 기록입니다.

성경이 역사책임을 깨달은 사람은 그야말로 복받은 사람입니다. 모압(이방인) 여인이었던 룻은 역사적 인물이고 역사적 사건을 통해 변화와 축복을 경험했습니다. 성경이 역사책이란 사실을 알고나면 그의 신관과 예수관, 가치관, 삶의 목적과 방식, 취미와 태도 그리고 사고방식 등이 바뀌게 되는 것입니다.

2. 우리는 룻기 안에서 두가지 놀라운 모형들을 발견하게 됩니다.

우리가 룻기를 바로 읽으려면 무엇보다도 룻기에 나오는 두가지 놀라운 모형들을 먼저 알고 있어야 합니다.

1. 보아스는 우리 주 예수 그리스도의 정확한 모형입니다.

보아스는 엘리멜렉(룻의 시아버지)의 친족이었습니다. 유대인들에게 있어서 친족은 엄청난 의미가 있습니다. 유대인들에게는 친족만이 안식을 줄 수 있습니다. 보아스는 엘리멜렉의 친족이었기 때문에 나오미와 룻에게 안식을 줄 수가 있었던 것입니다.

예수 그리스도는 성육신을 통해 우리의 친족이 되셨습니다. 그러므로 예수 그리스도는 우리에게 안식을 주실 수가 있는 것입니다. "수고하고 무거운 짐진 자들아 다 내게로 오라 내가 너희를 쉬게 하리라 … 그러면 너희 마음이 쉼을 얻으리니" (마 11 : 28-29)

뿐만 아니라 보아스가 엘리멜렉의 기업을 물려준 것처럼 예수 그리스도도 우리의 기업(낙원)을 물려주십니다.

보아스가 추수하는 주인이었듯이 예수 그리스도도 영혼을 추수하는 주인이십니다. "이에 제자들에게 이르시되 추수할 것은 많되 일꾼은 적으니 그러므로 추수하는 주인에게 청하여 추수할 일꾼들을 보내어 주소서 하라 하시니라"(마 9 : 37-38)

보아스가 능력 많고 용기 있는 대장부이었듯이(2 : 1) 우리 주 예수 그리스도도 능력 많고 용감한 대장부이십니다(마 28 : 18).

보아스가 가난한 이방 여인 룻에게 관심과 친절을 보였듯이(2 : 5-9, 14-16, 3 : 15) 우리 주님도 아무런 선(善)이나 의(義)도 없는 이방인들인 우리들에게 친절하셨습니다.

예수 그리스도는 지금도 온 세상 죄인들에 대해 관심과 연민의 정을 갖고 계십니다(마 28 : 19, 요 3 : 16, 딤전 2 : 5). "인자의 온 것은 잃어버린 자를 찾아 구원하려 함이니라"(눅 19 : 10)

2. 룻은 구원받은 이방인의 훌륭한 모형입니다.

룻은 베들레헴 사람들에게 낯선 자였습니다. 모든 이방인은 선민이요 택한 백성인 이스라엘들에게 낯선 사람입니다. "그러므로 생각하라 너희는 그때에 육체로 이방인이요 손으로 육체에 행한 할례당이라 칭하는 자들에게 무할례당이라 칭함을 받는 자들이라 그때에 너희는 그리스도 밖에 있었고 이스라엘 나라 밖의 사람이라 약속의 언약들에 대하여 외인이요 세상에서 소망이 없고 하나님도 없는 자이더니"(엡 2 : 11-12)

룻은 가난한 여인이었습니다. 땅도 양식도 자식도 남편도 없었습니다. 모든 이방인들은 성경도(롬 3 : 1-2), 소망도, 하나님도 없는 자 입니다(롬 9 : 4-5, 엡 2 : 12).

룻은 율법에 의하면 거절당할 수밖에 없었지만(신 23 : 3) 은혜로 말미암아 환영받았습니다. 은혜가 아니면 단 한 사람의 이방인도 구원받을 수 없는 것입니다. "허물로 죽은 우리를 그리스도와 함께 살리셨고(너희가 은혜로 구원을 얻은 것이라)"(엡 2 : 5)

룻은 결혼을 통해 보아스와 연합할 수 있었습니다. 이방인도 믿음으로 그리스도와 연합될 수 있습니다.

"영접하는 자 곧 그 이름을 믿는 자들에게는 하나님의 자녀가 되는 권세를 주셨으니"(요 1 : 12) "만일 우리가 그의 죽으심을 본받아 연합한 자가 되었으면 또한 그의 부활을 본받아 연합한 자가 되리라"(롬 6 : 5)

3. 우리는 룻기의 교훈(Message)에서 감동을 받습니다.

1. 엘리멜렉은 언약의 땅을 떠남으로 안식을 잃었지만 나오미는 언약의 땅으로 돌아옴으로 안식을 되찾았습니다. 인류는 아담이 하나님의 품을 떠남으로써 안식을 잃었지만 그러나 예수 그리스도를 믿음으로 안식을 되찾을 수 있게 되었습니다(마 11 : 28).

2. 룻은 보아스의 구속에 의해 이전에 몰랐던 안식을 경험할 수 있었습니다. 모든 이방인들도 예수 그리스도를 구속의 주로 만나면 이전에 몰랐던 안식을 경험할 수 있습니다. 그 경험이 평생 그리스도를 사랑하게 만들고 또 섬기게 하는 것입니다. 이것은 참으로 놀라운 사실입니다. 나는 이것을 보증할 수 있습니다.

3. 하나님의 생각은 사람의 생각과 전혀 다릅니다. 나오미가 돌아올 때 "나를 나오미라 칭하지 말고 마라라 칭하라 이는 전능자가 나를 심히 괴롭게 하셨음이니라"(1 : 20)고 한탄했습니다. 사람의 눈에 나오미는 실패자로 보였습니다. 스스로도 그렇게 생각했고 베들레헴 사람들의 눈에도 그렇게 보였을 것입니다.

그러나 하나님의 생각은 전혀 달랐습니다. 하나님은 나오미에게 참된 희락(나오미)을 안겨 주셨던 것입니다. "여인들이 나오미에게 이르되 찬송할지로다 여호와께서 오늘날 네게 기업 무를 자가 없게 아니하셨도다 이 아이의 이름이 이스라엘 중에 유명하게 되기를 원하노라 이는 네 생명의 회복자며 네 노년의 봉양자라 곧 너를 사랑하며 일곱 아들보다 귀한 자부가 낳은 자로다 나오미가 아기를 취하여 품에 품고 그의 양육자가 되니 그 이웃 여인들이 그에게 이름을 주되 나오미가 아들을 낳았다 하여 그 이름을 오벳이라 하였는데 그는 다윗의 아비인 이새의 아비였더라"(4 : 14-17)

4. 우리는 룻기의 내용을 크게 넷으로 나눌 수 있습니다.

1. 안식을 버리다(1 : 1-5).

엘리멜렉은 언약의 땅을 떠남으로 하나님의 안식을 버렸습니다. 마찬가지로 아담도 하나님을 떠남으로써 사실상 안식을 팽개쳐 버렸던 것입니다.

오늘날 그리스도인이 교회를 떠나면 안식을 잃게 됩니다. 교회는 안식의 근원이신 예수 그리스도의 몸이기 때문입니다. 교회를 우습게 아는 그리스도인이 없기를 바라는데 이것은 진심어린 충고 입니다.

2. 안식을 갈망하다(1 : 6-22).

남편 엘리멜렉과 두 아들 말론과 기룐이 죽자 나오미는 그제야 하나님의 안식을 갈망하게 되었습니다. 나오미가 하나님의 안식을 갈망하자 며느리 룻도 같은 안식을 갈망하게 되었습니다(1 : 16-18). 사람은 누구나 가까운 사람에게 영향을 미치기도 하고 또 받기도 하는 것입니다. 그들이 진실하게 하나님의 안식(1 : 9)을 갈망했던 증거는 베들레헴으로 돌아온 사실에서 발견할 수 있습니다. 그러나 오르바는 표리가 부동했습니다(1 : 10,15).

3. 안식을 찾다(2 : 1-3 : 18).

나오미와 룻은 안식을 갈망했을 뿐만 아니라 구체적으로 그것을 찾아 나섰던 것입니다. 이것이 중요합니다. 많은 사람들이 좋은 것을 갈망하지만 그것을 찾아 나서지는 않는 것입니다. "구하라 그러면 너희에게 주실 것이요 찾으라 그러면 찾을 것이요 문을 두드리라 그러면 너희에게 열릴 것이니 구하는 이마다 얻을 것이요 찾는 이가 찾을 것이요 두드리는 이에게 열릴 것이니라"(마 7 : 7-8)

4. 안식을 확보하다(4 : 1-22).

친족 보아스로 말미암아 나오미와 룻은 함께 오벳을 얻었고, 함께 안식을 확보할 수 있었습니다(4 : 13-17). 나오미와 룻은 함께 과부가 되었고, 함께 안식을 갈망했고, 함께 돌아왔고, 함께 구했고, 함께 발견해서 함께 누렸던 것입니다.

그리스도인은 그리스도와 연합된 자입니다. 그리스도와 함께 죽고, 함께 장사되고, 함께 부활되고, 함께 다스리게 될 자입니다. 오직 그리스도 안에 평강이 있고(요 14 : 27), 오직 그리스도만이 안식을 주실 수 있습니다(마 11 : 28). 조건은 오직 그리스도와 연합하는 것입니다. 속히 그리스도와 연합을 이루도록 하십시오. 세상이 줄 수 없는 평강(쉼)을 소유하게 될 것입니다.

세 인물의 책

◎ **본 문** : 순종이 제사보다 낫고 듣는 것이 숫양의 기름보다 나으니 (15 : 22 하반절)

◎ **주 제** : 하나님은 준비되어 있는 그릇을 쓰신다

◎ **키워드** : 순종과 불순종

사무엘상은 구약의 역사서 중에 우리에게 가장 친숙한 책입니다.

왜냐하면 이 책에는 우리를 매료하는 내용들이 수록되어 있기 때문입니다.

즉 사무엘의 유년기 이야기(3장)와

다윗이 골리앗을 무찌른 통쾌한 이야기(17장)와

다윗과 요나단의 감동적인 우정의 이야기(18장) 등입니다.

이 책은 엘리 때로부터 사울이 죽은 때까지의

이스라엘의 중요한 역사를 다루고 있습니다.

1. 우리는 사무엘상의 목적으로부터 출발하는 것이 좋겠습니다.

사무엘상은 사사시대의 마지막과 왕국시대의 시작과 그 초기의 역사를 보여 주기 위해 기록되었습니다(4 : 18, 8 : 1-9).

성경의 내용이 단순한 문학이나, 철학이나, 윤리나, 도덕이 아닌 것을 우리는 진심으로 감사해야 합니다. 물론 그런 요소들이 없는 바는 아니지만 성경은 일단 실제적인 역사의 기록이면서 사람들의 궁금증에 대한 하나님의 친절한 해답인 것입니다. 그래서 성경은 우리에게 진한 감동과 놀라운 삶의 변화를 불러일으키는 것입니다.

2. 우리는 이 책에서 특별한 내용들을 발견할 수 있습니다.

1. "만군의 여호와"란 칭호의 첫 사용(1 : 3).

성경에서 우리는 "만군의 여호와"라는 칭호를 수도 없이 많이 발견할 수 있는데 그것이 처음으로 사용된 책이 바로 사무엘상입니다. 본서 안에서만 무려 281회나 사용된 것입니다.

2. "메시야"란 명칭의 첫 사용(2 : 10).

한나 기도의 한 부분인 2 : 10에서 우리 성경은 "자기의 기름부음을 받은 자"로 번역되었으나 직역하면 "자기의 메시야"입니다.

3. "이가봇"(4 : 21), "에벤에셀"(7 : 12), "여호와의 택하신 자"(10 : 24)란 명칭의 첫 사용.

4. 선지자의 본 단어인 "선견자"란 명칭의 첫 사용(9 : 9).

5. 성경을 기록한 첫 선지자(3 : 20, 행 3 : 24, 행 13 : 20)와 그가 세운 첫 선지학교의 소개(10 : 5, 19 : 20).

6. 성령의 중요성에 대한 강조.

    (1) 중생의 주(10 : 6,9)

    (2) 의분(義憤)의 주(11 : 6)

    (3) 용기와 구변의 영감자(16 : 13,18)

    (4) 우리를 악으로부터 보호하는 자(16 : 14)

3. 우리는 이 책으로부터 중요한 교훈들(Messages)을 받을 수 있습니다.

1. 일부다처는 사람들에게 심각한 고통을 가져온다(1 : 6-8).

하나님께서는 우리를 아끼셔서 일부일처제를 제정하셨고, 일부다처는 금하신 것입니다.

2. 우유부단한 아버지, 엄한 면이 결여된 아버지가 불행한 가정의 원인이 될 수 있다(2 : 22-25).

아버지가 아버지다워 질때, 자녀는 자녀다워지고, 가정이 가정다워 집니다.

3. 의식주의와 형식주의는 위험한 것이므로 배격되어야 한다(4 : 3).

블레셋과의 전쟁에서 패한 이스라엘이 언약궤에 의한 승리를 도모했으나 역시 패하고 말았습니다. 언약궤가 이스라엘에게 승리를 주는 것이 아니고 언약궤에 임재하시던 하나님께서 그들에게 승리를 주실 수가 있는 것입니다.

4. 인내하지 못하는 자는 지도자가 될 수 없다(13장).

"… 조급한 자는 궁핍함에 이를 따름이니라"(잠 21 : 5).

5. 부분적인 순종은 순종이 아니다(15장).

6. 성도는 일생동안 기도해야 한다(12 : 23).

(1)사무엘은 한나의 기도의 열매였습니다(1 : 10-28).

(2) 사무엘의 기도에 힘입어 이스라엘이 승리했습니다(7 : 5-10).

(3) 이스라엘 백성이 여호와를 배반했을 때, 사무엘은 기도를 통해 여호와께로 나아갔습니다(8 : 5-6).

(4) 기도하는 사람은 비밀(미래)을 알 수 있습니다(9 : 15).

(5) 하나님은 결코 죄인의 기도에는 응답하지 아니하십니다(28 : 6, 사 59 : 1-2). 그러므로 성도는 하늘에 계신 아버지께 무엇을 구하기 전에 먼저 숨겨진 상태에 있는 자신의 죄를 자백하고 버려야 합니다. 성도가 죄라는 쐐기를 하나님과 자기 사이에 박아놓고 있으면 하나님은 그 귀를 막아버리실 수밖에 없는 것입니다.

성도는 사람들이 자기 집안의 더러운 쓰레기를 내다 버리듯이 자신 속에 감추어져 있는 죄를 죄다 갖다 버려야만 합니다.

4. 우리는 이 책에서 하나님이 쓰셨던 세 인물을 만날 수 있습니다.

1. 사무엘(1 : 1-7 : 17).

그는 한나가 하나님께 기도해서 얻은 엘가나의 아들이었습니다. 그는 선택받은 사람이었습니다. 큰 믿음을 가진 여인의 품안에서 양육받았고(1 : 23), 그는 성막에서 엘리의 권위 아래서 훈련받았고(3 : 1-9), 그는 엘리의 두 아들(홉니와 비느하스)에 의해 더럽혀진 환경하에서 성장했지만 하나님의 보호 아래 있었기 때문에 깨끗할 수 있었던 것입니다. 그래서 하나님은 그의 평생을 사사와 선지자로 쓰실 수가 있었습니다.

하나님은 예나 지금이나 변함없이 깨끗한 그릇을 쓰시는 것입니다. "큰 집에는 금과 은의 그릇이 있을 뿐 아니요 나무와 질그릇도 있어 귀히 쓰는 것도 있고 천히 쓰는 것도 있나니 그러므로 누구든지 이런 것에서 자기를 깨끗하게 하면 귀히 쓰는 그릇이 되어 거룩하고 주인의 쓰심에 합당하며 모든 선한 일에 예비함이 되리라 또한 네가 청년의 정욕을 피하고 주를 깨끗한 마음으로 부르는 자들과 함께 의와 믿음과 사랑과 화평을 좇으라"(딤후 2 : 20-22)

2. 사울(8 : 1-15 : 35).

그는 베냐민 지파의 겸손한 청년이었습니다. 백성들의 요청에 의해 이스라엘의 초대 왕이 되어(8 : 4-5), 처음에는 주님의 손에 의해 쓰임을 받았으나(11 : 1-11), 육신을 좇아 조급해서 월권하고(13 : 3-12), 불순종한 것 때문에 주님은 그를 부적합한 자로 판정을 내리셨던 것입니다. "… 왕이 여호와의 말씀을 버렸으므로 여호와께서도 왕을 버려 왕이 되지 못하게 하셨나이다"(15 : 23)

3. 다윗(16 : 1-31 : 13).

그는 하나님의 주권적 선택에 의해 이스라엘의 2대 왕이 되었습니다(16 : 1). 그는 선택받기 전부터 자기 일에 충실했고(16 : 11), 기름부음 받은 후로는 성령으로 충만했고(16 : 13,18), 특별히 주님 찬양하기를 즐겨했습니다. "하나님의 부리신 악신이 사울에게 이를 때에 다윗이 수금을 취하여 손으로 탄즉 사울이 상쾌하여 낫고 악신은 그에게서 떠나더라"(16 : 23)

그는 여호와의 이름이 골리앗에 의해 모욕당하는 것을 견딜 수 없어 했으며 (17 : 45, 49, 51), 사람들 앞에서 여호와의 위대하심 드러내기를 열망하였습니다 (17 : 26, 32, 46). 그는 자신의 무기로 골리앗과 싸웠고(17 : 38-40), 그는 또한 하나님만 의지하고 적과 과감히 싸웠던 것입니다(17 : 45).

그는 하나님이 보내 준 사람들을 훈련시켰으며(22 : 1-2), 그는 하나님의 때를 끝까지 기다릴 줄 아는 성숙한 사람이었습니다. 다윗은 자기를 죽이려고 추적에 열올리는 사울이 손닿는 가까운 곳에 있을 때도 그를 해치지 않고, 하나님께서 그를 처치하실 때까지 오래 참고 기다렸던 것입니다(24 : 1-7, 31 : 1-4).

사무엘하

왕의 책

◎ **본 문** : 그 후에 다윗이 여호와께 물어 가로되 내가 유다 한 성으로 올라가리이까
여호와께서 가라사대 올라가라 다윗이 가로되 어디로 가리이까
가라사대 헤브론으로 갈지니라 (2 : 1)

◎ **주 제** : 참 신자는 위대하다

◎ **키워드** : (위대함의) 요소들

본래 히브리어 성경은 사무엘이 상하로 나누어지지 아니한
한 권(두루마리)의 책이었습니다.
그러나 그것을 헬라어로 번역했을 때 양이 많아져서
부득이 두 권으로 나눌 수밖에 없었던 것입니다.
그러므로 사무엘하의 내용은 사무엘상의 계속인 것입니다.

1. 우리는 이 책의 목적으로부터 시작하는 것이 좋겠습니다.

사무엘하는 다윗의 리더십에 의해 이스라엘 왕국이 굳게 세워진 사실을 보여 주려고 기록된 것입니다.

리더십이 국가를 튼튼하게 만들고, 리더십이 교회를 왕성하게 만들고, 리더십이 가정을 아름답게 만듭니다.

강력한 리더십이 강력한 국가를 세우고, 위대한 리더십이 위대한 교회를 세우고, 거룩한 리더십이 거룩한 가정을 세웁니다.

참된 리더십은 하나님께로부터 오는 것입니다. 하나님께 순종하는 만큼 리더십은 강화되고 하나님께 의뢰하는 만큼 리더십은 오래 계속될 수 있습니다.

오늘날 가장 심각한 문제는 리더십의 문제인 것입니다. 다윗과 같은 위대한 지도자들이 각계 각층에 많이 일어나기를 기원합니다.

2. 우리는 이 책으로부터 두 가지 큰 교훈을 받을 수 있습니다.

1. 하나님의 약속은 인내와 하나님께 대한 의뢰를 통해서 성취됩니다(2 : 1-4, 5 : 1-3).

하나님의 약속은 하나님의 때에 하나님이 성취하시니 우리는 다만 인내하고 기다려야 합니다. 그리고 하나님을 의뢰해야 합니다. 다윗은 이 점에 있어서 훌륭한 모범입니다.

2. 죄는 반드시 드러나고 심판을 받게 됩니다(1 : 14-16, 2 : 8-9, 3 : 9, 13, 27, 4 : 11-12, 11 : 4, 13 : 1-15).

그러나 자백하면 또한 용서받게 되는 것이 죄입니다. "다윗이 나단에게 이르되 내가 여호와께 죄를 범하였노라 하매 나단이 다윗에게 대답하되 여호와께서도 당신의 죄를 사하셨나니 당신이 죽지 아니하려니와"(12 : 13)

그러나 죄의 열매는 반드시 자신이 거두게 되어 있습니다. 우리아의 처가 다윗에게 낳았던 아이는 칠일만에 죽었던 것입니다(12 : 14-18). 그 후로도 다윗의 집안에는 다윗의 마음을 비수로 찌르듯 하는 사건이 계속해서 일어났던 것입니다. 하나님이 용서하셨기에 그는 죽지 않았고, 왕으로서 계속 하나님과 사람들을 섬길 수는 있었지만 말입니다.

3. 우리는 이 책에서 다윗이 어떻게 하나님의 마음에 합한 왕이 될 수 있었는지를 배울 수 있습니다.

1. 여호와께 물어 본 왕(1 : 1-4 : 12) 요절 2 : 1

야곱이 애굽으로 내려가는 문제에 대해 먼저 주님께 물어 본 것처럼 다윗도 역시 그가 옮겨도 좋은지 그리고 옮길 경우 어디로 옮겨야 할지에 대해 먼저 주님께 물어 본 것은 너무도 잘한 일이었습니다. 그들 두 사람은 많은 시련을 통해 성령의 훈련을 철저히 받았던 사람들이었습니다. 우리는 시련을 통한 성령의 훈련을 두려워하지 말아야 합니다. 왜냐하면 그곳엔 주님의 은총의 손길이 머물러 있기 때문입니다.

다윗이 주님의 뜻을 따라 행했을 때, 유다 지파 사람들이 그를 왕으로 기름 부었던 것입니다. 스스로 왕이 되려고 하지 말아야 합니다. 기름은 하나님께서 백성들의 손을 통해 부으시는 것이며, 우리는 다만 주님의 뜻을 행하는 것으로 만족해야 합니다. 우리는 주님의 뜻을 알아내고 그 뜻 행하기를 즐길 줄 알아야겠습니다.

2. 여호와 앞에서 백성들과 언약을 맺은 왕(5 : 1-25) 요절 5 : 3

언약의 내용을 알 수는 없지만 아마도 주님이 허락하시면 말씀과 성령을 좇아 백성을 섬기고 나라를 다스리겠다는 것이 아니었을까라고 생각해 봅니다. 하여간 그가 백성들을 위하는 정치를 하겠다는 언약을 여호와 앞에서 맺자 주님은 백성 전체를 그에게 보내어 그를 이스라엘의 왕으로 기름을 붓게 하셨던 것입니다.

여호와 앞에서 언약을 맺었다는 것은 여호와께 결재를 받았다는 것을 의미합니다. 주님의 결재(허락)를 받아서 하는 모든 일에는 주님의 은총이 따르게 마련입니다. "이에 이스라엘 모든 장로가 헤브론에 이르러 왕에게 나아오매 다윗 왕이 헤브론에서 여호와 앞에서 저희와 언약을 세우매 저희가 다윗에게 기름을 부어 이스라엘 왕을 삼으니라"(5 : 3)

3. 여호와 앞에서 춤을 춘 왕(6 : 1-23) 요절 6 : 16, 21

오벧에돔의 집에 있던 하나님의 궤가 다윗 성으로 들어올 때 다윗은 여호와 앞에서 힘을 다하여 춤을 추었던 것입니다(6 : 14). 그는 왕이었지만 하나님 앞에서는 한 어린아이에 불과했던 것입니다.

구원받은 성도라면 누구나 주님의 임재 앞에서 춤을 출 것입니다. 예배드리러 가는 그리스도인의 발걸음은 왈츠 곡에 맞추어 춤추듯 즐거울 수밖에 없습니다.

여호와 앞에서는 왕비도 춤을 추었어야 마땅한데 사울의 딸로 왕비된 미갈은 춤을 춘 다윗을 업신여겼다가 엄한 징계를 받았던 것입니다. "그러므로 사울의 딸 미갈 죽는 날까지 자식이 없으니라"(6 : 23)

4. 여호와 앞에 앉은 왕(7 : 1-29) 요절 7 : 18

다윗의 생애 중에 가장 우리에게 큰 감동을 안겨 주는 사건을 우리는 여기서 볼 수 있습니다. 나단을 통해 성전 건축은 솔로몬의 몫이 될 것이라는 하나님의 말씀을 들었을 때, 그가 여호와 앞에 앉아서 행했던 행위는 그야말로 신앙에 있어서 달인의 경지였습니다. 그는 원망이나 불평이나 떼를 쓸법도 한데 그는 오히려 주님을 찬양하면서 주님의 뜻이 이루어지기를 바란다고 고백했던 것입니다.

다윗은 정말 위대한 왕이었습니다. 우리도 그리스도의 피를 받은 왕족이니 그렇게 한 번 해 봅시다. 가끔 주님의 발 앞에 앉아 주님을 찬양하면서 주님의 뜻이 이루어지기를 바란다고 고백합시다. "나의 원대로 마옵시고 아버지의 원대로 하옵소서!"

5. 여호와와 동행하여 승리를 얻은 왕(8 : 1-10 : 19) 요절 8 : 6-14

8장에서부터 10장은 다윗의 연속적인 승리를 기록하고 있습니다. 다윗과 그의 군대가 얻었던 그 많은 승리들은 모두가 주님의 선물이었습니다. 비결은 그가 주님과 동행한 것이었습니다. 인류 역사상 주님과 동행하면서 놀라운 승리들을 얻어 냈던 성도들은 그 수를 헤아릴 수 없을 만큼 많았습니다.

주님은 우리들에게 승리를 주시려고 "내가 세상 끝날까지 너희와 항상 함께 있으리라"고 약속하셨던 것입니다. 약속에 대한 확고한 믿음은 위대한 역사(Works)를 일으킵니다. 주님을 찬양합시다!

6. 여호와 앞에 엎드린 왕(11 : 1-20 : 26) 요절 12 : 16

다윗이 우리아의 아내 밧세바를 빼앗은 것은 실로 애석한 일이라 아니할 수 없

습니다. 그러나 그가 그 일로 나단의 책망을 받았을 때, 여호와 앞에 엎드려 금식
하면서 통회 자복한 것은 참으로 잘한 일이었습니다. 죄를 범하지 않는 것은 물론
칭찬 받을 일입니다. 그러나 죄를 범한 후에 죄를 자복하고 돌아서는 것도 잘하는
것입니다. 사울은 범죄 후 그렇게 하질 않았습니다. 여기에 두 사람의 차이가 있
었던 것입니다. 범죄 후 변명이나 핑계를 대는 것은 매우 비겁한 짓입니다. 전혀
그리스도인 답지 못한 것입니다. 다윗은 참으로 성도다운 사람이었습니다. 그래서
하나님은 그를 가리켜 "내 마음에 합한 자"라고 불렀던 것입니다.

7. 여호와께 아뢴 왕(21 : 1-23 : 39) 요절 22 : 1

다윗의 생애를 가장 찬란하게 만든 것은 그가 지은 노래(시편)들이었습니다. 그
는 찬송을 통해 "주님은 위대하시다!" 라고 하나님께 아뢰었던 것입니다. 하나님은
무엇보다도 찬양을 기뻐하십니다. 다윗은 끊임없는 찬송생활을 통해 하나님의 마
음에 합한 자가 될 수 있었습니다.

내가 하나님이라 해도 찬양을 가장 기뻐할 것 같습니다. "이러므로 우리가 예수
로 말미암아 항상 찬미의 제사를 하나님께 드리자 이는 그 이름을 증거하는 입술
의 열매니라"(히 13 : 15) 하나님은 쭉정이가 아닌 열매를 기뻐하십니다. 찬미는
입술의 열매입니다. 하나님께서 우리에게 입술을 주신 것은 찬미라는 열매를 따시
기 위해서입니다.

8. 여호와께 제사를 드린 왕(24 : 1-25) 요절 24 : 25

위대한 지도자는 절대로 책임을 다른 사람에게로 전가하지 않습니다. "다윗이
백성을 치는 천사를 보고 곧 여호와께 아뢰어 가로되 나는 범죄하였고 악을 행하
였삽거니와 이 양 무리는 무엇을 행하였나이까 청컨대 주의 손으로 나와 내 아비
의 집을 치소서 하니라"(24 : 17)

위대한 왕은 백성들과 맺었던 언약을 기억하고 있었고, 이행하려고 또한 진력했
던 것입니다. 아라우나의 타작마당의 번제물과 화목제물은 우리 주님의 아름다운
모형입니다. 드려진 제물로 인해 하나님의 진노는 진정되었던 것입니다. 예수 그
리스도는 우리를 위한 번제물이고, 예수 그리스도는 우리를 위한 화목제물입니다.

열왕기상

왕국의 책

◎ **본 문** : 솔로몬이 그 아비 다윗의 위에 앉으니 그 나라가 심히 견고하니라 (2 : 12)

◎ **주 제** : 국가는 일어나서 융성하다가 쇠퇴한다

◎ **키워드** : (필요한) 쇄신들

이 책은 첫 성전(솔로몬의 성전)이 서 있을 때 기록되었으며(8 : 8),
이 책은 다윗으로부터 아합과 여호사밧까지의 통일왕국과
분열왕국 역사의 일부분을 싣고 있습니다.

1. 우리는 이 책의 목적과 교훈을 동시에 살펴보도록 하겠습니다.

1. 이 책의 목적은 왕국의 확립과 왕국의 쇠퇴를 보여 주는 것입니다.

2. 이 책의 중요한 교훈은 하나님의 백성들이 하나님께 충성스러울 때는 번성하지만 하나님을 배반할 때는 그들의 도덕 수준은 땅에 떨어지게 되고 결과적으로 나라는 쇠퇴한다는 것입니다.

열왕기상 22 : 19의 환상은 대단히 중요한 의미를 갖고 있습니다. 하나님은 자신의 보좌에 앉으셔서 회개하는 자와 순종하는 자에게는 자비와 은혜를 베푸시나 죄인에게는 형벌과 징계를 내리십니다.

하나님의 보좌는 지금도 여전히 굳게 서 있습니다. 우리는 그 보좌 앞에서 회개하고 순종하면서 형통한 삶을 살아가야 하겠습니다.

3. 하나님께서 "다윗같이"(3 : 3, 14, 9 : 4, 11 : 4, 33, 38, 14 : 8, 15 : 3, 11)라고 말씀하실 때 사람들의 영적 및 도덕적 기준이 변한 것을 볼 수 있습니다. 사람들은 다윗의 수준에도 이르지 못하고 있음을 이 책은 계속해서 지적하고 있는 것입니다.

사람들은 한 때 인간성(Personality)은 차츰차츰 좋아지고 있다고 주장했지만 사실은 전혀 그렇지가 않습니다. 오히려 세월이 흐를수록 인간들은 더욱 사악해져 가고 있음을 볼 수 있습니다.

인간들의 영적 및 도덕적 수준이 올라가려면 그리스도 안에서 계속 변화를 받아가야만 합니다(고후 5 : 17).

2. 우리는 이 책에서 특별한 내용들을 발견할 수 있습니다.

이 책에는 특별한 내용들이 많이 있지만 우리는 그 중 두 가지만 상고해 보도록 하겠습니다.

1. "그 때에 솔로몬이 가로되 여호와께서 캄캄한데 계시겠다 말씀하셨사오나" (8 : 12).

여호와께서 캄캄한데 계시겠다는 말씀은 영적으로 흑암 중에 있는 이스라엘 백성들을 버리지 않고 그들과 동행하시겠다는 뜻입니다.

이 말씀은 우리들에게 얼마나 위로가 되는 말씀인지! 연약하여 낙심하기 쉬운 우리들에게는 이런 말씀이 얼마나 고마운지 이루 말로 다 할 수가 없습니다.

사랑하는 독자여, 지금 혹시 흑암 중에 처해 있다고 생각되십니까? 낙심하지 마십시오. 은혜의 주님께서 지금 당신과 함께 그 터널을 통과하고 계시기 때문입니다. 우리도 다윗과 함께 큰소리로 한 번 외쳐 봅시다.

> "내가 사망의 음침한 골짜기로 다닐지라도 해를 두려워하지 않을 것은 주께서 나와 함께 하심이라…"(시 23 : 4)

2. 우리가 열왕기상에서 볼 수 있는 또 하나의 특별한 내용은 이스라엘 민족의 사명을 밝힌 것입니다. "주는 계신 곳 하늘에서 들으시고 무릇 이방인이 주께 부르짖는 대로 이루사 땅의 만민으로 주의 이름을 알고 주의 백성 이스라엘처럼 경외하게 하옵시며 또 내가 건축한 이 전을 주의 이름으로 일컫는 줄을 알게 하옵소서"(8 : 43)

하나님은 이스라엘 민족을 통해 만민을 구원코자 아브라함을 택하셨고(창 12 : 3), 하나님은 세계 선교를 위해 이스라엘에게 양자됨과 영광과 언약들과 율법과 예배와 약속들과 그리스도를 주셨던 것입니다. 그러나 그들은 사명을 망각했을 뿐만 아니라 교만해지기까지 해서 이방인들을 오히려 멸시하기에까지 이르렀던 것입니다. 그래서 하나님은 세계 선교의 사명을 교회에게로 넘기셨던 것입니다. 그러나 교회가 휴거되고 나면 다시 세계 선교의 사명은 유대인들에게로 넘어가게 될 것입니다(롬 11장).

복음은 온 세계를 위한 하나님의 선물이니 우리는 이 귀한 것을 가벼운 장난감 정도로 생각하지 말아야 하겠습니다. 우리는 이 복음을 세계로 내보내기 위해 우리의 귀한 것들을 희생해야 할 것입니다.

바울의 고백을 기억하십시오. "내가 복음을 전할지라도 자랑할 것이 없음은 내가 부득불 할 일임이라 만일 복음을 전하지 아니하면 내게 화가 있을 것임이로라"(고전 9 : 16)

3. 우리는 이 책을 왕국의 책이라고 불러야 할 것입니다.

사무엘하는 왕의 책인데 대해 열왕기상은 왕국의 책입니다.

1. 왕국의 확립(1 : 1-2 : 46)

위대한 왕 다윗에 의해 왕국의 기초가 놓여지긴 했으나 왕국이 견고하게 세워진 것은 솔로몬에 의해서였습니다(2 : 12).

모세에 의해 백성들은 인도되어 나왔고, 여호수아에 의해 백성들은 인도되어 들어갔던 것입니다. 또한 엘리야의 사역은 엘리사에 의해 계승되었던 것처럼 다윗의 사역은 솔로몬에 의해 계승되었던 것입니다. 하나님은 사역을 중단하지 않습니다.

사역은 반드시 계속 튼튼하게 세워갈 수 있는 사역자에게 계승되어야 합니다. 바울에게는 디모데가, 요한에게는 폴리캅(Polycarp)이라는 유능한 사역자가 있어서 사역은 계속 이어질 수가 있었던 것입니다.

2. 왕국의 영광(3 : 1-10 : 29)

이스라엘의 영광은 솔로몬이었고, 솔로몬의 영광은 주님이었습니다. 주님께서는 솔로몬에게 두 번이나 현현하셔서(3 : 5-15, 9 : 1-9) 전무후무한 지혜도 주셨고(3 : 16,28), 위대하게도 하셨고(4 : 1-34), 또 명성을 떨치게도 하셨고(9 : 10-10 : 13), 부요하게도 하셨던 것입니다(10 : 14-29).

가장의 영광은 가정의 영광이고, 국가를 대표하는 어떤 한 사람의 영광은 곧 나라 전체의 영광이 되는 것입니다. 어떤 교회가 영광스럽기 위해서는 반드시 목사가 하나님의 영광 중에 거해야 합니다. 목사가 하나님의 임재를 자주 경험하면 온 회중들도 역시 자주 같은 경험을 하게 되는 것입니다. 세상 영광은 풀의 꽃과 같으니 우리 모두는 하나님의 영광을 늘 추구해야 할 것입니다(벧전 1 : 24).

3. 왕국의 분열(11 : 1-12 : 24)

솔로몬의 배도가 왕국 분열의 원인이었습니다(11 : 9-13, 12 : 17). 사람은 무엇으로 심든지 그대로 거두는 것입니다. 당대가 아니더라도 후대가 거두게 되므로 우리는 무엇을 심을까를 조심해야 합니다.

하나님의 말씀보다 더 좋은 씨앗은 없습니다(마 13 : 18-23). 우리는 힘써 하나님의 말씀을 사람들의 심령 밭에 심어야 합니다. 역시 최고의 교육은 하나님의 말씀을 가르치는 것입니다. 그리고 우리는 늘 올바른 가치관을 젊은 세대들에게 심어야 합니다. 무엇을 할 수 있느냐 보다는 어떤 사람이냐가 더 중요한 것입니다.

4. 왕국의 쇠퇴(12 : 25-22 : 53)

어리석고도 나약한 왕 르호보암은 선배 왕들이 물려준 모든 보물들을 애굽왕 시삭에게 빼앗기고 말았습니다(14 : 25-28). 이것은 왕국의 쇠퇴를 단적으로 보여 주는 단면도입니다.

북왕조 이스라엘의 초대 왕이었던 여로보암도 배도 했습니다. 그리하여 두 왕조는 함께 쇠퇴하기 시작했던 것입니다. 배도가 왕국 분열의 원인이었고, 배도가 두 왕국 쇠퇴의 원인이었습니다. 우리는 하나님의 말씀에서 이탈하지 말아야 합니다.

그러나 하나님께서는 부패가 극심한 아합왕의 시대에 엘리야를 보내심으로써 그 백성에 대한 변함없는 사랑을 보여 주셨던 것입니다. 하나님은 영국이 위기에 처했을 때 그 나라에 요한 웨슬레를 보내 주셨습니다. 하나님은 항상 필요한 때 필요한 사람을 보내시는 분이십니다.

마침내 하나님은 자멸 직전에 처하게 될 인류를 심판하시고, 믿는 사람들을 구하시기 위해 독생자를 두 번째 이 세상으로 보내 주실 것입니다. 예수 그리스도의 재림은 인류의 유일한 소망입니다. "이것들을 증거하신 이가 가라사대 내가 진실로 속히 오리라 하시거늘 아멘 주 예수여 오시옵소서"(계 22 : 20)

열왕기하
분열된 왕국의 책

◎ 본　문 : 여호와께서 예루살렘과 유다를 진노하심이 저희를 그 앞에서
　　　　쫓아내실 때까지 이르렀더라 (24 : 20 상반절)
◎ 주　제 : 하나님은 자기 백성의 죄를 더 엄하게 다루신다
◎ 키워드 : 양면성들

70인역의 번역자들은, 희랍어는 히브리어보다
적어도 1/3 이상의 지면을 더 요구하는데다
두루마리의 길이는 제한되어 있었고,
더욱이 부피가 작으면 두루마리를 다루기가 쉽기 때문에
열왕기를 상하 두 권으로 나눌 수밖에 없었다고 말했습니다.

1. 우리는 이 책이 담고 있는 중요한 내용들에 주목할 필요가 있습니다.

1. 본서는 아합왕(북왕조의 7대왕)으로부터 남왕조의 포로 때(주전 586년)까지의 약 300년간의 남북 양 왕조의 역사를 싣고 있습니다. 역사적인 사실은 영적인 진리를 내포하고 있다는 사실을 염두에 두고 우리는 이 책을 읽어가야 할 것입니다.

2. 본서의 전반부의 대부분은 66년간의 엘리사의 사역을 다루고 있습니다. 그런데 특별히 엘리사는 16번의 기적을 행했는데 그것은 엘리야의 8번의 기적에 배가되는 숫자입니다. 이것은 우연의 결과가 아니고 "영감의 갑절"(2 : 9)을 구했던 그의 기도의 응답이었던 것입니다. 주님은 성도의 마음속에 소원을 두고 친히 이루시는 분이십니다. "너희 안에서 행하시는 이는 하나님이시니 자기의 기쁘신 뜻을 위하여 너희로 소원을 두고 행하게 하시나니"(빌 2 : 13)

우리는 주님의 대언자라기 보다는 주님의 통로입니다. 로마서 11 : 36은 "이는 만물이 주에게서 나오고 주로 말미암고 주에게로 돌아감이라 영광이 그에게 세세에 있으리로다 아멘"이라고 말씀하고 있습니다. 모든 것은 주님에게서 나오고, 주님으로 말미암고, 주님에게로 돌아갑니다. 그러므로 주님은 찬양을 받으시기에 합당한 분이십니다.

엘리사의 이야기에는 거의 기적이 수반되고 있는데 그 기적들은 대부분 남을 돕는 일과 관계되어 있고, 그것은 곧 주님께서 우리에게 주신 모든 능력과 재능과 시간과 물질은 다른 사람들을 돕는데 사용되어야 한다는 진리를 가르치고 있는 것입니다.

3. 본서의 후반부는 사마리아의 타락과 그 멸망 및 예루살렘의 타락과 그 포로됨을 집중적으로 다루고 있습니다. 하나님께서는 우리 개인 생애의 타락과 실패도 다루십니다. 그러나 하나님께서는 우리의 승리와 상급(영광)을 기록하실 때 더욱 기뻐하십니다.

주님의 심판대(시상대)에서 우리들의 승리의 기록들이 낭독될 때, 우리들의 주님께서는 얼마나 기뻐하실지! 승리의 기록은 늘어나고, 실패의 기록은 줄어들게 해 달라고 기도합시다!

2. 우리는 이 책에 들어있는 특별한 내용들을 관심 있게 살펴보아야 하겠습니다.

1. 히스기야 왕은 남왕조 유다의 가장 선했던 왕들 중의 한 사람이었으나 그의 아들 므낫세는 가장 악한 왕들 중의 하나였습니다(21장). 어떻게 이런 일이 일어나는 것일까요? 훌륭한 아버지에게서 훌륭한 아들이 나오는 것 아닙니까? 그러나 반드시 그렇게 되는 것은 아닌가 봅니다. 인간은 인격적인 존재이기 때문에 인생은 각자가 선택하는 쪽으로 가게 되는 것입니다.

자기가 선택하고 자기가 책임을 지게 되는 것이 인생인 것 같습니다. 우리는 하나님 앞에서 항상 올바른 선택을 하는 훈련을 잘 받아야 하겠습니다.

2. 남왕조 유다의 6대 왕 아하시야가 왕이 된지 1년만에 죽자 그의 어머니 아달랴(5대 왕 여호람의 왕비)가 자신의 손자들을 전부 죽이고 자신이 왕좌에 앉은 것은 정말 특이한 내용입니다(11 : 1-3).

그때 아하시야의 누이 여호세바가 어린 왕자 요아스를 구출해서 6년간을 성전에서 길러냈다는 것도 참으로 특별한 내용입니다. 그리고 요아스의 나이 7살이 되었을 때 대제사장 여호야다(여호세바의 남편)에 의해 왕으로 기름부음을 받을 수 있었던 것입니다.

여기서 우리가 받게 되는 교훈은 거의 단절될 뻔했던 다윗의 혈통이 하나님에 의해 보호 유지되었다는 것입니다. 대제사장의 부인, 대제사장, 성전 등은 모두가 하나님과 상관된 것들입니다.

요아스가 하나님에 의해 아달랴의 마수로부터 구출 보호되었듯이 오늘 우리들도 예수 그리스도의 손길에 의해 사단의 손아귀로부터 구출되었고 또 성령님에 의해 보호받게 된 것입니다.

뿐만 아니라 우리는 여기서 하나님은 결코 자신의 언약(삼하 7 : 12-17)을 잊거나 저버리지 아니하신다는 사실을 배울 수 있습니다. 주님의 재림 약속은 지금도 유효합니다. 주님의 재림은 어떤 이들은 더디다고 생각하지만 그러나 반드시 성취되고야 말 대 진리(大眞理)인 것입니다. 주 예수여 오시옵소서 이것은 성경의 마지막 기도이자 신 · 구약성서 전체의 결론인 것입니다.

3. 소멸될 뻔했던 율법 사본의 발견(22 : 8-20)은 이 책에 수록된 특별한 내용입니다. 우리는 이 사실로부터 하나님은 스스로를 보호하시는 전능하신 분이심을 배우게 됩니다. 하나님은 사람들의 보호나 방어가 필요 없는 분이시라는 사실을 묵상하면 우리의 마음은 한없이 엄숙해지는 것을 느낄 수 있습니다. 그렇습니다. 하나님은 우리들이 지킬 필요가 없는 위대한 분이십니다.

4. 요시야 왕에 대한 하나님의 칭찬은 참으로 주목할만한 것입니다. "요시야와 같이 마음을 다하며 성품을 다하며 힘을 다하여 여호와를 향하여 모세의 모든 율법을 온전히 준행한 임금은 요시야 전에도 없었고 후에도 그와 같은 자가 없었더라"(23 : 25)

우리도 평생 주님의 칭찬을 얻기 위해 충성해야 하겠습니다. "잘 하였도다 착하고 충성된 종아 네가 작은 일에 충성하였으매 내가 많은 것으로 네게 맡기리니 네 주인의 즐거움에 참예할지어다"(마 25 : 21)

3. 우리는 이 책을 여호와의 책이라고 불러도 좋겠습니다.

1. 무시당한 여호와(1 : 1-2 : 11)

주님은 아하시야 왕과 그의 신하로부터 무시당했고(1 : 1-17), 주님은 선지자의 생도들로부터도 무시를 당했습니다(2 : 1-7). 사실 그들은 다른 누구보다도 더 주님을 높이고 찬양해야 할 사람들이었던 것입니다.

오늘날도 마찬가지입니다. 주님께 받은 것이 많은 사람들이 더 주님을 사랑하고 섬겨야 마땅한데 오히려 그들이 더 주님을 소홀히 여기고 있는 것을 보게될 때는 참으로 통탄스러운 마음을 금할 길이 없습니다.

2. 조롱당한 여호와(2 : 12-25)

주님은 선지자의 생도들로부터 조롱을 당했고(2 : 15-18), 주님은 젊은이들로부터도 조롱을 당했습니다(2 : 23-24). 예수님은 십자가에서 강도들로부터 조차 조롱을 당했으니 참으로 놀라운 일이라 아니 할 수 없습니다.

우리가 주님 때문에 멸시와 천대와 조롱을 당했다면 그것은 참으로 영광스러운 것입니다. 그러므로 우리는 그때 놀라지 말아야 합니다. 왜냐하면 종이 주인보다 나은 대접을 받으려해서는 안 되기 때문입니다. 성경은 오히려 주님과 함께 영광을 얻기 위해서는 주님과 함께 고난에 참여해야 한다고 가르치고 있습니다. "… 우리가 그와 함께 영광을 받기 위하여 고난도 함께 받아야 될 것이니라"(롬 8 : 17)

3. 노하신 여호와(3 : 1-13 : 21)

"여호와께서 이스라엘을 향하여 노를 발하사 늘 아람 왕 하사엘의 손과 그 아들 벤하닷의 손에 붙이셨더니"(13 : 3)

4. 연민의 여호와(13 : 22-16 : 20)

"여호와께서 아브라함과 이삭과 야곱으로 더불어 세우신 언약을 인하여 이스라엘에게 은혜를 베풀어 긍휼히 여기시며 권고하사 멸하기를 즐겨 아니하시고 이때까지 자기 앞에서 쫓아내지 아니하셨더라"(13 : 23)

5. 크게 노하신 여호와(17 : 1-41)

"또 여호와께서 저희 앞에서 물리치신 이방 사람같이 그 곳 모든 산당에서 분향하며 또 악을 행하여 여호와를 격노케 하였으며"(17 : 11) "여호와께서 이스라엘을 심히 노하사 그 앞에서 제하시니 유다 지파 외에는 남은 자가 없으니라"(17 : 18)

6. 맹렬한 진노의 여호와(18 : 1-25 : 30)

"이는 이 백성이 나를 버리고 다른 신에게 분향하며 그 손의 모든 소위로 나의 노를 격발하였음이라 그러므로 나의 이곳을 향하여 발한 진노가 꺼지지 아니하리라 하라 하셨느니라"(22 : 17) "여호와께서 예루살렘과 유다를 진노하심이 저희를 그 앞에서 쫓아내실 때까지 이르렀더라…"(24 : 20)

이스라엘과 유다 사람들, 정말 한심하다는 생각이 듭니다. 그러나 오늘날 이 시대를 살아가는 그리스도인들이 그들보다 얼마나 더 낫다고 말할 수 있겠습니까? 머지않아 하나님께서 크게 진노하실 것이라 생각하니 두렵고 떨립니다.

역대상

하나님의 관점에서 본 통치의 책

◎ **본　문** : 사울의 죽은 것은 여호와께 범죄하였음이라 저가 여호와의 말씀을
　　　　　 지키지 아니하고 또 신접한 자에게 가르치기를 청하고 (10 : 13)

◎ **주　제** : 세상에는 두 가지 큰 관점이 있다
　　　　　 우리는 하나님의 관점으로 사물을 보아야 한다

◎ **키워드** : 관점들

열왕기와 역대기는 흔히 매우 비슷한 책으로 여깁니다.
그러나 이 두 책 사이에는 커다란 차이가 있습니다.
열왕기는 주로 솔로몬의 시대로부터
예루살렘 멸망까지의 남북 양 왕조의 정치적 역사를 다루고 있지만
역대기는 성경의 어떤 책보다도 더 광범한 기간을 포함하고 있습니다.
한 마디로 말해서, 역대기는 세계 창조로부터 시작해서
본서가 기록되던 포로 귀환시대까지의 종교적 역사를 다루고 있는 것입니다.

1. 우리는 이 책을 몇 개의 열쇠로 열어 가면 매우 흥미롭습니다.

매우 딱딱하게 보이는 이 책도 몇 개의 열쇠만 먼저 손에 넣고나면 매우 달콤한 책으로 바뀌고 맙니다.

1. 성경 연구가들은 문체와 언어에 있어서 역대기는 에스라와 느헤미야와 매우 흡사하다고 지적합니다. 그래서 일반적으로 이 책의 저자를 에스라로 보는데(유대인들도 전통적으로 그렇게 봄) 바벨론 포로에서 돌아온 후에 기록된 것만은 분명합니다(3 : 19, 6 : 15, 9 : 1-2).

2. 사무엘상 · 하와 열왕기상 · 하는 남북 양 왕조의 역사를 취급하고 있으나 역대상 · 하는 오직 남왕조 유다의 역사만을 다루고 있습니다. 이 점이 매우 중요한 것입니다. 북왕조 이스라엘은 처음부터 비(非)다윗 왕조였을 뿐만 아니라, 예루살렘에 있는 성전과는 전혀 상관이 없었던 나라였기 때문에 북왕조의 역사는 제외된 것입니다. 북왕조는 영토도 더 넓고 인구도 더 많았지만 그러나 하나님과는 상관이 없는 나라였던 것입니다.

오늘날 예수 그리스도와 아무 상관이 없고 하늘나라 지성소와 무관한 이단 사이비 교회들도 역시 마찬가지입니다. 아무리 그 규모가 크고 양적으로 번성하고 있다 하더라도 그것은 무의미한 것입니다. 중요한 것은 생명의 유무입니다. "사데 교회의 사자에게 편지하기를 하나님의 일곱 영과 일곱 별을 가진 이가 가라사대 내가 네 행위를 아노니 네가 살았다 하는 이름은 가졌으나 죽은 자로다"(계 3 : 1)

3. 역대기의 저자는 왕들의 전쟁 이야기보다는 성전과 그리고 그 성전에서 행해진 의식을 더 중요하게 여기고 있음을 볼 수 있습니다. 전쟁에서 거둔 승리가 더 중요합니까 아니면 예배당에서 행해진 한 시간의 예배가 더 중요합니까? 경제 성장이 더 중요합니까 아니면 영적 대 각성이 더 중요합니까? 학교의 교육이 더 중요합니까 아니면 교회의 성경 교육이 더 중요합니까? 이것은 너무나 중요한 질문입니다. 하나님의 관점으로 사물을 보느냐 인간의 관점으로 보느냐에 따라 그 대답은 달라지는 것입니다. 관점이 문제입니다.

역대기는 성회(聖會)의 분위기가 감도는 거룩한 책입니다. 거룩이 참된 가치이고, 거룩이 무한한 능력이고, 거룩이 영원한 승리임을 아는 나라와 백성과 교회는 참으로 복받은 나라이고 백성이고 교회인 것입니다.

4. 역대기에는 자기 백성들을 위한 여호와의 활동이 두드러지게 나타나고 있습니다(4 : 9-10, 5 : 20-22, 11 : 14, 12 : 18, 14 : 2, 11, 15, 18 : 13).

참된 구원은 하나님의 손안에 있고 참된 번영은 하나님의 선물입니다. 하나님의 역사가 자기 백성을 보호하고 하나님의 활동이 자기 백성을 지켜주고 하나님의 일하심이 자기 백성을 인도합니다.

"유월절 양의 피" "갈라진 홍해" "매일 내린 만나" "구름기둥과 불기둥"은 모두가 하나님의 역사(활동)를 보여 주는 것들입니다. 이 모든 것들은 하나님의 활동의 실재를 우리에게 보여 주는 것입니다. 하나님의 활동이 없는 이스라엘의 존재와 역사란 생각조차도 할 수가 없는 것입니다. 교회사도 하나님의 활동사입니다. 하나님은 지금도 당신의 교회와 함께 일하고 계시는 분이십니다.

5. 역대상은 하나님의 심판은 공정하다고 가르치고 있습니다(5 : 25-26, 6 : 15, 9 : 1, 10 : 1, 3, 14, 15 : 2, 13, 21 : 14).

하나님의 눈은 불꽃 같고, 하나님의 마음은 공의로 가득하고, 하나님의 손과 발은 공평하십니다.

하나님의 심판을 굽게 할 수 있는 뇌물이 인간 세상에는 존재하질 않습니다. 하나님의 공정한 심판은 하나님의 공의로운 성품의 결과입니다. 하나님의 은혜와 하나님의 긍휼을 찬양하듯이 하나님의 공의도 찬양해야 마땅합니다. 하나님의 신실하심과 하나님의 인내하심에 대해 감사하듯이 하나님의 공의로우심에 대해서도 감사해야 마땅합니다.

2. 우리는 두 관점에 특별히 유의할 필요가 있습니다.

사무엘상·하와 열왕기상·하는 사건을 인간의 관점에서 기록하고 있지만 역대상·하는 하나님의 관점에서 기록하고 있습니다. 거듭 강조하지만 이것이 이 책을 바로 이해하는데 있어서 가장 중요한 키워드입니다. 예를 들어봅시다.

1. 사울의 죽음(삼상 31장 = 대상 10장)

사무엘상 31장은 사울의 죽음과 그 장사를 사실 그대로만 기록하고 있는데 대해 역대상 10장은 사실과 함께 하나님의 입장에서 본 그 죽음의 원인과 그 죽음의 의미를 다루고 있는 것입니다. "사울의 죽은 것은 여호와께 범죄하였음이라 저가 여호와의 말씀을 지키지 아니하고 또 신접한 자에게 가르치기를 청하고 여호와께 묻지 아니하였으므로 여호와께서 저를 죽이시고 그 나라를 이새의 아들 다윗에게 돌리셨더라"(10 : 13-14)

2. 하나님의 궤를 옮김(삼하 6장 = 대상 13장, 15장, 16장)

사무엘하 6장은 바알레유다(기럇여아림의 옛 이름)의 아비나답의 집에 있던 하나님의 궤를 다윗 성으로 옮겨 올 때, 도중에서 웃사가 죽은 것과 3개월 후 오벧에돔의 집에서 다시 옮겨 온 사실만을 기록하고 있지만, 역대상은 웃사의 죽음의 원인과 그 의식의 중요함을 강조하고 있는 것입니다.

"저희에게 이르되 너희는 레위 사람의 족장이니 너희와 너희 형제는 몸을 성결케 하고 내가 예비한 곳으로 이스라엘 하나님 여호와의 궤를 메어 올리라 전에는 너희가 메지 아니하였으므로 우리 하나님 여호와께서 우리를 충돌하셨나니 이는 우리가 규례대로 저에게 구하지 아니하였음이니라"(15 : 12-13)

하나님의 궤는 수레에 실어서 옮겨서는 안 되고 반드시 제사장들이 어깨에 메고 옮겨야 하는 것입니다.

3. 다윗의 두 큰 죄(삼하 11장, 12장 = 대상 21장)

사무엘하에서는 두 장(11장, 12장)에 걸쳐 다윗이 밧세바를 빼앗고 그 남편 우리아를 죽인 사실을 기록하고 있지만 그 큰 죄가 역대기에는 전혀 언급이 없고 대신 다윗의 인구 조사의 죄를 기록하고 있는 것입니다. 그것은 밧세바를 취한 죄는 성전과 관계가 없고, 인구 조사의 죄는 성전과 관계가 있기 때문입니다.

그리고 삼하 24 : 1은 인구 조사를 여호와께서 하게 했다고 기록하고 있는데 대상 21 : 1은 사단이 다윗으로 하여금 이스라엘을 계수하게 했다고 증거하고 있는 것입니다. 이 사실은 하나님의 견해와 인간의 견해의 차이를 단적으로 보여 주는 것입니다. "사단이 일어나 이스라엘을 대적하고 다윗을 격동하여 이스라엘을 계수하게 하니라"(21 : 1)

4. 두 이름(삼하 2 : 8 = 대상 8 : 33)

아브넬에 의해 왕이 되었던 사울의 아들의 이름이 사무엘하에서는 "이스보셋"이고, 역대상에서는 "에스바알"(바알의 사람)인데 이는 사울의 범죄(바알 숭배)에 대한 인간의 견해와 하나님의 견해가 어떻게 다른지를 잘 보여 주는 것입니다.

5. 야곱의 영적 이름 "이스라엘"(대상 1 : 34, 2 : 1)

이 책에서는 야곱을 항상 "이스라엘"로 부르고 있습니다. 그것은 하나님께서 야곱이 더 이상 이삭의 아들이 아니고 하나님 자신의 아들로 되었음을 보여 주는 것입니다. 사람들은 나 김석규를 김효출씨의 아들로 보지만 하나님께서는 나를 자신의 아들로 보시는 것입니다.

할렐루야!

오, 이 큰 은혜여!

오, 이 큰 영광이여!

역대하
큰 부흥의 책

◎ **본   문** : 내 이름으로 일컫는 내 백성이 그 악한 길에서 떠나 스스로 겸비하고
　　　　　기도하여 내 얼굴을 구하면 내가 하늘에서 듣고 그 죄를 사하고
　　　　　그 땅을 고칠지라 (7 : 14)

◎ **주   제** : 지도자에 따라 공동체의 모습은 달라진다

◎ **키워드** : 회개와 협력

역대기는 사건을 하나님의 관점에서 본다는데 그 특징이 있습니다.
구원받은 성도들도 역시 사건을 하나님의 관점에서 보아야 합니다.
개인의 문제, 가정의 문제, 직장의 문제, 학교의 문제,
사회의 문제, 국가 및 국제적인 문제도 역시 하나님의 관점에서 보아야 합니다.
모든 사건에는 의미가 있게 마련인데 하나님의 관점으로 보면
그 의미는 분명하게 드러나는 것입니다.
모든 사건들은 하나님의 허락 하에서 발생하는 것이기 때문에
모든 사건은 결국 합력하여 선을 이루는 것입니다.
문제를 통해 하나님을 보면 원망하게 되고,
하나님을 통해 문제를 보면 감사하게 됩니다.
진짜 문제는 관점입니다.

1. 우리는 이 책을 하나님의 관점으로 보아야 합니다.

역대하도 역대상과 마찬가지로 열왕기에 나오는 사건들을 하나님의 관점에서 다루고 있습니다. 이제 그 6가지 사건들을 살펴보도록 합시다.

1. 열왕기상 7 : 8은 단순하게 솔로몬이 바로의 딸을 위해 "다른 뜰"에다 집을 지었다고만 했습니다. 그러나 역대하 8 : 11은 바로의 딸이 솔로몬의 아내이긴 하지만 그녀가 우상 숭배자이기 때문에 거룩한 성 안에 거할 수 없어서 예루살렘 성 밖에다 그녀의 궁을 지을 수밖에 없었다고 진술하고 있는 것입니다.

당신은 하나님을 경배하는 사람입니까 아니면 우상을 숭배하는 사람입니까? 우상 숭배자는 하나님의 거룩한 성에 들어갈 수가 없습니다. "개들과 술객들과 행음자들과 살인자들과 우상 숭배자들과 및 거짓말을 좋아하며 지어내는 자마다 성 밖에 있으리라"(계 22 : 15)

2. 역대기는 배도한 여로보암이 송아지 우상 외에도 다른 우상들을 섬겼다고 기록하고 있습니다(대하 11 : 15).

하나님의 눈은 사람의 눈과 달라서 사람들이 보지 못하는 죄도 보시는 것입니다. 하나님의 눈을 속일 수 있다고 착각하지 말아야 합니다. 하나님의 눈은 불꽃 같아서 우리의 모든 죄를 죄다 보고 계시는 것입니다. "그 머리와 털의 희기가 흰 양털같고 눈같으며 그의 눈은 불꽃같고"(계 1 : 14).

3. 열왕기에서는 아비야 왕의 경건에 대해 아무 것도 기록하지 않고 있으나 역대기에서는 그의 증거(대하 13 : 5-12)와 그의 기도(대하 13 : 14, 18)에 대해서 기록하고 있습니다. 하나님은 우리의 오른손이 왼손 모르게 행한 선행도 알고 계십니다. 그리스도의 심판대(시상대)에서 우리의 모든 선행은 드러날 것이고 거기서 우리는 사람들의 보상이 아닌 하나님의 보상을 받게 될 것입니다. 그러므로 우리는 사람들이 칭찬해 주지 않는다고 안달할 필요가 없습니다. "그러므로 내 사랑하는 형제들아 견고하며 흔들리지 말며 항상 주의 일에 더욱 힘쓰는 자들이 되라 이는 너희 수고가 주 안에서 헛되지 않은 줄을 앎이니라"(고전 15 : 58)

4. 역대하에서만, 선왕이었던 아사가 죽을 병에 걸렸을 때 여호와를 의지하지 않았던 죄(16 : 12)와 선왕 여호사밧이 3중 동맹을 맺은 것(18 : 1, 18 : 3, 21 : 6, 20 : 35-36)과 아달랴의 성전에 대한 범죄(24 : 7)와 여호와께서 웃시야 왕을 문둥병으로 징계하신 이유(26 : 16-21) 등을 공개하고 있습니다.

사람들은 석가와 공자를 대단하게 여기지만 하나님께서는 그들의 죄도 다 알고 계십니다. "또 내가 보니 죽은 자들이 무론 대소하고 그 보좌 앞에 섰는데 책들이 펴있고 또 다른 책이 펴졌으니 곧 생명책이라 죽은 자들이 자기 행위를 따라 책들에 기록된 대로 심판을 받으니 바다가 그 가운데서 죽은 자들을 내어 주고 또 사망과 음부도 그 가운데서 죽은 자들을 내어 주매 각 사람이 자기의 행위대로 심판을 받고 사망과 음부도 불못에 던지우니 이것은 둘째 사망 곧 불못이라 누구든지 생명책에 기록되지 못한 자는 불못에 던지우더라"(계 20 : 12-15).

5. 열왕기서는 히스기야 왕의 개혁 운동을 단 3절에 걸쳐 기록하면서(왕하 18 : 4-6) 그의 군사적 치적은 3장에 걸쳐 기록하고 있습니다(왕하 18장-20장). 그러나 역대기서는 히스기야 왕의 개혁 운동을 3장을 할애하여 기록하고 있는 것입니다(대하 29장-31장).

하나님의 관심은 군대에 있지 않고 영적 각성(부흥)에 있는 것입니다. 우리는 이 사실을 명심할 필요가 있다고 생각합니다.

6. 열왕기하 21장은 므낫세 왕의 악행에 대해서만 많이 언급하고 있습니다. 그러나 역대기는 그가 바벨론에 포로되어 갔다가 귀환하여 다시 왕위로 복귀한 사실을 기록하고 있습니다. "여호와께서 므낫세와 그 백성에게 이르셨으나 저희가 듣지 아니한 고로 여호와께서 앗수르 왕의 군대 장관들로 와서 치게 하시매 저희가 므낫세를 사로잡고 쇠사슬로 결박하여 바벨론으로 끌어간지라 저가 환난을 당하여 그 하나님 여호와께 간구하고 그 열조의 하나님 앞에 크게 겸비하여 기도한 고로 하나님이 그 기도를 받으시며 그 간구를 들으시사 저로 예루살렘에 돌아와서 다시 왕위에 거하게 하시매 므낫세가 그제야 여호와께서 하나님이신 줄을 알았더라"(33 : 10-13). 그래서 후대 사람들은 그를 가리켜 구약의 탕자라고 일컫는 것입니다.

2. 우리는 이 책에서 구약의 5대 부흥 운동(영적 대각성)을 발견할 수 있습니다.

역대하 1장-9장은 솔로몬의 통치를 다루고 있고 10장-36장은 남왕조 유다 왕들의 통치를 다루며, 통치 기간 중에 일어났던 5대 부흥 운동은 유명한 것입니다.

1. 아사 왕의 통치하에서 일어났던 부흥(15 : 1-19)

유다의 제3대 왕 아사의 때에 오뎃의 아들 아사랴에게 하나님의 신이 임하자 하나님의 말씀이 그를 통해 선포되기 시작했습니다(15 : 1-7). 아사 왕이 그 말씀을 듣고 마음을 강하게 하여 가증한 물건(우상)을 유다와 베냐민 온 땅에서 제하였고 또 빼앗은 성읍들에서도 여호와의 단을 중수했던 것입니다(15 : 8). 그 결과 이스라엘 사람들이 여호와께서 그와 동행하심을 보고 아사에게로 돌아오는 자가 많이 일어났던 것입니다(15 : 9).

2. 여호사밧 왕의 통치하에서 일어났던 부흥(17 : 1-19)

아사 왕의 아들인 여호사밧은 그 조상 다윗의 처음 길로 행하였기 때문에 여호와께서 그의 나라를 그의 손 안에서 견고하게 하셨습니다(17 : 3-5).

이 부흥 운동의 특징은 여러 지도자에 의한 양육이 뒤따랐다는 점입니다. 부흥을 일으키는 것도 중요하지만 그것을 지속시키기 위한 양육도 중요한 것입니다.

3. 요아스 왕의 통치하에서 일어났던 부흥(24 : 1-14)

요아스는 유다의 제8대 왕이었습니다. 그의 할머니 아달랴는 왕위를 찬탈해서 6년간 악정을 베풀었던 그야말로 악녀였습니다. 요아스는 그의 나이 불과 7세 때 왕위에 나아갔지만 그의 고모부되는 대제사장 여호야다의 자문에 따라 나라를 여호와 신앙으로 돌아서게 했던 것입니다.

요아스는 성전세를 거두어 성전을 중수하게 했을 뿐 아니라 여호야다가 살아있는 동안에는 성전에서 항상 번제를 드렸던 충성스러운 사람이었습니다(24 : 14).

4. 히스기야 왕의 통치하에서 일어났던 부흥(29장-31장)

히스기야는 유다의 제13대 왕이었습니다. 그는 25세에 즉위했는데 원년 정월에 성전을 수리하고, 성전에서 그의 아버지 아하스 왕이 섬겼던 우상들을 전부 제거하고, 성전예배를 회복케 하는 한편, 절기들을 대대적으로 지키게 했습니다.

그리고 그는 유다 여러 성읍들의 우상들도 깨뜨려 제거케 하는 한편 계속적인 성전예배를 가능케 하기 위해 백성들로 하여금 십일조를 하나님께 드리게 했으며 여호와의 전 안에다 그것들을 간수할 방을 만들게도 했습니다. 히스기야 왕의 부흥에 결정적인 영향을 미쳤던 하나님의 사람은 위대한 선지자 이사야였습니다.

5. 요시야 왕의 통치하에서 일어났던 부흥(34 : 1-35 : 19)

요시야는 유다의 제16대 왕이었습니다. 그도 요아스처럼 어린 나이(8세)에 왕위에 올랐습니다. 그가 왕이 된지 8년째 되던 해, 그 조상 다윗의 하나님을 비로소 찾았고 12년 째 되던 해, 유다와 예루살렘을 우상들로부터 정결케 했습니다.

그의 치적 중에 가장 위대한 것은 그가 왕 된지 18년째 되던 해에 제사장 힐기야와 서기관 사반을 시켜 성전을 수리케 한 것과 그때 발견된 율법책(모세의 오경)을 왕과 온 백성들이 듣고 민족적인 대 회개의 운동을 일으킨 것이었습니다.

아사 왕의 부흥에는 아사랴, 여호사밧의 부흥에는 제사장 엘리사마와 여호람이, 요아스의 부흥에는 제사장 여호야다가, 히스기야 왕의 부흥에는 선지자 이사야가, 요시야 왕의 부흥에는 제사장 힐기야와 서기관 사반이 각자 자기들의 왕을 잘 도왔기 때문에 성공할 수 있었던 것입니다.

예수님께서도 자신의 제자들을 둘씩 짝을 지어 사역지로 내보내었고 사도 바울도 항상 팀을 이루어 사역을 감당했던 것입니다. "너희가 짐을 서로 지라 그리하여 그리스도의 법을 성취하라"(갈 6 : 2) "두 사람이 한 사람보다 나음은 저희가 수고함으로 좋은 상을 얻을 것임이라 혹시 저희가 넘어지면 하나가 그 동무를 붙들어 일으키려니와 홀로 있어 넘어지고 붙들어 일으킬 자가 없는 자에게는 화가 있으리라 두 사람이 함께 누우면 따뜻하거니와 한 사람이면 어찌 따뜻하랴 한 사람이면 패하겠거니와 두 사람이면 능히 당하나니 삼겹 줄은 쉽게 끊어지지 아니하느니라"(전 4 : 9-12)

귀환의 책, 성전 건축의 책, 말씀의 책

◎ **본　문** : 에스라가 여호와의 율법을 연구하여 준행하며 율례와 규례를
　　　　　이스라엘에게 가르치기로 결심하였었더라 (7 : 10)

◎ **주　제** : 하나님은 준비된 사람들을 거룩한 일에 들어 쓰신다

◎ **키워드** : (예언의) 성취와 헌신과 순종

본래 에스라와 느헤미야는 주후 3세기까지는 한 책이었습니다.
에스라서는 이스라엘 백성의 바벨론
포로로부터의 귀환을 영적 관점에서 다루었고
느헤미야서는 그것을 정치적인 관점에서 다루었던 것입니다.
에스라는 1장에서 6장까지 스룹바벨의 인솔하에
이루어진 첫 귀환(B.C. 538년)을 다루었고,
7장에서 10장까지는 57년후 에스라의 인솔하에 이루어진
제2차 귀환(B.C. 457년)을 다루고 있습니다.

1. 우리는 먼저 제2성전의 유래를 알지 아니하면 안 됩니다.

에스라서는 성전 건축의 책이고 느헤미야서는 성벽 건축의 책입니다. 스룹바벨의 인솔하에 돌아온 약 오만 명의 유대인들은 B.C. 586년 느부갓네살의 바벨론 군대에 의해 파괴되었던 성전을 다시 세웠습니다. 때는 B.C. 538년 바사의 고레스 2세가 이스라엘 민족의 귀국 및 성전 재건을 허락하는 조서를 내리면서 시작되었습니다.

스룹바벨이 총독의 자격으로 백성을 인도하여 돌아왔으며 B.C. 537년 가을에 제2성전의 기초를 놓긴 했으나 주위의 강렬한 반대에 부딪쳐 공사를 중단할 수밖에 없었고, B.C. 520년 다리오 왕의 지원 하에 공사는 재개되었으며, 드디어 B.C. 516년에 준공 봉헌하게 되었던 것입니다. 이 제2성전을 보통 스룹바벨의 성전이라고 부릅니다.

이 제2성전의 유래를 알게 하자는 것이 이 책의 목적입니다.

2. 우리는 이 책을 바르게 이해하려면 저자인 에스라를 이해해야 합니다.

에스라서(B.C. 457년경에 기록)는 이 책의 저자인 에스라를 이해할 때 쉽게 풀어지게 됩니다.

1. 그는 요시야 왕 때 율법의 사본을 발견했던 대제사장 힐기야의 증손이고 아론의 16대 손입니다. 일반적으로 훌륭한 가문에서 훌륭한 인물이 나오는 것입니다. 우리 어른들이 하나님 앞에서 거룩하게 살면 우리 자녀들도 대개는 그렇게 살게되는 것입니다.

2. 그는 태어날 때부터 제사장이었습니다. 그러나 바벨론에 포로되어 갔기 때문에 성전이 없는 이방 나라에서의 제사장이란 실업자와 마찬가지입니다. 할 일이 없어져 버렸지만 그러나 그는 좌절하지 않고 대신 말씀 연구에 열중해서(7 : 10) 마침내 그는 이스라엘 역사상 가장 탁월한 성경 해석가가 되었던 것입니다.

3. 그에 의해 낭독 해석되어진 여호와의 말씀은 힘있게 역사하여 온 국민의 생활에 일대 변혁을 일으켰던 것입니다(10 : 1-17). "하나님의 말씀은 살았고 운동력이 있으

며…"(히 4 : 12) "나 여호와가 말하노라 내 말이 불같지 아니하냐 반석을 쳐서 부
스러뜨리는 방망이 같지 아니하냐"(렘 23 : 29)

4. 그는 능력 있는 말씀 사역 외에 역대상·하와 에스라서와 시편 119편을 썼으
며, 그리고 회당예배의 제도를 설립했고 자신은 대 회당의 회당장이 되어 정경을
확정짓는 엄청난 사역도 감당했던 것입니다.

5. 그의 지도하에 일어났던 국가적인 대 각성은 성경 연구의 결과였고, 하나님의 기
록된 계시(성경)에 대한 백성들의 순종의 열매였습니다. 오늘날 한국교회에서 일어나
고 있는 성경 연구의 열기는 반드시 위대한 부흥의 씨앗이 되리라고 믿습니다.

6. 누가 나에게 이스라엘 역사상 가장 위대한 업적을 남긴 하나님의 사람을 넷만
지적하라고 하면 나는 서슴지 않고 아브라함과 모세와 다윗과 에스라를 들겠습니다.

오늘 우리들의 시대에도 에스라와 같은 하나님의 사람이 필요합니다. 왜냐하면
오늘날 우리들에게는 미래에 대한 어떤 소망도 갖기가 어렵기 때문입니다. 그러나
성경은 소망의 책입니다. 우리는 성경에서만 소망을 발견할 수 있기 때문에 이 시
대가 진정 필요로 하는 사람은 성경에 정통한 학자와 설교자와 교사들입니다.

3. 우리는 말씀의 책이라는 주제하에 이 책을 간단하게 분해 해 보도록 하겠습니다.

1. 말씀의 성취에 의한 유다의 귀환(1장-2장)

느부갓네살 왕에 의해 포로되어 갔던 유대인들이 고레스 왕에 의해 돌아오게 된
것은 우연의 사건이 아니고 예언의 성취였던 것입니다.

하나님은 선지자 예레미야를 통해 70년만에 포로에서 돌아오게 될 것이라고 미
리 말씀하셨던 것입니다(렘 25 : 12-13, 29 : 10, 33 : 10-11,14).하나님의 선지자
들이 했던 예언은 99%가 아니고 항상 100% 성취되었던 것입니다.

"내가 고하라고 명하지 아니한 말을 어떤 선지자가 만일 방자히 내 이름으로 고
하든지 다른 신들의 이름으로 말하면 그 선지자는 죽임을 당하리라 하셨느니라 네

·

99

에
스
라

가 혹시 심중에 이르기를 그 말이 여호와의 이르신 말씀인지 우리가 어떻게 알리요 하리라 만일 선지자가 있어서 여호와의 이름으로 말한 일에 증험도 없고 성취함도 없으면 이는 여호와의 말씀하신 것이 아니요 그 선지자가 방자히 한 말이니 너는 그를 두려워 말지니라"(신 18 : 20-22)

2. 말씀에 순종한 번제단의 재건(3 : 1-7)

1차 귀환한 백성들이 처음에 한 일은 성전의 재건이 아니고 번제단의 재건이었습니다. 그들은 "모세의 율법에 기록된 대로" 번제단을 만들어 "기록된 규례 대로" 조석으로 번제를 드렸고, 그리고 초막절도 지켰습니다.

3. 말씀에 순종한 성전의 재건(3 : 8-6 : 15)

예루살렘으로 돌아온 지 제2년이 되던 해(B.C. 537년) 2월에 성전 역사를 시작했는데 그때 젊은이들은 즐거워서 여호와를 찬송했으나 노인들은 제2성전의 기초가 너무나 초라해서 대성 통곡했습니다(3 : 11-12). 그나마 작은 규모의 성전도 주위 종족들의 방해로 말미암아 중단하지 않으면 안 되었습니다.

그러나 다리오 왕 제2년(B.C. 520년)에 재착공 할 수 있었고, 다리오 왕 제6년 아달월 3일에 마침내 공사는 끝이 났던 것입니다(6 : 15). 역사적인 날이었습니다.

4. 말씀에 따른 성전 제사의 회복(6 : 16-22)

성전 봉헌식과 더불어 주님께서 명하신 모든 제사들이 성전에서 드려지게 되었습니다. 주님께서 얼마나 기뻐하셨을까! 생각하면 가슴이 떨려옵니다. 할렐루야!

5. 말씀의 학도, 에스라(7 : 1-8 : 36)

하나님은 자신의 말씀을 사랑하고 그 말씀에 사로잡힌 자를 기뻐하십니다. 그리스도인이 말씀을 공부하지 않는 것은 정말로 부끄러운 일입니다. 말씀의 학도, 에스라를 하나님이 쓰셨듯이 오늘날도 역시 말씀을 넓고 그리고 깊게 연구하는 사람은 하나님께서 반드시 들어 쓰십니다.

"네가 진리의 말씀을 옳게 분변하며…"(딤후 2 : 15)

6. 말씀에 의한 회개와 개혁(9 : 1-10 : 44)

하늘에서 내려온 비가 잎을 내고 꽃을 피우고 열매를 맺게 하듯이 하나님의 말씀도 옥토(마음 밭)에 떨어지면 반드시 하나님께서 의도하신 거룩한 삶이라는 아름다운 열매들을 맺게 되는 것입니다(마 8 : 9-10,26). "내 입에서 나가는 말도 헛되이 내게로 돌아오지 아니하고 나의 뜻을 이루며 나의 명하여 보낸 일에 형통하리라"(사 55 : 11)

느헤미야
성벽 재건의 책

◎ **본 문** : 예루살렘 성곽이 낙성되니 각처에서 레위 사람들을 찾아

예루살렘으로 데려다가 감사하며 노래하며 제금치며

비파와 수금을 타며 즐거이 봉헌식을 행하려 하매 (12 : 27)

◎ **주 제** : 두루 자격을 갖춘 사람이 성공할 수 있다

◎ **키워드** : (목표의 성취에 필요한) 자질들

느헤미야서는 에스라의 부흥 이후의 이스라엘의 역사와
특히 재건된 예루살렘 성벽의 유래를 보여 주기 위해 기록되었습니다.
"성" 이란 말이 32회나 사용되었고,
"건축" 이란 말은 23회나 사용되었습니다.
느헤미야서는 대체로 자서전적인 구약의 역사서입니다.

1. 우리는 먼저 이 책의 저자에 대해 알아보는 것이 좋겠습니다.

느헤미야는 포로 중에 태어났으며(아마 왕손이었을 것임), 바사 왕 아닥사스다 (아르타 크세르크세스 : Xerxes)의 굉장한 신임을 얻은 술관원이었습니다. 겉으로 보기엔 수산궁에서 매우 안락한 생활을 즐기고 있었으나, 그의 마음속은 파괴된 도성 예루살렘 때문에 매우 파괴되어 있었습니다.

그가 아닥사스다 왕의 허락을 받아 귀국한 것은 에스라 보다 약 13년 후의 일이 었습니다. 그는 "용감한 애국자"였고, "열심 있는 개혁가"였고, "두려움 모르는 모험가"였을 뿐만 아니라, "꾸준한 기도의 사람"이었고, "어려운 일을 기꺼이 해치우는 사람"이었으며, 그는 "하나님을 두려워하는 한편 하나님의 복을 구하는 겸손한 사람"이었습니다.

그의 이름 끝자인 '야'는 그의 가족이 유다 정통 신앙에 충실하다는 것을 암시해 줍니다(1 : 1).

2. 우리는 이 책을 통해 성공하는 사역자의 모델을 볼 수 있습니다.

느헤미야는 한마디로 우리가 하나님을 위한 사역에서 성공하려면 어떤 사람이 되어야 하는지를 가장 잘 보여 주는 사람입니다.

1. 그는 기도하고 맡겨진 일에 전력 투구했습니다(1 : 4, 6 : 3).

휴식은 힘들여 일한 사람을 위해 있는 것입니다. 일도 안 하고 쉬는 것(?)은 게으름이고 게으름은 죄입니다. 기도로 일을 시작하고 시작한 일은 전력을 다해야 하는 것입니다. 최선을 다한 후 결과는 주님의 손에 맡기는 것이 그리스도인의 올바른 태도라 하겠습니다.

2. 그는 예루살렘의 형편을 듣고 비통해 했습니다(1 : 2-4).

하나님은 목석 같은 사람은 결코 쓰지 않습니다. 그래서 하나님은 자기가 쓰고자 하는 사람은 먼저 그의 마음을 부드럽고도 민감하게 만드십니다. 고통을 허락하시는 이유도 바로 거기에 있는 것입니다. 우리는 우리의 정서가 메마르지 않도록 잘 관리해야 합니다.

3. 그는 현장을 먼저 답사하여 사역의 내용을 파악했습니다(2 : 11-16).

하나님께서는 하나님의 사람이 해결해야 할 사건과 성취시켜야 할 일의 내용을 먼저 파악하길 원하십니다. 사역의 내용을 파악하는데 소모된 시간은 결코 허비가 아닙니다.

젊은 형제 자매들은 너무 급히 사역에 달려들지 않도록 조심해야 합니다.

4. 그는 주님을 위해 자신을 온전히 부인하였습니다(2 : 5).

그는 엘리사, 베드로, 마태처럼 주님께서 불렀을 때, 주저함 없이 자기를 부인하고 따라 나섰습니다. 자기를 부인하지 않는 사람은 주님이 쓰실 수가 없습니다. "이에 예수께서 제자들에게 이르시되 아무든지 나를 따라 오려거든 자기를 부인하고 자기 십자가를 지고 나를 좇을 것이니라"(마 16 : 24)

5. 그는 사역을 위해 백성들을 고무시킬 줄 알았습니다(2 : 17-18, 4 : 23).

그는 말과 행동(모범)으로 백성들을 고무시켰습니다. 지도자가 모범을 보일 때, 백성들은 고무되고 따르는 것입니다. 영적 리더는 무엇보다도 성령과 사명감으로 충만되어 있어야 다른 사람을 고무시킬 수 있습니다.

성공담은 우리를 크게 고무시키는 것입니다. 그러므로 성공으로 끝나지 아니한 실패담(간증)은 함부로 말해서는 안 됩니다.

6. 그는 하나님의 일에 대한 올바른 개념을 가지고 있었습니다(6 : 3).

하나님의 일은 거룩하고, 고상하고, 영광스럽고, 영원한 것입니다. 그래서 하나님의 일은 위대한 것입니다. 느헤미야는 하나님의 일에 대한 올바른 개념을 갖고 있었기 때문에 성공할 수 있었습니다.

7. 그는 안 밖의 장애물에 부딪쳤을 때 낙심하거나 교란되지 않았습니다(4 : 17-18, 5 : 1-13).

어떤 일에나 반대자와 장애물은 있기 마련입니다. 문제는 그것들을 어떻게 극복하느냐에 달려 있는 것입니다.

성공을 원하면 장애물을 두려워하지 말아야 합니다. 장애물은 오히려 우리를 돕는 것일 수 있습니다.

8. 그는 성령님의 인도하심에 철저하게 순종했습니다(2 : 17, 7 : 5).

성령님은 구원받은 모든 사람 안에 내주해 계십니다. 그러나 그 성령님께 철저하게 순종하는 사람은 많지가 않습니다. 그래서 성공하는 사역자도 많지 못한 것입니다.

성령님은 절대로 우리를 실패의 길로 이끌지 아니 하십니다. 우리가 스스로 성공의 길을 버리고 실패의 길을 선택하는데 문제가 있는 것입니다.

9. 그는 청렴결백했기 때문에 지도자들의 부정부패를 척결할 수 있었던 것입니다(5 : 1-13, 16).

주님은 청렴결백에 있어서도 역시 최고의 모범이십니다. 그래서 우리에게 죽도록 충성하라고 요구하실 수가 있는 것입니다. 청렴결백은 리더십에 있어서 너무나 중요한 요소입니다.

10. 그는 자신의 정당한 보수를 기꺼이 희생했습니다(5 : 14, 18).

명심하도록 합시다. 이기주의자는 결코 하나님이 쓰시지 않습니다. 하늘에 계신 아버지는 자기를 닮은 자녀들을 기뻐하십니다. 누군가가 이렇게 말했습니다.

> "어떤 사람은 거미 같고,
> 어떤 사람은 개미 같고,
> 어떤 사람은 꿀벌 같다."

꿀벌같이 자기의 것을 주면서 사는 사람은 꿀벌처럼 하늘을 날면서 살게 될 것입니다.

11. 그는 인내했습니다.

가장 어려운 것 중의 하나가 인내하는 것입니다. 그래서 인내를 가리켜 쓴 것이라 했던 것입니다. 그러나 그 열매는 역시 꿀처럼 단 것입니다.

12. 그는 다른 하나님의 사람들과 함께 일했습니다.

느헤미야 8장과 9장은 그가 에스라와 함께 사역했던 것을 기록하고 있고, 13장은 B.C. 428년에 두 번째 귀국한 느헤미야가 말라기와 함께 사역했던 것을 기록한 것입니다.

하나님의 일에 있어서 성공하는 사람은 다른 사람들과 합심하여 협력할 줄 아는 사람입니다. 다른 사람들을 이용하는 것과 다른 사람들과 함께 하는 것은 다른 것입니다. 사람은 누구나 이용당하기는 싫어하나 함께 하기는 좋아하는 것입니다.

13. 그는 죄에 대해 단호했습니다(13 : 10-14, 13 : 23-31).

즐기고 있는 죄를 끊게 하는 것은 쉬운 일이 아닙니다. 하나님은 비범한 사람을 기뻐하십니다. 죄에 대해 단호한 사람은 평범한 사람이 아닙니다. 하나님께서 레위지파 사람들을 선택해서 쓰셨던 이유도 바로 그 점에 있었던 것입니다.

3. 우리는 이 책이 성벽 재건의 책임을 알고 읽어가야 합니다.

느헤미야는 성벽 재건을 위해 태어났고, 그것을 위해 훈련받았고, 그것을 위해 부름을 받았고, 그것을 위해 전력 투구했던 것입니다. 그래서 주님은 그것을 성취할 수 있도록 그에게 은혜를 베풀어 주셨던 것입니다.

1장에서 6장까지는 예루살렘 성의 벽을 재건한 이야기이고, 7장에서 13장까지는 백성들의 믿음의 벽을 세운 이야기입니다.

벽은 안과 밖을 갈라놓을 뿐만 아니라 특별히 안을 보호해 줍니다. 성벽이라고 하는 벽이 무너지면 사단의 무서운 공격을 막아 낼 수가 없게 됩니다. 그러므로 우리는 성벽의 벽을 높고도 튼튼하게 쌓을 필요가 있습니다. 방파제가 없으면 산더미같이 몰려오는 파도를 어떻게 막을 수가 있습니까? 우리가 앞으로 살아갈 마지막 시대의 죄(罪)의 파도는 너무나 높고 거대하고 집요한 것입니다.

잔치의 책

◎ **본 문** : 왕후 에스더가 대답하여 가로되 왕이여

내가 만일 왕의 목전에서 은혜를 입었으며 왕이 선히 여기시거든

내 소청대로 내 생명을 내게 주시고 내 요구대로

내 민족을 내게 주소서 (7 : 3)

◎ **주 제** : 그리스도인은 하나님의 섭리를 믿고 하나님께 헌신해야 한다

◎ **키워드** : 섭리와 헌신

마르틴 루터(Martin Luther)는 "에스더서는 존재하지 않았으면
좋을 뻔했다."라고 말한 적이 있습니다.
이유는 에스더서에는 이방인 왕의 이름이 무려 187번이나
언급되고 있는데 대해 하나님의 이름은 단 한번도
언급하지 않았다는 것과 또 기도에 대한 언급이나
유대인의 의식에 대한 언급도 전혀 없을 뿐 아니라
이방인의 택일하는 미신적 습관만이
영적인 것에 대한 유일한 언급이기 때문입니다.

1. 우리는 그 해답을 알 수 있습니다.

그러나 우리는 그 해답을 알 수 있습니다. 그 해답은 너무나 간단한 것입니다. 에스더서는 바사(Persia) 궁정의 공문서로부터 발췌한 것(2 : 23)이기 때문에 하나님의 이름이 생략될 수밖에 없었던 것입니다. 그러나 바사 제국의 검열관이 하나님의 이름은 제거할 수 있었지만 하나님 자신은 결코 제거할 수 없었던 것입니다.

유명한 성경 주석가 매튜 헨리(Matthew Henry)는 다음과 같이 말했습니다.

"여기에 하나님의 이름은 없어도, 하나님의 손가락은 있다!"

이 말은 곧 하나님의 섭리를 지적한 것입니다. 범죄한 인간들이 가장 싫어하는 이름은 하나님의 이름입니다. 그러나 인간은 누구나 한 번은 그 하나님을 대면해야 합니다. 구원의 자리에서가 아니면 심판의 자리에서 말입니다!

2. 우리는 이 책의 목적을 알 필요가 있습니다.

1. 에스더서는 유대인의 부림절의 기원(유래)을 알게 하려고 기록된 것입니다(9 : 26-32). 우리 나라의 삼일절과 광복절이 어떤 사건의 결과로 생겨났듯이 유대인의 부림절도 그렇습니다.

2. 에스더서는 하나님의 섭리가 실재함을 보여 주려고 기록된 것입니다.

섭리란 우리가 일생동안 경험하는 많은 사건 가운데 하나님의 개입이 있음을 가리키는 말입니다. 개인의 생애와 인류의 역사에는 신비스러운 방법으로 하나님이 관계하고 계시는 것입니다. 이 사실은 우리를 안심시키기도 하지만 우리의 경외감을 불러일으키기도 하는 것입니다.

3. 우리는 이 책을 잔치의 책이라고 부를 수 있습니다.

전체가 10장으로 되어 있는 에스더서는 세개의 큰 잔치가 그 등뼈 역할을 하고 있습니다. 에스더서의 사건들은 제2성전의 준공(B.C. 516년)과 에스라의 귀국(B.C. 458년) 사이에 일어났던 것입니다. 에스더는 B.C. 479년에 아하수에로 왕에 의해 왕비로 간택 됐었습니다.

1. 아하수에로 왕의 잔치(1 : 1-2 : 23)

본서의 아하수에로 왕은 크세르크세스 1세 입니다. 그는 헬라를 정복하려다 실패한 바사의 유명한 왕입니다. 그는 지금 헬라 원정을 의논하기 위해 180일간의 대 잔치를 수산궁에서 베풀고 있는 것입니다.

이 잔치는 사단이 베푸는 잔치의 모형입니다. 사단은 전쟁을 위한 잔치를 배설하지만 결코 승리할 수는 없는 것입니다. 승리는 항상 예수 그리스도와 그리스도인의 몫인 것입니다.

1장은 와스디 왕비의 폐위를 다루고 있고, 2장(1-18)은 에스더 왕비의 즉위를 다루고 있습니다. 그러나 1장과 2장 사이에는 저 유명한 살라미스(Salamis) 해전이 있었던 것입니다.

B.C. 480년에 살라미스 섬 근해의 해전에서 바사의 군대는 헬라 군대에게 패배했던 것입니다. 하나님의 섭리의 손이 그 해전에도 개입했던 것입니다. 2장(19-23)은 모르드개가 아하수에로 왕의 생명을 구한 중요한 사건을 싣고 있습니다. 여기에도 역시 하나님의 섭리가 있었던 것입니다.

2. 에스더의 잔치(3 : 1-7 : 10)

에스더가 왕비로 된지 5년째 되던 해, 아각사람 하만이 바사의 국무총리가 되어 모르드개의 민족, 곧 유대인들을 전멸코자 했습니다. 그는 사울 왕에게 사로 잡혀와(삼상 15 : 20) 사무엘에 의해 죽임을 당했던(삼상 15 : 33) 아말렉의 왕 아각의 후손이었던 것입니다.

아말렉 족속은 이스라엘 백성이 가나안 땅을 향해 가고 있었을 때, 통행을 방해했던 족속으로 그들의 조상 아말렉은 엘리바스의 아들 중 하나로 에서의 후손입니다(창 36 : 15-16, 대상 1 : 36).

유대인을 진멸시키려 했던 하만이 패배당했던 장소는 에스더가 배설한 연회장이었습니다. 에스더의 잔치는 그리스도인의 잔치의 모형입니다. 우리는 하나님의 임재가 있는 공적 예배 때 잔치를 경험합니다. 잔치에는 음악이 있고 잔치에는 음식이 있습니다. 잔치(예배)가 승리를 가져다주고, 그리스도인들의 예배(잔치)가 사단을 패배시키는 것입니다.

3. 부림절의 잔치(8 : 1-10 : 3)

부림절은 유대력 아달월(12월) 14일과 15일 이틀 동안에 행해지는데 우리는 그 명절의 기원을 이 에스더서에서 발견하게 됩니다. 아하수에로 왕의 조서에 따라 유대인들은 그들이 죽기로 되어 있던 12월 13일에 오히려 하만의 민족 곧 아말렉 족속을 75,010명이나 도륙했던 것입니다. 이 사건을 기념하는 명절이 부림절입니다.

유대인들은 12월 13일 밤에 회당에 모여 에스더서를 듣게 되는데 그때 전 회중은 "하만"의 이름이 나오면 "그 이름은 꺼져 버려라!" 라고 외치는 것입니다.

이것은 곧 사단의 이름이 흰 보좌 심판 후에는 성도들에게서 영원히 사라지게 될 것을 보여 줍니다. 그러나 그 날이 올 때까지 우리는 부단히 우리의 아말렉인 육신과 싸워야 하는 것입니다. 승리는 우리의 것이며 우리는 이미 주님께서 쟁취해 놓은 승리를 위해 싸우고 있는 것입니다. 이스라엘 민족의 승리도 모르드개가 하만에게 무릎을 꿇지 아니했을 때, 이미 확보되어 있었던 것입니다(3 : 2).

오늘날 우리를 가장 위협하는 하만은 재물(맘몬 : Mammon)입니다. 주님께서는 "… 너희가 하나님과 재물(맘몬)을 겸하여 섬기지 못하느니라"(마 6 : 24)고 말씀하셨습니다. 대부분의 사람들은 돈이란 우상 앞에 쉽게 무릎을 꿇게 됩니다. 그러나 유대인들이 아말렉인들의 재산에는 일체 손을 대지 아니한 것처럼(9 : 10,16) 오늘날도 주님과 진리를 사랑하는 성도들은 돈이란 우상 앞에 결코 절하지 아니합니다. 돈을 정복한 그리스도인만이 부림절과 같은 예배(잔치)를 즐길 수 있는 것입니다. 이것은 참된 사실이며 시대를 초월하여 이것은 진리입니다.

우리가 에스더서에서 발견하게 되는 또 하나의 진리는 에스더의 일사 각오의 헌신이 부림절을 있게 했다는 것입니다. 한 사람의 완전한 헌신이 그렇게 중요한 것입니다. 우리도 에스더처럼 "죽으면 죽으리라"고 결단하고 헌신하도록 합시다.

> 그러므로 형제들아 내가 하나님의 모든 자비하심으로 너희를 권하노니 너희 몸을 하나님이 기뻐하시는 거룩한 산 제사로 드리라 이는 너희의 드릴 영적 예배니라 (롬 12 : 1)

욥기 / 시편 / 잠언 / 전도서 / 아가

시가서

여호와를 경외하는 것이 지혜의 근본이요
거룩하신 자를 아는 것이 명철이니라(잠 9 : 10)

산문과 운문과 산문의 책

◎ **본 문** : 나의 가는 길을 오직 그가 아시나니

　　　　　그가 나를 단련하신 후에는 내가 정금 같이 나오리라 (23 : 10)

◎ **주 제** : 신자는 고난을 통해 하나님을 닮은 사람으로 변화되어 간다

◎ **키워드** : 시련들

많은 사람들이 욥기는 성경 중에 가장 주목해야 할 책 중의 하나라고 말합니다.
테니슨은 욥기를 "고대문학, 현대문학 어느 쪽에서도 가장 위대한 시!" 라고 했고,
루터는 "성경의 어떤 다른 책보다 더 장엄하고 숭고하다." 라고 했으며,
칼라일은 "나는 그것(욥기)을 일찍이 펜에 의해 기록된
가장 숭고한 작품 중의 하나라고 부른다." 라고 했습니다.
욥기는 전부 42장으로서 산문과 운문으로 되어 있습니다.
산 문 ： 사단의 참소와 하나님의 대처(1 : 1-2 : 13)
운 문 ： 고난에 대한 인간들의 생각과 하나님의 생각(3 : 1-42 : 6)
산 문 ： 더욱 풍성하게 된 하나님의 자녀(42 : 7-17)

1. 우리는 무엇보다도 이 책의 주제를 알고 있어야 합니다.

1. 우리는 욥기를 통해서 "고난을 당하는 자가 어떻게 경건한 사람일 수가 있는 가?" 라는 사람들의 질문에 대한 하나님의 친절한 해답을 발견할 수 있습니다. 하나님의 해답은 "고난을 알지 못하는 사람이 어떻게 하나님을 닮은 사람일 수 있는가!"입니다.

2. 욥기는 한마디로 고난의 문제를 다루고 있는 책입니다. 고난은 인간의 자질(품격)을 들어 낼 뿐만 아니라, 고난은 그 인간을 교육시키는 하나님의 도구가 된다는 것입니다. 고난의 학교에서 잘 배운 성도만이 부유하게 되는 것입니다. 고난은 확실히 변장해서 찾아오는 하나님의 은총입니다. 우리는 고난이 우리를 찾아왔을 때 당황하거나 두려워하지 말아야 합니다.

2. 우리는 이 책의 여러 가지 목적을 알고서 읽어가야 합니다.

욥기의 주제도 중요하지만 욥기의 목적은 더 중요합니다.

1. 욥기는 이 땅의 가시적인 세계에서 일어나고 있는 수많은 사건들은 불가시적인 세계(영계)에서 있었던 하나님의 결정의 결과임을 우리에게 알리기 위해 기록되었습니다(1 : 6-2 : 10).

욥이 경험했던 그 모든 일은 우연의 산물이 아니라 하나님의 보좌 앞에서 있었던 하나님의 신중한 결정(결심)의 결과였던 것입니다. 이것은 우리에게 매우 엄숙한 진리입니다.

우리가 이 가시적인 세상에서 살동안에 얼마나 납득하기 어려운 사건들을 자주 경험합니까? 이해하기 힘들고 설명하기 어려운 많은 사건들의 참된 배후(이유)를 우리는 이 욥기에서 마침내 발견하게 됩니다. 이것은 성령의 계시와 단련받은 믿음에 의해서만 이해될 수 있는 참으로 중요한 진리입니다.

2. 욥기는 사단의 거짓말을 만천하에 폭로하기 위해 기록되었습니다(1 : 6-12).

요한복음 8 : 44에 의하면 사단은 "거짓말쟁이"고 "거짓의 아비"입니다. 모든 거짓말은 사단이 만들어 내는 것입니다. 범죄한 인간들은 그들의 아비인 사단으로부터 거짓말을 듣고 배워서 거짓말을 하게되는 것입니다.

거짓의 아비가 참 진리의 아버지이신 하나님 앞에서 쏟아낸 거짓말을 보십시오 (성도가 하나님을 경외하는 것은 그가 받은 물질적인 축복 때문이기에 그것을 거두어 가면 그는 틀림없이 대면하여 하나님을 욕할 것이다).

3. 욥기는 고난에 대한 사람들의 오해를 바로잡기 위해 기록되었습니다.

사람들은 대체로 이렇게 생각합니다(모든 고난은 범죄에 대한 하나님의 징계의 결과이다). 그러나 그것은 사실이 아닙니다. 많은 고난이 범죄의 결과로 오는 것임에 틀림이 없습니다. 그러나 "모든" 고난이 그런 것은 아닙니다. 바울이 당한 그 많은 고난들이 죄 때문이라고 말할 수 있겠습니까? 결코 그럴 수 없습니다. 죄와 상관이 없는 고난도 얼마든지 있는 것입니다.

교회의 역사 2천년을 통해 경건한 하나님의 사람들이 얼마나 큰 고난들을 당했던가요! 모든 고난은 범죄의 결과라는 의식은 미신적인 사고에서 나온 것입니다. 한국교회의 큰 병폐 중의 하나도 이 미신적인 사고 방식에 있는 것입니다. 주님은 우리를 이런 미신의 속박에서 자유케 하시려고 세상에 오셨던 것입니다.

"제자들이 물어 가로되 랍비여 이 사람이 소경으로 난 것이 뉘 죄로 인함이오니이까 자기오니이까 그 부모오니이까 예수께서 대답하시되 이 사람이나 그 부모가 죄를 범한 것이 아니라 그에게서 하나님의 하시는 일을 나타내고자 하심이니라" (요 9 : 2-3)

4. 욥기는 성도가 고난 당할 때 마땅히 취해야 할 올바른 태도를 가르치기 위해 기록되었습니다.

구원받은 성도라 할지라도 범죄한 적이 없는데 고난이 오면, 하나님의 존재를 의심하거나 하나님을 원망하기 쉽습니다. 그러나 그러한 태도는 우리에게 결코 축복이 되지 않고 오히려 우리를 더욱 깊은 수렁으로 몰아갈 뿐입니다. 그러므로 성도는 고난이 왔을 때 욥처럼 논쟁하지 말고 오히려 겸손하게 인내해야 하는 것입니다.

고난 중에 있는 성도가 있습니까? 지금 올바른 태도를 갖는 것이 매우 중요합니다. 하나님은 지금 당신에게서 올바른 태도를 보고 싶어하시는 것입니다. 겸손과 인내는 큰 은혜와 축복의 통로가 되는 것이며, 지금 하나님은 당신을 교훈하고 계시는 것입니다. 하나님은 지금 당신을 교정하시고 하나님의 형상으로 빚고자 하시는 것입니다. 그래서 우리는 고난이 우리를 방문했을 때, 다윗과 함께 이렇게 외칠 수 있어야 합니다. "고난당한 것이 내게 유익이라 이로 인하여 내가 주의 율례를 배우게 되었나이다"(시 119 : 71)

5. 욥기는 참된 지혜와 명철은 하나님께로부터 온다는 진리를 알게 하려고 기록되었습니다(32 : 1-10, 35 : 1-8, 36 : 1-7).

사람들은 지식을 얻기 위해 시간과 물질과 수고를 아끼지 아니합니다. 그러나 사람에게 참으로 필요로 하는 것은 지식보다는 지혜와 명철입니다.

대체로 많은 경험이 우리를 지혜롭게 하는 것이 사실입니다. 그러나 참된 지혜와 명철은 하나님께로부터 오는 것입니다.

젊은 청년 엘리후가 나이 많은 욥과 세 친구의 부당한 태도를 지적한 것과, 욥의 고통에는 하나님의 목적이 분명히 있다고 주장했었는데, 하나님은 그의 말을 묵인함으로써 그를 인정하셨던 것입니다. 4사람은 노인이고 엘리후는 청년이었지만, 4사람보다는 엘리후가 더 총명했던 것입니다. 참된 지혜는 하나님께로부터 온다는 진리는 아무리 강조해도 지나침이 없습니다.

사랑하는 그리스도인 형제자매들이여, 주님과 늘 동행하고 하나님의 말씀에 묻혀 살도록 합시다. 그러면 우리의 지혜와 명철이 원수들보다 승하게 될 것입니다. "하나님의 미련한 것이 사람보다 지혜 있고 하나님의 약한 것이 사람보다 강하니라"(고전 1 : 25)

6. 욥기는 하나님 자신을 계시하기 위해 기록되었습니다.

욥기는 하나님을 끝까지 인내하시는 분, 결론을 내리시는 분, 인간을 위하시는 분, 특히 성도들의 아버지로서 자기 자녀들을 시련을 통해 부유하게 하시는 분으로 계시하는 책입니다(42 : 10-15).

7. 욥기는 땅에 있는 성도가 제사장임을 보여 주기 위해 기록되었습니다(42 : 7-9).

제사장은 하나님과 인간 사이에서 양쪽의 이익을 위해 수고하는 사람입니다. 하나님 앞에 나갈 때는 인간의 이익을 위하여 탄원(기도)하고 제사를 드리며, 인간에게 와서는 하나님의 영광을 드러내고 하나님의 말씀을 전해 줌으로써 하나님께 경배를 드리게 하는 것입니다.

"그런즉 너희는 수송아지 일곱과 수양 일곱을 취하여 내 종 욥에게 가서 너희를 위하여 번제를 드리라 내 종 욥이 너희를 위하여 기도할 것인즉 내가 그를 기쁘게 받으리니 너희의 우매한대로 너희에게 갚지 아니 하리라⋯"(42 : 8)

"욥이 그 벗들을 위하여 빌매 여호와께서 욥의 곤경을 돌이키시고 욥에게 그 전 소유보다 갑절이나 주신지라"(42 : 10)

부유해지기를 원하십니까? 고난을 단 마음으로 받아들이십시오!

오직 너희는 택하신 족속이요 왕같은 제사장들이요 거룩한 나라요 그의 소유된 백성이니 이는 너희를 어두운데서 불러내어 그의 기이한 빛에 들어가게 하신 자의 아름다운 덕을 선전하게 하려 하심이라 (벧전 2 : 9)

시편
찬양과 경배의 책

◎ **본　문** : 여호와의 이름에 합당한 영광을 돌리며 거룩한 옷을 입고
　　　　여호와께 경배할지어다 (29 : 2)
◎ **주　제** : 복 있는 사람은 찬양과 경배를 그치지 않는다
◎ **키워드** : 축복들

　　　　　　　　찰스 스펄전(Charles H. Spurgeon) 목사는
　　그의 위대한 시편 주석을 완성시키면서 다음과 같이 뜨겁게 간증했습니다.
　　　　　　　"비록 계시록의 전 궁전이 내게 열린다 할지라도
　　내가 이 지상에서 결코 발견할 수 없는 최고의 보고(寶庫)인
　　[다윗의 보고 : 시편]를 떠날 때 슬픔의 빛이 내 영에 있다.
　　　　다윗과 함께 묵상하고, 슬퍼하고, 소망하고, 믿고,
　　　　　　기뻐 뛰면서 보내는 날들은 복이 있다.
　　황금문 이쪽에서 보다 즐거운 시간을 보내는 것을 기대할 수 있을까?
　　　시편은 우리에게 언어는 물론 날개들의 사용법을 가르친다.
　　즉 그것(시편)은 우리를 산에 오르게도 하고 노래하게도 한다."

1. 우리는 먼저 이 책의 핵심을 이해할 필요가 있습니다.

시편은 전 5권으로 모두 150편으로 이루어져 있습니다. 그것은 영적인 노래들과 영적인 시들의 수집인데, 그 중 많은 시편들이 회당과 성전예배를 위한 노래로 지정되었습니다.

거듭난 그리스도인이라면 누구나 지나간 역사와 현재의 경험과 예언된 미래를 묵상할 때 하나님의 임재를 경험하게 되는데, 시편들은 그러한 상태의 영혼의 모습을 우리에게 잘 보여 줍니다.

하나님의 임재를 경험하기 원하십니까? 과거의 역사를 묵상하십시오!

하나님의 임재를 원하십니까? 현재의 경험을 묵상하십시오!

하나님의 임재가 필요합니까? 미래의 사건을 묵상하십시오!

시편은 과거와 현재와 미래의 사건들을 골고루 담고 있습니다. 시편은 보통 시들과는 다릅니다. 상상력의 산물이 아니고 하나님의 영적 실재들의 서술입니다. 시편은 그야말로 은혜의 바다입니다. 우리는 에스겔처럼 그 바다에서 마음껏 헤엄치며 찬양할 수 있습니다.

오 축복의 책이여! 우리는 이 책을 읽고 묵상하면서 임재하시는 하나님을 마음껏 찬양하고 경배하는 축복을 누려야 하겠습니다!

2. 우리가 이 책의 목적을 알고 나면 이 책이 훨씬 친밀하게 느껴질 것입니다.

1. 시편은 인간이 얼마나 연약한 존재인가를 보여 주기 위해 기록된 것입니다. 자기의 연약함을 하나님 앞에서 깨닫는 자는 복이 있습니다. 내가 약할 그 때에 곧 강하기(고후 12 : 10) 때문입니다.

우리는 스스로 강한 사람인 것처럼 과장할 필요가 전혀 없습니다. 우리는 자유롭게 될 필요가 있습니다.

2. 시편은 하나님이 얼마나 위대하신가를 보여 주기 위해 기록되었습니다. 주님의 위대하심에 접해 본 사람이라면 그가 누구든 겸손하게 되고 찬양하게 되는 것입니다.

"주님의 높고 위대하심을 내 영혼이 찬양하네!"

3. 시편은 성도의 참된 찬양과 경배가 어떤 것인가를 보여 주기 위해 기록되었습니다. 시편은 거듭난 성도의 찬양과 경배로 가득차 있는 책입니다. 시편을 이해하는 사람은 주님을 절로 찬양하고 경배하게 됩니다. 시편의 찬양과 시편의 경배가 우리의 것이 되게 합시다.

4. 시편은 의인의 삶과 악인의 삶이 어떻게 다른지 보여 주기 위해 기록된 것입니다. 의인과 악인은 다함께 이 세상에서 살고는 있지만 그들의 삶은 전혀 다른 것입니다. "대저 의인의 길은 여호와께서 인정하시나 악인의 길은 망하리로다"(1 : 6)

5. 시편은 미래의 사실을 하나님의 자녀들에게 미리 보여 주려고 기록되었습니다.
시편은 우리 주님의 죽음과 장사와 부활을 예언하고 있으며, 시편은 주님의 재림과 천년간의 통치도 예언하고 있습니다.
그래서 성도들은 시편을 읽으면서 소망을 갖게되고 그 결과로 소망의 인내도 갖게 되는 것입니다.

3. 우리는 시편이 모세오경과 상응하는 책인 것을 알 수 있습니다.
시편은 신비스럽게도 모세오경과 상응하는 책입니다. 그래서 우리는 주님을 찬양하고 주님을 경배합니다.
제1권(1편 - 41편)은 창세기와 상응하고, 제2권(42편 - 72편)은 출애굽기와 상응하고, 제3권(73편 - 89편)은 레위기와 상응하고, 제4권(90편 - 106편)은 민수기와 상응하고, 제5권(107편 - 150편)은 신명기와 상응합니다.

1. 창세기에 상응하는 제1권(1편 - 41편)
창세기가 1장에서 인간의 복스러운 출발을 이야기하듯이 시편도 1편에서 "복 있는 사람"으로 시작됩니다. 그리고 창세기가 인간의 타락을 말하듯이 시편도 복으로 시작된 인간을 곧 "악인" 혹은 "죄인"이라고 부르고 있는 것입니다.
창세기가 그리스도의 죽음과 부활을 모형을 통해 가르치고 있듯이 시편도 그리스도의 죽음과 부활을 말하고 있습니다(2 : 2,6).

2. 출애굽기에 상응하는 제2권(42편 - 72편)

출애굽기가 이스라엘의 수난과 구속자(모세)와 구속(유월절)을 가르치고 있듯이 시편 제2권도 역시 인간의 수난과 구속자와 구속을 노래하고 있습니다. "하나님이여 사슴이 시냇물을 찾기에 갈급함같이 내 영혼이 주를 찾기에 갈급하니이다" (42 : 1) "환난 날에 나를 부르라 내가 너를 건지리니 네가 나를 영화롭게 하리로다"(50 : 15) "하나님이여 내 서원을 들으시고 주의 이름을 경외하는 자의 얻을 기업을 내게 주셨나이다"(61 : 5)

3. 레위기에 상응하는 제3권(73편 - 89편)

레위기는 27장 858절로 되어 있는데 그 내용은 전부가 여호와께서 성막에서 모세에게 말씀하셨던 것입니다(레 1 : 1). 시편 제3권도 역시 악인의 형통함을 보고 거의 실족할 뻔했던 아삽이 하나님의 성막에 들어가서야 드디어 그 해답을 발견할 수 있었던 것입니다. "내가 어찌면 이를 알까 하여 생각한즉 내게 심히 곤란하더니 하나님의 성소에 들어갈 때에야 저희 결국을 내가 깨달았나이다"(73 : 16-17)

4. 민수기에 상응하는 제4권(90편 - 106편)

민수기가 이스라엘 백성이 광야에서 하나님의 손에 빠져 들어가(히 10 : 31) 무수히 죽어간 사실을 기록하고 있는 것처럼 시편 제4권도 역시 그렇습니다. "주께서 저희를 홍수처럼 쓸어 가시나이다…"(90 : 5) "우리는 주의 노에 소멸되며 주의 분내심에 놀라나이다"(90 : 7)

5. 신명기에 상응하는 제5권(107편- 150편)

신명기의 주제가 하나님의 말씀이듯이 시편 제5권의 주제도 역시 마찬가지입니다. "저가 그 말씀을 보내어 저희를 고치사 위경에서 건지시는도다"(107 : 20) "내가 주의 증거를 묵상하므로 나의 명철함이 나의 모든 스승보다 승하며"(119 : 99) "주의 말씀은 내 발의 등이요 내 길에 빛이니이다"(119 : 105) "나의 행보를 주의 말씀에 굳게 세우시고 아무 죄악이 나를 주장치 못하게 하소서"(119 : 133) "호흡이 있는 자마다 여호와(말씀)를 찬양할지어다 할렐루야"(150 : 6)

잠언
지혜의 책

◎ **본   문** : 사람은 입에서 나오는 열매로 하여 배가 부르게 되나니
　　　　　곧 그 입술에서 나는 것으로 하여 만족하게 되느니라
　　　　　죽고 사는 것이 혀의 권세에 달렸나니
　　　　　혀를 쓰기 좋아하는 자는 그 열매를 먹으리라 (18 : 20-21)
◎ **주   제** : 나그네로서의 그리스도인에게는 지혜가 가장 중요하다
◎ **키워드** : 지혜들

잠언의 가르침은 교육의 가장 오래된 형태 중의 하나입니다.
역사의 최초로부터 모든 나라와 민족들은 자신의 잠언들을 소유해 오고 있습니다.
교훈의 이 방식은 책이 귀하고 비싸던 그 시대엔 가장 적합한 것이었습니다.
왜냐하면 선명하고 힘있는 문장은 매우 쉽게 암기될 수 있기 때문입니다.
교육의 시대인 오늘날에 있어서도
역시 잠언은 가정 표어로서 강하게 영향력을 발휘하고 있습니다.
세상의 많은 잠언들 중에 역시 성경의 잠언이
가장 놀라운 것은 조금도 이상스럽지 않습니다.

1. 우리는 먼저 저자에 대해 알아보도록 합시다.

이 책은 물론 영감에 의해 기록된 하나님의 책이지만 그러나 인간 저자들이 여러 사람이라는 점이 다른 책과는 다른 점입니다.

1 : 6-9 : 18과 19 : 20-24 : 34은 "지혜 있는 자의 말로서" 솔로몬의 스승이 솔로몬을 교훈할 때 사용했던 것이고, 10장 - 19장과 25장과 26장만이 솔로몬에 의해 기록되었던 것입니다. 전도서 12 : 9에 의하면 전도자(솔로몬)가 잠언을 많이 지었으며, 열왕기상 4 : 32에 의하면 솔로몬이 3,000가지나 되는 잠언을 말했던 것입니다. 그러나 솔로몬 때로부터 약 300년이 지난 후, 유다왕 히스기야의 때에 그의 신하들에 의해 편집되어(25 : 1) 오늘날 우리들이 갖고 있는 완전한 잠언서가 된 것입니다.

그리고 제30장은 아굴의 잠언이고, 제31장은 루므엘 왕의 잠언입니다.

2. 우리는 이제 주제에 대해 생각해 보는 것이 순서인 것 같습니다.

잠언서의 주제는 성도들의 지상(地上) 생활을 위한 하나님의 지혜입니다. 성도가 땅에서는 외국인과 나그네입니다(히 11 : 13). 하나님은 베드로를 통해 명하셨습니다. "… 너희의 나그네로 있을 때를 두려움으로 지내라"(벧전 1 : 17)

성도가 이 세상에서는 나그네(순례자)이므로 나그네에게 있어서는 무엇보다도 지혜가 필요한 것입니다. 왜냐하면 나그네 인생 길에는 유혹도 많고 함정도 많기 때문입니다. 사단의 유혹에 한번 말려들면 얼마나 시간과 물질과 정력이 낭비됩니까! 사단의 함정에 한번 빠져 본 사람이면 그 고통의 쓴맛이 어떠한지 잘 알 것입니다.

예수 있는 사람 지혜 있는 사람
예수 없는 사람 지혜 없는 사람
예수님이 바로 지혜이기 때문에.

예수 믿는 사람 지혜 있는 사람
예수 안 믿는 사람 미련한 사람

예수님이 바로 구세주이기 때문에.

예수 따르는 사람 지혜 있는 사람
예수 멀리하는 사람 어리석은 사람
예수님이 바로 시상주이기 때문에.

예수 경배하는 사람 지혜 있는 사람
예수 욕하는 사람 미련한 사람
예수님이 바로 심판주이기 때문에.

예수 사랑하는 사람 지혜 있는 사람
예수 미워하는 사람 어리석은 사람
예수님이 바로 창조주이기 때문에.

예수 기다리는 사람 지혜 있는 사람
예수 멸시하는 사람 미련한 사람
예수님이 바로 재림주이기 때문에.

예수 예수 귀한 예수 우리 지혜 되시며
예수 예수 귀한 예수 우리 생명 되시네.

3. 우리는 지금 지혜의 근본에 대해 알아보는 것이 좋겠습니다.
9 : 10은 "여호와를 경외하는 것이 지혜의 근본이라"고 했습니다.

영어 성경은 "The fear of the LORD is the beginning of wisdom"인데 우리 성경의 "근본"이 "시작"으로 번역되어 있습니다. 여호와를 경외하는 것이 지혜의 시작인 것입니다. 사람이 지혜롭기 원하면 하나님 경외하는 법을 먼저 배워야 합니다.

여호와를 경외함이 어째서 지혜의 근본이 될까요? 왜냐하면 여호와를 경외할 때 우리는 사단을 이길 수 있고, 여호와를 경외할 때 우리는 세상을 이길 수 있고, 여호와를 경외할 때 우리는 죄악을 이길 수 있고, 여호와를 경외할 때 우리는 자신을 이길 수 있기 때문입니다.

여호와를 경외하지 않는 사람들을 관찰해 보면 그들은 하찮은 일에 인생을 모두 허비하고 있는 것입니다. 왜냐하면 그들이 일생동안 열심히 하고 있는 일들은 사단이나 기쁘게 하는 일이지 하나님의 영광과는 아무런 상관이 없기 때문입니다.

4. 우리는 이 책을 "지혜의 책"이라고 불러야 합당합니다.

잠언서에 "지혜"란 말이 141회나 나옵니다. 확실히 잠언서는 지혜의 책입니다.

1. 지혜는 인격(그리스도)입니다(8 : 1-2, 12, 22-36).

사람들은 대체로 지혜를 비인격적인 어떤 것으로 이해하고 있지만 하나님은 그의 아들 예수 그리스도를 지혜라고 선언하셨습니다. "… 예수는 하나님께로서 나와서 우리에게 지혜와 의로움과 거룩함과 구속함이 되셨으니"(고전 1 : 30) 그래서 예수 그리스도를 영접한 사람은 지혜로운 사람인 것입니다.

2. 완전한 지혜는 하나님께로부터 옵니다(2 : 6-8).

사람에게서 나온 지혜는 완전치 못하나 하나님께로부터 온 지혜는 완전합니다. "오직 위로부터 난 지혜는 첫째 성결하고 다음에 화평하고 관용하고 양순하며 긍휼과 선한 열매가 가득하고 편벽과 거짓이 없나니 화평케 하는 자들은 화평으로 심어 의의 열매를 거두느니라"(약 3 : 17-18)

그래서 솔로몬은 하나님께 지혜를 구했고 하나님은 그의 간구에 기꺼이 응답하셔서 전무후무한 지혜를 내리셨던 것입니다.

3. 지혜의 샘(성경)은 마르지 않습니다(18 : 4).

하나님의 말씀인 성경은 지혜의 샘입니다. 인간의 지혜의 샘은 마르게 되나 하나님의 지혜의 샘은 결코 마르는 법이 없습니다. 그래서 시편 기자는 "주의 계명이 항상 나와 함께하므로 그것이 나로 원수보다 지혜롭게 하나이다(시 119 : 98)" 라고 고백할 수 있었던 것입니다.

4. 온갖 참 지혜는 무리(교회)로부터 나옵니다(18 : 1).

하나님은 자신의 지혜를 그리스도와 성경을 통해서 주시지만 또한 무리(교회)를 통해서도 주십니다. 그러므로 우리는 회중(교회)을 중히 여겨야 합니다.

어느 시대나 마찬가지이겠지만 특히 오늘날은 지나친 카리스마는 경계해야 합니다. 지나친 카리스마는 많은 사람들에게 큰 고통과 해를 끼치는 것입니다.

무리를 무시하지 말아야 합니다. 무리의 의견을 존중할 줄 아는 지도자가 이 시대가 요청하는 지도자입니다. 사람은 누구나 귀한 존재입니다. 우리는 사람을 소중히 여겨야 합니다. 특히 교회의 지도자들은 회중의 말을 잘 들을 줄 알아야 합니다. 하나님은 온갖 유익한 지혜들을 무리를 통해서 내려 주시기 때문입니다.

> 무리에게서 스스로 나뉘는 자는 자기 소욕을 따르는 자라 온갖 참 지혜를 배척하느니라 (18 : 1)

전도서

아가서를 필요로 하는 책

◎ **본　문** : 내가 해 아래서 행하는 모든 일을 본즉 다 헛되어
　　　　　 바람을 잡으려는 것이로다 (1 : 14)

◎ **주　제** : 자연인이 세상에서 행하는 모든 것은 헛된 것이다

◎ **키워드** : 해 아래서

전도서는 솔로몬 왕이 하나님을 떠나 행복을 추구했던
어리석은 노력과 경험의 산물(자서전)입니다.
본서는 솔로몬의 슬픈 타락을 그 근원으로 하고 있습니다.
그러나 전도서의 결론(12 : 13-14)을 보면
솔로몬은 그 상태에서 돌이켰음에 틀림이 없습니다.

1. 우리는 이 책의 키워드로부터 시작하는 것이 좋습니다.

1. 성경의 어떤 책들은 키워드를 모르면 전혀 이해할 수가 없고 읽어도 별 유익이 못되는 책이 있는데 특히 전도서가 그런 책입니다.

전도서의 키워드는 "해 아래서"인데 무려 29회나 사용되었습니다. 이(해 아래서)를 이해하지 못한 볼네이(Volney)와 볼테르(Voltaire)는 그들의 철학(무신론과 회의론)을 입증하기 위해 즐겨 이 전도서의 내용을 인용했던 것입니다.

사실은 하나님께서 무신론자들과 회의론자들로 하여금 그들의 철학을 버리게 하려고 이 전도서를 쓰도록 하셨던 것입니다. 특별히 1 : 15, 3 : 11, 19-20, 7 : 16-17 등은 성경의 다른 말씀과는 분명히 모순됨을 부인할 수가 없습니다.

그러나 전도서의 모든 내용이 해 아래서된 일임을 알고 있으면 조금도 문제가 될 것이 없는 것입니다.

2. "해 아래서"란 하나님이 창조하신 자연계 안에서의 인간, 자연의 한 부분으로서의 인간이 행한 모든 활동을 설명하기 위해 사용되었던 말입니다. 그래서 전도서를 자연의 책이라고도 부르는 것입니다. 다시 말하면 전도서는 거듭나지 못한 자연인의 생사고락과 그 모든 활동을 다루고 있는 것입니다.

전도서에는 여호와라는 하나님의 이름이 한 번도 언급되지 않고 있는데 이것은 매우 중요한 사실입니다. 여호와란 이름은 언약의 하나님 혹은 구속의 하나님을 가리키는 이름인데, 이 전도서에서 그 이름이 한번도 언급되지 아니한 것은 이 책에 등장하는 모든 사상과 활동은 모두 자연인의 것이기 때문입니다. 전도서는 구속자이신 하나님과는 상관이 없고 오직 창조자이신 하나님과만 상관이 있는 자연인을 대상으로 삼고 있다는 사실을 명심하고 읽어가야 합니다.

3. 그리고 전도서에는 "주께서 말씀하셨다"라는 구절을 전혀 찾아 볼 수가 없습니다. 인간들끼리 주고받는 이야기, 인간들의 견해와 주장 등은 하나님과 그리고 그분의 말씀에 아무런 영향도 줄 수가 없는 것입니다. 다만 그것들은 해 아래 있는 인간들에게만 영향을 미칠 수 있을 뿐입니다(욥 35 : 7-8). 역시 하나님께서 말씀하신 것만이 진리입니다. 우리에게는 하나님이 무엇이라고 말씀하셨는가가 중요한

것입니다. 전도서는 단지 인간들끼리의 논쟁과 이성의 추구와 하나님과 무관한 경험들 등을 다루고 있을 뿐입니다.

4. 그러나 그리스도인은 "해 아래" 있지 않고 해 위에 계시는 그리스도와 함께 하늘의 자리에 앉힌 자입니다(엡 2 : 6, 골 1 : 12-13).

그리스도인에게는 생명이 있고,

그리스도인에게는 영광이 있고,

그리스도인에게는 의미가 있고,

그리스도인에게는 실재가 있고,

그리스도인에게는 해답이 있습니다.

회의와 허무와 방황과 절망은 "해 아래" 있는 사람들에게나 해당이 되는 것입니다. 그리스도인은 빛의 자녀이고 빛 가운데 행하는 자들입니다.

예수님은 말씀하셨습니다. 사람들이 빛 가운데로 나오지 아니하는 것은 그들이 빛보다 어둠을 더 사랑하기 때문이고 또 빛 가운데로 나오면 그들의 악행이 폭로되기 때문에 오히려 빛을 미워한다는 것입니다(요 3 : 19-21).

2. 우리는 잠깐 이 책의 목적을 생각해 보도록 하겠습니다.

전도서는 독자로 하여금 솔로몬처럼 헛된 연구와 지나친 추구(탐구)로 시간과 정력과 물질을 낭비해서는 안 된다는 것을 가르치기 위해 기록된 것입니다.

예수님은 "내가 곧 길이요"라고 말씀하셨습니다. 예수님이 길이라면 우리는 다른 곳에 가서 길을 찾을 필요가 없는 것입니다. 예수님은 우리의 모든 문제에 대한 해답이십니다. 그러므로 우리는 더 이상 방황해야할 이유가 없는 것입니다. 인생은 방황이나 헛수고를 하기엔 너무나 짧은 것입니다.

3. 우리는 이 책의 교훈(Message)에 귀 기울일 필요가 있습니다.

전도서의 메시지는 하나님을 떠난 삶은 결국 권태와 허무와 실망으로 가득하게 되므로 하나님과 더불어 생각(계획)하고 하나님과 더불어 활동하라는 것입니다. 사람의 마음은 너무나 커서 온 세상으로도 채울 수가 없는 것입니다. 그러나 세상으로부터 돌아서서 예수 그리스도를 따르면 아가서의 달콤한 사랑이 우리의 심령을 가득 채워줄 것입니다. 그리스도의 크나큰 사랑을 대하고 나면 우리의 마음은 너무나 작다는 것을 깨닫게 되지요. 주님 한 분만으로 만족한다는 찬송은 과연 헛된 것일까요? 우리는 그 무엇보다도 주님을 더 추구해야 합니다. 주님이 우리의 만족이고 주님이 우리의 행복이기 때문에!

4. 우리는 이 책이 아가서를 필요로 하는 책임을 알아야 합니다.

전도서는 아가서를 필요로 합니다. 어두움이 빛을, 죽음이 생명을 필요로 하듯 전도서는 아가서를 필요로 합니다. 환자가 의사를, 율법이 은혜를, 죄인이 구주를 필요로 하는 것입니다.

당신은 지금도 전도서의 허무에 빠져 있습니까? 아가서의 사랑에 빠져 있습니까? 전도서는 우리를 슬프게 하지만 아가서는 우리를 매우 행복하게 하지요. 전도서를 인생의 전부라고 말하지 마십시오. 하나님은 아가서를 준비하고 계십니다.

본서의 개요

1. 문제의 제기(1 : 1-3)

2. 해답의 추구(1 : 4-12 : 12)
   (1) 과학 연구(1 : 4-11)
   (2) 철학 연구(1 : 12-18)
   (3) 쾌락 추구(2 : 1-11)
   (4) 유물론 추구(2 : 12-26)
   (5) 운명론 연구(3 : 1-15)
   (6) 자연신론 연구(3 : 16-4 : 16)
   (7) 종교 연구(5 : 1-7)
   (8) 부의 추구(5 : 8-6 : 12)
   (9) 도덕 연구(7 : 1-12 : 12)

3. 간단한 해답(12 : 13-14)

에덴 동산에서의 범죄로 시작된 인간의 많은 문제들을 사람들은 문제의 해결자이신 하나님께로 가져오지 않고 스스로 해결해 보겠다고 노력들 해 보지만 그것은 오히려 문제를 더욱 복잡하게 만들 뿐입니다.

하나님을 난처하게 만들만큼 큰 문제란 존재하질 않습니다. 하나님께서는 항상 모든 문제를 간단하게 해결하십니다.

> 일의 결국을 다 들었으니 하나님을 경외하고 그 명령을 지킬지어다 이것이 사람의 본분이니라 하나님은 모든 행위와 모든 은밀한 일을 선악간에 심판하시리라 (12 : 13-14)

아가

사랑의 책

◎ **본 문** : 나의 사랑하는 자는 내게 속하였고 나는 그에게 속하였구나

그가 백합화 가운데서 양떼를 먹이는구나 (2 : 16)

◎ **주 제** : 사랑은 아름답고 거룩하고 능력이 있다

◎ **키워드** : (사랑의) 표현들

열왕기상 4 : 32을 보면 솔로몬이 1,005수의 노래를 지었는데
그 중에 아가서 만이 유일하게 영감된 것으로 지금까지 남아 있습니다.
그러나 아가서 같이 오해를 받는 책도 드물 것입니다.
많은 사람들이 아가서는
감히 성경에 포함될 수 없는 책이라고 생각하지만
유대인들은 이 책을 가장 귀한 것으로 여겨오고 있습니다.
유대인들은 잠언을 성전의 바깥뜰로,
전도서를 성소로,
아가서를 지성소로 비교할 정도로 이 책을 중히 여기고 있는 것입니다.
유대인들은 그들의 유월절 제8일에 이 아가서를 노래합니다.
그러므로 예수 그리스도를 자신의 유월절 양으로 믿는
사람들만이 이 책을 이해하고 사랑하게 되는 것입니다.

1. 우리는 무엇보다도 이 책의 해석법에 가장 큰 관심을 기울여야 합니다.

1. 문자적 해석법

이 책의 내용을 솔로몬과 그의 신부의 대화로만 보는 해석인데 4 : 7,10, 5 : 10,16을 보면 사실 그들의 대화이기도 합니다. 그러나 아가서는 그 이상의 거룩한 내용을 담고 있음을 간과하지 말아야 합니다.

2. 비유적 해석법

이 해석법은 아가서의 내용을 이스라엘 백성에 대한 여호와의 사랑으로 보는 것인데(호 2 : 16,19-20) 이 해석법은 초기의 유대 학자들이 사용했던 것입니다. 여호와께서 이스라엘을 사랑하심은 사실입니다. 그러나 아가서는 그 이상의 사랑을 노래하고 있는 것입니다.

3. 예표적 해석법

그리스도와 그분의 신부인 교회와의 사랑으로 보는 해석입니다. 이것은 초대교회 때부터 사용되어 온 해석법으로 내용에 합당한 것입니다(시 45 : 6,11, 고후 11 : 2, 엡 5 : 25-33, 계 19 : 7-9).

2. 우리는 6개의 비유에 비상한 관심을 갖고 이 책을 읽어 가야 합니다.

우리는 그리스도가 그분의 신부인 교회를 6개의 비유로 바라본 사실에 유의해야 합니다.

1. 준마(1 : 9)

왜 그리스도의 교회를 준마로 비유했을까요? 그것은 교회가 사단의 세력과 싸우는 실체이기 때문입니다. 사단의 세력과의 싸움을 포기한 교회는 엄격한 의미에서 이미 교회가 아니라고 말할 수 있습니다.

주님은 우리를 준마(군사)로 부르셨지 관광객으로 부르신 것이 아닙니다. 사단은 결코 준마인 교회를 이기지 못합니다. "또 내가 네게 이르노니 너는 베드로라 내가 이 반석 위에 내 교회를 세우리니 음부의 권세가 이기지 못하리라"(마 16 : 18)

2. 백합화(2 : 2)

가시나무는 핍박과 고난의 상징입니다. 싸우는 교회는 핍박을 받게 마련입니다. 백합화가 가시에 의해 찔렸을 때 더 향기를 발하듯이 교회도 핍박을 받을 때 더욱 아름답고, 더욱 거룩하며, 더욱 능력 있게 되는 것입니다. 가시밭의 백합화는 마지막 시대의 핍박받는 교회를 가리킵니다.

3. 연(3 : 7,9)

연이란 왕의 가장 고귀한 교통 수단인데 휴거될 교회를 가리키는 것입니다. 교회가 세상에 있을 동안에는 투쟁하고 향기를 발하게 되지만 결국 교회는 휴거 되어 공중에서 신랑을 만나 혼인하게 되는 것입니다(3 : 11).

연이 임금을 태울 때 공중으로 올라가듯이 그리스도의 교회도 어느날 그리스도가 오시면 공중으로 휴거 하게 되는 것입니다(살전 4 : 16-18).

4. 동산(4 : 12-13)

동산은 연과는 달라서 땅에다 그 기초를 두고 있는 것입니다. 이는 그리스도가 지상 재림하실 때 함께 내려와서(살전 3 : 13), 그리스도와 함께 천년동안 다스리게 될 왕국시대의 교회(교회라고 불려질지는 의문)를 가리킵니다.

"그 나머지 죽은 자들은 그 천년이 차기까지 살지 못하더라 이는 첫째 부활이라 이 첫째 부활에 참예하는 자들은 복이 있고 거룩하도다 둘째 사망이 그들을 다스리는 권세가 없고 도리어 그들이 하나님과 그리스도의 제사장이 되어 천년 동안 그리스도로 더불어 왕노릇 하리라"(계 20 : 5-6)

5. 예루살렘(6 : 4)

요한계시록 21장은 새 하늘과 새 땅으로 내려오는 교회를 가리켜 거룩한 성 예루살렘(계 21 : 10)이라 했고, 또 거룩한 성 새 예루살렘(계 21 : 2) 이라고도 했습니다.

왜 교회를 "새" 예루살렘이라고 했을까요? 거기엔 옛 창조에 속한 것이 전혀 없기 때문입니다(계 21 : 3-7).

6. 군대(6 : 4, 10)

맨 마지막으로 주님은 그분의 교회를 가리켜 기치를 벌인 군대라고 했는데 이는 새 하늘과 새 땅에 내려온 교회가 온 우주를 다스리게 될 것이기 때문입니다. 군대는 곧 새 하늘과 새 땅에서의 교회를 가리킵니다.

3. 우리는 이 책을 "사랑의 책"이라고 불러야 할 것입니다.

아가서는 두 말할 것 없이 사랑의 책입니다. 그것도 불륜의 사랑이 아닌 흠없는 신랑과 신부의 아름다운 사랑을 묘사하고 있는 것입니다.

신랑이 그의 준마, 백합화, 연, 동산, 예루살렘, 군대를 뜨겁게 사랑함이 마땅하고 신랑의 사랑을 받는 신부가 자기의 위대한 신랑을 열렬히 사랑하는 것 또한 마땅한 것입니다.

1. 신부가 신랑과 나눈 조용한 친교(1 : 1-2 : 7)

이 부분은 지상에 있는 교회가 천상에 있는 그리스도와 나누는 친밀한 교제를 보여 줍니다. 그래서 신부를 "내가 일광에 쬐어서 거무스름"하다고 묘사하고 있는 것입니다(1 : 5-6).

2. 친교의 파괴와 그 회복(2 : 8-3 : 5)

포도원을 허는 작은 여우들로 인하여(2 : 15) 그리스도와의 친교가 파괴되지만 순행자들(巡行者 : watchmen)을 만나 그들과 교제한 후 그들과 헤어지자 마자 주님과의 교제가 다시 회복되는 것입니다.

우리는 작은 여우들을 조심해야 하고 우리들은 순행자들을 찾아 그들의 도움을 자주 받을 필요가 있습니다.

3. 친교의 기쁨(3 : 6-5 : 1)

사랑하는 사람과의 친교는 어떤 것과도 바꿀 수 없는 기쁨을 가져다줍니다. 땅에 있는 성도는 그러한 친교의 기쁨을 자주 경험할 필요가 있습니다. 그래야만 우리는 사단과의 전쟁에서 승리를 얻을 수 있습니다.

4. 신비스러운 분리(5 : 2-5)

신랑과 신부가 신비스러운 방법으로 분리되어 있는 것을 볼 수 있는데 그것은 우리가 "육 있는 몸"에 거하고 있기 때문입니다(고전 15 : 46). 신령한 몸으로 부활되고나면 그때는 우리가 항상 주님과 함께 있게 될 것입니다(살전 4 : 17).

5. 신부의 추구와 증거(5 : 6-6 : 3)

"육 있는 몸"에 거할 동안 성도는 주님을 날마다 추구해야 합니다. 그리고 추구해서 만난 그 주님은 반드시 이 세상에서 증거 되어야만 합니다.

6. 파괴되지 않는 친교(6 : 4-8 : 14)

포도원을 허는 작은 여우들이 우리들의 주위에 항상 있고, 또 육신이 우리 안에 있어서 주님과의 친교를 방해하는 것이 사실이지만, 주님과 무리와의 친교는 결코 파괴될 수 없는 것입니다(요 10 : 28, 마 28 : 20).

4

이사야 / 예레미야 / 예레미야애가
에스겔 / 다니엘 / 호세아 / 요엘
아모스 / 오바댜 / 요나
미가 / 나훔 / 하박국 / 스바냐
학개 / 스가랴 / 말라기

선지서

이에 예레미야가 네리야의 아들 바룩을 부르매
바룩이 예레미야의 구전대로 여호와께서 그에게 이르신 모든 말씀을
두루마리 책에 기록하니라(렘 36 : 4)

이사야

성경을 축소한 책

◎ **본 문** : 그러므로 주께서 친히 징조로 너희에게 주실 것이라 보라

처녀가 잉태하여 아들을 낳을 것이요

그 이름을 임마누엘이라 하리라 (7 : 14)

◎ **주 제** : 하나님은 예언하시고 성취하신다

◎ **키워드** : (메시야에 대한) 예언들

위대한 어거스틴이 암브로스의 인도를 받아 회심한 후

새 신자로서 성경 중 어느 책을 맨 먼저 공부해야 하느냐고 물었을 때

암브로스는 "이사야서"라고 대답했다고 합니다.

확실히 구약성서 가운데 이사야서처럼

하나님의 은혜에 대해 명백하게 가르치고 있는 책은 없습니다.

구원받은 성도는 율법아래 있지 않고 은혜 아래 있습니다(롬 6 : 14).

그러므로 성도는 마땅히 은혜 속에서 강하게 성장해 가야만 합니다(딤후 2 : 1).

은혜가 죄인을 구원하고,

은혜가 성도를 강하게 하고,

은혜가 사역을 가능케 합니다.

1. 우리는 우선 선지자(이사야)에 대해 간단히 살펴보도록 합시다.

이사야는 왕족으로 그의 아버지 아모스는 유다의 9대 왕 아마샤의 형제였고, 10대 왕 웃시야는 이사야와 사촌간이었습니다. 그는 왕의 고문으로서 예루살렘에 있는 왕들과 밀접한 관계를 유지하면서 그때 그때의 상황에 따라 적절한 문책과 권면을 아끼지 않았습니다. 그는 호세아처럼 두 아들에게 상징적인 이름을 지어주었는데 장자는 스알야숩(7 : 3)이고 차자는 마헬살랄하스바스(8 : 1)였습니다.

2. 우리는 이 책에서 중요한 세 이름에 주목할 필요가 있습니다.

이사야서 7장과 8장에서는 중요한 세 이름이 나오는데 그것은 곧 스알야숩과 마헬살랄하스바스와 임마누엘입니다. 스알야숩은 남는 자가 돌아오리라이고, 마헬살랄하스바스는 노략한 탈취물은 빨리 없어진다이고, 임마누엘(Immanuel)은 하나님이 우리와 함께 계신다입니다.

마헬살랄하스바스는 범죄하는 유다가 바벨론에 의해 노략 당할 것을 가리키고, 스알야숩은 유다 백성들이 바벨론에 포로되어갔다가 그 남은 자들이 돌아올 것을 가리키고, 임마누엘은 그렇게 돌아온 유다 백성 가운데 하나님께서 그분의 독생자를 유대인의 왕으로, 온 세상의 구주로 보내실 것을 가리킵니다.

하나님은 예언하시고 이루시며, 우리는 선포하고 기다립니다. 예언은 하나님의 일이고, 선포는 우리의 일입니다. 어느 날 예수 그리스도는 다시 돌아오실 것인즉, 우리는 계속 선포하면서 기다리면 되는 것입니다. "주 예수여 오시옵소서!"라고 기도하면서 말입니다.

3. 우리는 이사야의 사역 기간을 잠깐 살펴보도록 하겠습니다.

1 : 1에 의하면 이사야는 "유다 왕 웃시야와 요담과 아하스와 히스기야"에 이르기까지 4대에 걸쳐 60년 이상 사역했으며, 유대인의 구전에 의하면 그가 므낫세 왕에 의해 순교 당할 때(톱으로 켬을 당했음) 그의 나이 120세였습니다.

1. 웃시야 왕

웃시야(이사랴)는 B.C. 791년에 암살 당한 아버지 아마샤(아마시야)에 이어 16세에 왕위에 올라 52년간 선정으로 나라를 부강하게 만들었습니다(대하 26 : 5,8).

이사야는 웃시야 때에 구원받았고, 그리고 웃시야가 죽었던 해에 소명을 받았습니다. 그러나 웃시야는 강력하게 되자 마음이 교만해져서 제사장의 사역을 침범하므로 하나님의 심판을 받고 문둥병에 걸린 적이 있었습니다. 하나님께서는 살아계시며 교만한 자는 물리치시고 겸손한 자에게는 은혜를 베푸십니다(벧전 5 : 5).

2. 요담 왕

아버지 웃시야가 문둥병에 걸리자 아들 요담이 아버지를 대신해서 나라를 통치하기 시작했습니다(대하 26 : 16-21). 웃시야가 죽자 요담이 정식으로 왕위에 올랐습니다. 그는 주님 앞에서 정직하게 행했으나 산당은 제거하지 않았습니다. 그는 16년간 왕위에 있었으나 섭정 기간을 포함하면 실제로는 21년간 통치하였습니다. 그 시대의 특징을 한마디로 말하면 "백성은 오히려 사악을 행하였더라"(대하 27 : 2)입니다. 이사야는 요담 왕 때에 결혼해서 큰아들을 낳았습니다.

3. 아하스 왕

B.C. 735년에 요담 왕이 죽자 그 아들 아하스가 왕위에 올랐습니다. 아하스는 아버지 요담의 신앙도 이어받지 않았고, 조부 웃시야의 실패도 거울로 삼지 않고, 오히려 우상 숭배에 빠져들어 갔습니다(왕하 16 : 1-4, 대하 28 : 1-4). 아하스가 왕위에 오르자 반 앗수르 동맹을 결성하기 위해 북왕조 이스라엘과 아람(수리아)이 본격적으로 침략해 들어왔습니다. 그러자 아하스는 하나님만 의뢰하는 절대 중립 정책을 견지하라는 이사야의 권면을 무시하고 앗수르의 디글랏빌레셀에게 원조를 요청하는 실수를 범했습니다.

아하스의 간청을 받은 디글랏빌레셀은 B.C. 732년에 다메섹을 쳐 그 왕 르신을 죽였습니다. 그때 아하스가 디글랏빌레셀을 만나러 다마섹에 간 것이 여러 우상을 끌어들이게 된 계기가 되었던 것입니다(왕하 16 : 10-17, 대하 28 : 22-25). 이 때 이사야의 나이는 30세 정도였고, 차남도 이미 태어나 있었으며, 이 아하스 왕 때 가장 많이 활약했습니다. 이 아하스 왕 때 앗수르의 살만에셀이 사마리아 성을 3년간이나 공격했으며, 그 포위 기간 중에 살만에셀은 죽었지만(B.C. 722년), 그 아들 사르곤이 마침내 사마리아 성을 함락시켰던 것입니다(B.C. 721년).

4. 히스기야 왕

B.C. 715년 아하스 왕이 죽자 그의 아들 히스기야가 왕위에 올라 일대 개혁 운

동과 부흥 운동을 일으켰던 것입니다. 이사야의 자문을 받아들인 히스기야 왕은 앗수르가 몇 번이나 침략해 왔음에도 불구하고 독립 자위 정책과 절대 중립 정책을 계속 견지해 나갔던 것입니다.

B.C. 705년에 사르곤이 죽자 그 아들 산혜립이 왕위에 올랐으며 그가 B.C. 701년 앗수르의 대군을 이끌고 팔레스틴을 침공해 왔을 때 유다도 46개 성을 빼앗겼으며 히스기야 왕은 무조건 항복하고 많은 공물을 바치지 않을 수 없었습니다(왕하 18 : 13-16). 그러나 히스기야 왕은 다시 한번 앗수르와 싸우기로 결심하고 준비를 하고 있었습니다(대하 32 : 2-8). 드디어 B.C. 697년 산혜립이 다시 예루살렘을 포위 공격했었는데 그때가 이사야에게 있어서는 생애 최고의 절정기였습니다.

그때 산혜립은 애굽의 디르하가가 쳐 올라온다는 소식을 듣고 대적하러 가다가 앗수르군은 하나님의 심판(흑사병)을 받아 거의 전멸에 가까운 타격을 받고 물러 갔던 것입니다. 그때의 히스기야와 이사야의 팀워크(teamwork)는 그야말로 한 폭의 그림과도 같았습니다. 오늘날에도 여전히 훌륭한 팀워크는 위대한 승리를 가져다주는 것입니다. 오! 위대한 팀워크여!

5. 므낫세 왕

앗수르군이 대패한 직후, 히스기야 왕이 죽자 그의 아들 므낫세가 즉위해서 (B.C. 686년) 55년간이나 다스렸지만 그는 자기 아버지 히스기야와는 정반대로 악정을 베풀었습니다(왕하 21 : 1-6, 대하 33 : 1-9).

산혜립의 암살사건(B.C. 681년)이 37 : 38에 기록되어 있는 것을 보면 이사야는 그때까지 살아 있었음에 틀림이 없습니다. 그가 살아 있는 동안에는 마헬살랄하스바스도, 스알야숩도, 임마누엘도 일어나지 않았지만 그는 하나님의 심판은 앗수르에 의해서가 아니고 바벨론에 의해 행해질 것이며, 구원은 바사의 고레스 왕에 의해, 최종적인 승리는 예수 그리스도(임마누엘)로 말미암아 이루어질 것이라고 계속 선포(예언)했던 것입니다.

이사야는 마침내 므낫세의 미움을 받아 그의 장대한 인생은 막을 내리게 되었지만 그의 삶과 그의 사역(예언)의 영향은 지금까지도 계속되고 있는 것입니다. 우리는 결코 진리를 선포하는 일을 중단하지 말아야 합니다. 진리는 반드시 승리하기 때문입니다. 새 하늘과 새 땅이 도래하기 전에는 항상 진리를 말하는 사람들이 거짓말쟁이들로부터 핍박을 당하게 되어있지만(딤후 3 : 12) 그럼에도 불구하고 우리는 진리를 말해야 합니다.

　위대한 진리의 수호자들이여, 사악한 자들의 핍박에 놀라지 말고 계속 진리 위에 굳게 서 있도록 합시다.

4. 우리는 이사야서를 "성경을 축소한 책"이라고 부를 수 있습니다.

　이사야서는 전부가 66장인데 1장에서 39장은 유다의 죄와 오실 왕에 의한 구원을 다루고 있고 40장에서 66장은 외치는 자의 소리와 새 하늘과 새 땅의 영광을 묘사하고 있습니다.

　전반부는 구약의 책 숫자처럼 39개 장이고 후반부는 신약의 책 숫자처럼 27개 장입니다. 내용에 있어서도 전반부는 구약의 내용과 일치하고 후반부는 신약의 내용과 일치합니다. 이사야서는 이스라엘 민족에 대해 예언한 만큼 이방 나라에 대해서도 예언했으며, 무엇보다도 그리스도에 대한 예언이 가장 뛰어납니다.

5. 우리는 이사야서에서 〈고난받는 종〉을 눈 여겨 보아야 합니다.

　이사야서 53장은 이사야서 중에서도 가장 중요한 장입니다. 많은 사람들이 거기서 예수 그리스도를 자신의 구주와 주님으로 만났다고 간증하는 것을 들을 수 있습니다.

　이사야서 53장은 고난 당하는 메시야를 너무나 생생하게 묘사하고 있습니다. 4절에서 6절이 가장 유명합니다. "그는 실로 우리의 질고를 지고 우리의 슬픔을 당하였거늘 우리는 생각하기를 그는 징벌을 받아서 하나님께 맞으며 고난을 당한다 하였노라 그가 찔림은 우리의 허물을 인함이요 그가 상함은 우리의 죄악을 인함이라 그가 징계를 받음으로 우리가 평화를 누리고 그가 채찍에 맞음으로 우리가 나음을 입었도다 우리는 다 양 같아서 그릇 행하여 각기 제 길로 갔거늘 여호와께서는 우리 모두의 죄악을 그에게 담당시키셨도다"

　죄인들을 대신한 예수님의 고난을 이 이상 더 잘 묘사할 수는 없는 것입니다. 우리는 마땅히 여기서 겸손히 무릎을 꿇고, 나를 대신하여 고난당하신 예수님을 찬양해야만 합니다.

예레미야
심판과 사랑의 책

◎ **본 문** : 너는 내게 부르짖으라 내가 네게 응답하겠고
　　　　　네가 알지 못하는 크고 비밀한 일을 네게 보이리라 (33 : 3)

◎ **주 제** : 역사의 배후에 계시는 하나님이 가장 중요하다

◎ **키워드** : (예언자의) 사명들

스코틀랜드의 위대한 신학자인 화이트(Whyte)는
"이 책은 오늘날까지 구약성서 안에서 시편 다음 가는
가장 영적인 책이다!" 라고 증거 했습니다.
오늘 우리들은 이 책을 주신 하나님께
감사하면서 열린 마음으로 겸손히 배우도록 합시다.

1. 우리는 먼저 선지자(예레미야)의 생애를 간단히 살펴보는 것이 좋겠습니다.

예레미야는 이사야처럼 오랜 기간동안 사역을 감당했던 선지자였습니다.

그도 역시 이사야처럼 설교자겸 정치가였으며, 뿐만 아니라 상상력이 풍부하고 매우 창조적인 시인이기도 했습니다. 그러나 예레미야는 이사야와는 달리 엘리야 계열에 속하는 선지자로서(아모스와 침례 요한도 같음) 당시의 악행 자들을 상한 말로 고발 경고했습니다. 그래서 그는 통나무집에, 혹은 감옥과 구덩이에 던져짐을 당하기도 했던 것입니다.

요시야 왕이 죽고 난 후, 여호야김 왕과 시드기야 왕의 치하에서는 끊임없이 박해와 고난을 당했습니다. 그러나 그는 결코 중단하거나 포기하지 않았습니다. 그가 감옥에 갇혀 있을 때는 그의 충성스러운 비서이자 동역자였던 바룩을 통해 사역을 계속했던 것입니다.

그들이 즐겨 사용했던 강단은 성전의 뜰이었고, 청중은 절기 때마다 그 곳을 찾아오는 순례자들이었습니다.

그는 예루살렘에서 북동쪽으로 약 5km 지점에 있는 레위인의 성읍이었던 아나돗에서 제사장의 아들로 태어났습니다(1 : 1). 그는 나이 어릴 때(21세) 선지자로 소명을 받았는데 모세와 에스겔처럼 경험 부족과 말을 잘 할 줄 모른다는 것 등을 이유로 사명 수행을 거부하기도 했습니다(1 : 6).

그러나 그는 감수성이 매우 예민한 사람이었기 때문에 그 혼란한 시대에 막중한 사명을 감당해내느라 여간 고초를 당하지 않았습니다. 왕들과 족장들과 제사장들과 백성들이, 심지어는 그의 친척들마저도 그에게 혹독한 박해를 가해왔지만 결코 그를 이길 수는 없었습니다. 그는 위대한 승리자였습니다.

2. 우리는 당시의 국제 정세를 이해할 필요가 있습니다.

예레미야는 이사야로부터 약 100년 후에 살았던 사람입니다. 이사야는 여호와의 중요한 사자로서 예루살렘을 산헤립과 앗수르의 군대로부터 구원해 냈습니다. 그러나 지금 앗수르는 유다처럼 급속하게 쇠락해 가고 있었습니다.

젊은 예레미야는 세 강대 세력 - 앗수르와 바벨론과 애굽 - 이 세계 패권을 겨루고 있는 것을 보고 있었습니다.

앗수르 제국은 300년 동안 메소포타미아의 윗 계곡에 자리잡고 있는 니느웨를 수도로 해서 세계를 지배해 왔습니다. 바벨론은 메소포타미아 아래 계곡에서 300년 동안 앗수르의 영향과 지배하에 지내오고 있었습니다. 그러나 지금 막 앗수르는 약해져 가고 있으며 바벨론은 강력하게 되고 있는 중 이었습니다.

마침내 니느웨는 B.C. 612년에 바벨론과 메대의 연합군에 의해 멸망당했습니다(예레미야가 소명을 받은 것은 요시야 왕 13년 즉 B.C. 626년이었음). 그 사건은 이미 이사야와 나훔에 의해 예언되었던 바였습니다.

애굽은 몇 세기 동안 제2의 강대국으로서 지금 애굽 왕 느고(Neco : 애굽 제26왕조)는 멸망당한 앗수르 제국을 두고 야심만만하게 바벨론과 경쟁하고 있었던 것입니다. 애굽과 바벨론의 싸움은 B.C. 605년 갈그미스(Carchemish : 그모스의 성읍) 전투에서 그 절정에 달했습니다. 거기서 느고와 그의 군대는 결정적으로 패한 후 애굽으로 돌아갔으며, 그 후 다시는 바벨론과 경쟁할 수 없었습니다.

그래서 유다는 망할 때까지(B.C. 586년) 바벨론의 지배하에 있었던 것입니다. 예레미야는 그러한 국제 정세 아래서 약 40여 년 동안 선지자로 활약했던 것입니다.

3. 우리는 이제 예레미야의 메시지와 그의 역할을 살펴보아야 하겠습니다.

우리가 이미 살펴본 것처럼 애굽이 바벨론에 의해 결정적으로 패배하자 이제 경쟁은 유다와 바벨론 사이에 있게 된 것입니다. 더 정확히 말하면 선지자 예레미야와 바벨론 왕 느부갓네살(B.C. 605년~562년) 사이의 경쟁이라고 할 수 있습니다.

이 경쟁에서 예레미야의 역할은 무엇이었을까요? 예레미야는 예루살렘이 멸망당하기를 원치 않았습니다. 오히려 그는 유다의 승리를 원했습니다. 그래서 그는 백성들의 회개를 촉구했던 것이었으나 백성들은 전혀 회개할 기미를 보이지 않았던 것입니다. 예레미야가 사역을 시작하기 오래 전에 이미 예루살렘을 제외한 모든 유다는 앗수르에게 정복당했고, 오직 예루살렘만이 버티고 있었던 것입니다.

모든 다른 선지자들은 이미 지역 및 군사적으로 영적으로 예루살렘과 온 유다를 포기했던 것입니다. 예레미야도 거기에 동의했습니다.

그러나 모든 참된 선지자들처럼 예레미야도 마지막에는 이스라엘이 회개할 것이고 예루살렘은 반드시 구원될 것이라고 확신하고 있었습니다.

그래서 그의 책은 나라가 재난을 넘어 급히 은혜의 시대로 접어들어 달려가게 될 것이라고 예언하고 있는 것입니다.

1. 예레미야는 예루살렘이 현재적으로는 바벨론에 의해 멸망당할 것이라고 경고했습니다.

2. 그렇다하더라도, 만약 유다가 지금 회개하고 주님께로 돌이키면 하나님이 긍휼히 여겨 주실 것이라고 그는 강조했습니다.

3. 그러나 백성들이 회개할 기미를 보이지 않자 그는 백성들을 큰 재난으로부터 보호하기 위해 바벨론에 항복할 것을 권했습니다. 그래서 백성들은 그를 반역자와 매국노로 오해했던 것입니다.

4. 예레미야는 그의 선배들처럼 유다는 바벨론에 포로될 것이지만 충성스러운 남은 자들에 의해 유다는 회복될 것이고, 미래는 그 영향이 온 땅에 미치게 될 것이라고 예언했습니다.

5. 반대로 불순종하는 유다를 벌하는 하나님의 도구로 삼았던 바벨론은 앗수르처럼 다시 일어나지 못하도록 망하게 될 것이라고 예언했습니다.

6. 성전의 파괴는 사람의 마음에 기록될 새 언약을 미리 보여 주기 위해 실제적으로 필요하게 되었던 것입니다. 이 해석은 예레미야에게 있어서는 사람들로 하여금 유대교에 대한 올바른 이해를 하도록 도운 것이기 때문에 이것은 그의 사역에 있어서 가장 중요한 공헌인 것입니다.

7. 마지막으로 예레미야는 예언 자체에 대한 가장 훌륭한 개념을 우리에게 심어 주었던 것입니다. 즉 예언자는 하나님 자신을 계시해야 한다는 것입니다. 현재의 죄악에 대한 회개 촉구나 미래 사건에 대한 예언보다도 하나님 자신을 계시하는 것은 훨씬 더 중요한 것입니다. 하나님 자신을 계시하는 것이 하나님의 목적임을 예레미야는 명확하게 지적했던 것입니다(9 : 23-24).

우리들도 이 점에 대한 분명한 인식이 있어야 하겠습니다.

이는 만물이 주에게서 나오고 주로 말미암고 주에게로 돌아감이라 영광이
그에게 세세에 있으리로다 아멘 (롬 11 : 36)

예레미야애가

애국시의 책

◎ **본 문** : 여호와의 자비와 긍휼이 무궁하시므로 우리가 진멸 되지 아니함이니이다
이것이 아침마다 새로우니 주의 성실이 크도소이다 (3 : 22-23)

◎ **주 제** : 성실하신 하나님이 불성실한 자기 백성을 심판하신다

◎ **키워드** : 불성실과 성실

유대인 애국자들은 매주 금요일마다 예루살렘에 있는 통곡의 벽에서
이 책을 노래합니다. 왜 그렇게 할까요?
뿐만 아니라 매년 8월 9일(유대력으로는 7월 10일) 속죄일이 되면
모든 유대인들은 금식하면서 그들의 각 회당에서 이 책을 읽습니다.
이것들이 무엇을 의미합니까?
우리는 여기서 유대인들의 성전 재건에 대한
강렬한 열망을 보게되는 것입니다.
그래서 우리는 이 책을 "애국의 시"라고 부른 것입니다.

1. 우리는 이 책에서 드라마(비극)의 종막을 볼 수 있습니다.

무대에 오른 배우들은 자기네들에게 주어진 비극을 훌륭하게 완성시키기 위해 종막에 가장 열중하는 것을 볼 수 있습니다. 그런 주연 배우의 역할이 바로 예레미야에게 주어졌던 것입니다.

이스라엘 나라의 시작과 융성과 멸망은 마치 하나의 장대한 드라마(비극)와도 같습니다.

제1막 : 사무엘은 진행될 연극을 위해 무대를 설치한 후 배우들을 소개하는 일을 감당했습니다.

제2막 : 사울과 다윗은 왕권을 두고 투쟁하였습니다.

제3막 : 솔로몬 왕은 화려한 클라이맥스(climax)와 위기를 이끌어 들였습니다.

제4막 : 르호보암과 여로보암이 드라마(비극)를 내리막으로 이끌고 갔습니다.

제5막 : 드라마(비극)의 종막으로 예레미야는 종막을 위한 중요한 배우들 중의 한 사람으로 마지막 막이 내릴 때까지 무대 위에 혼자 외롭게 남아 있는 장면을 보게 됩니다.

이 예레미야애가는 예레미야가 모든 배우들이 무대에서 퇴장한 후 황량한 무대에 혼자 외롭게 남아 있으면서 예루살렘의 최후를 애도한 것입니다. 예레미야는 성전의 함락과 함께 동족들이 바벨론으로 포로 되어 간 직후에 갈보리 산에 있는 "예레미야의 동굴"에 들어가 황폐한 성읍(예루살렘)을 바라보면서 통곡을 했던 것입니다.

70인 역의 이 책 서문을 보면 "이스라엘이 포로 되고 예루살렘이 황폐된 후 예레미야는 앉아 울었고 이 애가로 예루살렘을 애도했다."라고 기록하고 있습니다.

2. 우리는 이 책에서 5개의 애가를 발견할 수 있습니다.

예레미야애가는 모두 5개의 애가로 이루어져 있습니다.

1. 제1 애가(1 : 1-22)

늙은 선지자 예레미야는 지금 파괴되어 텅텅 비어있는 거룩한 성을 혼자 내려다

보면서 슬픔과 비통에 압도되어 있는 것입니다. 긴 침묵이 흐른 후에 그는 서서히 그의 애가를 읊기 시작한 것입니다. "슬프다 이 성이여 본래는 거민이 많더니 이제는 어찌 그리 적막히 앉았는고 본래는 열국 중에 크던 자가 이제는 과부 같고 본래는 열국 중에 공주 되었던 자가 이제는 조공 드리는 자가 되었도다"(1 : 1)

그리고 나서 선지자는 시온의 슬픔을 하나씩 재음미해 나가고 있는 것입니다. 제1 애가는 예루살렘 성을 위로자도 없이 혼자 외로이 울고있는, 자녀들을 빼앗겨 버린 과부로 묘사하고 있는 것입니다. 남편 잃은 과부가 의지하면서 기대하고 있던 자녀들마저 빼앗겼으니 그 슬픔, 그 비통함이 오죽이나 하겠습니까!

선지자는 그 원인이 백성들의 불순종과 그것에 대한 하나님의 심판이었다고 노래하고 있는 것입니다. "여호와는 의로우시도다 내가 여호와의 명령을 거역하였도다 너희 모든 백성들아 내 말을 듣고 내 근심을 볼지어다 나의 처녀와 소년들이 사로잡혀 갔도다"(1 : 18)

2. 제2 애가(2 : 1-22)

제2 애가는 느부갓네살의 불이 거룩한 성의 매력을 불태워버렸다고 증거하고 있습니다. 제2 애가는 포위되어 공격당하고 있는 예루살렘 성의 생생한 모습을 베일로 얼굴을 가리우고 있는 여자로 묘사하고 있습니다. 심약한 여자로서는 도저히 볼 수 없는 약탈의 장면, 파괴의 장면, 처참한 죽음의 장면을 감당할 수 없어서 여인은 베일로 얼굴을 가리우고 있는 것입니다.

선지자는 예루살렘에 쏟아진 맹렬한 불이 하나님의 진노의 결과임을 반복해서 증거하고 있는 것입니다. "맹렬한 진노로 이스라엘 모든 뿔을 자르셨음이여 원수 앞에서 오른손을 거두시고 맹렬한 불이 사방으로 사름같이 야곱을 사르셨도다" (2 : 3)

3. 제3 애가(3 : 1-66)

제3 애가는 예루살렘 성을 보고 울고 있는 선지자로 묘사하고 있습니다. 구약에 나오는 다른 시들과는 완전히 다른 것입니다. 이 시에서 선지자는 자기 동족들의 참상과 슬픔을 자신의 것으로 삼고 있습니다. 이런 선지자가 있는 한 오히려 소망

은 있는 것입니다. "중심에 회상한 즉 오히려 소망이 있사옴은 여호와의 자비와

긍휼(mercy)이 무궁하시므로 우리가 진멸되지 아니함이니이다 이것이 아침마다
새로우니 주의 성실이 크도소이다"(3 : 21-23)

4. 제4 애가(4 : 1-22)

제4 애가는 예루살렘 성을 빛을 잃은 금으로 묘사하고 있습니다. "시온의 아들
들이 보배로와 정금에 비할러니 어찌 그리 토기장이의 만든 질항아리같이 여김이
되었는고"(4 : 2)

과거의 영광이 빛을 발하고 있는 금이라면 현재의 비참함(치욕)은 질그릇과 같
다는 것입니다. 선지자는 현재의 비참함이 죄의 결과라고 힘주어 말합니다.

"그 선지자들의 죄와 제사장들의 죄악을 인함이니 저희가 성읍 중에서 의인의
피를 흘렸도다"(4 : 13)

5. 제5 애가(5 : 1-22)

제5 애가는 예루살렘 성을 위해 하나님께 간구하고 있는 탄원자로 묘사하고 있
습니다. "여호와여 우리를 주께로 돌이키소서 그리하시면 우리가 주께로 돌아가겠
사오니 우리의 날을 다시 새롭게 하사 옛적 같게 하옵소서"(5 : 21)

선지자는 조상들의 죄(5 : 7)와 당대의 죄(5 : 16) 때문에 하나님께 탄원하지 않
으면 안 될 사태가 발생했다고 결론을 내린 후, 끝까지 죄의 사실을 지적하고 있
습니다. 죄는 결코 변명하거나 핑계되지 말고 자백하고 버리는 것이 상책입니다.

3. 우리는 이제 이 책의 마지막 교훈을 받도록 합시다.

예레미야는 자기의 예언이 성취된 것을 보고 기뻐한 것이 아니라 오히려 그 예
언이 성취되었을 때, 그것을 보면서 크게 슬퍼하면서 통곡했던 것입니다. 이 사실
은 마치 주님께서 로마 군대에 의해 멸망당하게 될 예루살렘 성을 내려다보시면서
우셨던 것(마 23 : 36-38)과 바울의 뜨거운 동족애(롬 9 : 1-5)를 상기시켜 줍니다.

위대한 신학자 화이트(Whyte) 교수는 "온 세상에 예레미야의 애가와 같은 것
은 하나도 없다. 언제 어디에나 많은 슬픔이 있어왔다. 그러나 이와 같이 슬픔으

로 가득한 마음을 가진 다른 설교자나 글을 쓴 사람은 결코 태어난 적이 없었다" 라고 말했습니다. 우리도 예레미야처럼 멸망당할 우리의 불신 동족들을 눈물어린 눈으로 바라보면서 울 수 있어야 하겠습니다.

마지막으로 예레미야는 결코 악운의 선지자나 눈물의 선지자가 아니라 참된 소망의 선지자였음을 명심해야겠습니다. 참된 소망이란 보통 사람으로서는 완전히 절망할 수밖에 없는 상황아래서도 절망하지 않고 오히려 소망을 말할 수 있는 사람에게서만 볼 수 있는 것입니다.

> 사람이 여호와의 구원을 바라고 잠잠히 기다림이 좋도다 사람이 젊었을 때에 멍에를 메는 것이 좋으니 혼자 앉아서 잠잠할 것은 주께서 그것을 메우셨음이라 입을 티끌에 댈지어다 혹시 소망이 있을지로다 (3 : 26-29)

> 주께서 인생으로 고생하며 근심하게 하심이 본심이 아니시로다
> (3 : 33)

에스겔

영광의 책

◎ **본 문** : 여호와의 영광이 동문으로 말미암아 전으로 들어가고 …

　　　　　 내가 보니 여호와의 영광이 전에 가득하더라 (43 : 4-5)

◎ **주 제** : 여호와의 영광은 자기 백성을 위한 것이다

◎ **키워드** : 영광과 심판

B.C. 587년 남왕조 유다의 여호야긴 왕은 수도 예루살렘을
바벨론 군대에게 내어주고 자신은 방백과 용사와 기능인들과 함께
바벨론으로 끌려갔습니다(왕하 24 : 14).
그때 예레미야보다 나이가 어린
20대 중반(24세)의 에스겔도 함께 포로되어 갔던 것입니다
(그는 포로되어 가기 전에 예루살렘에서
예레미야가 선포하는 하나님의 말씀을 자주 듣곤 했었습니다).
그는 아버지처럼 성전에서 봉사하게 될 날을 고대하면서
제사장이 되기 위한 훈련을 착실하게 받고 있던 중에
먼 땅 바벨론으로 포로되어 갔으니 그의 실망은 얼마나 컸겠습니까?
그러나 하나님을 찬양할지니 하나님은 준비가 되어있는 자는
반드시 들어서 쓰시는 것입니다. 내가 원했던 일이 아니라 할지라도
우리는 하나님이 원하시는 곳에서 충성해야 합니다.

1. 우리는 먼저 선지자(에스겔)에 대해 살펴보도록 합시다.

1. 에스겔은 그가 포로 되어 온 지 5년째 되던 해, 예레미야의 편지(렘 29 : 1)를 받은 그 다음 해에 하나님의 부르심을 받고 선지자가 되었던 것입니다.

그때 그 나이(30세)는 그가 고국에 있었더라면 제사장의 직무에 임했을 그러한 나이였습니다(민 4 : 3). 하나님은 하나님의 때가 되면 하나님의 사람들에게 일을 맡기시는 분이십니다. "천하에 범사가 기한이 있고 모든 목적이 이룰 때가 있나니"(전 3 : 1)

2. 약 150년 전 이사야가 하나님의 소명을 받았을 때처럼 에스겔도 하나님의 부르심을 받았을 때 하나님의 환상을 보았던 것입니다.

그가 보았던 환상은 하나님의 환상이었는데, 하나님은 인간 세상을 초월해 계시면서도 인간 세상의 모든 것을 보고 계실 뿐만 아니라 관영한 죄에 대해서는 반드시 심판하시는 공의의 하나님이십니다. 에스겔이 보았던 환상은 영광과 불의 환상이었습니다.

그리고 그는 그 환상과는 너무나도 대조적인 흑암에 처해 있는 자기 백성들의 죄악된 모습도 보았던 것입니다. 그렇습니다. 하나님의 종은 하나님과 함께 섬겨야 할 백성들도 잘 알고 있어야만 하는 것입니다.

3. 그는 성령님의 조명을 통해 환상의 의미를 바로 깨달았습니다.

그가 깨달은 진리는 예루살렘에 대한 하나님의 심판은 불가피하다는 것이었습니다. 그래서 그는 소명 받은 후, 6년간을 계속해서 한가지 메시지만을 전했는데 그것은 곧 예루살렘 성은 반드시 멸망한다는 것과 그리고 포로된 백성들은 예루살렘으로 돌아가기 전에 먼저 하나님께로 돌아와야 한다는 것이었습니다.

사실 그들은 거짓 선지자들에 의해 예루살렘은 멸망당하지 않을 뿐만 아니라 이미 포로로 잡혀온 사람들도 곧 예루살렘으로 돌아가게 된다는 터무니없는 거짓말에 속고 있었던 것입니다. 과업은 막중했고 반대는 심각했지만 사력을 다한 하나님의 사람(에스겔)은 결국 성공을 거두었던 것입니다. "… 네가 죽도록 충성하라 그리하면 내가 생명의 면류관을 네게 주리라"(계 2 : 10)

4. 예루살렘 성과 그 성전이 B.C. 586년에 파괴된 후에야 그의 메시지 내용은 바뀌

게 됩니다. 심판과 회개를 반복해서 강조하던 그의 메시지는 이제 소망과 격려로 바뀌게 된 것입니다. 그는 이제 이스라엘의 부활(회복 37장)과 새 성전의 모습에 대해 선포하기 시작했던 것입니다(40장 이하). 부활(영광)이 있기 전에 반드시 십자가(고난)가 먼저 오는 것이 하나님의 순서입니다. 이것은 하나님의 순서이기 때문에 사람이 절대로 바꿀 수가 없는 것입니다. "… 우리가 그와 함께 영광을 받기 위하여 고난도 함께 받아야 될 것이니라"(롬 8 : 17)

5. 이사야가 "성자 선지자"였고, 예레미야가 "성부 선지자"였듯이, 에스겔은 "성령 선지자"였습니다. 에스겔서에는 성령님에 대해 적어도 25번 언급되고 있습니다 (2 : 2, 3 : 12, 14, 24).

에스겔은 성령님을 통해 하나님을 이해했고, 에스겔은 성령님을 통해 하나님의 심판을 예언했고, 에스겔은 성령님을 통해 이스라엘의 밝은 미래도 볼 수 있었던 것입니다.

"에스겔"이란 이름의 뜻도 "하나님이 능하게 한 자"인데, 하나님의 능력은 오직 성령님의 역사 하심을 통해 나타나는 것입니다. 능력을 원하십니까? 성령의 충만을 받아야 합니다. 지혜(통찰력)를 원하십니까? 성령의 충만을 받아야 합니다(요일 2 : 27). "그런즉 너희가 어떻게 행할 것을 자세히 주의하여 지혜 없는 자같이 말고 오직 지혜 있는 자 같이 하여 세월을 아끼라 때가 악하니라 그러므로 어리석은 자가 되지 말고 오직 주의 뜻이 무엇인가 이해하라 술 취하지 말라 이는 방탕한 것이니 오직 성령의 충만을 받으라"(엡 5 : 15-18)

2. 우리는 이 책에서 여호와의 영광을 볼 수 있습니다.
1. 여호와의 영광이 나타남(1장 - 3장)
"내가 일어나 들로 나아가니 여호와의 영광이 거기 머물렀는데 내가 전에 그발 강가에서 보던 영광과 같은지라 내가 곧 엎드리니"(3 : 23) 에스겔이 그발 강가에서 보았던 여호와의 영광은 네 생물의 모습으로 나타났는데 사람의 얼굴과 사자의 얼굴과 소의 얼굴과 독수리의 얼굴이었습니다.

우리는 에스겔이 보았던 여호와의 영광을 요한복음 1 : 14에서 선명하게 볼 수 있는데 그것은 곧 아버지의 독생자의 영광 입니다. 하나님께서는 자기 종들을 부르실 때 먼저 하나님의 영광을 보여 주시는 것입니다. 모세와, 이사야, 에스겔, 요한, 바울 그리고 윌리암 케리에게 그렇게 하셨습니다.

2. 여호와의 영광이 떠나감(4장 – 24장)

하나님의 백성이 범죄 하면 하나님의 영광은 떠날 수밖에 없습니다. 그리고 하나님의 영광이 떠난 곳에는 하나님의 심판이 임하는 것입니다.

이스라엘 백성이 그들의 구주를 거절했을 때, 영광은 이방인에게로 넘어갔던 것입니다(요 12 : 20-23). 그러나 이방인이 그리스도를 거절하면 영광은 다시 이스라엘에게로 돌아가게 됩니다(롬 11 : 20-27). "깊도다 하나님의 지혜와 지식의 부요함이여 …"(롬 11 : 33)

3. 여호와의 영광과 주위의 국가들(25장 – 32장)

하나님은 자기 백성들을 징계하기 위해 이방 나라들을 채찍으로 사용하시지만 그러나 자기 백성들을 괴롭히는 이방 나라들(7개국)도 반드시 심판하십니다. "너를 축복하는 자에게는 내가 복을 내리고 너를 저주하는 자에게는 내가 저주하리니…"(창 12 : 3)

4. 여호와의 영광이 다시 돌아옴(33장 – 48장)

이스라엘에서 떠났던 영광은 다시 이스라엘에게로 돌아오도록 계획되어 있습니다. "내가 다윗의 집과 예루살렘 거민에게 은총과 간구하는 심령을 부어 주리니 그들이 그 찌른 바 그를 바라보고 그를 위하여 애통하기를…"(슥 12 : 10) "그날에 죄와 더러움을 씻는 샘이 다윗의 족속과 예루살렘 거민을 위하여 열리리라"(슥 13 : 1) "우리는 미쁨이 없을지라도 주는 일향 미쁘시니 자기를 부인하실 수 없으시리라"(딤후 2 : 13)

참된 통치자의 책

◎ **본 문** : 이 열왕의 때에 하늘의 하나님이 한 나라를 세우시리니

이것은 영원히 망하지도 아니할 것이요

그 국권이 다른 백성에게로 돌아가지도 아니할 것이요

도리어 이 모든 나라를 쳐서 멸하고 영원히 설 것이라 (2 : 44)

◎ **주 제** : 영원한 왕이 영원한 왕국을 세운다

◎ **키워드** : (통치의) 유형들

다니엘은 에스겔처럼 느부갓네살에 의해 바벨론으로

포로 되어 간 유대인이었습니다.

그는 귀족 출신(어쩌면 왕족이었을 것임)으로

에스겔보다 9년전인 B.C. 606년 그의 나이 16세 되던 해에

바벨론으로 포로 되어 갔습니다.

그때 이후로 그의 일생은 바벨론에서 보내어 졌는데(1 : 21),

그는 도덕적으로 심하게 타락한 궁중에서 살았지만

성도답게 거룩하게 살았습니다(겔 14 : 14-20).

그는 거룩한 성도였을 뿐만 아니라, 왕에게는 충성스러운 신하였고,

무엇보다도 그는 하나님의 비밀을 예언한 위대한 선지자였습니다.

그는 자신의 나라인 유대에 대해서보다는 이방 나라에 대해 예언했습니다.

그의 예언은 성경 중에서 가장 주목할 만한 것 중의 하나입니다.

1. 우리는 먼저 이 책의 목적을 생각해 보는 것이 좋겠습니다.

다니엘서는 여호야김 왕 제3년(B.C. 606년)부터 고레스 왕 제3년(B.C. 534년)까지 약 70년간에 있었던 중요한 몇 사건과 더불어 우리들의 주님께서 누가복음 21 : 24에서 언급하셨던 "이방인의 때"를 우리에게 알게 해 주려고 기록된 것입니다.

"이방인의 때"는 느부갓네살이 예루살렘의 성전을 파괴하던 B.C. 586년에 시작되었으며 그 특성은 이방인들이 선민인 유대인들을 다스리는 것이며, 그 진행은 바벨론 제국에서 바사 제국을 거쳐 헬라 제국과 로마 제국을 지나 적그리스도의 짐승 제국[재흥(再興) 로마 제국]에 이르며 그 끝은 우리 주님께서 재림하시는 때입니다.

2. 우리는 이 책의 메시지를 명심할 필요가 있습니다.

다니엘서는 우리에게 중요한 메시지 3가지를 전하고 있습니다.

1. 주님의 충성스럽고 순종 잘하는 종들은 가끔 세상에서 높은 지위에 오르게 되며(1 : 9,20, 2 : 48-49), 뿐만 아니라 하나님의 은밀한 일을 깨달아 세상 사람들을 깨우치기도 하고(2 : 19,22,29), 수난과 시련의 때에는 하나님의 영광스러운 임재의 위로도 받곤 합니다(3 : 25, 6 : 22).

2. 그러나 교만한 자는 주님께서 반드시 낮추시는 것입니다(4 : 30-37, 5 : 18-30).

3. 지극히 높으신 하나님이 세상 나라들을 다스립니다(2 : 21, 4 : 25).

3. 우리는 이 책에서 하나님의 통치(심판)를 발견할 수 있습니다.

다니엘서 1장에서 6장은 이방 나라에 대한 하나님의 심판 사실을 기록하면서 하나님이 세상 나라들에 대한 참 통치자이심을 증거하고 있고, 7장에서 12장은 심판 받을 세상 나라들과 세워질 영원한 왕국(천년왕국)에 대한 예언을 기록하면서 하나님이 미래의 통치자도 되심을 증거하고 있습니다.

1. 다니엘이 쓴 하나님의 이방 심판(통치)의 역사(1장 - 6장)

겉으로 보기엔 사람들이 세상 나라들을 통치하고 있는 것 같지만 사실은 하나님이 세상 나라들을 다스리고 있는 것입니다. 그러므로 우리 그리스도인들은 국가의 통치권자들에 대해 올바른 인식을 가져야 하겠습니다. "각 사람은 위에 있는 권세들에게 굴복하라 권세는 하나님께로 나지 않음이 없나니 모든 권세는 다 하나님의 정하신 바라"(롬 13 : 1)

(1) 이방의 종교(우상 숭배)에 대한 하나님의 심판(1 : 1-21)

하나님은 채소와 물만 먹은 다니엘과 그의 세 친구들을 우상 앞에 드렸던 왕의 진미와 포도주를 마셨던 이방인들보다 더 그 얼굴을 윤택하게 하심으로써 이방 나라의 종교를 심판하셨던 것입니다. 그러므로 우리 그리스도인들은 이방 종교의 악한 풍습에 대해 단호해야 합니다.

(2) 이방의 철학(미신)에 대한 하나님의 심판(2 : 1-49)

느부갓네살의 꿈을 다니엘로 하여금 찾아내 해석케 함으로써 이방의 철학(미신)을 하나님께서는 엄히 심판하셨던 것입니다. "누가 철학과 헛된 속임수로 너희를 노략할까 주의하라…"(골 2 : 8) "유대인은 표적을 구하고 헬라인은 지혜(철학)를 찾으나 우리는 십자가에 못 박힌 그리스도를 전하니…"(고전 1 : 22-23)

(3) 이방 왕의 교만에 대한 하나님의 심판(3 : 1-4 : 37)

사드락과 메삭과 아벳느고를 칠 배나 뜨거운 풀무 불 가운데서 구출해 내심으로써 교만한 느부갓네살 왕을 심판하셨고, 회개하지 아니하는 느부갓네살에게 7년동안 리간스로뻬(정신질환)라는 무서운 병을 주심으로써 하나님은 철저하게 심판하셨습니다(4 : 28-33).

(4) 이방 왕의 불경건에 대한 하나님의 심판(5 : 1-30)

느부갓네살의 손자이고, 나보니두스의 아들인 벨사살은 그 할아버지보다도 한 수 더뜨는 신성 모독자였습니다. 성전 기명으로 술을 마신 그를 하나님은 그날 밤에 죽이심으로써 엄중하게 심판하셨던 것입니다.

(5) 이방의 협박자들에 대한 하나님의 심판(6 : 1-28)

경건한 성도(다니엘)를 핍박한 이방인들을 하나님은 다니엘을 사자 굴에서 구해 내심으로써 확실하게 심판하셨습니다. 이방에 대한 하나님의 이 모든 심판들은 하나님이 이방 나라들에 대한 통치권자이심을 명백하게 증명하는 것입니다. 할렐루야!

2. 다니엘이 하나님께로부터 받았던 이상(예언)들(7장 - 12장)

다니엘은 하나님이 보여 주신 이상(네 큰 짐승)을 통해 바벨론 제국과 바사 제국과 헬라 제국과 로마 제국을 보았고, 넷째 짐승의 열 뿔과 다른 작은 뿔을 통해 연합된 10개국으로 재흥(再興)할 로마 제국과 그것을 장악할 적그리스도를 보았던 것입니다(7 : 1-8). 적그리스도가 7년간(이방인 때의 마지막 기간) 이스라엘을 다스리고 있을 때 그리스도께서 오셔서 천년왕국을 세우실 것도 다니엘은 보았습니다(7 : 23-27, 계 20 : 4).

하나님은 다니엘에게 이 마지막에 될 일들을 봉함하라고 하셨는데 왜냐하면 그것들은 마지막 때가 되어야만 사람들이 이해할 수 있기 때문입니다(12 : 1-4). 그러나 하나님이 다니엘에게 보여 주셨던 것들을 밧모섬의 사도 요한에게 보여 주셨을 때는 "이 책의 예언의 말씀을 인봉하지 말라 때가 가까우니라"고 말씀하셨던 것입니다(계 22 : 10).

주님의 다시 오심이 가까워진 시대에 살고있는 우리 그리스도인들은 예언의 말씀을 묵상하면서 기름 준비하는 일을 게을리 하지 말아야겠습니다.

> 이 예언의 말씀을 읽는 자와 듣는 자들과 그 가운데 기록한 것을 지키는 자들이 복이 있나니 때가 가까움이라 (계 1 : 3)

호세아
부부의 책

◎ **본 문** : 내가 저희의 패역을 고치고 즐거이 저희를 사랑하리니

나의 진노가 저에게서 떠났음이니라

내가 이스라엘에게 이슬과 같으리니 저가 백합화같이 피겠고

레바논 백향목 같이 뿌리가 박힐 것이라 (14 : 4-5)

◎ **주 제** : 용서가 관계를 회복시킨다

◎ **키워드** : 배신과 용서(사랑)

호세아는 이사야와 동시대의 인물로 B.C. 8세기에 부르심을 받은 하나님의 사람이었습니다. 그러나 호세아는 이사야와는 달리 북쪽 이스라엘 출신이었습니다. 그의 메시지는 비록 유다에 대해 가끔 언급하긴 했지만 주로 혼란한 북왕조 이스라엘 왕국에 대한 것이었습니다.

호세아는 북왕조 최후의 강력한 왕이었던 여로보암2세의 통치 말년에 선지자가 되어 B.C. 721년 사마리아가 앗수르에 의해 함락 당해 쇠잔해 갈 때까지 약40년간 예언 활동을 하였습니다.

하나님을 배반하고 온통 이방 종교와 그 관습들을 받아들인 결과로 도덕적인 타락과 정치적인 타락이 심각한 상태에 이르렀습니다. 왕하 14 : 23-17 : 41은 그 시대상을 생생하게 묘사하고 있습니다. 여로보암2세가 죽자 불과 20년 동안에 여섯 왕이 교체되고 넷은 그 왕위를 찬탈 당하기까지 했던 것입니다.

호세아는 우상 숭배가 하나님께 무엇을 의미하는지 그리고 하나님께서 자기 백성을 얼마나 사랑하며 또 그들이 하나님께로 돌아오기를 얼마나 기다리시는지를 자신의 쓰라린 경험을 통해 확실하게 깨달을 수 있었습니다. 그의 경험이란 다름 아니라 그의 아내가 그를 배신하고 가출한 것이었습니다. 그의 메시지는 그의 가슴에서 나온 것이었고, 또 그것이 본서를 특이하게 만든 요인이 되었던 것입니다.

1. 우리는 먼저 이 책의 특징을 일별해 보도록 합시다.

호세아의 글은 다른 대부분의 선지자들의 글보다는 시적입니다. 그리고 은유가 많다는 것이 특징 중의 하나 입니다.

호세아는 하나님을 "주님"으로 호칭했고 그리고 그가 가장 강조한 진리는 하나님은 남편이고 이스라엘은 그의 아내라는 것입니다. 그렇습니다. 이스라엘은 여호와의 신부이고 교회는 어린양(그리스도)의 신부입니다.

부부 관계보다 더 친밀한 관계는 이 세상에서 존재하질 않습니다. 선민인 이스라엘과 창조주 하나님의 관계가 그렇고 택한 교회와 구속주 예수 그리스도와의 관계가 그렇습니다.

2. 우리는 이 책의 중요한 내용들을 알 필요가 있습니다.

1. 어떤 이들은 호세아서를 모든 예언서 중에서 가장 어려운 책이라고 말합니다. 확실히 호세아서는 공부하기에 쉬운 책은 아닙니다.

2. 호세아서는 처음에 읽어보면 질서가 없어 보입니다. 그러나 많이 공부한 후에 읽어 보면 아름다운 질서를 발견할 수 있습니다. 그러므로 우리는 조급하지 말아야 합니다.

3. 호세아서는 실제적인 회개론을 다루고 있습니다. 그래서 호세아서를 '타락한 자를 위한 책'이라고 부르는 것입니다. 우리는 이 책에서 타락자를 회복시키시는 하나님의 매혹적인 손길을 경험할 수 있습니다.

3. 우리는 이 책을 "부부의 책" 이라고 부릅니다.

앞에서도 말한 것처럼 하나님은 자신과 이스라엘과의 관계를 부부 관계로 묘사했습니다. 그래서 우리는 이 책을 "부부의 책" 이라고 부르는 것입니다.

1. 불명예스러운 아내(1 : 1-3 : 5)

하나님은 호세아에게 고멜과 결혼하라고 명하셨습니다. 하나님은 고멜이 부정한 아내가 될 것을 미리 아셨습니다. 이것이 1 : 2에 대한 유일하고도 성경적인 해석이라 할 수 있습니다.

세 자녀가 태어나는데 각각 이스라엘에 대한 하나님의 메시지를 함축하고 있는 이름들이 주어지는 것입니다(사 8장). 하나님은 호세아를 통해 심판을 내리시기 전에 회개할 마지막 기회를 주지만(왕하 17 : 13-14) 그들은 끝내 거절하고 말았던 것입니다.

그러나 그 백성에 대한 하나님의 사랑은 변치 않습니다(1 : 10, 2 : 1). 연애하는 자들을 따라 간 아내를 은 열 다섯 개와 보리 한 호멜 반으로 속량해서 다시 찾아오는 호세아를 통해 우리는 이스라엘을 추적하시는 하나님의 위대한 사랑에 감복하게 됩니다.

호세아의 행동과 그의 계속적인 사랑은 하나의 실물 교육입니다. 하나님의 끝없는 사랑 때문에 이스라엘은 말일(末日 : 장차 도래할 메시야의 시대에야) 다윗의 자손 예수 그리스도께로 돌아오게 되는 것입니다(3 : 5).

2. 죄많은 백성(4 : 1-13 : 16)

여기서부터는 호세아의 가정에 대한 언급은 더 이상 찾아볼 수 없습니다. 그러나 그 체험은 여전히 소개되어 있고 그것이 본서의 나머지 부분에 여전히 영향을 미치고 있음을 볼 수 있습니다.

이스라엘의 영적 타락은 문자적인 의미 그대로의 타락으로 나타납니다(4 : 11-14). 젊은이들의 범죄에 대한 책임은 물론 어른들에게 있고(4 : 14), 백성들의 죄에 대한 책임은 제사장들과 왕족들과(5 : 1) 방백들에게(5 : 10) 있었습니다. 그러므로 하나님은 그들에게 철저히 책임을 물을 것입니다.

고맙게도 고난은 하나님의 백성들을 다시 하나님께로 돌이키게 합니다. 그러나 그들은 다시 하나님을 배반합니다.

이스라엘이 바벨론 포로 후에 우상 숭배의 죄는 버리지만 예수 그리스도는 영접하지 않았던 것입니다(요 1 : 11).

호세아 6 : 7-7 : 16은 악의 목록이고, 9장은 이스라엘이 한 때 애굽의 종이었듯이 이제 앗수르의 종이 될 것이라고 예언합니다(9 : 3,6). 11장은 하나님의 무한한 사랑의 근원(마음)을 들여다보게 합니다. 13장은 이스라엘의 우상 숭배의 죄와 그 대가에 대해 다시 언급하고 있습니다.

3. 이스라엘의 최종적인 축복과 영광(14 : 1-9)

호세아 14 : 1-3은 이스라엘 백성을 향한 선지자의 마지막 호소이고 14 : 4-9은 주님의 은혜로운 응답입니다. 13장의 강경한 어조 다음에 나오는 이 마지막 장은 사랑과 호소로 가득 차 있습니다. 길은 활짝 열려 있음을 볼 수 있습니다. 심판의 불을 굳이 통과할 필요는 없습니다. 그러나 그들은 호세아의 메시지를 무시하였고 결국 그들은 앗수르에 의해 멸망당하고 말았습니다. 애석한 일이라 아니 할 수 없습니다.

하나님이 심판을 경고하실 때, 농담으로 여기지 말아야 합니다. 죄악이 관영하고 때가 차면 심판은 반드시 떨어지고야 마는 것입니다. "하나님은 모든 행위와 모든 은밀한 일(동기)을 선악간에 심판하시리라"(전 12 : 14) 하나님은 절대로 만홀히 여김을 받지 아니하십니다. 오직 우리는 그분의 은혜가 아니면 심판(진노)을 받게 될 뿐입니다.

요엘

여호와의 날의 책

◎ **본 문** : 시온에서 나팔을 불며 나의 성산에서 호각을 불어 이 땅 거민으로
　　　　　　다 떨게 할지니 이는 여호와의 날이 이르게 됨이니라 이제 임박하였으니
　　　　　　곧 어둡고 캄캄한 날이요 빽빽한 구름이 끼인 날이라 새벽 빛이
　　　　　　산꼭대기에 덮인 것과 같으니 이는 많고 강한 백성이 이르렀음이라
　　　　　　이 같은 것이 자고 이래로 없었고 이후 세세에 없으리로다 (2 : 1-2)
◎ **주 제** : 하나님은 사랑 때문에 자기 백성을 징계하신다
◎ **키워드** : (하나님의) 징계와 (이스라엘의) 회개

우리는 이 선지자가 브두엘의 아들(1 : 1)이라는
사실 외에는 확실하게 알 수 있는 것이 아무 것도 없습니다.
그 이름의 뜻은 '여호와는 나의 하나님' 입니다.
여호와를 나의 하나님이라고 부를 수 있는 사람은
참으로 복된 사람입니다(시 23 : 1).
그는 아마 청년 시절에 엘리야와 엘리사의 사역에 접했을 것입니다.
아마 그는 예언서 저자들 중 최초의 사람으로
요아스 왕의 통치 초기에 유다에서 사역했을 것입니다(왕하 11장-12장).

1. 우리는 먼저 주목해야 할 점들에 우리의 시선을 돌려봅시다.

1. 본서는 고대 문학 중에 가장 엄청난 메뚜기떼의 유린에 대해 서술하고 있습니다.

2. 모든 육체에 성령을 부어주실 것을 처음으로 언급하였습니다(2 : 28-29).

3. 예언의 범위가 넓어서 요엘 당시로부터 천년왕국에까지 이르고 있습니다.

2. 우리는 이제 이 책의 메시지에 우리의 귀를 기울이도록 합시다.

요엘은 모든 참된 부흥의 기초는 참된 회개임을 알고 있었습니다. 그래서 그는 "너희는 이제라도 금식하며 울며 애통하고 마음을 다하여 내게로 돌아오라 하셨나니 너희는 옷을 찢지 말고 마음을 찢고 너희 하나님 여호와께로 돌아올지어다…" (2 : 12-13) 라고 외치면서 온 국민이 회개할 것을 촉구했던 것입니다.

휘장이 찢어졌을 때, 오순절의 축복이 왔듯이 그리스도인의 심령이 찢어질 때, 부흥의 축복이 오는 것입니다. 오 주여! 우리들에게서 굳은 마음은 제거하시고 부드러운 마음을 주시옵소서!

3. 우리는 마지막으로 이 책의 분해를 살펴보도록 합시다.

요엘서의 제목은 "여호와의 날"입니다. "여호와의 심판의 날"이라고 표현해야 더 정확합니다. 여호와의 날이란 하나님께서 세상을 심판하시기 위해 역사에 직접 개입하신 날을 의미합니다.

여호와의 날은 교회의 휴거와 동시에 시작되어서 천 년간 계속될 것입니다(3 : 18). 고린도후서 6 : 2에서 말한 "구원의 날"이 은혜시대를 가리키듯이 "여호와의 날"도 역시 한 긴 기간을 가리키는 말입니다.

여호와의 날에 대해서는 아모스, 이사야, 예레미야, 에스겔, 다니엘, 호세아, 스가랴, 오바댜, 그리고 말라기도 예언했습니다. 호세아는 그 날을 "이스라엘의 날"(호 1 : 11)이라고 했고, 이사야는 "말일"(사 2 : 2) 혹은 "미디안의 날"(사 9 : 4)로 표현했고, 스가랴는 "그날"(슥 12 : 4, 14 : 1)로 말라기는 "여호와의 크고 두려운 날"(말 4 : 5)로 표현했습니다.

1. 여호와의 날의 전조(1 : 1-20)

"팟종이가 남긴 것을 메뚜기가 먹고 메뚜기가 남긴 것을 늦이 먹고 늦이 남긴 것을 황충이 먹었도다"(1 : 4) 우리가 살고 있는 이 시대에도 예루살렘이 메뚜기의 재앙으로 모든 푸른 식물이 모조리 유린당한 적이 있었습니다.

요엘 1장에서 가장 중요한 부분은 15절인데 그것은 메뚜기의 재앙이 "여호와의 날"의 전조라는 것입니다. 메뚜기떼가 팔레스타인 땅을 휩쓴 것처럼 주님께서 지상 재림하기 전에 북방과 동방에서 무수한 군대가 팔레스타인 땅으로 몰려 올 것입니다.

2. 임박한 여호와의 날(2 : 1-10, 3 : 9-15)

메뚜기 떼는 심판 날에 밀려올 북방의 군대(2 : 20), 곧 에스겔이 예언했던(겔 38장-39장) 팔레스타인 북방의 군대를 가리킵니다. 왜 하나님은 이방 군대로 하여금 이스라엘을 침공하도록 허락하시는 것일까요? 그것은 이스라엘로 하여금 크게 회개케 하려는데 목적이 있습니다. 오늘날도 하나님은 그리스도인의 큰 회개가 필요한 때 큰 재앙을 내리시는 것입니다.

3. 이스라엘의 거족적인 회개(2 : 12-17)

하나님은 한 번도 분풀이로 이스라엘을 심판하신 적이 없습니다. 단지 그 백성으로 하여금 회개케 하려고 사랑의 징계를 하셨을 뿐입니다. 그러한 하나님의 마지막 징계가 이방 군대의 집결인 것입니다.

하나님께서는 그때 이스라엘 백성들이 회개하면서 앞으로 부르짖을 기도의 내용까지 이 책에다 기록해 두셨습니다. "너희는 옷을 찢지 말고 마음을 찢고 너희 하나님 여호와께로 돌아올지어다 그는 은혜로우시며 자비로우시며 노하기를 더디 하시며 인애가 크시사 뜻을 돌이켜 재앙을 내리지 아니하시나니"(2 : 13) "여호와께 시중 드는 제사장들은 낭실과 단 사이에서 울며 이르기를 여호와여 주의 백성을 긍휼히 여기소서 주의 기업으로 욕되게 하여 열국들로 그들을 관할하지 못하게 하옵소서 어찌하여 이방인으로 그들의 하나님이 어디 있느뇨 말하게 하겠나이까 할지어다"(2 : 17)

4. 이스라엘을 위한 여호와의 개입(2 : 11-29, 3 : 1-8, 16-21)

하나님이 구하시는 제사는 상한 심령(시 51 : 17)이기 때문에 하나님은 회개하는 이스라엘 백성을 구하시기 위해 직접 개입하시는 것입니다(시 34 : 18). "나 주 여호와가 말하노라 그 날에 곧이 이스라엘 땅을 치러 오면 내 노가 내 얼굴에 나타나리라"(겔 38 : 18) "여호와께서 그 군대 앞에서 소리를 발하시고 그 진은 심히 크고 그 명령을 행하는 자는 강하니 여호와의 날이 크고 심히 두렵도다 당할 자가 누구이랴"(2 : 11) "나 여호와가 시온에서 부르짖고 예루살렘에서 목소리를 발하리니 하늘과 땅이 진동되리로다…"(3 : 16)

◎ 성경의 위대한 장(구약성서)
Great Chapters of the Bible

창조	창세기 1 : 1~2 : 7
유월절	출애굽기 12장
십계명	출애굽기 20장
율법에의 순종	신명기 6장
하나님의 사랑	시편 23편
회개	시편 51편
하나님의 율법	시편 119편
하나님의 지식	시편 139편
지혜	잠언 1장
현숙한 여인	잠언 31장
모든 것의 기한	전도서 3장
이사야의 이상	이사야 6장
임마누엘의 구세주	이사야 7장
고난받는 종	이사야 52 : 13~53 : 12
하나님의 권능	예레미야 18장
이스라엘의 파수꾼	에스겔 33장
죄의 용서	호세아 14장

아모스

국가적 심판의 책

◎ **본 문** : 내가 땅의 모든 족속 중에 너희만 알았나니

　　　　　그러므로 내가 너희 모든 죄악을 너희에게 보응하리라 하셨나니 (3 : 2)

◎ **주 제** : 하나님은 자기 백성의 죄를 더욱 엄하게 다루신다

◎ **키워드** : (물질적) 번영과 (영적) 빈곤

아모스는 예루살렘에서 약 19km, 베들레헴에서는
남쪽으로 약 1km 지점 곧 유대 광야의 끝에 있는
고지 드고아 출신으로 목자이면서
야생 뽕나무를 재배하는 농부였습니다(7 : 14).
그는 남 왕국의 유다지파 사람으로 웃시야 왕(B.C. 791-740)때
하나님의 부름을 받고 북 왕국으로 가서
주로 사마리아와 벧엘에서 하나님의 말씀을 선포하였습니다.
아모스는 이스라엘의 종교적 부패보다는
사회적 부패에다 초점을 맞추고 있습니다.
그래서 사회정의를 외치기 좋아하는 설교자들은
이 책을 대단히 선호하게 되는 것입니다.

1. 우리는 이 책의 시대적 배경을 이해할 필요가 있습니다.

"… 여로보암의 시대의 지진 전 이 년에 드고아 목자 중 아모스가 이스라엘에 대하여 묵시 받은 말씀이라"(1 : 1)

아모스가 하나님의 소명을 받던 '지진 전 이 년'은 저 유명한 유대인 역사가 요세푸스(Josephus)에 의하면 B.C. 753년이 아니면 B.C. 751년입니다. 지진은 웃시야 왕이 문둥병에 걸렸던 해(B.C. 751년 혹은 749년)에 있었습니다. 이 지진이 얼마나 충격적이었던지 약 250년 후의 스가랴 선지자가 언급할 정도였습니다(슥 14 : 5).

여로보암 2세가 북 왕국을 다스리던 때가 북 왕국에서는 가장 번영하던 시기였습니다(3 : 15).

열왕기하 14 : 25-27에 의하면 선지자 요나의 능력 있는 사역의 결과에 힘입어 여로보암 2세가 잃었던 북쪽 변경 지역을 회복할 수 있었고, 또 전에 볼 수 없었던 큰 번영을 이룩할 수 있었던 것입니다. 특히 이스라엘의 수도 사마리아는 메소포타미아와 이집트에서 오는 대상들로 말미암아 일대 성시를 이루었던 것입니다.

2. 우리는 이 책의 메시지를 살펴보도록 하겠습니다.

아모스가 하나님께로부터 받았던 메시지는 국가적인 죄는 국가적인 심판을 초래한다는 것입니다. 그러나 개인의 죄는 크고 흰 보좌 앞에서 심판 받게 될 것입니다. 세계의 역사는 "국가적 죄는 국가적 심판"임을 입증하고 있습니다.

아모스는 이스라엘 나라의 우상 숭배, 향락, 쾌락, 방탕, 압제, 강탈, 뇌물 수수, 부정 부패의 죄에 대해 질타하고 있습니다.

3. 우리는 이제 이 책의 분해를 관찰하도록 합시다.

1. 이웃 나라들의 죄(1 : 1-2 : 5)

아모스는 이스라엘 백성들을 위한 하나님의 말씀을 받아 가지고 있었으나 자기 만족에 도취되어 있고 또 헛된 자만심에 빠져있는 사람들에게 어떻게 효과적으로 그 말씀을 전할 것인가가 또 다른 하나의 과제였습니다. 그러나 주님은 사명(과제)과 함께 능력(지혜)도 주시는 분이십니다(고전 1 : 30, 골 1 : 29).

아모스는 먼저 이스라엘의 일곱 적대 국가들(아람, 블레셋, 두로, 에돔, 암몬, 모압, 유다)을 공격함으로써 백성들의 관심(주의)을 끌어내는데 성공할 수 있었습니다.

"서너 가지"라는 공식적인 표현은 일정하지 않는 수를 가리킵니다.

2. 이스라엘의 죄(2 : 6-16)

자만에 가득차 있던 이스라엘 백성들은 우리는 하나님의 백성이기 때문에 나라에는 안정과 번영만이 있을 것이라고 생각했습니다. 그러나 하나님의 대변자인 아모스는 그의 참된 공격의 목표인 이스라엘의 죄를 덮어둘 수 없는 것입니다.

하나님의 백성은 이방 나라의 백성과는 다른 데가 있어야 하는 것입니다(2 : 9-11). 그러나 그들은 조금도 다를 바가 없었던 것입니다. 그들은 탐욕으로 가득했고(2 : 6-8), 그들의 가치관은 엉망이었습니다.

그들은 심지어 자기들의 죄를 합리화하기 위해 나실인으로 하여금 포도주를 마시게 했고, 선지자들에게는 예언을 금지 시켰던 것입니다(2 : 12). 적당주의가 그들의 철학이었습니다.

"내가 네 행위를 아노니 네가 차지도 아니하고 더웁지도 아니 하도다 네가 차든지 더웁든지 하기를 원하노라 네가 이같이 미지근하여 더웁지도 아니하고 차지도 아니하니 내 입에서 너를 토하여 내치리라"(계 3 : 15-16)

3. 특권에 따른 책임(3 : 1-15)

"내가 땅의 모든 족속 중에 너희만 알았나니 그러므로 내가 너희 모든 죄악을 너희에게 보응하리라"(3 : 2) 아모스는 그들이 선민이기 때문에 더 가혹한 하나님의 형벌을 받아야 한다고 선언하고 있는 것입니다.

"내가 이스라엘의 모든 죄를 보응하는 날에 벧엘의 단들을 벌하여 그 단의 뿔들을 꺾어 땅에 떨어뜨리고 겨울 궁과 여름 궁을 치리니 상아궁들이 파멸되며 큰 궁들이 결단나리라 이는 여호와의 말씀이니라"(3 : 14-15)

부여된 특권에는 상응하는 책임이 반드시 따르는 것입니다. "… 무릇 많이 받은 자에게는 많이 찾을 것이요 많이 맡은 자에게는 많이 달라 할 것이니라"(눅 12 : 48)

4. 하나님의 경고와 권면(4 : 1-5 : 27)

가난한 사람들을 착취해서 사치스럽게 살아가고 있는 여인들이 앗수르에 의해 포로되어 갈 것과 그들이 가는 곳마다 기근과 기갈과 해충과 질병이 따라 다닐 것이라고 경고한 후(4장), 그러한 재난으로부터 구원받을 수 있는 길은 오직 여호와를 찾는 길 밖에 다른 길이 없으므로 "나를 찾으라 그리하면 살리라"(5 : 4-6)고 권면하고 있는 것입니다.

5. 임박한 이스라엘의 종말(6 : 1-9 : 10)

헛된 안일과 거짓된 안전에 빠져있는 이스라엘의 지도자들에게(6 : 1) 앗수르의 군대가 곧 올 것이라고(6 : 14) 다섯 환상을 통해 거듭거듭 알게 하셨습니다(7 : 1-9 : 10). 황충과 불과 다림줄과 여름실과 한 광주리와 체질의 환상은 불과 30년 후에 다가올 이스라엘의 멸망을 알리는 하나님의 사자들이었습니다.

6. 이스라엘의 미래 영광(9 : 11-15)

하나님의 목적과 계획은 너무나도 위대하고 확실하기 때문에 그 누구의 불순종에 의해서도 좌절되지 아니합니다. 불순종하는 자들에게는 심판을 내리지만 하나님의 언약(다윗의 후손)은 결코 무효화되지 않는 것입니다. 하나님의 언약은 반드시 성취되는 것입니다.

메시야(다윗의 후손)가 다시 오시면 "… 저희가 나의 준 땅에서 다시 뽑히지 아니하리라…"(9 : 15)는 하나님의 언약이 이루어지는 것입니다. "내가 율법이나 선지자나 폐하러 온 줄로 생각지 말라 폐하러 온 것이 아니요 완전케 하려 함이로다 진실로 너희에게 이르노니 천지가 없어지기 전에는 율법의 일점 일획이라도 반드시 없어지지 아니하고 다 이루리라"(마 5 : 17-18)

오바댜

에돔의 책

◎ **본　문** : 여호와의 만국을 벌할 날이 가까웠나니 너의 행한대로 너도
　　　　　받을 것인즉 너의 행한 것이 네머리로 돌아갈 것이라 (1 : 15)

◎ **주　제** : 개인이나 공동체는 각기 자기가 심는 대로 거두게 된다

◎ **키워드** : 악행과 선행

이 책은 구약성서 중에서 가장 짧은 책입니다.
그러나 찬란한 빛을 발하고 있는 예언의 책입니다.
본서는 끊임없는 이스라엘의 적인 잔인한 이두매인(에돔인)들에 대한
날카로운 선언 형식의 예언서입니다.
또한 이 책은 에돔의 성격과 발전의 경로와 몰락의 운명을 다루고 있습니다.

1. 우리는 먼저 선지자(오바댜) 및 본서의 연대에 대해 살펴봅시다.

구약성서에는 13명의 오바댜가 나오는데 본서를 기록한 오바댜에 대해서는 전혀 알 길이 없습니다. 그 이름의 뜻은 "여호와의 종" 혹은 "여호와를 경배하는 자"입니다. 하나님은 자기를 진실되이 경배하는 종에게는 미래를 보여 주시는 것입니다. "주 여호와께서는 자기의 비밀을 그 종 선지자들에게 보이지 아니하시고는 결코 행하심이 없으시리라"(암 3 : 7)

본서를 기록한 정확한 연대를 알아내기란 쉽지 않으나 오바댜 1 : 10-14에 의하면 예루살렘이 바벨론에 의해 함락된 B.C. 586년 이후에 기록되었음에는 틀림이 없습니다(대하 36 : 17-21).

2. 우리는 본서의 메시지를 알아보도록 하겠습니다.

본서는 하나님께 반항하는 자, 곧 그의 백성을 괴롭히는 오만한 자는 멸망당하나 온유하고 겸손한 자는 땅을 기업으로 받게된다(마 5 : 5)는 이중 메시지를 담고 있습니다. 결국 이 땅은 온유하고 겸손한 하나님의 자녀들이 차지하게 될 것이므로 그리스도인들은 결코 서두르지 말아야 할 것입니다.

3. 우리는 여기서 에돔의 역사를 간단하게 살펴보도록 합시다.

에돔 족속 혹은 이두매인은 에서의 후손들입니다. 에서는 사해의 남쪽 아라비아 평원 서쪽 경계 지역에 있는 세일산으로 가서 그곳의 원주민인 호리 족속을 몰아내고 그 산 전부를 점령했는데(창 14 : 5-6), 셀라(지금의 페트라)는 그들의 수도였습니다. 그 성에 이르려면 약 215m 이상의 험한 바위의 절벽을 타고 약 1.6km를 올라가야 합니다. 그런 곳에 위치한 셀라 성은 어떤 외세의 침입에도 잘 견디어 낼 수 있는 그야말로 난공불락의 요새였던 것입니다.

첫 통치자는 벨라(Bela)였으며, 이어서 여러 왕들이 다스렸습니다(창 36장). 이스라엘이 애굽의 속박에서 해방되어 나올 때가 그들의 황금기였습니다. 그때 하나님은 이스라엘 백성들이 에돔 족속들에게 친절히 대하라고 말씀하셨습니다(신 23 : 7). 그러나 에돔 족속들은 이스라엘에게 통로도 제공하지 않고 오히려 대적하였습니다(민 20 : 14-21).

그들의 마지막 비열한 짓은 B.C. 586년 예루살렘이 느부갓네살의 군대에 의해 약탈당하고 있을 때, 유다를 노략했던 것입니다. 특별히 성전의 기명들을 노략했던 것입니다.

그들은 예루살렘이 함락당할 때에 기뻐했을 뿐만 아니라(시 137 : 7), 바벨론 군대와 함께 약탈하면서 도망치는 유대인들을 붙잡아 학살까지 했던 것입니다. 선지자 오바댜는 그 목격자였습니다. 그래서 오바댜는 에돔의 교만과 무자비함을 신랄하게 책망했던 것입니다.

에돔인들은 그들의 산성(셀라)은 무너질 수 없다고 생각했지만 오바댜는 그 성은 완전히 무너지게 될 것이라고 예언했던 것입니다. 예루살렘이 함락된 지 5년 후 느부갓네살이 아라바 계곡을 지나 애굽으로 갈 때에 에돔인들은 그 곳에서 쫓겨났으며, B.C. 5세기에도 아랍인들이 그 곳을 점령했고, B.C. 3세기 때는 그 지역이 나바티아인들의 수중에 들어가고 말았습니다(오늘날의 페트라는 그들이 건설한 것임).

어떤 에돔인들은 남부 유다에 정착했는데 헤롯 대왕은 그 자손 중 한 사람이었습니다. A.D. 70년 예루살렘이 로마에 의해 함락됨과 동시에 에돔 족속은 역사 속에서 완전히 사라져 버리고 말았습니다.

4. 우리는 이 책을 "에돔의 책"이라고 부릅니다.

주 여호와께서 에돔에 대하여 이같이 말씀하시니라… (1 : 1)

1. 에돔의 치욕(1 : 1-9)

"… 우리가 일어나서 그로 더불어 싸우자…"(1 : 1). 우리는 에돔 족속이고 그는 느부갓네살을 가리킵니다. 그들이 느부갓네살의 군대와 함께 예루살렘을 공격(노략)한 것은 교만 때문이었습니다(1 : 3).

그러나 하나님은 교만한 자를 대적하십니다(1 : 4). 오바댜 1 : 7-9의 예언은 B.C. 581년에 이루어졌습니다. 하나님은 그 종 선지자들에게 보여 주신 묵시(예언)를 따라 때가 되면 반드시 이루시는 것입니다.

2. 에돔의 죄악(1 : 10-14)

"네가 네 형제 야곱에게 행한 포학을 인하여 수욕을 입고 영원히 멸절되리라"
(1 : 10) 우리도 언제나 고난에 직면할 수 있으므로 우리는 타인이 고난 당할 때에
기뻐해서는 안 됩니다. 오히려 동정해야 합니다. 어떤 형태의 악의든 바로 그 악
의는 장래 고난의 씨앗이 되는 것입니다. "… 사람이 무엇으로 심든지 그대로 거
두리라"(갈 6 : 7)

3. 에돔의 멸망과 시온의 구원(1 : 15-21)

"여호와의 날"(1 : 15)은 심판의 날입니다. "… 너의 행한 것이 네 머리로 돌아
갈 것이라"(1 : 15) "… 본래 없던 것 같이 되리라"(1 : 16) A.D. 70년에 이 예언
은 로마제국의 예루살렘 침공에 의하여 완벽하게 이루어졌습니다. 그러나 "… 야
곱 족속은 자기 기업을 누릴 것"입니다(1 : 17).

에서가 야곱에게 장자권을 팔아 넘긴 것은 너무나 큰 실수였습니다. 마찬가지로
그가 누구이든 하나님의 자녀가 되는 권세(요 1 : 12)를 가볍게 여기면 영원한 후회
를 면치 못할 것입니다. 그것은 너무나 큰 도박이고 실수인 것입니다. "그 아들에
게 입맞추라 그렇지 아니하면 진노하심으로 너희가 길에서 망하리니 그 진노가 급
하심이라 여호와를 의지하는 자는 다 복이 있도다"(시 2 : 12)

편협한 민족주의자의 책

◎ **본 문** : 하물며 이 큰 성읍 니느웨에는 좌우를 분변치 못하는 자가

십이만 여명이요 육축도 많이 있나니

내가 아끼는 것이 어찌 합당치 아니하냐 (4 : 11)

◎ **주 제** : 하나님은 모든 민족을 사랑하신다

◎ **키워드** : 마음들(하나님의 마음과 인간의 마음)

문학의 권위자이면서 작가인 찰스 리즈(Charls Reads)는 요나서가

"매우 작은 범위 안에서 쓰여진 가장 아름다운 이야기다"라고 했습니다.

요나서는 현대의 파괴적인 비평가들로부터

심하게 공격당하고 있는 책 중의 하나입니다.

그들은 본서의 저자이자 주인공인 요나를 허구의 인물로 만들려 하지만

열왕기하 14 : 25은 요나를 의심할 여지가 없는 역사적 인물로 단언하고 있습니다.

뿐만 아니라 예수님도 요나를 역사상의 실제 인물로 언급하셨습니다.

"예수께서 대답하여 가라사대 악하고 음란한 세대가 표적을 구하나

선지자 요나의 표적밖에는 보일 표적이 없느니라

요나가 밤낮 사흘을 큰 물고기 뱃속에 있었던 것같이

인자도 밤낮 사흘을 땅 속에 있으리라

심판 때에 니느웨 사람들이 일어나 이 세대 사람을 정죄하리니

이는 그들이 요나의 전도를 듣고 회개하였음이어니와

요나보다 더 큰 이가 여기 있으며"(마 12 : 39-41)

그러므로 우리는 이 책을 우화가 아닌 역사로,

허구가 아닌 사실로 주장하는데 조금도 주저할 필요가 없는 것입니다.

1. 우리는 먼저 선지자(요나)에 대해 살펴보도록 합시다.

요나는 나사렛에서 가까운 가드헤벨(Gath-Hepher) 사람이었습니다. 그는 아밋대의 아들로 엘리사가 사역을 거의 끝내 갈 무렵에 그의 예언 사역을 시작했습니다. 고대 유대인 저자들은 그를 엘리야가 살렸던 사르밧 과부의 아들이라고 전하고 있습니다.

예수님은 요나를 죽고 부활할 자신의 모형이라고 밝히 말씀하셨습니다(마 12 : 39-41). 요나는 주님의 모형일 뿐 아니라 이스라엘 민족의 모형도 됩니다.

불링거(Bullinger) 박사는 다음과 같이 말했습니다.

"요나는 이방인들로 회개케 할 설교를 하도록 보냄을 받은 하나님의 대사였다. 이스라엘도 그러했다. 그는 이방인들이 그렇게 축복 받는 것을 반대해서 기쁘지 아니한 과업으로부터 도망친다. 그는 하나님이 보낸 큰 풍랑을 만나 바다로 던져진다. 이스라엘도 역시 열국이라는 바다에 던져져 있으나 요나처럼 버려지지는 않고, 머지않아 이스라엘은 땅으로 토해 냄을 받을 것이고, 그리고 여호와의 대사가 되어 축복의 전달자가 될 것이다"(슥 8 : 7-23)

2. 우리는 본서의 목적을 알아보는데 우리의 시간을 사용해야겠습니다.

요나서는 하나님께서 이스라엘 민족을 선택하신 목적을 보여 주기 위해 기록된 하나님의 말씀입니다. 하나님께서 이스라엘 민족을 선택하신 목적은 그들을 통하여 온 세상을 구원하는 것입니다(창 12 : 3).

하나님께서 오늘날(은혜시대) 교회를 그리스도의 신부로 선택하신 목적도 마찬가지입니다(롬 8 : 23). 하나님의 관심의 대상은 이스라엘만이 아니라 온 세상입니다.

하나님은 모든 사람이 구원을 받으며 진리를 아는데 이르기를 원하시느니라 (딤전 2 : 4)

오직 성령이 너희에게 임하시면 너희가 권능을 받고 예루살렘과 온 유대와 사마리아와 땅 끝까지 이르러 내 증인이 되리라 (행 1 : 8)

그러므로 너희는 가서 모든 족속으로 제자를 삼아… (마 28 : 19)

너희는 온 천하에 다니며 만민에게 복음을 전파하라 (막 16 : 15)

3. 우리는 이 책을 "편협한 민족주의자의 책"이라고 부릅니다.

우리는 요나를 겁쟁이로 오해하기가 쉽습니다. 그러나 그는 결코 겁쟁이가 아닙니다. 오히려 그는 자기 하나를 희생시켜 동족을 구하려 한 용감한 사람이었습니다(1 : 12). 그가 다시스로 도망친 것은 겁 때문이 아니라 그의 편협한 애국심과 지나친 민족주의 사상 때문이었습니다.

하나님은 세계 정부를 계획하고 계신가? 그렇습니다. 그러나 그 나라의 통치자는 다시 오실 그분의 독생자입니다. 그러나 그가 오실 때까지는 국토(영토)와 국민과 국권(주권)에 의한 국가들을 기뻐하십니다(시 74 : 17, 행 17 : 26).

그러므로 그리스도인들은 자신의 국가를 사랑해야 하고 자신의 국가에 충성해야 합니다. 그리스도인의 국가에 대한 충성심(애국심)과 주님께 대한 충성심은 서로 충돌하는 것이 아닙니다. 그러나 우리의 애국심이 요나처럼 극단적이 되지 않도록 조심해야 합니다. 또한 우리의 애족심이 다른 민족을 멸시하거나 배척하는 지경에 이르지 않도록 조심할 필요가 있습니다.

1. 극단적인 애국자의 도피(1 : 1-7)

요나는 니느웨 백성이 회개하면 하나님은 그들을 용서하신다는 사실을 알고 있었습니다. 뿐만 아니라 요나는 잔인하고 위협적인 원수(앗수르제국)가 망하기를 원했습니다. 그래서 그는 반대 방향으로 나아갔던 것입니다. 요나의 생명을 구하려 했던 이방 선원들은 오히려 요나 보다 친절했습니다. 요나의 애국(애족)심은 지나친 것이었습니다. 극단적인 애국심으로 해서 요나의 인간성에 문제가 발생했던 것입니다.

2. 요나의 기도와 하나님의 응답(2 : 1-10)

요나는 죽음의 문턱에서 하나님께 부르짖었습니다. 물론 그의 기도의 내용은 회개와 구원이었습니다. 니느웨 백성을 사랑하시는 하나님은 회개하는 요나에게 새로운 삶(생명)을 허락하셨습니다. "여호와께서 그 물고기에게 명하시매 요나를 육지에 토하니라"(2 : 10)

3. 니느웨의 반응(3 : 1-10)

새로운 삶을 얻은 요나는 즉시 순종했으며, 그리고 그의 메시지는 놀라운 결과를 가져왔습니다. 지극히 큰 자로부터 지극히 작은 자에 이르기까지 온 성은 하나님께 회개했습니다. "심판 때에 니느웨 사람들이 일어나 이 세대 사람을 정죄하리니 이는 그들이 요나의 전도를 듣고 회개하였음이어니와 요나보다 더 큰 이가 여기 있으며"(마 12 : 41)

4. 책망 받고 회개한 편협한 민족주의자(4 : 1-11)

요나는 하나님이 이스라엘만 사랑하길 원했습니다. 이방인은 마땅히 벌받아야 한다고 생각했습니다. 그래서 요나는 니느웨 백성들이 그토록 빨리 그리고 놀랍게 반응을 보인데 대해 기뻐하기는커녕 오히려 심히 노했던 것입니다. 그의 마음에는 오로지 이방인에 대한 증오심만이 가득했던 것입니다. 그래서 하나님은 박넝쿨을 통해 요나를 책망하셨던 것입니다. "… 내가 아끼는 것이 어찌 합당치 아니하냐"(4 : 11)

하나님의 강한 책망을 받고 요나는 회개했습니다. 요나는 더 이상 하나님께 항의하지 않았습니다. 요나는 잠잠해졌고 하나님만이 그 곳에 우뚝 서 계셨습니다. 요나서의 마지막은 요나가 회개한 것을 잘 보여 줍니다. 이기적인 그리스도인과 편협한 민족주의자들은 회개해야 할 것입니다.

미가

책망과 위로의 책

◎ **본 문** : 다시 우리를 긍휼히 여기셔서 우리의 죄악을 발로 밟으시고
우리의 모든 죄를 깊은 바다에 던지시리이다 (7 : 19)

◎ **주 제** : 하나님은 주도적으로 자기 백성을 사랑하신다

◎ **키워드** : 성실(Truth)과 인애(Mercy)

미가는 유다 지파에 속한 모레셋(본명은 가드 모레셋) 출신으로
이사야와 동시대인이며 이사야 보다는 약17년 후에 사역을 시작했습니다.
그의 메시지는 두 왕국의 수도인 사마리아와 예루살렘에 대한 것이었습니다.
아모스와 비교해 보면 유다가 이스라엘을 괴롭힌 것과
동일한 죄에 빠져 있었던 것을 알 수 있습니다.
그의 이름의 뜻은 "누구 여호와와 같으냐"인데
과연 그의 생애는 하나님이 그의 전부였습니다.
그가 보았던 하나님은 거룩하시고, 의로우시고, 자비로우신 분이었습니다.
"… 여호와께서 네게 구하시는 것이 오직 공의를 행하며
인자를 사랑하며 겸손히 네 하나님과 함께 행하는 것이 아니냐" (6 : 8)
마지막 7장은 남은 자에게 베푸시는 하나님의 인애가 그 주제입니다.
미가는 지도층에서 시작된 부패가 온 나라에 파급된 것을 보았습니다.
모든 인간 관계는 무너지고 있음을 보았던 것입니다.
그러나 하나님께는 여전히 빛이 있었습니다.
하나님은 아직도 믿을 수 있는 분이심을 선지자는 힘있게 증거 하였습니다.
하나님은 다시 세울 것이며 그분은 다시 구원하실 것입니다.
그분은 그분의 성품 때문에 다시 용서하시고 위로(고후 1 : 3-4) 하실 것입니다.

1. 우리는 먼저 이 책 중에 주목할 만한 점들을 살펴보도록 합시다.

1. 문체가 대단히 황홀합니다. 이 책은 시적 아름다움으로 넘치고 있습니다.

2. 예루살렘에 대한 두려운 예언이 포함되어 있습니다. "이러므로 너희로 인하여 시온은 밭같이 갊을 당하고 예루살렘은 무더기가 되고 성전의 산은 수풀의 높은 곳과 같게 되리라"(3 : 12)

3. 예루살렘의 장래 영광을 예언하고 있습니다(4장).

4. 구세주의 탄생지를 지시하고 있습니다(5 : 2).

5. 여호와께서 구하시는 참된 예배를 선포하고 있습니다(6 : 6-8).

6. 구약에서 발견할 수 있는 열두 줄로 된 절묘한 히브리 시가 있습니다(7 : 18-19).

2. 우리는 이 책의 배경을 잠깐 상고해 보는 것이 좋겠습니다.

미가가 성장했던 모레셋(Moresheth)은 아시아와 아프리카를 연결짓는 해변의 큰 도로변에 있었습니다. 여러 세기에 걸쳐 그 길은 정복자들과 대상들과 순례자들의 통로였습니다. 그래서 모레셋은 남쪽의 애굽과 북쪽의 앗수르 및 바벨론을 연결하는 다리와도 같은 곳이었습니다. 실제로 미가의 생애 중에 앗수르의 사르곤 2세가 B.C. 721년 북왕조의 수도인 사마리아를 정복한 후, 여세를 몰아 라피아(Raphia)에 있는 애굽의 군대를 정벌하기 위해 B.C. 720년에 남진했었는데 그때 블레셋의 어떤 도시들과 유대의 어떤 지역들도 파괴당했는데 어쩌면 그때 모레셋도 당했을지 모릅니다. 그리고 B.C. 713년에 사르곤이 그를 배반한 지방을 징벌하러 다시 남진했는데 그때 블레셋과 에돔과 모압과 애굽이 연합 전선을 폈었습니다. 그러나 모레셋에서 그리 멀지 아니한 아스돗과 가드에서 연합군은 완전히 패하고 말았습니다. 그후 B.C. 705년에 사르곤을 이어 왕위에 오른 산헤립도 B.C. 701년에 다시 배반 지역을 징벌하기 위해 남진한 적이 있었습니다.

3. 우리는 이 책을 "책망과 위로의 책"이라고 부르는 것이 좋겠습니다.

미가는 1장 – 3장을 통해 죄악으로 가득한 사마리아와 예루살렘에 하나님의 심판이 내릴 것이라고 책망하면서 예언했고, 4장 – 7장을 통해서는 예루살렘이 세계의 영적 중심지가 될 것과 베들레헴에서는 제2의 다윗이 태어나게 될 것이라고 영광스러운 미래를 예언했습니다.

1. 죄악에 대한 심판과 책망(1장 – 3장)

하나님이 완고한 우상 숭배로 인하여 사마리아를 멸하시려고 산들을 밟으시며 하늘에서 강림하시는 것으로 묘사되고 있습니다. 부패의 그 원인(우상 숭배)이 유다까지 퍼져 들어왔기 때문에 하나님의 심판이 예루살렘의 문턱에까지 이르렀음을 보여 주고 있습니다.

침략군은 해안 평지로부터 유다 산지를 지나 예루살렘으로 밀려 들어오는 것으로 묘사되고 있고, 유다의 부모들은 사로잡혀간 자녀들로 인하여 애곡할 것이라고 예언하고 있습니다. 2장과 3장에서는 착취와 학정과 종교계의 부패를 고발하고 있습니다.

2. 장차 올 영광과 위로(4장 – 7장)

4장은 메시야가 통치할 미래의 왕국을 보여 주고 5장은 그 왕국의 왕이 베들레헴에서 탄생할 것이라고 예언하였습니다. "베들레헴 에브라다야 너는 유다 족속 중에 작을지라도 이스라엘을 다스릴 자가 네게서 내게로 나올 것이라 그의 근본은 상고에 태초에니라"(5 : 2)

6 : 8은 우리에게 참된 예배의 본질을 제시하고 있습니다. 하나님께서는 모조품이나 대용품은 인정하지 아니하시므로 우리는 하나님께서 기뻐하시는 참된 예배를 드려야 하겠습니다.

나훔

니느웨 멸망의 책

◎ **본 문** : 그가 범람한 물로 그 곳을 진멸하시고
　　　　　 자기 대적들을 흑암으로 쫓아내시리라 (1 : 8)

◎ **주 제** : 하나님은 공의로우시다

◎ **키워드** : 악행과 진노

나훔서는 요나서의 속편(후편)으로 읽어야 합니다.
왜냐하면 약 150년 전 요나가 그의 예언의 대상이었던 니느웨(앗수르의 수도)가
지금 나훔 선지자의 예언의 대상이기도 하기 때문입니다.
요나는 B.C. 785년경 하나님의 말씀을
니느웨 백성들에게 전하기 위해 그 곳으로 보냄을 받았던 것입니다.
그는 거기서 전성기의 니느웨를 향해 외쳤습니다.
그의 메시지는 그들을 회개케 했고
당분간은 다른 나라들을 침공하는 일도 억제하는 효과를 낳았습니다.
그러나 그들은 다시 과거로 돌아갔으며 하나님은 나훔으로 하여금
요나서의 속편을 쓰게 하였던 것입니다.
나훔은 앗수르 제국이 기울고 있을 때,
곧 니느웨의 멸망이 가까와 오고 있을 때에 나훔서를 쓰게 하셨던 것입니다.
나훔은 니느웨의 멸망이 이미 성취된 사실인 것처럼 완료형 예언을 했습니다.
그는 또한 애가 형태로 니느웨의 멸망을 예언하였습니다.
하나님이 아끼던 성(욘 4 : 11)이 멸망당케 되었으니 애가가 나올 법도 한 것입니다.
우리 그리스도인들도 나훔처럼 세상의 멸망을 슬퍼해야 마땅합니다.
왜냐하면 우리들의 주님께서도 예루살렘 성이 A.D. 70년에 멸망당할 것을
미리 보시고 그것을 슬퍼하셨기 때문입니다.

1. 우리는 먼저 선지자(나훔)에 대해 살펴보는 것이 올바른 순서라고 생각합니다.

저자 나훔에 대해서는 그가 엘고스(Elkosh) 태생이라는 사실과 그가 구약의 모든 저자들 중에 가장 생생한 시를 쓸 수 있었다는 사실 외에는 별로 알려진 것이 없습니다. 엘고스의 위치가 어딘지도 확실치가 않습니다. 그러나 대부분의 고고학자들은 엘고스가 갈릴리 지방에 있었다고 생각합니다. 우리 주님께서 사역의 본거지로 삼으셨던 가버나움이 나훔의 마을이라는 뜻을 갖고 있음은 매우 흥미로운 것입니다. 나훔이 가버나움의 설립자였을 가능성을 배제할 수 없습니다.

나훔이란 이름의 뜻은 "위로가 충분하다" 혹은 "긍휼이 많다"입니다. 그의 하나님은 과연 유다를 긍휼히 여기셨고 또 위로해 주셨습니다. "여호와는 선하시며 환난 날에 산성이시라 그는 자기에게 의뢰하는 자들을 아시느니라"(1 : 7)

2. 우리는 이 책의 연대를 알아보는 것이 필요합니다.

나훔은 히스기야 왕과 이사야 선지자와 동 시대인이었습니다. 앗수르가 B.C. 721년에 북쪽 열지파를 포로로 잡아갔을 때, 그는 아마 유다로 피해와서 예루살렘에 거주하면서 사역했을 것이고, 8년 후 다시 앗수르 왕 산헤립이 예루살렘을 포위 공격했을 때, 하루 밤새 그의 군대 185,000명이 멸망당한 것도 친히 보았을 것입니다. 나훔 1 : 2과 2 : 13 등은 그 사건에 대한 언급입니다. 그 사건 후에 나훔서가 기록되었음에 틀림이 없습니다.

그리고 니느웨가 바벨론에 의해 멸망당한 것은 B.C. 612년이고, 애굽의 데베가 앗수르에 의해 함락된 것(3 : 8-10)은 B.C. 663년의 일이니 B.C. 663년에서 B.C. 612년 사이에 나훔서가 기록된 것은 분명합니다. 많은 성경학자들은 요시야 왕의 개혁이 시작되었던 B.C. 621년에서 니느웨가 멸망당하던 B.C. 612년 사이에 기록되었으리라고 봅니다.

3. 우리는 이제 이 책의 주제를 알아보도록 하겠습니다.

나훔서의 주제는 니느웨의 멸망입니다. 니느웨는 단순하게 타락한 것만이 아니고 살아 계신 하나님을 고의로 거역했던 것입니다(왕하 18 : 25, 30, 35, 19 : 10-13).

앗수르의 잔인성은 이미 세상에 널리 알려진 것이었습니다. 죄수들을 죽일 때 껍질을 벗겼고, 다리와 팔을 자르기도 했고, 눈이나 혀를 빼기도 했던 것입니다. 나훔 2 : 11-12은 그들의 잔인성을 맹수의 잔인성에다 비추고 있습니다. "너희가 여호와를 대하여 무엇을 꾀하느냐 그가 온전히 멸하시리니 재난이 다시 일어나지 아니하리라"(1 : 9)

4. 우리는 이 책을 "니느웨 멸망의 책"이라고 부릅니다.

1. 니느웨를 심판하실 하나님(1 : 1-7)
심판의 사실을 예언하기 전에 먼저 심판하실 분을 소개합니다.

첫째, 여호와는 자기를 거스리는 자에게는 보복하시는 분으로 소개합니다(사 36장, 37장, 왕하 18장과 19장 참조). 둘째, 여호와는 노하시기를 더디 하시며 권능이 크시며 죄인은 결코 사하지 아니하는 분으로 소개합니다(1 : 3). 사실 하나님은 앗수르에 대해 결국 심판하셨지만 그러나 오래 참으셨던 것입니다. 셋째, 여호와는 환란날에 산성이시며 자기에게 의뢰하는 자들을 아시는 분으로 소개되고 있습니다(1 : 7). 실제로 하나님은 앗수르의 공격을 받을 때 당신에게 의지한 히스기야 왕과 그의 백성을 보호하셨던 것입니다.

2. 니느웨에 대한 하나님의 판결(1 : 8-15)
"그가 범람한 물로 그 곳을 진멸하시고 자기 대적들을 흑암으로 쫓아내시리라"(1 : 8) 하나님은 티그리스 강의 홍수로 니느웨를 심판하시기로 작정하신 것입니다. "… 내가… 네 무덤을 예비하리니 이는 네가 비루함이니라"(1 : 14)

3. 니느웨 멸망의 모습과 그 원인(2 : 1-3 : 19)
"강들의 수문이 열리고 왕궁이 소멸되며 정명대로 왕후가 벌거벗은 몸으로 끌려가며 그 모든 시녀가 가슴을 치며 비둘기같이 슬피 우는도다"(2 : 6-7) B.C. 612년 티그리스 강의 홍수가 니느웨 성벽의 일부를 무너뜨리자 "파괴하는 자"(2 : 1), 곧 바벨론과 메데의 연합군은 니느웨로 밀려들어가서 비루한 앗수르인들을 짓밟아 버렸던 것입니다. "화 있을진저 피 성이여…. 휙휙 하는 채찍소리 굉

굉(轟轟)하는 병거 바퀴소리 뛰는 말 달리는 병거 충돌하는 기병 번쩍이는 칼 번 개같은 창 살육당한 떼 큰 무더기 주검 무수한 시체여 사람이 그 시체에 걸려 넘어지니"(3 : 1-3)

왜 이토록 처참하게 니느웨가 멸망당해야 했을까요? "너의 다친 것은 고칠 수 없고 네 상처는 중하도다 네 소식을 듣는 자가 다 너를 인하여 손뼉을 치나니 이는 네 악행을 늘 받지 않은 자가 없음이 아니냐"(3 : 19) 나훔이 본서를 쓰기 얼마 전에도(B.C. 663년) 앗수르의 군대는 애굽의 수도 데베스 성(노아몬)을 처참하게 노략했던 것입니다(3 : 8-10). 니느웨는 자기가 심은 대로 자기가 거두었던 것입니다. 우리는 무엇을 심을 것인지 조심해야 하겠습니다.

하박국

대화의 책

◎ **본 문** : 나는 여호와를 인하여 즐거워하며 나의 구원의 하나님을 인하여

기뻐하리로다 주 여호와는 나의 힘이시라 나의 발을 사슴과 같게 하사

나로 나의 높은 곳에 다니게 하시리로다…(3 : 18-19)

◎ **주 제** : 하나님은 모든 질문(문제)에 대해 해답을 주신다

◎ **키워드** : 질문과 대답

하박국은 선지자일 뿐 아니라(1 : 1), 시인이었고, 음악가였습니다(3 : 19).

갈대아인(바벨론인)의 침략을 미래의 일로 말하고 있는 것을 보면(1 : 5-6)

하박국서는 B.C. 610년경에 기록되었음에 틀림이 없습니다.

왜냐하면 예루살렘은 B.C. 606년에 바벨론의 첫 침략을 받아

여호야김 왕과 다니엘과 그의 세 친구를 포로(인질)로 데려갔기 때문입니다.

사실상 하박국은 종교개혁의 할아버지였습니다.

바울은 하박국에게서 이신칭의의 위대한 교리를 배웠고,

루터는 바울에게서 그것을 배웠기 때문입니다.

"…의인은 그 믿음으로 말미암아 살리라"(2 : 4).

이 황금 같은 한마디를 남긴 것만으로도 하박국은 대선지자임에 틀림이 없습니다.

이 책은 바울이 특별히 좋아했던 책입니다.

그는 1 : 5을 비시디아 안디옥에 있는 불신

유대인들을 경고할 때 인용했고(행 13 : 41),

저 유명한 2 : 4 하반절은

3번이나 인용했던 것입니다(롬 1 : 17, 갈 3 : 11, 히 10 : 38).

1. 우리는 먼저 이 책의 특징을 관찰하는 것이 좋겠습니다.

이 책은 그 내용의 3분의 2가 하박국과 주님과의 대화라는 점에 그 특징이 있습니다. 그는 자기 이름과 같이('풀다', '달라붙다') 하나님께 달라붙어 자기 마음속에 품고 있었던 질문들을 하나님께 쏟아 놓았던 것입니다. "어찌하여 나로 간악을 보게 하시며 패역을 목도하게 하시나이까…"(1 : 3) "… 어찌하여 궤휼한 자들을 방관하시며 악인이 자기보다 의로운 사람을 삼키되 잠잠하시나이까"(1 : 13)

이 두 질문이 내포하고 있는 문제는 시편 73편을 쓴 기자의 문제와 대동소이합니다. 곧 하나님의 백성은 고난을 당하고 있는데 악인들은 어찌하여 그렇게 형통할 수 있으며, 공의로우신 하나님이 어떻게 그러한 일을 용납하실 수 있는가 하는 것이 시편 기자의 질문이었습니다.

하박국은 하나님의 응답을 찾고 기다렸으며(2 : 1), 마침내 하나님의 응답은 왔고, 그리고 그 응답은 선지자로 하여금 찬양하게 만들었습니다(3 : 19). 욥도 하박국과 비슷한 질문을 안고 있었는데 하나님은 욥에게도 시원한 대답을 주셨습니다.

2. 우리는 이 책을 "대화의 책"이라고 부릅니다.

이미 앞에서 말한 것처럼 하박국서는 "대화의 책"입니다. 이제 그 내용들을 간략하게나마 살펴보도록 합시다.

1. 첫째 대화(1 : 1-11)

(1) 선지자의 질문(1 : 1-4).

왜 하나님은 유다의 죄에 대해 잠잠하십니까? "어찌하여 나로 간악을 보게 하시며 패역을 목도하게 하시나이까 대저 겁탈과 강포가 내 앞에 있고 변론과 분쟁이 일어났나이다 이러므로 율법이 해이하고 공의가 아주 시행되지 못하오니 이는 악인이 의인을 에워쌌으므로 공의가 굽게 행함이니이다"(1 : 3-4)

(2) 하나님의 친절한 대답(1 : 5-11).

"여호와께서 가라사대 너희는 열국을 보고 또 보고 놀라고 또 놀랄지어다 너희 생전에 내게 한 일을 행할 것이라 혹이 너희에게 고할지라도 너희가 믿지 아니하리라 보라 내가 사납고 성급한 백성 곧 땅의 넓은 곳으로 다니며 자기의 소유 아닌 거할 곳들을 점령하는 갈대아 사람을 일으켰나니"(1 : 5-6) 하박국의 첫 질문에 대한 하나님의 대답은 사나운 바벨론을 들어 범죄 하는 유다를 징계하겠다는 것입니다.

2. 둘째 대화(1 : 12-2 : 20)

질문은 꼬리를 물게 마련입니다. 하박국은 하나님께 질문했고, 하나님은 다시 친절하게 대답해 주셨습니다.

(1) 선지자의 질문(1 : 12-17)

왜 유다 보다 더 사악한 바벨론으로 하여금 유다를 치게 합니까? "주께서는 눈이 정결하시므로 악을 참아 보지 못하시며 패역을 참아 보지 못하시거늘 어찌하여 궤휼한 자들을 방관하시며 악인이 자기보다 의로운 사람을 삼키되 잠잠하시나이까"(1 : 13)

(2) 하나님의 친절한 대답(2 : 1-20)

선지자는 하나님의 응답을 참고 기다렸습니다(2 : 1-2). 하나님의 응답은 다음과 같습니다. 즉, 결국에 가서는 하나님을 믿고 그에게 충성하는 자만이 살게 됩니다. 하나님은 모든 사람의 교만을 징벌하십니다. 탐욕을 가지고 자기 소유가 아닌 것을 모으는 자와 남을 짓밟고 권세를 잡는 자와 파괴를 일삼으면서 비인간적인 죄악을 범하는 자와 사람의 만든 우상을 섬기는 자들에게는 화가 있을 것입니다.

3. 우리는 선지자의 놀라운 찬양을 통해 하나님께 영광을 돌릴 수 있습니다 (3 : 1-19).

이 기도의 음악적인 형식은 하박국이 성전 찬양대의 일원이었음을 알 수 있게 해 줍니다.

내용의 초점은 하나님 자신에게 맞추어져 있습니다. 하나님은 남방 광야(데만은
에돔에 속해 있고 바란 산은 시내 반도의 바란 광야에 있음)의 산들로부터 말을
타고 오십니다. 하나님은 뇌성과 번개로 임하십니다.

그가 보신 즉, 열국이 전율합니다.

하박국은 심판의 필연성과 그 준엄함을 보았던 것입니다. 그러나 모든 것을 다
잃는다 할지라도 승리(구원)의 하나님을 의지함으로써 선지자는 기뻐할 수 있다고
찬양했던 것입니다.

> 비록 무화과나무가 무성치 못하며 포도나무에 열매가 없으며 감람나무에
> 소출이 없으며 밭에 식물이 없으며 우리에 양이 없으며 외양간에 소가 없
> 을지라도 나는 여호와를 인하여 즐거워하며 나의 구원(승리)의 하나님을
> 인하여 기뻐하리로다 주 여호와는 나의 힘이시라 나의 발을 사슴과 같게
> 하사 나로 나의 높은 곳에 다니게 하시리로다 (3 : 17-19)

질문(문제)을 가지고 사람에게가 아니라 하나님께로 나아가는 그리스도인은 반드시
승리의 개가를 부르게 됩니다. 할렐루야!

스바냐
여호와 질투의 책

◎ **본 문** : 그 때에 내가 열방의 입술을 깨끗케 하여 그들로 다

　　　　나 여호와의 이름을 부르며 일심으로 섬기게 하리니 (3 : 9)

◎ **주 제** : 사랑의 불이 질투(진노)의 불을 끈다

◎ **키워드** : 위력들(질투의 위력과 사랑의 위력)

스바냐는 히스기야 왕의 현손으로 유다 왕 요시야 때에 활동했습니다.

그의 준엄한 말로 미루어 보아 요시야 왕이

개혁을 단행하기 전에 예언했을 것으로 보입니다.

왜냐하면 스바냐가 언급했던 우상들을 요시야 왕이 개혁했을 때

모두 제거했기 때문입니다. 스바냐의 예언 활동이 그의 사촌인

젊은 요시야 왕(16세)의 개혁 운동에 큰 도움이 되었을 것임에 틀림이 없습니다.

스바냐는 "주는 숨기셨다", "여호와에게서 숨김을 받는다"는 뜻인데,

2 : 3을 기록할 때 자기 이름을 염두에 두고 있었던 것 같습니다.

스바냐도 약 50년 전에 나훔이 예언했던 니느웨의 멸망을 예언하였습니다(2 : 13).

스바냐는 여러 우상들 곧 바알, 그마림,

말감(밀곰 : Milcom) 등의 숭배자들을 강하게 질책했습니다(1 : 1-2 : 3).

스바냐를 따라 나이 젊은 예레미야도 선지자로 활동하기 시작했습니다.

1. 우리는 먼저 이 책을 여는 키워드들을 살펴봅시다.

스바냐서를 풀어주는 열쇠가 세개 있는데 곧 여호와의 날과 그 중에와 질투입
니다.

여호와의 날은 본서에 7번이나 나오는데 여호와께서 특별히 역사 하시는 시기
(기간)를 가리킵니다.

3 : 5,15,17에 그 중에가 나오는데 여호와께서는 심판을 위해 그리고 구원을 위
해 그 백성 중에 거하심을 가리키는 말입니다.

1 : 18, 3 : 8에 질투가 나오는데 하나님은 자기 백성을 너무나 사랑하시기 때문
에 경쟁자를 용납하실 수가 없으며, 그들의 온 마음의 헌신을 원하시는 것입니다.
"… 나 여호와 너의 하나님은 질투하는 하나님인즉…"(출 20 : 5)

2. 우리는 이 책의 중요한 내용을 묵상해 보도록 합시다.

스바냐서는 무서운 책망과 위협과 진노로 가득차 있습니다. 윌리엄 카우퍼
(William Cowper)는 말하기를 징벌이나 채찍은 "보다 엄숙한 사랑의 표현"이라
고 했습니다. "주께서 그 사랑하시는 자를 징계하시고…"(히 12 : 6)

일반적으로 책(성경)이 책망과 심판으로 시작되면 노래로 끝나는 것을 볼 수 있
는데 스바냐서도 마찬가지입니다. 스바냐서도 슬픔과 어두움으로 시작되나 구약
안에서 가장 달콤한 사랑의 노래로 끝을 맺습니다.

너의 하나님 여호와가 너의 가운데 계시니 그는 구원을 베푸실 전능자시라
그가 너로 인하여 기쁨을 이기지 못하여 하시며 너를 잠잠히 사랑하시며
너로 인하여 즐거이 부르며 기뻐하시리라 하리라 (3 : 17)

3. 우리는 이 책에서 여호와의 질투의 불을 볼 수 있습니다.

스바냐서는 하나님을 심판하기 위해 백성 중에 계시는 하나님(1 : 1-3 : 8)과 구
원하기 위해 백성 중에 계시는 하나님(3 : 9-20)으로 묘사하고 있습니다. 이제 우
리는 이 책을 3부분으로 구분해서 공부해 봅시다.

1. 이스라엘의 전토에서 타고있는 여호와의 질투의 불(1 : 1-2 : 3, 3 : 1-7)

"그들의 은과 금이 여호와의 분노의 날에 능히 그들을 건지지 못할 것이며 이 온 땅이 여호와의 질투의 불에 삼키우리니 이는 여호와가 이 땅 모든 거민을 멸절하되 놀랍게 멸절할 것임이니라"(1 : 18)

1 : 7-8,14,18에 나오는 여호와의 날은 다가오고 있는 느부갓네살의 침략을 가리킵니다. 도대체 무엇이 여호와로 하여금 그토록 질투하게 만들었을까요? 1 : 2-6에 나오는 유다 백성들의 우상 숭배가 바로 그 원인이었습니다. 그 어떤 불보다도 질투의 불은 무서운 것입니다. 인간 질투도 무섭거든 하물며 하나님의 질투야 얼마나 더 하겠습니까? 참으로 경계해야 할 불입니다.

2. 이방인의 모든 땅에서 타고있는 여호와 질투의 불(2 : 4-15, 3 : 8)

"나 여호와가 말하노라 그러므로 내가 일어나 벌할 날까지 너희는 나를 기다리라 내가 뜻을 정하고 나의 분한과 모든 진노를 쏟으려고 나라들을 소집하며 열국을 모으리라 온 땅이 나의 질투의 불에 소멸되리라"(3 : 8) "벌할 날"은 다가오고 있는 7년 대환란을 가리킵니다. 7년 대환란 때 많은 이방 나라들이 팔레스타인땅으로 몰려올 것입니다(겔 38 : 1-9, 계 16 : 12-16).

왜 하나님께서는 이방 나라들을 심판하십니까? 그 이유는 간단합니다.

"내가 모압의 훼방과 암몬 자손의 후욕을 들었나니 그들이 내 백성을 훼방하고 스스로 커서 그 경계를 침범하였느니라"(2 : 8) "나 주 여호와가 말하노라 그날에 곡이 이스라엘 땅을 치러 오면 내 노가 내 얼굴에 나타나리라 내가 투기와 맹렬한 노로 말하였거니와 그날에 큰 지진이 이스라엘 땅에 일어나서"(겔 38 : 18-19) 하나님의 질투의 불은 하나님의 백성(이스라엘)을 괴롭히는 이방 나라를 태우고야 마는 것입니다. 이것은 매우 진실한 말입니다.

3. 하나님의 사랑의 불을 만나 꺼져버린 질투의 불(3 : 9-20)

"그 때에 내가 열방의 입술을 깨끗게 하여 그들로 다 나 여호와의 이름을 부르며 일심으로 섬기게 하리니 내게 구하는 백성들 곧 내가 흩은 자의 딸이 구스 하수 건너편에서부터 예물을 가지고 와서 내게 드릴지라(3 : 9-10)

3 : 9의 그때에와 3 : 11의 그날은 이스라엘이 만국 중에서 영광을 누릴 천년왕국을 가리킵니다. 열방의 입술을 깨끗게 할 자가 누구일까요? 두 말할 것 없이 그분은 우리 주 예수 그리스도이십니다. 사람의 입에서 우상의 이름을 제거할 수 있는 분은 예수님 밖에 없습니다. 주님의 이름을 찬양합시다. 예수 그리스도를 통해 나타난 하나님의 사랑의 불이 하나님의 질투의 불을 삼켜버린 것입니다(롬 3 : 23-24. 5 : 8). 오직 사랑의 불만이 진노의 불을 삼킬 수 있는 것입니다. 맞불을 놓으신 하나님 우리 아버지의 솜씨는 그야말로 절묘 그것입니다. 할렐루야!

◎ 선지자들의 사역

마른 뼈들이 살아남 : 에스겔

예레미야의 예언을 적는 바룩

물고기가 토해낸 요나

학개

성전 재건의 책

◎ **본 문** : 이 전이 황무하였거늘 너희가 이 때에
　　　　　 판벽한 집에 거하는 것이 가하냐 (1 : 4)

◎ **주 제** : 우리는 우선 순위를 바르게 결정해야한다

◎ **키워드** : (두 종류의) 집짓기

학개는 B.C. 536년 스룹바벨과 여호수아의 지휘 아래
70년간의 포로생활로부터 돌아온 남은 자(Remnant) 중의 한 사람이었습니다.
우리는 그가 스가랴와 함께 사역했다는 사실 외에는 별로 아는 바가 없습니다.
그는 스가랴 보다 두 달 먼저 예언하기 시작했으나
스가랴는 3년간 활동한데 비해 학개는 다만 3개월 24일간 활동했을 뿐입니다.
그가 선지자로 소명 받았을 때는 이미 노인이었던 것 같습니다.
그의 이름의 뜻은 "나의 축제" 인데 과연 그의 생애를 통해 귀환의 축제가 있었고,
그리고 성전 재건의 축제도 있었습니다.
우리의 생애에도 성령의 역사에 의한 큼직큼직한 축제들이 있어야 하겠습니다.

1. 우리는 먼저 이 책의 배경과 목적을 살펴보는 것이 순서일 것 같습니다.

바사(Persia)의 고레스 왕은 자기 자신에 관한 놀라운 예언(사 44 : 28-45 : 7)에 마음이 감동되어 유대인을 해방하고 그들의 성전 재건에 필요한 자재들을 공급하도록 칙서를 내렸습니다.

성전 재건 공사는 사마리아인들의 반대에도 불구하고 진행되어 나갔습니다. 그러나 아닥사스다 왕의 칙령에 의하여 성전 공사는 중단되고 말았습니다(스 4 : 7-23). 그렇게 되자 유대 백성들은 이기심에 사로잡혀 자신들의 안락한 생활을 꾸리기에만 열중하게 되었던 것입니다(1 : 4).

학개가 선지자로 소명 받던 때는 포로에서 돌아와서 16년이나 지났고, 공사가 중단된 지는 이미 14년이나 흘렀던 때였습니다. 다시 공사를 재개하도록 총독 스룹바벨과 대제사장 여호수아와 모든 백성을 격려하는데 본서의 목적이 있었던 것입니다. 학개의 권고를 받아들인 백성들은 24일만에 공사를 재개하여(B.C. 520년) 4년만에 제2성전을 완공할 수 있었던 것입니다(B.C. 516년).

2. 우리는 이 책의 문체에 관심을 두어야 합니다.

성경의 각 책은 각각 문체를 가지고 있습니다. 학개서의 문체는 평이하고 단순하며 무뚝뚝하고 사무적입니다. 그러나 그는 질문하기를 좋아했는데(1 : 4, 2 : 3, 12-13) 그것은 매우 생각과 주의를 집중하게 만드는 것입니다.

그리고 어떤 구절은 반복이 되고 있다는 것입니다. 예를 들면 "여호와가 말하노라"(12회)와 "만군의 여호와"(15회)와 "살펴본다"(4회)와 "여호와의 말씀"(9회) 등입니다.

3. 우리는 이 책을 "성전 재건의 책"이라고 부릅니다.

1. 예언의 배경과 공사를 중단한 백성들의 핑계(1 : 1-2)

"다리오 왕 제2년"은 B.C. 520년이었고 다리오 왕은 세계사에서는 다리우스 대제로 불리는데 일찍이 메데에서 살았던 다니엘서의 다리오는 아닙니다.

성전 재건 공사를 중단한 백성들의 구실은 "여호와의 전을 건축할 시기가 이르지 아니하였다"는 것이었습니다. 그러나 하나님께서 이스라엘 백성을 포로에서 돌아오게 한 것은 성전을 건축케하려함에 그 목적이 있었던 것입니다. 그럼에도 불구하고 그들은 아직은 때가 아니라고 핑계를 대면서 자신들의 집짓기에만 열중했던 것입니다(1 : 9). "너희는 먼저 그의 나라와 그의 의를 구하라 그리하면 이 모든 것을 너희에게 더하시리라"(마 6 : 33) 우리는 올바른 우선 순위를 견지해야 합니다.

2. 공사 중단에 대한 여호와의 징계(1 : 3-11)

"이 전이 황무하였거늘 너희가 이 때에 판벽한 집에 거하는 것이 가하냐"(1 : 4) 하나님을 소홀히 한 죄는 가벼운 죄가 아닙니다. "그러므로 너희로 인하여 하늘은 이슬을 그쳤고 땅은 산물을 그쳤으며 내가 한재를 불러 이 땅에, 산에, 곡물에, 새 포도주에, 기름에, 땅의 모든 소산에, 사람에게, 육축에게, 손으로 수고하는 모든 일에 임하게 하였느니라"(1 : 10-11) "너희가 많이 뿌릴지라도 수입이 적으며 먹을지라도 배부르지 못하며… 일꾼이 삯을 받아도 그것을 구멍 뚫어진 전대에 넣음이 되느니라"(1 : 6)

주님은 우리들에게 하나님 제일주의로 살 것에 대해 교훈 하십니다. "아비나 어미를 나보다 더 사랑하는 자는 내게 합당치 아니하고 아들이나 딸을 나보다 더 사랑하는 자도 내게 합당치 아니하고"(마 10 : 37).

3. 여호와의 권면과 백성들의 순종(1 : 12-15)

여호와의 말씀이 그의 종 학개를 통해 선포되었습니다. "… 내가 너희와 함께 하노라…"(1 : 13) 성전 재건 공사는 주님의 뜻이며 그 뜻을 행할 때 주님께서 그들을 도와주시겠다는 약속입니다. "…그들이 와서 만군의 여호와 그들의 하나님의 전 역사를 하였으니 때는 다리오 왕 이년 유월 이십사일이었더라"(1 : 14-15) 말씀에 대한 올바른 신앙은 항상 순종으로 나타납니다. 학개를 통한 하나님의 말씀에 백성들은 기꺼이 순종했던 것입니다. 재착공 4년만에 제2성전은 준공되었던 것입니다(스 4 : 24, 6 : 15).

4. 제1성전, 제2성전, 제3성전(2 : 1-9)

제2성전은 제1성전에 비해 너무나 초라했습니다. "… 이 전의 이전 영광을 본

자가 누구냐 이제 이것이 너희에게 어떻게 보이느냐 이것이 너희 눈에 보잘 것이 없지 아니하냐"(2 : 3) 그러나 하나님의 영이 이스라엘 백성과 함께 하기 때문에 (2 : 5) 그들은 제1성전 보다 더 훌륭한 제3성전을 건축하게 될 것입니다. "이 전의 나중 영광이 이전 영광보다 크리라…"(2 : 9)

우리는 에스겔 40장 - 48장에서 제3성전의 영광을 볼 수 있습니다. 그리고 유대인들이 제3성전을 세우면 주님은 약속대로 재림하실 것입니다.

5. 부정에 대한 징계와 축복의 재개(2 : 10-19)

"이제 청컨데 너희는 오늘부터 이전 곧 여호와의 전에 돌이 돌 위에 첩 놓이지 않았던 때를 추억하라"(2 : 15) B.C. 586년에 제1성전을 파괴 당하게 하신 것은 그 성전이 우상 숭배로 부정해졌기 때문입니다.

성전에서 여호와만 경배하면 복주시겠다는 약속이 있습니다. "곡식 종자가 오히려 창고에 있느냐 포도나무, 무화과나무, 석류나무, 감람나무에 열매가 맺지 못하였느니라 그러나 오늘부터는 내가 너희에게 복을 주리라"(2 : 19)

6. 이방 권세의 최후 멸망(2 : 20-23)

"… 내가 하늘과 땅을 진동시킬 것이요 열국의 보좌를 엎을 것이요 열방의 세력을 멸할 것이요 그 병거들과 그 탄 자를 엎드러뜨리리니 말과 그 탄 자가 각각 그 동무의 칼에 엎드러지리라"(2 : 21-22) 열국의 **보좌**와 열방의 세력은 사단의 세력을 가리키는 말입니다. 제3성전이 세워지고 이스라엘 백성들이 주님의 보혈로 정결케 되면(슥 13 : 1) 주님께서는 재림하셔서 이방의 권세들을 심판하실 것입니다.

… 아멘 주 예수여 오시옵소서 (계 22 : 20)

스가랴

메시야의 책

◎ **본 문** : 내가 다윗의 집과 예루살렘 거민에게 은총과 간구하는
심령을 부어 주리니 그들이 그 찌른바 그를 바라보고
그를 위하여 애통하기를 독자를 위하여 애통하듯 하며
그를 위하여 통곡하기를 장자를 위하여 통곡하듯 하리로다 (12 : 10)

◎ **주 제** : 이스라엘은 반드시 민족적으로 메시야에게 돌아온다

◎ **키워드** : 초림과 재림

선지자 스가랴는 제사장 가문의 출신으로 바벨론에서 태어나서
조부인 잇도의 슬하에서 성장한 것같습니다(스 5 : 1, 6 : 14).
성전을 재건할 때 학개와 함께 하나님의 말씀을
백성들에게 전함으로써 격려했습니다.
그도 역시 다니엘과 에스겔처럼 많은 이상을 본 선지자였습니다.
그는 강렬한 용어를 사용하여 먼 훗날 이스라엘에게 임할 영광을 예언함으로써
낙담한 백성들을 격려하였습니다. 그는 특히 자신을 약한 자로 여기고 있는
총독 스룹바벨을 격려하였습니다(4 : 6).
현재의 슬픔에서 눈을 돌려 영광스러운 미래를 보게 하는 것은
하나님의 격려의 방법 중 하나입니다.
요한계시록은 심한 핍박으로 지쳐있는
초대교회를 격려하기 위해 쓰여진 것입니다.
요한계시록의 주제도 역시 영광스러운 미래입니다.

1. 우리는 이 책에서 메시야에 대한 많은 예언을 볼 수 있습니다.

스가랴서는 이상(Vision)이 많기로도 유명하지만 메시야에 대한 예언이 많기로 유명합니다. 스가랴는 이사야 다음으로 오실 메시야에 대해 많이 예언한 선지자입니다.

1. 그리스도는 다윗 가문의 가지가 됨(3 : 8).
2. 그리스도는 하나님의 종임(3 : 8).
3. 그리스도는 나귀를 타고 예루살렘에 입성하심(9 : 9).
4. 그리스도는 선한 목자임(9 : 16, 11 : 11).
5. 그리스도는 은 삼십에 배반당함(11 : 12-13).

6. 그리스도는 찔림을 당함(12 : 10).
7. 그리스도는 친구의 집에서 상처를 받음(13 : 6).
8. 그리스도는 살해당할 목자임(13 : 7).
9. 그리스도는 감람산에 오심(14 : 3-8).
10. 그리스도는 오셔서 면류관을 쓰심(14 : 9).

2. 우리는 제사장이자 왕이신 메시야에 초점을 맞추면서 이 책을 읽어갑시다.

14장으로 되어있는 스가랴서는 구약성서 중에서 가장 뛰어난 이상(Vision)의 기록입니다. 그래서 스가랴서를 구약의 계시록이라고도 부릅니다. 스가랴서는 전부 다섯 메시지로 이루어져 있습니다.

1. 바벨론 포로를 상기시켜 회개케 함(1 : 1-6)

"나 여호와가 무리의 열조에게 심히 진노하였느니라"(1 : 2) "너희 열조를 본받지 말라… 그들이 듣지 않고 내게 귀를 기울이지 아니하였느니라…"(1 : 4)

우리를 노예(포로)로 삼거나 속박하는 것은 쇠사슬이나 감방이 아니고 우리가 범하는 죄가 그렇게 하는 것입니다. "예수께서 대답하시되 진실로 진실로 너희에게 이르노니 죄를 범하는 자마다 죄의 종이라"(요 8 : 34)

2. 여덟 이상(Vision, 1 : 7-6 : 15)

여덟 이상은 미래의 영광을 미리 보여 주는 것입니다. 앞의 세 이상은 물질적 측면이고 나머지 다섯 이상은 영적인 측면입니다.

(1) 네 말탄 자(1 : 7-17)

하나님께서 땅에 두루 다니라고 보내신 말탄 자 넷은 천사들인데 그들의 사역의 결과로 이스라엘이 회복되는 것입니다.

(2) 네 뿔과 네 공장(1 : 18-21)

하나님의 백성을 몰락케 한 적대국들의 멸망에 대해 말하고 있습니다.

(3) 척량 줄을 잡은 사람(2 : 1-13)

느헤미야에 의해 재건될 예루살렘 성벽을 보여 줍니다. 그리고 그 성의 번영과 영광도 보여 줍니다.

(4) 여호와의 사자 앞에 선 대제사장 여호수아(3 : 1-10)

이스라엘의 죄를 상징하는 더러운 옷은 벗겨지고 하나님의 의를 상징하는 아름다운 옷이 입혀지고 있습니다. 새 옷은 순이신 그리스도로 말미암아 입혀집니다.

(5) 순금 등대와 두 감람나무(4 : 1-14)

이 이상은 장차 이스라엘이 복음의 횃불을 높이 쳐들 것을 보여 줍니다(롬 11장, 계 7 : 1-8). 두 감람나무는 총독 스룹바벨과 대제사장 여호수아를 가리킵니다.

(6) 날아가는 두루마리(5 : 1-4)

사악한 정부들이 하나님의 저주를 받게 됨을 보여 줍니다.

(7) 에바(5 : 5-11)

이 이상은 느헤미야 시대의 죄악상과 그 제거를 보여 줍니다(느 13 : 15-22). 말일(말세)에도 상업주의와 음녀(종교)는 서로 야합하는 것입니다(계 18 : 3, 11-20).

(8) 네 병거(6 : 1-8)

이 이상은 하나님의 능동적인 통치를 보여 줍니다. 켐벨 몰간 박사는 이 네 병거를 "의의 행정군"이라고 불렀습니다.

3. 질문에 대한 대답(7 : 1-8 : 23)

둘째 메시지로부터 약 2년 후에 받은 것입니다. 벧엘 사람들이 "… 우리가 여러 해 동안에 행한 대로 오 월 간에 울며 재계하리이까"(7 : 3)라고 금식에 대한 질문을 했는데 그것에 대한 하나님의 대답이 7장과 8장입니다.

4. 이스라엘과 열방(9 : 1-11 : 17)

1장에서 8장까지는 묵시이고 9장에서 14장까지는 예언입니다. 넷째 메시지 일부는 이미 성취되었고 나머지는 미래에 속한 것입니다. 9장은 메시야가 군마가 아닌 나귀를 타고 입성하여 평화의 통치를 펼칠 것을 보여 주고, 10장은 부주의한 하나님 백성의 지도자들을 정죄하고, 11장에서는 스가랴가 이스라엘의 목자가 되나 백성들은 그의 인도를 좋아하지 않아서 하나님과의 계약은 깨어지고 백성들은 분산되어 무력하게 됨을 보여 줍니다.

5. 이스라엘의 미래(12 : 1-14 : 21)

이 부분의 예언은 전부가 미래에 속한 것입니다. 12장은 열방과 큰 싸움을 묘사하고 있습니다. 그러나 승리 중에 애통이 있을 것입니다(12 : 10). 십자가에 못박은 그리스도에 대한 유대 민족의 애통은 7년 환란기에 있을 것입니다. "그 날에 죄와 더러움을 씻는 샘이 다윗의 족속과 예루살렘 거민을 위하여 열리리라"(13 : 1)

14장은 장차 올 최후의 전투와 이스라엘의 영광을 묘사하고 있습니다. 예루살렘에서 솟아날 생수(14 : 8)는 에스겔서 47장이 잘 설명해 줍니다.

> 내가 주는 물을 먹는 자는 영원히 목마르지 아니하리니 나의 주는 물은 그 속에서 영생하도록 솟아나는 샘물이 되리라 (요 4 : 14)

말라기
신 구약을 잇는 다리의 책

◎ **본 문** : 만군의 여호와가 이르노라 보라 내가 내 사자를 보내리니
그가 내 앞에서 길을 예비할 것이요 또 너희의 구하는 바
주가 홀연히 그 전에 임하리니 곧 너희의 사모하는 바
언약의 사자가 임할 것이라 (3 : 1)

◎ **주 제** : 왕이 행차할 때는 안내자가 앞선다

◎ **키워드** : 말씀(예수님)과 소리(침례 요한)

말라기는 느헤미야와 동시대 사람으로
느헤미야가 두 번째 귀국했을 때,
그와 함께 사역했습니다(느 13 : 10-14).
그의 이름의 뜻은 "나의 천사" 혹은 "나의 사자"입니다(2 : 7, 3 : 1).
말라기서는 대화체로 되어있다는 점에 주목해야 합니다.
백성들의 영적 침체 상태를 하나님께 함부로 내뱉는
비판적인 질문과 대답을 통해 잘 보여 줍니다
(1 : 2, 6-7, 12-13, 2 : 14, 17, 3 : 7-8, 13-14).

1. 우리는 먼저 이 책의 배경과 목적에 주목할 필요가 있습니다.

말라기는 구약의 마지막 선지자로 그의 예언은 위엄있고 장엄합니다. 바벨론 포로에서 돌아온 남은 자(Remnant)들은 성전예배를 드리고는 있었지만 점점 타락해 가고 있었습니다.

그들은 여호와의 사랑에 대해 무감각했고(1 : 2), 하나님의 이름을 실제로 멸시했고(1 : 6), 특히 제사장들은 세속적이었고 경솔했습니다. 백성들은 이방인과 결혼하기 위해 주저함 없이 이혼했으며, 십일조는 가로챘고, 타인과의 관계를 쉽게 파괴(배반)했던 것입니다.

학개와 스가랴는 중단한 성전 공사를 재개토록 격려하기 위해 부름을 받았지만 말라기는 성전을 무시하고 성전예배를 더럽히는 백성을 책망하기 위해 부름을 받았던 것입니다.

2. 우리는 이 책을 "신 구약을 잇는 다리의 책"이라고 부릅니다.

말라기는 신약과 구약을 연결해 주는 다리의 책입니다. 말라기는 구약의 마지막 선지자로서 메시야와 그의 선구자가 되는 세례(침례) 요한에 대해 예언(소개)했습니다. 1장과 2장은 훈계이고, 3장과 4장은 예언입니다.

1. 사랑의 메시지(1 : 1-5)

"여호와께서 가라사대 내가 너희를 사랑하였노라…"(1 : 2) 이 사랑은 전세계 모든 민족이 이스라엘을 통하여 축복 받게 하려고 이스라엘이 선택되었음을 증거합니다(1 : 5)

에서를 미워했다는 말은 적극적으로 싫어했다는 의미가 아니고, 특권과 사명을 동반한 특별한 지위를 박탈했다는 의미입니다. 에서는 감각적인 기질로 인해 장자의 권리보다는 오히려 한 그릇의 음식(죽)을 중시했던 것입니다.

"우리의 돌아보는 것은 보이는 것이 아니요 보이지 않는 것이니 보이는 것은 잠간이요 보이지 않는 것은 영원함이니라"(고후 4 : 18)

하나님은 영원한 것(보이지 않는 것)을 중시하시고, 그것을 추구하는 사람을 선택(사랑)하십니다. 그래서 하나님은 에서가 아닌 야곱을 선택하셨던 것입니다.

2. 책망의 메시지(1 : 6-2 : 17)

1 : 6-2 : 9은 제사장들에 대한 책망이고, 2 : 10-17은 백성들에 대한 책망입니다.

　(1) 제사장들에 대한 책망(1 : 6-2 : 9)

　　"대저 제사장의 입술은 지식을 지켜야 하겠고 사람들이 그 입에서 율법을 구하게 되어야 할 것이니…"(2 : 7) 그러나 그들은 더러운 떡을 떡상에 드렸고(1 : 7), 눈먼 것, 저는 것, 병든 것을 번제단에 드렸던 것입니다(1 : 8). 뿐만 아니라 그들은 레위기의 율례대로 임무를 수행하는 것이 얼마나 귀찮고 번거로운 것인가라고 율법을 실천하면서 가르쳐야 할 그들이 함부로 말하면서 다녔던 것입니다(1 : 13). 그래서 하나님은 "… 너희 중에 성전 문을 닫을 자가 있었으면 좋겠도다…"(1 : 10)라고 탄식하셨던 것입니다.

　(2) 백성들에 대한 책망(2 : 10-17)

　　"유다는 궤사를 행하였고 이스라엘과 예루살렘 중에서는 가증한 일을 행하였으며…"(2 : 11) 무엇이 가증한 일이었을까요? 유대인 아내와 이혼하고(2 : 16) 이방인 여자(이방 신의 딸)와 결혼하는 것이었습니다(2 : 11).

　　일부다처제는 사단(사탄 : Satan)이 만들어 낸 것입니다. 하나님은 아담을 위해 많은 여자를 창조할 수 있었지만 오직 한 여자를 창조하셨던 것입니다(2 : 15). 그러므로 한 남자가 한 명 이상의 아내를 갖는 것은 하나님의 창조 원리에 어긋나는 것입니다. 그래서 주님께서도 "사람을 지으신 이가 본래 저희를 남자와 여자로 만드시고… 그러므로 하나님이 짝지어 주신 것을 사람이 나누지 못할지니라"고 말씀하셨던 것입니다(마 19 : 4.6).

　　일부일처제의 목적은 무엇입니까? "… 이는 경건한 자손을 얻고자 하심이니라…"(2 : 15)

　　일부일처제는 행복한 가정생활과 신앙이 깊은 경건한 자손을 얻는 최고와 최상의 비결입니다.

3. 소망의 메시지(3 : 1-4 : 6)

　(1) 세례(침례) 요한의 탄생과 그의 사역(3 : 1)

　　"만군의 여호와가 이르노라 보라 내가 내 사자를 보내리니 그가 내 앞에서 길을 예비할 것이요…"

(2) 주님의 오심과 그의 사역(3 : 1-6)

"주가 홀연히 그 전에 임하리니" 주님께서 부모의 손에 이끌려 성전으로 가셨을 때 이 예언은 문자 그대로 이루어졌던 것입니다(눅 2 : 22-38).

(3) 주님이 오시기 이전의 백성들의 슬픈 상태(3 : 7-15)

주님에 의해 깨끗케 된 자가 기꺼이 십일조를 하나님의 집(창고)으로 가지고 옵니다. "그가 은을 연단하여 깨끗케 하는 자 같이 앉아서 레위 자손을 깨끗케 하되 금 은같이 그들을 연단하리니 그들이 의로운 제물을 나 여호와께 드릴 것이라"(3 : 3)

(4) 충성스러운 남은 자(Remnant)가 있을 것임(3 : 16-18)

"내가 나의 정한 날에 그들로 나의 특별한 소유를 삼을 것이요…"(3 : 17)

(5) 여호와의 날(4 : 1-3)

"… 보라 극렬한 풀무불 같은 날이 이르리니"(4 : 1) "너희가 나가서 외양간에서 나온 송아지같이 뛰리라"(4 : 2) 충성스러운 자들에게는 여호와의 날이 즐거운 날이 될 것입니다.

(6) 여호와의 날 이전에 엘리야가 다시 옴(4 : 4-6)

"보라 여호와의 크고 두려운 날이 이르기 전에 내가 선지 엘리야를 너희에게 보내리니"(4 : 5)

구약성서는 저주라는 말로 끝나고 있습니다(4 : 6).

그러나 신약성서는 천국 복음(그리스도)으로 시작되고 있습니다(마 3 : 2, 막 1 : 15).

때가 차매 하나님이 그 아들을 보내사 여자에게서 나게 하시고 율법 아래 나게 하신 것은 율법 아래 있는 자들을 속량하시고 우리로 아들의 명분을 얻게 하려 하심이라 (갈 4 : 4-5)

◎ 성경의 위대한 장(신약성서)
Great Chapters of the Bible

산상수훈	마태복음 5~7장
위대한 계명	마가복음 12장
잃은 것의 비유	누가복음 15장
하나님의 말씀	요한복음 1장
성령	요한복음 14~16장
베드로의 설교	사도행전 2장
구원	로마서 3장
사랑	고린도전서 13장
부활	고린도전서 15장
의지함	고린도후서 12장
하나님의 전신갑주	에베소서 6장
그리스도의 겸손	빌립보서 2장
의로운 삶	골로새서 3장
영적 지도력	디모데전서 3장
믿음	히브리서 11장
시험	야고보서 1장
고난	베드로전서 4장
교제	요한일서 1장
천국	요한계시록 21~22장

5

복음서

예수께서 세례를 받으시고 곧 물에서 올라오실새 하늘이 열리고
하나님의 성령이 비둘기같이 내려 자기 위에 임하심을 보시더니
하늘로서 소리가 있어 말씀하시되 이는 내 사랑하는 아들이요
내 기뻐하는 자라 하시니라(마 3 : 16-17)

마태복음

왕의 책

◎ **본 문** : 아브라함과 다윗의 자손 예수 그리스도의 세계라 (1 : 1)

◎ **주 제** : 예수는 유대인의 왕이시고, 그리스도인의 왕이시며, 만왕의 왕이시다

◎ **키워드** : 고난과 영광

회의주의자였던 레난(Renan)은 이 복음서를
"기독교권에서 가장 중요한 책이요
지금까지 쓰여진 책 중에서 가장 중요한 책" 이라고 했습니다.
마태복음은 성경에서 차지하고 있는 위치 하나만으로도
중요한 책임에 틀림이 없습니다.
이 책은 구약을 신약과 연결시키면서
구약의 가장 중요한 메시야 예언이 어떻게 성취되고 있는가를
보여 주면서 신약의 문을 활짝 열어 젖힌 것입니다.

1. 우리는 먼저 저자(마태)에 대해 잠시 생각해 보는 것이 좋겠습니다.

이 복음서의 저자 마태는 본명이 레위였는데 만왕의 왕으로부터 "마태"라는 새 이름을 하사 받았습니다. 그 이름의 뜻은 "하나님의 선물"이라는 뜻으로 하나님으로부터 왕이신 그리스도를 선물로 받았고, 또한 사도직이라는 분에 넘치는 선물을 받았던 것입니다.

그리하여 마태의 남은 생애는 하나님의 선물(그리스도와 그가 주시는 영생)을 소개하고 그것을 배달하는 일에만 온전하게 드려질 수 있었습니다. 하나님의 선물(엡2 : 8)을 받기 전의 마태는 유대인들로부터 할 수 있는 대로 많은 세금을 걷어 들여야만 했던 그야말로 멸시받는 직업에 종사했습니다. 그러나 왕을 만난 후, 그에게는 새 생명, 새 이름, 새 사명이 주어졌던 것입니다. "그런즉 누구든지 그리스도 안에 있으면 새로운 피조물이라 이전 것은 지나갔으니 보라 새 것이 되었도다"(고후 5 : 17)

주님께서 그를 사도로 부르셨을 때, 그는 큰 잔치를 베풀었을 뿐 아니라 그의 모든 것을 버리고 주님을 좇았습니다(눅 5 : 27-29). 주님을 따르기 위해 "모든 것"을 버린 그에게 주님께서는 무엇과도 바꿀 수 없는 보상을 해 주셨는데 신약성서의 첫 책을 기록할 수 있는 영광이 그 보상이었던 것입니다.

예수 그리스도에게 인생을 송두리째 헌신한 사람 치고 후회하거나 불행하게 된 사람을 우리는 결코 찾아 볼 수 없습니다. 사랑하는 형제자매여! 만약 주님이 세관에 앉아 있는 당신을 부르시거든 주저하지 말고 마태처럼 박차고 일어나시길 바랍니다. 주님은 지금도 마태와 같은 사람들을 필요로 하십니다. "… 내가 누구를 보내며 누가 우리를 위하여 갈꼬 그 때에 내가 가로되 내가 여기 있나이다 나를 보내소서"(사 6 : 8)

2. 우리는 이 책에서 예수님이 누구신지 바로 깨달아야 합니다.

마태는 예수 그리스도를 유대 신앙과 관련지어서 묘사했습니다. 그는 예수님께서 구약성서를 어떻게 이루셨는가를 보여줌과 동시에 당시의 유대인들이 그들의 본래적인 신앙에서 얼마나 멀리 이탈해 있는가를 보여 주려고 했습니다. 마태복음만큼 바리새인들의 외식적(위선적) 입장과 태도를 엄하게 꾸짖은 복음서는 없습니다.

마태복음은 유대인들에게 예수님께서 다윗의 자손, 즉 예언되어 온 메시야이심을 믿으라고 강력하게 권면하고 있습니다. 만약에 그렇게 하기를 거절하면 하나님의 심판을 피할 수 없을 것이라고 경고하고 있습니다. 예수님이 온 인류의 구원자이심을 의심하는 사람이 있다면 그는 자신의 인간됨을 한번쯤 의심해 보아야 할 것입니다. 예수님의 삶이 그분이 메시야임을 너무나 명백하게 증명해 주는 데 어떻게 그 사실을 의심할 수 있단 말입니까?

자신을 믿지 못하는 유대인들에게 예수님께서는 이렇게 말씀하셨습니다. "만일 내가 내 아버지의 일을 행치 아니하거든 나를 믿지 말려니와 내가 행하거든 나를 믿지 아니할지라도 그 일은 믿으라 그러면 너희가 아버지께서 내 안에 계시고 내가 아버지 안에 있음을 깨달아 알리라"(요 10 : 37-38)

마태는 또한 예수님을 선생으로 묘사했습니다. 마태는 우리들에게 교회의 내면적 생활(사역)과 더불어 복음 전파의 사명(사역)에 대해 다른 어느 복음서 저자보다 더 강하게 주님의 교훈을 부각시켰습니다.

교회가 복음을 전하지 않는다면 이 세상에 존재해야 할 이유와 가치가 없는 것입니다. 주님은 복음을 전하지 않는 교회를 기뻐하지 않습니다. 그래서 유럽의 그 많던 교회들을 문 닫게 하셨던 것이 아닙니까? 한국의 교회들도 전도하지 않으면 유럽처럼 되고 말 것입니다. 교제도 좋고, 기도도 좋고, 공부도 좋지만 더 중요한 것은 전도하는 것입니다. 전도할 줄 몰라서, 전도하기 싫어서 그것을 피한다면 결국 우리의 미래는 암담해질 뿐입니다.

이제는 말로 전도하면 안 된다고 말하는 사람들이 있는데 그들은 한마디로 비겁한 사람들입니다. 우리는 그러한 사람들을 경계해야 합니다. 물론 선한 행실을 보여야 합니다. 그러나 우리는 반드시 입으로는 계속해서 복음을 전해야 합니다.

바울은 복음을 전하지 않으면 자신에게 화가 있을 것이라고 말했습니다. "내가 복음을 전할지라도 자랑할 것이 없음은 내가 부득불 할 일임이라 만일 복음을 전하지 아니하면 내게 화가 있을 것임이로다"(고전 9 : 16)

3. 우리는 이 책의 목적을 이해할 필요가 있습니다.

마태복음은 본래 유대인들이 사용하도록 기획(design)되었기 때문에 마태는 구약성서를 65번이나 인용했습니다. 이 복음서에서 가장 독특한 말은 "이루어졌느니라"인데 그것은 구약성서가 예수님 안에서 성취된 사례를 계속 열거함으로써 유대인들로 하여금 예수님께서 그리스도(메시야)이심을 믿게 하려 했던 것입니다.

뿐만 아니라 마태복음은 예수 그리스도를 왕으로 묘사하는 데에 그 초점을 맞추고 있습니다. 그래서 시작을 "다윗의 자손"으로 한 것입니다. "왕국"이란 말은 55번, "천국"이란 말은 32번, "다윗의 자손"도 7번이나 사용되었습니다.

그리고 마태복음은 초림때 유대인들에 의해 거절 당한 왕이(27 : 37) 다시 오실 때는 만왕의 왕으로 오시게 된다고 강조하고 있습니다. 마태복음 24장과 25장 전체가 재림하실 만왕의 왕을 묘사하고 있습니다.

"또 내가 하늘이 열린 것을 보니 보라 백마와 탄 자가 있으니 그 이름은 충신과 진실이라 그가 공의로 심판하며 싸우더라 그 눈이 불꽃같고 그 머리에 많은 면류관이 있고 또 이름 쓴 것이 하나가 있으니 자기밖에 아는 자가 없고 또 그가 피 뿌린 옷을 입었는데 그 이름은 하나님의 말씀이라 칭하더라 하늘에 있는 군대들이 희고 깨끗한 세마포를 입고 백마를 타고 그를 따르더라 그의 입에서 이한 검이 나오니 그것으로 만국을 치겠고 친히 저희를 철장으로 다스리며 또 친히 하나님 곧 전능하신 이의 맹렬한 진노의 포도주 틀을 밟겠고 그 옷과 그 다리에 이름 쓴 것이 있으니 만왕의 왕이요 만주의 주라 하였더라"(계 19 : 11-16).

4. 우리는 이 책이 예수님을 다윗의 자손과 아브라함의 자손으로 증거하였음을 명심해야 합니다.

1장 - 25장은 예수님을 "다윗의 자손"으로 묘사하였고, 26장 - 28장은 예수님을 "아브라함의 자손"으로 묘사했습니다.

1. 다윗의 자손 예수 그리스도(1 : 1-25 : 46)
(1) 왕의 족보와 왕의 탄생(1 : 1-25)
왕의 족보에 여자의 이름이 다섯이나 기록되었다는 사실과 그들 중 라합과 룻은 이방인이었고 더욱이 라합은 부도덕한 여인(창기)이었다는 점에서 획기적이라 아니할 수 없습니다. 유대인들은 이방인을 개와 같이 여겼습니다. 그런 이방 여인과 창녀의 이름을 왕의 족보에 올렸다는 것은 무엇을 의미하는 것일까요? 유대인들은 이방인을 멸시하지만 하나님은 이방인을 귀히 여기십니다! 예수님은 개와 같은 이방인도 구원하셔서 하늘나라 생명책에 그 이름 기록하기를 기뻐하십니다. "하나님은 홀로 유대인의 하나님뿐이시뇨 또 이방인의 하나님은 아니시뇨 진실로 이방인의 하나님도 되시느니라 할례자도 믿음으로 말미암아 또한 무할례자도 믿음으로 말미암아 의롭다 하실 하나님은 한 분이시니라"(롬 3 : 29-30) 우리는 이방인까지도 의롭다 하시는 하나님을 찬양해야 마땅합니다. "무엇이든지 속된 것이나 가증한 일 또는 거짓말하는 자는 결코 그리로 들어오지 못하되 오직 어린양의 생명책에 기록된 자들 뿐이라"(계 21 : 27)

예수님은 마리아에게서 성령으로 잉태되어 탄생하셨습니다(1 : 18). 그러므로 그분은 "여자의 후손(창 3 : 15)"이신 것입니다. 예수님께서 사람으로 오신 것은 우리를 죄로부터 구원하시기 위해서였습니다. "아들을 낳으리니 이름을 예수라 하라 이는 그가 자기 백성을 저희 죄에서 구원할 자이심이라(1 : 21)" 죄 없는 사람이라면 예수님이 필요 없지만 죄 있는 사람이면 누구나 예수님을 믿어야 합니다

(2) 왕의 유년기와 피난 생활(2 : 1-23)

동방의 박사들이 별빛을 따라 온 것은 하나님의 자녀들은 말씀의 빛을 따라 순례의 길을 가야함을 보여 주는 것입니다. "주의 말씀은 내 발에 등이요 내 길에 빛이니이다"(시 119 : 105)

동방의 박사들이 그리스도를 만난 후 "다른 길"로 돌아간 것은 그리스도를 만난 사람들의 변화된 삶을 보여 주는 것입니다. 기독교라는 종교를 믿는 사람은 변화되지 않지만 예수 그리스도를 만난 사람은 반드시 변화됩니다.

박사들의 예물은 예수님의 애굽 피난 생활에 자금이 되었습니다. 하나님은 지상에 있는 자기 자녀들의 필요가 무엇인지 잘 아시며 또한 그것을 적절하게 채워 주십니다. "그러므로 염려하여 이르기를 무엇을 먹을까 무엇을 마실까 무엇을 입을까 하지 말라 이는 다 이방인들이 구하는 것이라 너희 천부

께서 이 모든 것이 너희에게 있어야 할 줄을 아시느니라 너희는 먼저 그의 나라와 그의 의를 구하라 그리하면 이 모든 것을 너희에게 더하시리라"(6 : 31-33)

(3) 가까이 온 천국(3 : 1-12 : 50)

"회개하라 천국이 가까웠느니라"(3 : 2) 천국에 들어갈 수 있는 조건은 회개하는 것입니다. 회개란 방향을 전환하는 것입니다. 자신에게서 하나님께로, 사단에게서 그리스도에게로, 율법(종교)에서 은혜로, 행위에서 믿음으로 돌아서는 것이 참된 회개입니다. 물론 회개에는 죄에 대한 후회와 애통과 자백이 포함됩니다.

천국 건설을 위해 하나님은 세례 요한을 예비하셨고, 천국 건설을 위해 주님은 친히 물 세례(침례)를 받으셨을 뿐만 아니라 성령의 기름부음도 받으셨습니다. 그런 후 천국의 문을 우리에게 활짝 열어주시기 위해 주님은 사단과의 첫 대결을 결행하셨던 것입니다. 천국은 결코 값싸게 우리에게 온 것이 아닙니다.

(4) 천국의 비밀(13 : 1-52)

우리는 12 : 28을 통해 지상에 임한 천국이 하나님의 통치임을 감지할 수 있습니다. "그러나 내가 하나님의 성령을 힘입어 귀신을 쫓아내는 것이면 하나님의 나라가 이미 너희에게 임하였느니라"(12 : 28)

하나님의 자녀들이 죽은 후에 가게 되는 천국은 물론 존재합니다. 그러나 우리는 지상의 천국을 먼저 거쳐야만 합니다. 지상천국과 천상천국 사이에는 한 가지 차이가 있는데 그것은 지상천국에는 가라지와 공중의 새들과 누룩과 못된 것들이 있는데 비해 천상천국에서는 그러한 것들을 찾아 볼 수가 없다는 것입니다.

"사람들이 만국의 영광과 존귀를 가지고 그리로 들어오겠고 무엇이든지 속된 것이나 가증한 일 또는 거짓말하는 자는 결코 그리로 들어오지 못하되…"(계 21 : 26-27)

(5) 거절 당한 왕의 사역(13 : 53-23 : 39)

많은 가르침과 놀라운 기적에도 불구하고 예수님께서는 자기 백성들로부터 거절을 당하셨습니다. "자기 땅에 오매 자기 백성이 영접지 아니하였으나 영접하는 자 곧 그 이름을 믿는 자들에게는 하나님의 자녀가 되는 권세를 주셨으니"(요 1 : 11-12).

이제 하나님의 은혜(복음)가 유대인에게서 이방인에게로 넘어가고 있는 것입니다. "… 저희의 넘어짐으로 구원이 이방인에게 이르러…"(롬 11 : 11) "바울과 바나바가 담대히 말하여 가로되 하나님의 말씀을 마땅히 먼저 너희에게 전할 것이로되 너희가 버리고 영생을 얻음에 합당치 않은 자로 자처하기로 우리가 이방인에게로 향하노라"(행 13 : 46)

(6) 다시 돌아오시겠다는 왕의 약속(24 : 1-25 : 46)

마태복음 24장과 25장은 주님께서 재림하실 때의 여러 징조들과 재림의 때, 성도가 받을 상급과 열국의 심판 등을 다루고 있습니다. 지금 우리 나라의 교회들은 시한부 종말론 때문에 재림에 대한 설교나 공부를 기피하고 있는데 큰 문제 중의 하나라고 생각됩니다. 시한부 종말론은 물론 잘못된 것입니다. 그러나 그것 때문에 예수님의 재림이 취소라도 된 것처럼 위축되어서는 안 되겠습니다. 왕은 반드시 다시 오십니다! 우리는 그 왕의 재림을 기다려야 하고 또 대비해야 합니다. 왕의 재림은 인류의 소망입니다. 재림이 빠져버린 복음은 완전한 복음이 아닙니다. "이것들을 증거하신 이가 가라사대 내가 진실로 속히 오리라 하시거늘 아멘 주 예수여 오시옵소서"(계 22 : 20)

2. 아브라함의 자손 예수 그리스도(26 : 1-28 : 20)

(1) 어린양의 수난(26 : 1-27 : 66)

유대인의 왕은 만왕의 왕으로 되시기 전에 먼저 어린양이 되어야만 합니다. 그래서 "다윗의 자손"이 먼저이고, "아브라함의 자손"이 뒤에 오는 것입니다. 우리도 마찬가지입니다. 우리도 그리스도와 함께 왕 노릇하기 전에 먼저 그리스도와 함께 고난에 참여해야만 하는 것입니다. "자녀이면 또한 후사 곧 하나님의 후사요 그리스도와 함께 한 후사니 우리가 그와 함께 영광을 받기 위하여 고난도 함께 받아야 될 것이니라"(롬 8 : 17)

(2) 어린양의 부활(28 : 1-20)

"그가 여기 계시지 않고 그의 말씀하시던 대로 살아나셨느니라 와서 그의 누우셨던 곳을 보라"(6절) 부활의 사실을 맨 먼저 알린 자는 천사였습니다. 히브리서 1 : 14의 말씀대로 천사는 성도를 섬기는 하나님의 종입니다. 그러므로 인간의 천사 숭배는 잘못된 것입니다.

이제 우리에게는 부활하신 어린양이 남기신 지상 명령이 남아 있습니다. 우리가 그 큰 명령을 잘 수행했을 때는 왕으로부터 큰 칭찬을 받게 될 것입니다. "그러므로 너희는 가서 모든 족속으로 제자를 삼아 아버지와 아들과 성령의 이름으로 세례를 주고 내가 너희에게 분부한 모든 것을 가르쳐 지키게 하라 볼지어다 내가 세상 끝 날까지 너희와 항상 함께 있으리라 하시니라"(28 : 19-20)

마가복음

종의 책

◎ **본　문** : 인자의 온 것은 섬김을 받으려 함이 아니라 도리어 섬기려 하고
　　　　　자기 목숨을 많은 사람의 대속물로 주려 함이니라 (10 : 45)

◎ **주　제** : 섬기는 지도력이 올바른(성경적인) 지도력이다

◎ **키워드** : (유용한) 봉사들

사도 다음 시대(교부 시대)의 교부였던
알렉산드리아의 클레멘트(Clement)는,
베드로의 설교를 직접 들었던 사람에 의해 쓰여진 기록을 갖고 싶어서
베드로의 동역자(통역)였던 마가에게 그것을 기록해 달라고 요청했는데
마가의 허락과 베드로의 승인을 거쳐
마침내 이 마가복음이 탄생되었다고 기술하였습니다.
순교자 저스틴(Justin)은 이 복음서를 "추억들" 혹은
"베드로의 복음" 이라고도 했습니다.

1. 우리는 먼저 저자(마가)에 대해 잠시 생각해 보는 것이 좋겠습니다.

이 두 번째 복음서의 저자인 마가의 히브리어 이름은 요한인데 그는 사도가 아닌 다만 사도들과 함께 했던 평범한 일꾼이었습니다. 그는 베드로를 통해 회심했으며 후에 베드로의 동역자가 되어 그의 사역을 곁에서 도울 수가 있었습니다.

마가는 신약에 나오는 어떤 마리아의 아들로서 매우 안락한 환경에서 성장했음에 틀림이 없습니다. "마가라 하는 요한의 어머니 마리아의 집에 가니 여러 사람이 모여 기도하더라"(행 12 : 12)

오순절 때, 120명이 모였던 다락방도 마가의 다락방이었던 것입니다. 마가는 바나바의 생질이었는데 후에 마가 때문에 바울과 바나바는 심하게 다툰 적이 있습니다(행 15 : 36-41).

아래의 성구들은 마가와 관계가 있는 것들입니다. 참고하시길 바랍니다(행 13 : 5,13, 골 4 : 10, 벧전 5 : 13, 몬 1 : 24, 딤후 4 : 11).

2. 우리는 이제 이 책의 목적을 살펴보아야 할 때가 되었습니다.

1. "마가복음은 로마에서 로마인들을 위해 기록되었다"라고 전승되어 오고 있습니다. 마가복음에는 구약성서가 거의 인용되지 않고 있다는 점과 유대인의 특유한 언어(3 : 17, 5 : 41, 7 : 11, 34, 14 : 36)와 습관(7 : 3-4, 14 : 12, 15 : 42)에 대해서 설명을 더하고 있다는 점과 라틴어가 자주 사용되고 있다는 점 등이 전승이 사실임을 입증해 줍니다(5 : 9, 12 : 42, 15 : 16,39,44-45).

2. 이 책의 전체적인 어조(분위기)는 베드로를 활동적이고도 충동적인 인물로 묘사하고 있는데 그것은 로마인들에게는 호감을 주는 것입니다. 왜냐하면 로마인들은 행동을 매우 중시하기 때문입니다.

3. 본서는 예수님을 종으로 그리고 이상적인 일꾼으로 묘사하고 있는데 이 또한 로마인들의 기질(기호)에 잘 맞아떨어지는 것입니다. 일반적으로 로마인들은 교리나 교훈에는 관심이 적고 행동에는 큰 관심을 기울였습니다. 그래서 마가복음은 주님의 교훈보다는 주님의 행적에 무게 중심을 두고 있는 것입니다.

4. 그래서 마가복음에는 접속사 "그리고"를 자주 사용하고 있고 "곧"이라는 말은 무려 41회나 사용하고 있는 것입니다. 계속해서 활동(일)하고 있는 것을 보여 주는 것입니다.

3. 우리는 이 책이 예수님을 "하나님의 종"으로 묘사하고 있음에 관심을 두어야 합니다.

우리는 마가복음이 우리의 위대하신 주님을 "하나님의 종"으로 묘사하고 있다는 사실을 명심할 필요가 있습니다.

1. 종의 선구자와 종의 임명(1 : 1-11)

마가복음은 예수님의 탄생에 대해서는 전혀 언급하지 않고 다만 그분의 선구자였던 세례(침례) 요한의 사역에 대해 간단히 소개한 후, 곧바로 주님께서 일을 착수하기 위해 종으로 임명받은 사실에 대해서만 언급하고 있을 뿐입니다. 종의 출생 같은 것은 중요하지 않고 종의 사역이 중요할 뿐입니다. 오늘날도 하나님의 종들은 반드시 어떤 일을 시작하기 전에 먼저 하나님과 권위자들로부터 인정(임명)을 받아야만 하는 것입니다. 하나님은 혼돈의 하나님이 아니시고 질서의 하나님이십니다.

2. 종의 훈련(1 : 12-13)

"성령이 곧 예수를 광야로 몰아내신지라 광야에서 사십일을 계셔서 사단에게 시험을 받으시며 들짐승과 함께 계시니 천사들이 수종들더라"(12-13절)

종은 또한 어떤 일(사역)에 들어가기 전에 먼저 적합한 훈련을 받아야 합니다. 그래서 주님께서도 광야라는 훈련소에 입소하셨던 것입니다. 성령님은 소장님이시고, 사단은 조교였고 들짐승들은 동료였습니다. 훈련을 거치지 아니한 종은 종이 아닙니다. 우리 안에는 종의 신분은 가졌으나 종의 자질을 갖추지 못한 종들이 너무나 많은 것 같습니다. 엄격한 훈련이 종으로 종되게 하는 것입니다. 종의 신분 못지않게 종의 자질 또한 중요합니다. 신학교 졸업장이나 목사 안수증이나 박사 학위증이 사역을 보장해 주는 것이 아닙니다. 하나님의 사람들은 모세와 바울처럼 광야 학교를 통과해야 합니다. 하물며 주님이 그 학교를 졸업하셨는데 우리야 더

3. 종의 업적(1 : 14-13 : 37)

우리는 여기서 하나님의 종이 성취한 위대한 사역(업적)들을 볼 수 있습니다. 1 : 14에서 9장까지는 종의 갈릴리 사역을 보고하고 있고, 10장은 예루살렘으로 올라가시는 하나님의 종을 보여 주고 있고, 11장에서 13장은 예루살렘에 입성하신 종이 그 곳에서 일구어낸 사역들을 소개하고 있습니다. 주님은 먼저 변두리(갈릴리)에서 사역하신 후에 마지막에 중심부로 가셔서 그 곳에서 가장 중요한 사역들을 감당해 내셨던 것입니다. 바울의 전략도 마찬가지였습니다. 그는 먼저 로마 제국의 변두리에서 일하다가 마지막이 가까웠을 때, 로마 제국의 중심부 지역으로 가서 최후의 위대한 봉사를 했던 것입니다.

4. 종의 순종(14 : 1-15 : 47)

종에게 있어서 가장 중요한(필요한) 자질은 순종심과 부지런함으로써 이 중에 보다 더 중요한 자질은 주인에게 대한 철저한 순종입니다. 우리의 주님은 죽기까지 복종하심으로써 큰 본을 보이셨습니다.

"… 자기를 낮추시고 죽기까지 복종하셨으니 곧 십자가에 죽으심이라"(빌 2 : 8) "그러므로 나의 사랑하는 자들아… 항상 복종하여 두렵고 떨림으로 너희 구원을 이루라"(빌 2 : 12) "자녀들아 너희 부모를 주 안에서 순종하라 이것이 옳으니라"(엡 6 : 1) "아내들아 남편에게 복종하라 이는 주안에서 마땅하니라"(골 3 : 18) "너희를 인도하는 자들에게 순종하고 복종하라… 저희로 하여금 즐거움으로 이것을 하게 하고 근심으로 하게 말라 그렇지 않으면 너희에게 유익이 없느니라"(히 13 : 17)

우리는 마가복음 15 : 1-5에서 종에게 필요한 두 가지 중요한 자질들을 볼 수 있습니다. 첫째는, 사실을 사실대로 말하는 정직성입니다(15 : 2). 종은 항상 정직해야 합니다. 부정직한 종은 틀림없이 주인에게 손해를 끼칩니다. 정직은 오늘날에도 최상의 정책입니다. 둘째로, 종은 말이 적어야 합니다(15 : 4-5). 말이 많은 수다쟁이는 항상 문제를 만들어 냅니다. "말이 많으면 허물을 면키 어려우나 그 입술을 제어하는 자는 지혜가 있느니라"(잠 10 : 19) "우매자는 말을 많이 하거니와…"(전 10 : 14) "두루 다니며 한담하는 자는 남의 비밀을 누설하나니 입술을 벌린 자를 사귀지 말지니라"(잠 20 : 19)

5. 종의 승리와 종의 동역자들(16 : 1-20)

"사람의 모양으로 나타나셨으매 자기를 낮추시고 죽기까지 복종하셨으니 곧 십자가에 죽으심이라 이러므로 하나님이 그를 지극히 높여 모든 이름 위에 뛰어난 이름을 주사 하늘에 있는 자들과 땅에 있는 자들과 땅 아래 있는 자들로 모든 무릎을 예수의 이름에 꿇게 하시고 모든 입으로 예수 그리스도를 주라 시인하여 하나님 아버지께 영광을 돌리게 하셨느니라"(빌 2 : 8-11)

죽음에 대한 승리야말로 진짜 승리입니다. 주님은 부활하심으로써 역사상 가장 위대한 승리자가 되셨습니다. 부활하신 주님! 승리하신 주님! 그 주님의 동역자가 된다는 것은 얼마나 놀라운 영광입니까! 주님은 동역 자들에게 "너희는 온 천하에 다니며 만민에게 복음을 전파하라"(16 : 15)고 명령하셨습니다.

주님은 승천하신 후에도 쉬지 않고 일하고 계십니다. "주 예수께서 말씀을 마치신 후에 하늘로 올리우사 하나님 우편에 앉으시니라"(16 : 19) 하나님 우편에 앉으셨다함은 우리를 위해 계속 중보의 사역을 하고 계신다는 의미입니다. "누가 정죄하리요 죽으실 뿐 아니라 다시 살아나신 이는 그리스도 예수시니 그는 하나님 우편에 계신 자요 우리를 위하여 간구하시는 자시니라"(롬 8 : 34)

또한 주님은 우리가 나가서 주님의 명령을 수행하면 하늘과 땅의 모든 권세를 가지신 주님도 우리와 함께 역사해 주십니다. "제자들이 나가 두루 전파할 새 주께서 함께 역사하사 그 따르는 표적으로 말씀을 확실히 증거하시니라"(16 : 20) 예수 그리스도는 얼마나 충성스러운 하나님의 종이신지요! 그분은 승천하신 후에도 계속해서 일하고 계시는 것입니다. 때문에 우리도 각자 맡은 일에 죽도록 충성하는 것이 마땅한 것입니다. "우리가 그를 전파하여 각 사람을 권하고 모든 지혜로 각 사람을 가르침은 각 사람을 그리스도 안에서 완전한 자로 세우려 함이니 이를 위하여 나도 내 속에서 능력으로 역사하시는 이의 역사를 따라 힘을 다하여 수고하노라"(골 1 : 28-29) "… 네가 죽도록 충성하라 그리하면 내가 생명의 면류관을 네게 주리라"(계 2 : 10)

누가복음

인자의 책

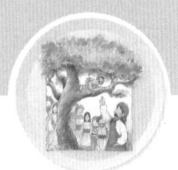

◎ **본 문** : 백부장이 그 된 일을 보고 하나님께 영광을 돌려 가로되

이 사람은 정녕 의인이었도다 하고 (23 : 47)

◎ **주 제** : 예수 그리스도는 완전한 사람으로 우리의 구주이시다

◎ **키워드** : (인자의 여러) 측면들

누가복음은 우리가 가지고 있는
예수 그리스도의 생애에 관한 자료 중에
가장 완전한 것입니다.
우리가 누가복음을 바로 이해하려면
이 복음서의 저자인 누가를 이해할 필요가 있습니다.

1. 우리는 무엇보다 저자(누가)에 대해 알아 보아야 합니다.

초기 교회사가였던 요세푸스에 의하면 누가는 수리아에 있는 안디옥 태생이었습니다(행 11 : 22-30, 행 13 : 1-3, 행 14 : 24-28, 행 15 : 30-41). 내증과 외증을 통해 그는 희랍인임에 틀림없는데 그렇게 되면 누가는 유일하게 유대인이 아닌 성경의 저자가 되는 것입니다.

바울은 그의 서신에서 3번 누가를 언급했는데, 이제 그 3곳을 보면서 그에 대해 알아보도록 합시다.

1. 그는 의사였습니다(골 4 : 14)

사도 바울은 누가를 가리켜 "사랑을 받는 의원"이라고 했는데 이 말은 곧 그가 많은 교육을 받았음을 암시하는 것입니다. 그가 쓴 두 책(누가복음과 사도행전)을 읽어보면 우리는 그가 높은 교육을 받았을 뿐 아니라 조심스러운 역사가임을 쉽게 알 수 있습니다(눅 1 : 1-4, 행 1 : 1-5).

고린도전서 8 : 1에 "… 지식은 교만하게 하며 사랑은 덕을 세우나니"라고 했는데 누가는 많은 지식을 쌓았음에도 불구하고 겸손하여 사람들로부터 많은 사랑을 받았던 것입니다. 하나님은 겸손한 자에게는 은혜를 베푸시고 교만한 자는 대적하십니다(벧전 5 : 5-6). 우리 모두는 하나님과 사람 앞에서 겸손해야 합니다. 어거스틴(Augustine)의 말처럼 그리스도인의 미덕은 첫째도 겸손, 둘째도 겸손, 셋째도 겸손입니다. 재능이 뛰어나고, 많이 공부하고, 돈이 많고, 높은 지위에 있는 사람일수록 더욱 겸손해야 합니다.

2. 그는 바울의 동역자였습니다(몬 1 : 24)

바울은 누가를 가리켜 "나의 동역자"라고 했습니다. 동역자(fellow-worker)란 친구이면서 동료(companion)임을 나타내는 말입니다. 일과 생활과 운명을 같이 하는 사람을 가리켜 동료라고 합니다.

누가는 수리아의 안디옥에서 의사로 일하던 중에 스데반의 순교 사건으로 흩어진 그리스도인들이 안디옥에 이르러 복음을 전했을 때, 듣고 믿어 구원함을 받았습니다(행 11 : 19-21).

안디옥에는 베드로, 바나바, 바울, 마가 등이 오기 전에 이미 이방인 그리스도인들이 생겼는데 이미 누가는 바울을 만나기 전에 그리스도인이었던 것입니다. 그가 바울을 만난 것은 바울의 제2차 선교여행 때, 드로아에서입니다(행 16 : 10-15).

누가는 드로아에서 바울을 만나 바울이 순교 당할 그 순간까지 바울의 신실한 동역자였습니다. 함께 먹고, 함께 굶고, 함께 감옥에 가고, 함께 걷고, 함께 일하고, 함께 고난에 동참하였습니다. 바울이 그토록 많은 일(열매)을 해낼 수 있었던 것은 첫째는 하나님의 크신 은혜였고, 둘째는 누가와 같은 동역자들이 있었기 때문입니다.

3. 그는 바울의 사역을 확장시켜 나갔습니다(딤후 4 : 11)

바울은 디모데에게 편지를 쓰면서 "누가만 나와 함께 있느니라"고 했습니다. 일반적인 견해로는 바울은 A.D. 63년 아니면 A.D. 64년에 로마의 감옥에서 석방되어 다시 그리스와 소아시아에서의 선교 사역으로 돌아갈 수 있었으나 다시 원수들에 의해 잡혀 로마로 끌려가 결국 A.D. 67년경에 순교를 당했던 것입니다.

수감 중에 바울이 마지막으로 썼던 서신이 디모데후서인데 그때 그의 곁에는 오직 누가만이 남아 있었던 것입니다. 디모데후서를 쓸 때, 바울은 자신이 순교 당할 것을 알고 있었습니다.

바울이 순교 당한 후에 누가의 생애에 대한 확실한 정보는 없지만 제3세기부터 전해 내려오는 전통에 의하면 그는 그의 노년을 소아시아의 북쪽 지방인 비두니아에서 복음 전도자로서 주님을 섬겼으며 74세 때, "성령 충만한 중에" 주님 품에 안겼다고 합니다.

플리니(Pliny)가 A.D. 109년에 총독이 되어 비두니아에 이르렀을 때, 그는 그곳에서 많은 그리스도인들이 있는 것을 알게 되었습니다. 그는 2년 후에 트라얀(Trajan) 황제에게 "모든 계층과 모든 연령층과 그리고 물론 양성(남성과 여성)에 걸친 사람들"이 그리스도인이라고 보고했습니다.

그들은 아마 누가에게서 복음을 듣고 누가에 의해 양육을 받았던 제자들이었음에 틀림이 없습니다. 누가는 바울의 사역을 확장시켜 나간 바울의 충성스러운 제자였습니다(딤후 2 : 1-2).

2. 우리는 이 책을 "인자의 책"이라고 부릅니다.

누가는 이 복음서를 개인 데오빌로에게 써 보냈지만 사실 이 복음서는 헬라인들을 위해 기록되었습니다. 로마인들은 인간을 다스리는 것을 그들의 사명으로 생각했고, 헬라인들은 인간을 교육하고, 향상시키고, 완전케 하는 것을 그들의 사명으로 생각했습니다. 로마인의 이상은 군사적 영광과 통치적 권위였으나, 헬라인의 이상은 지혜와 아름다움이었습니다.

누가는 예수님을 완전한 인간으로 묘사하고 있습니다. 그리스도의 신성을 말할 때도 그는 그리스도의 인성을 빠트리지 않고 강조했던 것입니다. 그래서 누가복음은 예수님의 초기 생애를 다른 어떤 책보다 더 상세히 기록하고 있으며 주님의 족보를 아담에게까지 소급시켰던 이유도 바로 여기에 있는 것입니다. 이 복음서에서 "인자"(The Son of Man)를 26번이나 사용한 것도 같은 이유에서입니다.

1. 그의 형제들처럼 되신 인자(1 : 1-3 : 38)

"그러므로 저가 범사에 형제들과 같이 되심이 마땅하도다 이는 하나님의 일에 자비하고 충성된 대제사장이 되어 백성의 죄를 구속하려 하심이라"(히 2 : 17)

예수님께서 백성의 죄를 속량하시기 위해 대제사장이 되셨을 때 "형제들과 같이" 되셨는데, 형제들과 같이 되셨다는 말씀은 그가 우리와 똑같은 인성을 가진 사람으로 되셨다는 의미입니다. 그가 우리와 같은 사람이 아니었더라면 어떻게 우리 사람들의 죄를 대속할 수가 있었겠습니까? "그러나 인자가 세상에서 죄를 사하는 권세가 있는 줄을 너희로 알게 하려 하노라"(마 9 : 6)

2. 우리처럼 시험을 받으신 인자(4 : 1-13)

"우리에게 있는 대제사장은 우리 연약함을 체휼하지 아니하는 자가 아니요 모든 일에 우리와 한결같이 시험을 받은 자로되 죄는 없으시니라"(히 4 : 15) 우리의 죄를 대속하신 대제사장(그리스도)은 우리가 받는 모든 시험을 친히 받으심으로써 그도 우리와 똑같은 인성을 가진 온전한 사람이었음을 입증하셨던 것입니다. 다만 그 차이는 우리는 시험을 받을 때 실패하곤 하지만 주님께서는 항상 승리하셨다는 것입니다. "마귀가 모든 시험을 다 한 후에 얼마 동안 떠나니라"(4 : 13)

3. 우리의 연약함을 체휼하신 인자(4 : 14-19 : 28)

"우리의 대제사장은 우리가 당하는 이 시련을 몸소 겪으신 분이기 때문에 우리의 연약함을 잘 알고 계십니다. 그러면서도 그분은 단 한 번도 유혹에 빠져 죄를 범하신 일이 없습니다"(히 4 : 15 ; 현대어 성경)

예수님은 우리의 연약함을 친히 경험하셨기 때문에 우리를 이해하실 수 있고, 또 연약한 우리를 어떻게 도와야 하는지도 잘 알고 계십니다. 예수님께서 신성만 가지셨더라면 그분이 어떻게 우리를 이해하고 동정할 수 있었겠습니까? 우리를 위해서 인자가 되신 주님을 찬양합시다!

4. 우리를 구속하기 위해 우리의 친족이 되신 인자(19 : 28-23 : 56)

"네가 함께 하던 시녀들을 둔 보아스는 우리의 친족이 아니냐… 그가 누울 때에 너는 그 눕는 곳을 알았다가 들어가서 그 발치 이불을 들고 거기 누우라 그가 너의 할 일을 네게 고하리라"(룻 3 : 2,4)

우리는 룻기를 통해서 친족만이 어려움을 당하고 있는 친족을 구속(기업을 무름)할 수 있음을 알 수 있는데 그리스도께서는 우리를 죄로부터 구속하기 위해 우리의 친족 곧 우리와 똑같은 사람으로 되셨던 것입니다. 인간의 죄는 오직 죄 없는 다른 어떤 인간에 의해서만 구속될 수 있는 것입니다. 하나님께서도 인간의 죄를 구속하실 수는 없습니다. 인간의 죄는 오직 인간만이 구속할 수 있는 것입니다. 그러나 단 한가지 조건은 죄 없는 인간이어야만 하는 것입니다. 예수님은 우리의 유일한 죄 없는 친족이셨습니다. 할렐루야!

5. 부활 승천하셔서 영광 중에 계시나 지금도 사람이신 인자(24 : 1-53)

"내 손과 발을 보고 나인 줄 알라 또 나를 만져 보라 영은 살과 뼈가 없으되 너희 보는 바와 같이 나는 있느니라"(24 : 39)

예수님은 십자가에 못 박혀 죽으시고 무덤에 장사되었다가 3일만에 부활하셨습니다. 부활하신 후에도 40일 간이나 땅에서 필요한 만큼의 사역을 감당하시다가 감람산에서 승천하셨습니다. "예수께서… 손을 들어 저희에게 축복하시더니 축복하실 때에 저희를 떠나(하늘로 올리우)시니 저희가 (그에게 경배하고) 큰 기쁨으

로 예루살렘에 돌아가 늘 성전에 있어 하나님을 찬송하니라"(24 : 50-53)

누가는 사도행전에서 예수님의 승천을 이렇게 기록하고 있습니다. "오직 성령이 너희에게 임하시면 너희가 권능을 받고 예루살렘과 온 유대와 사마리아와 땅 끝까지 이르러 내 증인이 되리라 하시니라 이 말씀을 마치시고 저희 보는 데서 올리워 가시니 구름이 저를 가리워 보이지 않게 하더라 올라가실 때에 제자들이 자세히 하늘을 쳐다보고 있는데 흰 옷 입은 두 사람이 저희 곁에 서서 가로되 갈릴리 사람들아 어찌하여 서서 하늘을 쳐다보느냐 너희 가운데서 하늘로 올리우신 이 예수는 하늘로 가심을 본 그대로 오시리라 하였느니라"(행 1 : 8-11)

요한복음

하나님의 아들의 책

◎ **본 문** : 오직 이것을 기록함은 너희로 예수께서 하나님의 아들
그리스도이심을 믿게 하려 함이요 또 너희로 믿고
그 이름을 힘입어 생명을 얻게 하려 함이니라 (20 : 31)

◎ **주 제** : 하나님의 아들을 믿는 자는 영생을 얻게 된다

◎ **키워드** : (신성에 대한 많은) 입증들(proofs)

요한복음은 예수님의 승천 이후에 기록되었으며
성령의 감동으로 기록된 모든 책 중의 책으로
가장 심오한 책이라고 말합니다.
그래서 이 책을 "그리스도의 가슴속"이라고도 합니다.
왜냐하면 이 책이 주님의 속마음을 가장 잘 계시하고 있기 때문입니다.
공관복음(마태복음, 마가복음, 누가복음)은
주님의 생애를 객관적으로 기록하고 있습니다.
그래서 공관복음은 사실을 중시하고,
요한복음은 사실의 의미를 중시하는 것입니다.
또한 공관복음은 주님의 갈릴리 사역을 주로 기록하고 있는데 대하여
요한복음은 주님의 유대 사역을 주로 다루고 있습니다.

1. 우리는 먼저 이 책의 저자(요한)에 대해 알아보도록 합시다.

1. 요한복음의 저자인 요한은 삯군들을 고용할 수 있을 만큼 부유했던 어부인 아버지(막 1 : 20)와 자신의 소유로 주님을 섬길 수 있을 정도로 여유가 있었던 어머니(살로메)에게서 태어났습니다(마 27 : 55-56). 이상의 사실과 또 그가 예루살렘에 자신의 소유인 집을 가지고 있었던 사실로 보아(19 : 27) 그는 매우 안락한 환경에서 살았음에 틀림이 없습니다.

뿐만 아니라 요한은 십자가 밑에서 주님의 운명을 지켜 보고 있었을 때, 마리아의 봉양자가 되도록 주님의 부탁을 받았던 가장 가까운 주님의 제자로서(19 : 26-27) 그날 이후로 평생을 마리아의 아들로서의 책임을 잘 감당하므로 그는 장수의 복을 누릴 수 있었습니다. "네 아버지와 어머니를 공경하라 이것이 약속 있는 첫 계명이니 이는 네가 잘되고 땅에서 장수하리라"(엡 6 : 2-3)

2. 주님께서는 그를 가리켜 "우뢰의 아들"이라고 했던 것을 보면 그는 성격이 매우 급하고 과격한 사람이었음에 틀림이 없습니다. 그러나 우리 주님의 은혜로운 손길은 결국 그를 양 같이 순한 사람과 명상적인 사람으로 바꾸어 놓았던 것입니다.

예수님과 오랫동안 동행한 사람은 누구나 변화되는 것을 볼 수 있습니다. 베드로, 바울, 디모데도 놀랍게 변화되었던 것입니다. 오늘날 우리들도 변화될 수 있습니다. 그러므로 자신에 대해서 낙심하지 말아야 하며 다른 성도들에 대해서도 오래 참고 기다려 주어야 하는 것입니다. 주님은 사람을 변화시키는 조율사이시기 때문에 우리에게도 소망이 있는 것입니다.

3. 그는 분명히 사도들 중에 가장 연소했고, 그리고 가장 장수하였습니다. 그는 도미티안 황제(A.D. 81-96년)의 박해 때 밧모섬에 유배되었는데 그때 요한계시록의 내용을 주님께로부터 계시 받아서 기록하는 특권을 누릴 수 있었습니다.

4. 그는 영적으로 성숙된 후에는 자기를 사람들 앞에 드러내기를 좋아하지 않았습니다(13 : 23, 21 : 20, 24). 로버트슨(A. T. Robertson)은 이렇게 말했습니다. "요한복음에서 요한 자신은 도무지 나타나지 않고, 예수님은 나타나지 않은 곳이 없

다." 그리스도인의 자기 선전, 자기 과시는 영적 미숙의 표지입니다. 자기를 부인하고 자기를 십자가 뒤에 감추는 기초 훈련이 잘 되어 있지 않으면 결코 영적 거인이나 영적 챔피언이 될 수 없습니다.

5. 요한은 사도 바울이 세상을 떠나자 그를 이어 초대 교회의 영적 최고 지도자가 되었습니다. A.D. 30년에서 44년까지는 예루살렘교회와 베드로가 그 지도자였고, A.D. 44년에서 68년까지는 안디옥교회와 바울이 그 지도자였으며, A.D. 68년부터 약 30년 간은 에베소교회와 요한이 그 지도자였습니다. 하나님은 항상 준비된 사람을 지도자로 발탁해서 쓰시는 것입니다. 그러므로 우리는 자신을 주님이 쓰시기에 합당한 그릇이 되도록 준비하는 일에 게을리해서는 안 될 것입니다.

2. 우리는 이제 이 책의 목적을 살펴보는 것이 순서일 것 같습니다.

1. 초대 교부들의 말에 의하면 요한복음은 사도 안드레와 소아시아의 감독들의 간곡한 요청에 따라 쓰여졌습니다. 이 책은 에베소에서 요한에 의해 집필되었는데, 그리스도의 신성에 대한 오류(영지주의)에 대항하기 위해 쓰여졌던 것입니다.

2. 요한복음은 예수 그리스도를 우리가 믿어야 할 분과 우리가 사랑해야 할 분으로, 요한계시록은 우리가 기다려야 할 분으로 묘사하고 있습니다. 그러나 무엇을 어떻게 믿어야 한단 말입니까? 요한복음은 그리스도가 하나님의 아들되심을, 곧 그의 신성을 믿어야 한다고 거듭 강조하고 있습니다. "하나님이 세상을 이처럼 사랑하사 독생자를 주셨으니 이는 저를 믿는 자마다 멸망치 않고 영생을 얻게 하려 하심이니라"(3 : 16) 그래서 요한복음에는 "믿으라"는 말이 98번이나 사용된 것입니다.

3. 우리는 이 책을 "하나님 아들의 책" 이라고 부릅니다.

1. 성육신하신 하나님의 아들 예수 그리스도(1 : 1-18)

"태초에 말씀이 계시니라 이 말씀이 하나님과 함께 계셨으니 이 말씀은 곧 하나님이시니라"(1 : 1)

1 : 14에 의하면 이 말씀은 곧 예수 그리스도이십니다. "말씀이 육신이 되어 우리 가운데 거하시매 우리가 그 영광을 보니 아버지의 독생자의 영광이요 은혜와 진리가 충만하더라"

1 : 18은 성육신(The Incarnation)의 목적이 성부 하나님을 사람들에게 계시하는 것이라고 밝히고 있습니다. "본래 하나님을 본 사람이 없으되 아버지 품속에 있는 독생하신 하나님이 나타내셨느니라"

2. 행적과 말씀에 의해 하나님의 아들로 인정된 예수(1 : 19-12 : 50)

예수님은 그분의 수침(受浸)과 성령의 임재를 통해 하나님의 아들로 인정받으셨습니다. "나도 그를 알지 못하였으나 내가 와서 물로 세례를 주는 것은 그를 이스라엘에게 나타내려 함이라 하니라 요한이 또 증거하여 가로되 내가 보매 성령이 비둘기같이 하늘로서 내려와서 그의 위에 머물렀더라 나도 그를 알지 못하였으나 나를 보내어 물로 세례를 주라 하신 그이가 나에게 말씀하시되 성령이 내려서 누구 위에든지 머무는 것을 보거든 그가 곧 성령으로 세례를 주는 이인 줄 알라 하셨기에 내가 보고 그가 하나님의 아들이심을 증거하였노라 하니라"(1 : 31-34)

예수님은 또한 가나의 혼인 잔치에서 행한 첫 기적을 통해서도 하나님의 아들로 인정되셨습니다. "예수께서 이 처음 표적을 갈릴리 가나에서 행하여 그 영광(신성)을 나타내시매 제자들이 그를 믿으니라"(2 : 11)

예수님은 구약 예언의 성취를 통해 하나님의 아들로 인정되셨고(2 : 13-17), 교훈(설교)을 통해 자신을 증거하셨으며(3장), 사마리아 여인을 변화시키심으로써 하나님의 아들로 인정받으셨습니다(4장). 또한 예수님은 베데스다 못가에서 38년 된 병자를 고치심으로 자신에게 있는 신성을 증거하셨고(5장), 오병이어로 5,000명을 먹이심으로써 하나님의 아들됨을 보여 주셨습니다(6장).

예수님은 명절(초막절) 끝날, 곧 큰 날에 행하신 설교를 통해서도 자신을 확실하게 증거하셨습니다(7장). 뿐만 아니라 간음하다가 현장에서 잡힌 여인을 구해 주심으로 자신의 신분을 증거하셨고(10 : 30), 죽은 나사로를 살리심으로써 확실하게 자신의 신성을 증거하셨습니다(11장). 예수님은 또한 마리아의 향유부음을 받은 것과 헬라인들의 방문을 받음으로써 하나님의 아들로 인정되셨습니다(12장).

예수님이 하나님의 아들이심을 증거하는 표적과 가르침은 너무나 많습니다. 충분할 만큼 증거가 되는 것입니다.

3. 제자들에게 자신을 충분히 계시하신 하나님의 아들(13 : 1-17 : 26)

13장으로부터 17장까지에서 주님은 수많은 무리들로부터 떠나신 후, 12제자들과만 함께 계시면서 충분히 자신을 그들에게 계시하셨는데 이것은 매우 중요한 주님의 사역이었습니다.

"빌립이 가로되 주여 아버지를 우리에게 보여 주옵소서 그리하면 족하겠나이다… 나는 아버지 안에 있고 아버지는 내 안에 계신 것을 네가 믿지 아니하느냐 내가 너희에게 이르는 말이 스스로 하는 것이 아니라 아버지께서 내 안에 계셔 그의 일을 하시는 것이라 내가 아버지 안에 있고 아버지께서 내 안에 계심을 믿으라 그렇지 못하겠거든 행하는 그 일을 인하여 나를 믿으라"(14 : 8-11)

"이제부터는 너희를 종이라 하지 아니하리니 종은 주인의 하는 것을 알지 못함이라 너희를 친구라 하였노니 내가 내 아버지께 들은 것을 다 너희에게 알게 하였음이니라"(15 : 15)

"예수께서 대답하시되 이제는 너희가 믿느냐 보라 너희가 다 각각 제 곳으로 흩어지고 나를 혼자 둘 때가 오나니 벌써 왔도다 그러나 내가 혼자 있는 것이 아니라 아버지께서 나와 함께 계시느니라"(16 : 31-32)

"세상 중에서 내게 주신 사람들에게 내가 아버지의 이름을 나타내었나이다 저희는 아버지의 것이었는데 내게 주셨으며 저희는 아버지의 말씀을 지키었나이다 지금 저희는 아버지께서 내게 주신 것이 다 아버지로부터 온 것인 줄 알았나이다 나는 아버지께서 내게 주신 말씀들을 저희에게 주었사오며 저희는 이것을 받고 내가 아버지께로부터 나온 줄을 참으로 아오며 아버지께서 나를 보내신 줄도 믿었사옵나이다"(17 : 6-8)

4. 죽임을 당한 하나님의 아들 예수(18 : 1-19 : 42)

"유대인"이란 말이 마태복음에는 한번, 마가복음과 누가복음에는 두 번씩 사용되었으나, 요한복음에서는 무려 66회나 사용되었습니다. 예수님은 이방인에 의해서가 아니라 유대인에 의해 거절당한 후 죽으셨던 것입니다. 1 : 11은 유대인을 가리켜 "자기 백성"이라고 부르셨습니다. 그렇습니다. 유대인은 예수님이 선택하셨던 예수님의 백성이었던 것입니다. 그러나 그 백성은 예수님을 거절했고, 마침내 십자가에 못 박아 죽였던 것입니다. "그가 세상에 계셨으며 세상은 그로 말미암아 지은 바 되었으되 세상이 그를 알지 못하였고 자기 땅에 오매 자기 백성이 영접지 아니하였으나 영접하는 자 곧 그 이름을 믿는 자들에게는 하나님의 자녀가 되는 권세를 주셨으니 이는 혈통으로나 육정으로나 사람의 뜻으로 나지 아니하고 오직 하나님께로 난 자들이니라"(1 : 10-13)

5. 부활을 통해 확증된 하나님의 아들 예수의 신성(20 : 1-21 : 25)

예수님의 신성을 입증하는 데 부활의 사실보다 더 좋은 것은 없으며, 부활의 사실 하나만으로도 충분한 것입니다. 부활의 주님께서 마리아에게 나타나셨고, 부활의 주님께서 제자들에게 나타나셨으며, 부활의 주님이 바닷가에 나타나신 것으로 예수님은 하나님의 아들로 충분하게 인정되신 것입니다. 더 이상 예수님의 신성에 대해 의심하지 마십시오! 만약 의심한다면 당신이 얼마나 악한 사람인가를 증명하는 것이 됩니다. 예수님은 진실로 하나님의 아들이십니다. "성결의 영으로는 죽은 가운데서 부활하여 능력으로 하나님의 아들로 인정되셨으니 곧 우리 주 예수 그리스도시니라"(롬 1 : 4) "… 보좌에 앉으신 이와 어린양에게 찬송과 존귀와 영광과 능력을 세세토록 돌릴지어다"(계 5 : 13)

◎ 예수 그리스도의 일생(복음 : Gospel)

탄생

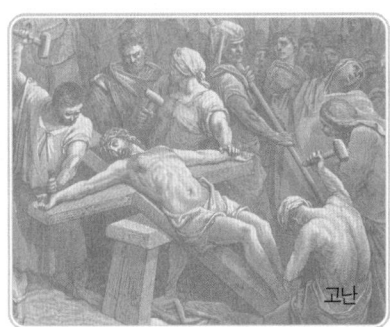

고난

죽음

부활

승천

재림

이것들을 증거하신 이가 가라사대
내가 진실로 속히 오리라 하시거늘
아멘 주 예수여 오시옵소서(계 22 : 20-21)

6

역사서

저희가 다 성령의 충만함을 받고 성령이 말하게 하심을 따라
다른 방언으로 말하기를 시작하니라(행 2 : 4)

계속의 책

◎ **본 문** : 오직 성령이 너희에게 임하시면 너희가 권능을 받고 예루살렘과
온 유대와 사마리아와 땅끝까지 이르러 내 증인이 되리라 하시니라 (1 : 8)
담대히 하나님 나라를 전파하며 주 예수 그리스도께 관한 것을 가르치되
금하는 사람이 없었더라 (28 : 31)

◎ **주 제** : 승천하신 예수님은 지상 명령을 수행하고 있는 사람들과 계속 함께 하신다

◎ **키워드** : 사역들

"사도행전"이라는 이름은 정확한 이름이 못됩니다.
초기에는 "성령의 복음" 혹은 "부활의 복음"으로 불려 오다가
2세기에 이르러 "사도행전"으로 불려지게 되었던 것입니다.
사실은 "성령의 행전"으로 불려야 하고,
더 정확하게는 "승천하셔서 영광받으신 주님의 행전"으로 불려야 합니다.

1. 우리는 먼저 본서의 발신자와 수신자에 대해 알아 보도록 합시다.

사도행전의 발신자와 수신자는 누가복음의 발신자 및 수신자와 동일합니다(눅 1 : 1, 행 1 : 1).

누가복음에서와 같이 저자의 이름이 사도행전에서도 등장하지 아니합니다. 그러나 눅 1 : 1-4과 행 1 : 1-2을 비교해 보면 두 책이 동일 저자에 의해 기록되었음을 우리는 쉽게 알 수 있습니다.

그리고 여러 번 의학 용어를 사용한 것도 그 증거 중의 하나입니다(3 : 7, 9 : 18, 12 : 23, 13 : 11, 28 : 8).

두 책의 수신자인 "데오빌로"를 플라비우스 클레멘스(Flavius Clemens)로 보는 사람들이 많은데, 그는 로마의 황제 도미티안(Domitianus A.D. 81~96년)의 친조카로 집정관이었으며, 그의 아내는 황제 누이의 외동딸인 도미틸라(Domitilla) 이었습니다. 황제가 죽기 얼마 전에 클레멘스(Clemens)는 그리스도인이었다는 이유 때문에 사형 당했고, 도미틸라(Domitilla)는 유배당했습니다.

그들은 세상의 값싼 부귀 영화를 거절하고 도리어 하나님의 백성과 함께 고난받기를 잠시 죄악의 낙을 누리는 것보다 더 좋아하고 그리스도를 위하여 받는 능욕을 세상의 어떤 보화보다 더 큰 재물로 여겼던 믿음의 소유자였습니다(5 : 41, 히 11 : 24-26). "… 네가 죽도록 충성하라 그리하면 내가 생명의 면류관을 네게 주리라"(계 2 : 10)

2. 우리는 이제 본서의 특징과 내용을 살펴보도록 합시다.

1. 본래 사도행전은 누가복음의 후편이었습니다. 그래서 처음에는 본서가 누가복음과 함께 회람되었던 것입니다. 그러나 나중에 요한복음이 나오자 누가복음은 세 복음서와 함께 순회하게 되었으며, 그 결과 사도행전은 저절로 누가복음으로부터 분리되었던 것입니다. 그러므로 사도행전은 누가복음과 연결시켜 읽으면 좋습니다.

2. 누가복음은 예수님이 성육신 하신 몸으로 지상에서 활동하셨던 사역(역사)의 기록인데 비해, 사도행전은 예수님이 영화된(승천하신) 몸으로 천상에서 활동하셨던 사역(역사)의 기록인 것입니다. 예수님은 그분의 영인 성령(16 : 7)을 통해 계속 사역하고 계

시며, 또한 그분의 몸인 교회(엡 1 : 23)를 통해서도 계속 사역하고 계십니다. "…
볼지어다 내가 세상 끝날까지 너희와 항상 함께 있으리라 하시니라"(마 28 : 20)

3. 사도행전은 성경 66권 가운데 유일하게 미완성의 책입니다. 끝 부분을 보면 내
용이 갑자기 끝나고 있음을 볼 수 있는데 사실 사도행전은 완성될 수 없는 성질의
책인 것입니다. 왜냐하면 주님은 지금도 살아 계셔서 성령과 교회를 통해 역사하
고 계시기 때문입니다. 어쩌면 사도행전은 천국에서 계속해서 쓰여지고 있는지도
모릅니다.

4. 비록 미완성의 책이긴 하지만 그 안에는 순서와 질서가 있습니다. 사도행전 전
체는 1 : 8의 예언이 어떻게 성취되어 가고 있는지를 보여 주기 위한 것으로 분명
한 순서와 질서가 있어서 매우 아름다운 것입니다. 즉 그리스도의 복음이 어떻게
예루살렘에서 온 유대와 사마리아로 퍼져 나갔으며 마침내 땅 끝까지 이르게 되었
는지를 질서 정연하게 기록하고 있는 것입니다. 바울 당시 땅 끝은 스페인과 영국
이라고 생각했었습니다.

5. 사도행전은 처음에는 예루살렘교회와 베드로를 통해 주님께서 역사하신 것(1장
- 12장)이고, 나중에는 안디옥교회와 바울을 통해 주님께서 역사하신 것(13장 - 28장)
으로 간주하고 있습니다. 주님께서는 오늘날도 역시 지역 교회와 하나님의 사람들
을 통해 역사하고 계심에 틀림이 없습니다. 그러므로 우리는 하나님의 교회와 하
나님의 사람들을 마땅히 귀히 여겨야 합니다.

3. 우리는 이 책을 "계속의 책" 이라고 불러야 합니다.
성령의 역사하심은 승천하신 주님이 재림하실 때까지 계속될 것이기 때문에 사
도행전은 "계속의 책"일 수밖에 없습니다(1 : 11).

1. 예루살렘에서 계속된 주님의 사역(1장 - 7장)
"회개하라 천국이 가까왔느니라"고 전파하심으로써 시작된 주님의 사역은 주님

의 승천하심으로 중단되는 것 같았습니다. 그러나 주님은 약속하신 대로 계속해서 예루살렘에서 역사 하셨던 것입니다.

1장은 사역의 원동력인 성령 세례(혹은 성령 충만)에 대한 주님의 약속과 그 약속에 대한 예루살렘교회의 자세를 보여 주고 있고, 2장과 3장은 오순절에 예루살렘교회가 성령으로 충만 했던 사실과 그 결과를 말해 주고 있습니다. 또한 4장 - 6장은 성령의 역사에 대항한 사단의 역사를 드러내었고, 7장은 이에 대한 성령의 승리를 보여 줍니다. 할렐루야!

"자녀들아 너희는 하나님께 속하였고 또 저희를 이기었나니 이는 너희 안에 계신 이가 세상에 있는 이보다 크심이라"(요일 4 : 4)

2. 유대와 사마리아에서 계속된 주님의 사역(8장 - 9장)

주님의 계획은 복음을 땅 끝까지 전파하는 것입니다. 그러나 유대인으로 구성된 예루살렘교회로써는 불가능한 일이었습니다. 왜냐하면 그들은 편협한 생각을 가지고 있어서 그리스도를 유대인만을 위한 메시야로 믿었기 때문에 예루살렘교회에는 세계선교를 위한 기도나 준비는 전무했던 것입니다.

그래서 주님은 어쩔 수 없이 비상 수단을 강구할 수밖에 없으셨는데 그것은 곧 예루살렘교회에 내린 유대교에 의한 핍박이었습니다(8장). 주님께서는 이 일을 통하여 세계선교를 위해 한 사람을 선택하셨고, 그가 곧 위대한 선교사 바울이었던 것입니다(9장).

주님은 세계선교를 위해 공동체 뿐만 아니라 개인을 불러 쓰시기를 기뻐하십니다. 사도 바울을 부르신 주님께서 우리를 부르실 때, 우리는 이사야처럼 "내가 여기 있나이다 나를 보내소서"라고 응답해야 합니다.

3. 땅 끝까지 계속된 주님의 사역(10장 - 28장)

예루살렘교회에 떨어진 성령의 불은 온 세계를 태우기 위한 하나님의 불이었습니다. 하나님은 그 불을 바울의 심령에 먼저 점화시키신 후, 그를 아라비아 사막과 다소에서 훈련시키셨던 것입니다.

훈련이 끝나자 하나님은 그를 안디옥교회로 인도하셨으며(11 : 25-26), 안디옥

교회는 그를 선교사로 파송했던 것입니다(13 : 1-4). 안디옥교회로 하여금 바울을 선교사로 파송케 하셨던 주님은 이제 세계에 복음을 전해 주시기 위해 바울의 마음속에 로마로 가고자하는 소원을 주셨고(빌 2 : 13, 롬 1 : 8-15), 그 소원을 이루기 위해 주님께서는 그로 하여금 오순절에 예루살렘을 방문케 하셨던 것입니다(20 : 16).

그러나 바울은 예루살렘에서 유대인의 손에 잡혀(21 : 27-30) 로마로 가게 되었습니다. "우리가 로마에 들어가니 바울은 자기를 지키는 한 군사와 함께 따로 있게 허락하더라"(28 : 16) "바울이 온 이태를 자기 셋집에 유하며 자기에게 오는 사람을 다 영접하고 담대히 하나님 나라를 전파하며 주 예수 그리스도께 관한 것을 가르치되 금하는 사람이 없었더라"(28 : 30-31) "형제들아 나의 당한 일(로마 투옥)이 도리어 복음의 진보가 된 줄을 너희가 알기를 원하노라 이러므로 나의 매임이 그리스도 안에서 온 시위대 안과 기타 모든 사람에게 나타났으니"(빌 1 : 12-13)

바울이 로마로 온 것은 엄청난 의미를 갖는 사건이었습니다. 로마는 당시 세계의 중심부이며, 모든 길은 로마로 통하고 있었습니다. 로마를 정복하는 것은 온 세계를 정복하는 것을 의미하는 것이었습니다. 바울은 그 로마에서 황제와 측근들과 대면할 수 있었고, 또한 그들에게도 복음을 전했던 것입니다. 바울은 또한 자신이 직접 땅 끝(스페인)까지 가기를 원했습니다. "그러므로 내가 이 일을 마치고 이 열매를 저희에게 확증한 후에 너희에게를 지나 서바나(스페인)로 가리라"(롬 15 : 28)

하나님의 원리(방법)는 항상 어떤 사람을 먼저 선택하신 후에 이루고자 하시는 일을 그 사람의 마음속에서 소원으로 주신 후, 하나님의 계획표에 따라 착착 이루어 가심을 알 수 있습니다. 하나님께서는 우리를 단순히 한 사람이 아닌 동역자로 보고 계십니다. 얼마나 놀라운 사실입니까!

"우리는 하나님의 동역자들이요
너희는 하나님의 밭이요 하나님의 집이니라"(고전 3 : 9)

◎ 성경을 내 손안에

이 그림은 하나님의 말씀을 받아들이는데 필요한 여러 가지 방법들을 보여 준다.

· 듣   기 : 교회 안에서의 설교나 녹음된 설교 테이프를 통해 말씀을 듣는다.
· 읽   기 : 성경 읽기표를 참조하여 1년 안에 성경 66권을 통독한다.
· 공부하기 : 성경공부를 위한 소그룹을 만들어 매주에 한 번씩 함께 공부한다.
· 암송하기 : 성구들을 암송하되 이미 암송한 성구들은 계속해서 반복한다.
· 묵상하기 : 말씀 묵상을 통해 얻은 생각들을 생활 속에 적용한다.

묵상은 하나님의 말씀을 받아들이는데 있어 그 외 4가지 방법들과 함께 연결되어 사용되었다.
그 중에서도 엄지손가락이 상징하는 묵상은 우리가 성경을 견고히 붙잡기 위해
따라야 할 가장 중요한 부분이라 할 것이다.

7

로마서 / 고린도전서 / 고린도후서 / 갈라디아서
에베소서 / 빌립보서 / 골로새서 / 데살로니가전서
데살로니가후서 / 디모데전서 / 디모데후서
디도서 / 빌레몬서 / 히브리서 / 야고보서
베드로전서 / 베드로후서 / 요한일서 / 요한이서
요한삼서 / 유다서

서신서

그 남은 사람들은 널조각 혹은 배 물건에 의지하여 나가게 하니
마침내 사람들이 다 상륙하여 구원을 얻으니라(행 27 : 44)

로마서
칭의의 책

◎ **본 문** : 복음에는 하나님의 의가 나타나서 믿음으로 믿음에 이르게 하나니 기록된바
　　　　　 오직 의인은 믿음으로 말미암아 살리라 함과 같으니라 (1 : 17)
◎ **주　제** : 하나님으로부터의 칭의가 모든 변화의 시작이다
◎ **키워드** : 신분들

A.D. 58년 2월에 고린도교회의 성도였던 가이오의 집에서
바울에 의해 기록되었고(16 : 23), 더디오라는 비서가 대필했으며,
개인 업무로 로마에 가는 뵈뵈를 통해 로마교회에 전달되었습니다(16 : 1-2).
이 서신은 논리적으로나 신학적인 관점에서
바울의 글 중에 최고의 걸작품이라고 말할 수 있습니다.
크리소스토무스(Chrysostomus)는 이 서신에 정통하기 위해
자신의 손으로 두 번이나 써 보았다고 합니다.
콜리지(Coleridge)는 로마서를 "지금까지 쓰여진 것 가운데
가장 심오한 저술" 이라고 했고,
칼빈(Calvin)은
"그것은 성경 안에 있는 모든 보화에 이르는 문을 열었다" 라고 했으며,
루터(Luther)는 로마서를 "신약의 최고의 책이고,
가장 순수한 복음이다" 라고 선언했고,
고데(Godet)는 이 책을 "그리스도인의 신앙의 대 전당" 이라고 했습니다.

1. 우리는 먼저 이 책의 특징을 살펴보도록 합시다.

로마서에는 몇 가지 특징이 있는데 아래와 같습니다.

1. 로마서는 서신입니다. 그러면서도 서신 냄새를 거의 풍기지 않는 것이 무엇보다도 큰 특징입니다.

2. 다른 서신보다 서론이 깁니다. 특별히 결론 부분으로 가면 많은 사람들의 이름이 등장합니다.

3. 구약성서가 많이 인용되었습니다.

4. 신학적 용어가 많이 사용되었습니다. 예를 들면 죄, 진노, 사망, 율법, 의, 칭의, 믿음(신앙), 생명, 소망, 할례, 이스라엘 등입니다.

2. 우리는 이 책의 목적을 일별해 볼 필요가 있습니다.

1. 이 서신은 "… 인생이 어찌 하나님 앞에 의로우랴"(욥 9 : 2)는 해묵은 질문에 답하기 위해 쓰여진 것입니다.

2. 이 서신은 계획 중인 로마에의 선교 여행을 대비하기 위하여 쓰여졌습니다. 먼저는 바울이 자기 자신을 소개할 필요가 있었고, 다음은 로마교회 안에 있는 유대주의자들의 신앙을 바로 잡아 줄 필요가 있었던 것입니다.

3. 우리는 이 책을 "칭의의 책" 이라고 부릅니다.

1. 복음 안에 계시되어 있는 믿음에 의한 칭의(1 : 1-17)

바울은 서신의 서론을 개인적인 자기 소개와, 로마에 있는 그리스도인들에게 인사함, 그리고 그들의 믿음에 대한 감사와 로마를 방문하여 설교하고자 하는 강렬한 마음이 있음을 알린 후 서신의 주제인 복음을 간단히 언급하였습니다.

2. 믿음에 의한 칭의의 우주적 필요성(1 : 18-3 : 20)

1 : 18-32은 이방인들의 하나님 앞에서 부패함을, 2 : 1- 3 : 8은 유대인들의 하나님 앞에서 범죄함을 보여 주고 있습니다. 또한 3 : 9-20은 모든 인간은 하나님 앞에서 자기 행위(노력)로는 전혀 구원이 불가능한 죄인임을 보여주고 있습니다. 따라서 믿음에 의한 칭의는 온 세상이 필요로 하는 것입니다.

3. 믿음에 의한 칭의의 교리(3 : 21-31)

유대인과 이방인의 구별함 없이 예수 그리스도를 자신의 구주로 믿는 사람만을 하나님은 의롭다고 불러 주십니다. "곧 예수 그리스도를 믿음으로 말미암아 모든 믿는 자에게 미치는 하나님의 의니 차별이 없느니라"(3 : 22) 차별이 없다는 말은 유대인과 이방인을 구별하지 않는다는 뜻입니다. 얼마나 감사합니까!

4. 믿음에 의한 칭의는 새로운 교리가 아님(4 : 1-25)

이스라엘 민족의 조상인 아브라함이 하나님을 믿음으로 의롭다함을 얻었던 역사적인 사실을 들어(창 15 : 6) 믿음에 의한 칭의는 전혀 새로운 교리가 아님을 밝혔습니다. "… 아브라함이 하나님을 믿으매 이것이 저에게 의로 여기신 바 되었느니라"(4 : 3)

5. 칭의에 따르는 축복들(5 : 1-11)

믿음으로 의롭다함을 얻은 자는 하나님과 화평하게 된 것입니다. 믿음으로 의롭다함을 얻은 자는 하나님의 은혜 아래로 들어온 것입니다. 믿음으로 의롭다함을 얻은 자는 하나님의 영광을 바라면서 즐거워하게 된 것입니다(5 : 1-2).

뿐만 아니라 믿음으로 의롭다함을 얻은 사람은 하나님의 진노하심에서 구원을 얻은 것입니다. "그러면 이제 우리가 그 피를 인하여 의롭다 하심을 얻었은즉 더욱 그로 말미암아 진노하심에서 구원을 얻을 것이니"(5 : 9)

6. 칭의받은 자가 죄를 이기는 길(5 : 12-6 : 23)

믿음으로 의롭다 하심을 받은 사람은 죄를 이기기 위해 그리스도가 단번에 인류의 대표로서 죽었던 사실을 기억해야 하고(5 : 18), 그리고 자신을 죄에 대하여는 죽은 자로, 하나님을 대하여는 산 자로 여겨야 하며(6 : 11), 자신의 지체들을 의의 병기로 하나님께 드려야 합니다(6 : 13).

그렇게 할 때, 죄로부터는 해방이 되고 하나님께는 종이 되어 거룩함에 이르는 열매를 얻게 되는 것입니다. "그러나 이제는 너희가 죄에게서 해방되고 하나님께 종이 되어 거룩함에 이르는 열매를 얻었으니 이 마지막은 영생이라"(6 : 22)

7. 칭의받은 자의 자유와 승리(7 : 1-8 : 39)

죄에 대한 승리만으로는 충분하지 않습니다. 칭의받은 자는 율법과 육신에 대해서도 승리할 수 있어야 합니다. 율법은 선악의 원리에서 나온 것이고, 육신은 그러한 율법을 따르려는 우리 안에 있는 경향성입니다.

율법과 육신에 대해 승리를 거두려면 우리는 우리의 옛 사람(육신)이 이미 그리스도와 함께 율법에 대해 죽었음을 인정해야 하고(7 : 4), 다음은 우리 안에 내주해 계시는 성령님을 좇아 살아가야 합니다(8 : 9).

"그러므로 이제 그리스도 예수 안에 있는 자에게는 결코 정죄함이 없나니 이는 그리스도 예수 안에 있는 생명의 성령의 법이 죄와 사망의 법에서 너를 해방하였음이라"(8 : 1-2)

로마서 8 : 37-39에서 말하고 있는 위대한 승리는 오직 성령을 좇아 사는 사람들에게만 가능한 것입니다. 하나님께서는 우리들의 승리를 늘 도우시려고 보혜사(성령님)를 우리에게 보내 주신 것입니다. 할렐루야!

8. 복음과 이스라엘 민족과의 관계(9 : 1-11 : 36)

대부분의 이스라엘 사람들은 율법의 행위로 의롭다함을 얻으려 했기 때문에 복음을 거부했습니다(10 : 11). 그 결과 그들은 넘어졌고(11 : 11), 꺾이어졌던 것입니다(11 : 20). 그러나 이방인들이 복음을 거절할 때(7년 환란기)에도 하나님은 여전히 유대인들에게 은혜를 베푸실 것이며(11 : 31), 마침내 그들은 주님께로 돌아와서 다시 접붙임을 받게 될 것입니다. "네가 원 돌 감람나무에서 찍힘을 받고 본성을 거스려 좋은 감람나무에 접붙임을 얻었은즉 원 가지(이스라엘)인 이 사람들

9. 의롭다함을 얻은 자의 의무(12 : 1-16 : 27)

바울의 모든 서신의 전반부는 교리이고 후반부는 실천(생활)에 대한 교훈입니다. 로마서도 마지막 5개 장은 구원받은 성도의 실제 생활 문제를 다루고 있습니다. 사실 모든 교리는 우리의 삶(실천)을 위해 존재하는 것입니다. 교리를 위한 교리는 잘못된 것입니다.

행함이 없는 믿음(교리)은 그 자체가 죽은 것이고, 행함이 없는 교리 지식은 우리를 교만케 할 뿐입니다. 그러므로 믿음으로 의롭다 함을 얻은 우리들은 우리에게 부과된 의무(책임)들을 잘 수행해야만 하는 것입니다.

"그러므로 또한 내가 너희에게 가려 하던 것이 여러 번 막혔더니 이제는 이 지방에 일할 곳이 없고 또 여러 해 전부터 언제든지 서바나(스페인)로 갈 때에 너희에게 가려는 원이 있었으니"(15 : 22-23).

바울의 가장 큰 관심사는 세계선교였습니다. 그는 땅 끝까지 가기를 원했던 것입니다.

고린도전서

책망의 책

◎ **본 문** : 형제들아 내가 우리 주 예수 그리스도의 이름으로 너희를 권하노니
다 같은 말을 하고 너희 가운데 분쟁이 없이 같은 마음과 같은 뜻으로
온전히 합하라 (1 : 10)

◎ **주 제** : 그리스도인은 반드시 영적으로 성장(성숙)해 가야 한다

◎ **키워드** : 성숙(spritual)과 미숙(carnal)

"고린도에 있는 하나님의 교회" 곧 고린도교회는 바울이 제2차 선교여행 중에
18개월 간의 수고(사역)의 결과로 탄생한 교회였습니다(행 18 : 1-11).
그러나 바울이 떠난 후 중대한 혼란이 교회 안에 발생했는데
그것은 바울이 에베소에 3년간 머물 동안에(행19장과 20 : 31) 일어났던 일입니다.
바울은 그 문제들을 해결하기 위해 직접 고린도를 방문했을 뿐 아니라
(16 : 7-8, 고후 12 : 14, 13 : 1), 편지들도 썼는데(5 : 9-11)
그 중 두 번째 편지가 고린도전서입니다.
잘 알려져 있는 어떤 성도의 보고(1 : 11, 16 : 17)와
다른 여행자들의 일반적인 보고에 의하면(5 : 1, 11 : 18)
그의 모든 노력(두 번째 방문과 첫 번째 편지)에도 불구하고
슬픈 혼란은 계속되고 있었으며 그러한 때에
그의 첫 번째 서신에 대한 응답과 새로운 질문이 함께 도착했고(7 : 1),
그는 그 질문에 대한 대답과 함께 그 교회의 문제들을 해결하기 위해
이 고린도전서를 써 보냈던 것입니다.

1. 우리는 무엇보다도 이 책의 단서와 열쇠를 알 필요가 있습니다.

1. 이 서신을 제대로 이해하려면 우리는 먼저 고린도교회 성도들의 정신적, 도덕적, 영적 상태를 깊이 이해하지 않으면 안 됩니다.

2. 고린도 교회의 성도들은 사회적으로 볼 때, 주로 낮은 계층에 속한 사람들로서 (1 : 26), 특별히 지적 교만에 빠져 있던 헬라 사람들로부터는 상당한 멸시를 당하고 있었습니다.

또한 그리스인들은 그들의 언어와 문학과 교육과 논리학에 대해 엄청 자만심이 강했으므로 고린도는 아덴의 적수이기도 했습니다.

바울은 그러한 그리스인들의 생각에 대항하기 위해 이 편지를 쓰기 시작했던 것입니다. 그는 이 서신을 지혜(철학)의 포기로부터 시작했던 것입니다. "그리스도께서 나를 보내심은 세례를 주게 하려 하심이 아니요 오직 복음을 전케 하려 하심이니 말의 지혜로 하지 아니함은 그리스도의 십자가가 헛되지 않게 하려 함이라" (1 : 17) "형제들아 내가 너희에게 나아가 하나님의 증거를 전할 때에 말과 지혜의 아름다운 것으로 아니하였나니"(2 : 1)

이 서신은 계속해서 이 세상의 큰 자들과 그들의 세상 지혜(철학)에 대한 신뢰가 하나님 보시기에는 어리석은 짓이라고 꾸짖고 있습니다. "하나님의 지혜에 있어서는 이 세상이 자기 지혜로 하나님을 알지 못하는 고로 하나님께서 전도의 미련한 것으로 믿는 자들을 구원하시기를 기뻐하셨도다"(1 : 21)

자연인은 성령의 일을 깨닫지도, 성령을 받을 수도 없습니다. 왜냐하면 최고의 진리들은 그 자신에게 가려져 있기 때문입니다. "육에 속한 사람은 하나님의 성령의 일을 받지 아니하나니 저희에게는 미련하게 보임이요 또 깨닫지도 못하나니 이런 일은 영적으로라야 분변함이니라"(2 : 14)

3. 고린도 교회의 성도들은 부도덕(5 : 1-11, 6 : 15-18)과 술 취하는 악에도 빠져 있었습니다. "이는 먹을 때에 각각 자기의 만찬을 먼저 갖다 먹으므로 어떤 이는 시장하고 어떤 이는 취함이라"(11 : 21)

2. 우리는 이 서신을 "책망의 책"이라고 부릅니다.

고린도전서는 명백한 "책망의 책"입니다. 교리적인 측면의 과오에 대해서도 책망하고 있지만(15 : 12), 실천적인 측면에 대해서는 훨씬 더 강하게 책망하고 있습니다.

1. 바울이 받은 보고(1장 - 6장)

바울이 받았던 보고에는 교회 내의 분쟁과 음행에 대한 교회의 수수 방관, 세상 법정에서의 소송 등이 포함되어 있었습니다.

(1) 교회 내의 분쟁(1 : 1-4 : 21)

교회의 건물이 세워지기 이전의 시대에는 쉽게 파당들이 교회 안에 생겨날 수 있었습니다. 고린도교회 안에는 세 지도자(바울, 베드로, 아볼로)들을 구심점으로 한 세 파당과 오직 자기들만이 "그리스도인"이라고 불려질 수 있다고 주장하는 네 번째 파당이 있었습니다(1 : 12).

바울은 고린도교회의 분쟁의 원인이 성도들의 영적 미숙에 있다고 지적하면서 영적 성장(성숙)을 촉구했습니다(3 : 1-23).

(2) 음행에 대한 교회의 수수 방관(5 : 1-13, 6 : 12-20)

고린도교회는 자기들이 자랑으로 삼던 "자유"를 근친 상간의 도구로 삼았을 뿐 아니라 그 죄악을 용납하기에까지 이르렀던 것입니다. 그 죄악은 악명 높은 그 도시의 이교도들조차도 깜짝 놀라게 만들었습니다.

바울은 이미 그 문제에 대해 첫 번째 편지에서 경고한 바가 있습니다. "내가 너희에게 쓴 것에 음행하는 자들을 사귀지 말라 하였거니와"(5 : 9) 성경은 음행을 유일한 이혼의 이유가 된다고 말할 정도(마 5 : 32, 19 : 9)로 엄격히 다루고 있는 죄악입니다.

이 시대의 가장 심각한 범죄도 역시 음행이므로 우리들은 "모든 사람은 혼인을 귀히 여기고 침소를 더럽히지 않게 하라 음행하는 자들과 간음하는 자들을 하나님이 심판하시리라"는 히브리서 13 : 4의 말씀을 명심하여야 할 것입니다.

우리 그리스도인들은 이 죄를 멀리할 뿐만 아니라 적극적으로는 우리의 몸을 하나님의 영광을 위한 의의 병기로 드려야만 합니다. "값으로 산 것이 되었으니 그런즉 너희 몸으로 하나님께 영광을 돌리라"(6 : 20)

(3) 세상 법정에서의 소송(6 : 1-11)

유대인들조차도 꺼리는 이방 법정에서의 소송을 그리스도인들이 감행했다는 것은 참으로 부끄러운 일이라 하지 않을 수 없습니다. 이 말씀의 교훈은 차라리 손해를 볼지라도 세상과 타락한 천사(사단)를 판단(심판)할 그리스도인들이 세상 법정에서의 소송은 피해야 한다는 합당한 말씀입니다. 욕심은 모든 죄악의 뿌리입니다. 여러 종류의 욕심이 있지만 특별히 우리는 성의 쾌락과 물질에 대한 욕심을 경계해야 할 것입니다.

2. 바울이 받은 질문들(7장 - 16장)

바울은 여기서 많은 지면을 고린도교회로부터 받은 질문에 대한 대답을 쓰는데 사용하고 있습니다.

(1) 결혼에 대한 질문과 대답(7 : 1-40)

고린도 교인들은 독신생활과 결혼생활에 대해 적어도 6가지 질문을 했는데 바울은 그 하나하나에 친절하고도 성실하게 대답해 주었습니다. 그것들은 모든 시대의 모든 그리스도인들이 귀담아 들어야 할 소중한 교훈들이라고 할 수 있습니다.

(2) 우상 제물에 대한 질문과 대답(8 : 1-13)

고린도의 상점들에서 팔고 있는 대부분의 고기들은 먼저 우상에게 바쳐졌던 것이었습니다. 이 우상 제물에 대해 어떤 그리스도인들은 우상은 아무 것도 아니므로 먹어도 괜찮다고 했고, 어떤 이들은 먹어서는 안 된다고 주장했습니다.

바울은 이 문제에 대해 "자유"가 옳다고 결론을 내린 뒤, 그러나 누구도 다른 그리스도인의 양심을 상하게 하면서까지 자신의 개인적 자유를 누리려 해서는 안 된다고 가르쳤습니다.

자유는 고귀한 것이지만 거기엔 반드시 책임이 수반되어야만 합니다. 미국이란 나라가 위대한(?) 이유는 거기엔 많은 자유와 기회가 주어지기 때문입니다. 미국을 그토록 자유의 나라가 되게 만드는데 가장 큰 공헌을 한 사람들은 침례교도들입니다. 침례교도들은 자유를 가장 중시하는 사람들입니다.

존 커디(John Cuddy)는 미국 조지아주 매콘에 있는 제일침례교회 건너편에 있는 성 요셉성당의 사제로서 그 도시에서 가장 존경받는 성직자 중의 한 사람이었습니다. 어느 수요일 저녁 시간에 제일침례교회에서 그 분을 초청하여 카톨릭에 대해 많은 것을 들었습니다. 질의 문답 시간에 누군가가 그에게 물었습니다. "커디 신부님, 침례교인들 가운데서 가장 칭찬할 만한 것이 있다면 무엇입니까? " 커디는 조금도 주저함 없이 "자유"라고 대답했습니다. 정곡을 찌른 대답이었던 것입니다. 그러나 침례교도들은 자유와 함께 책임도 주장하는 사람들입니다. 어떤 이들은 미국의 동부에 자유의 여신상이 있으니 미국의 서부에는 책임의 신상도 세워야 할 것이라고 주장하고 있습니다.

자유와 책임이 함께 갈 때 국가도 교회도 아름답고 건강할 것입니다!

(3) 바울의 사도권에 대한 질문과 대답(9 : 1-27)

"내가 자유자가 아니냐 사도가 아니냐 예수 우리 주를 보지 못하였느냐 주 안에서 행한 나의 일이 너희가 아니냐 다른 사람들에게는 내가 사도가 아닐지라도 너희에게는 사도니 나의 사도됨을 주 안에서 인친 것이 너희라" (9 : 1-2)

(4) 여자가 교회에서 수건을 쓰는 문제에 대한 질문과 대답(11 : 2-16)

여자는 권위 아래 있다는 표로 수건을 썼던 것입니다. 여자가 우월하냐 남자가 우월하냐의 문제가 아니고 교회는 질서가 필요하다는 측면에서 바울은 성실하게 대답하였습니다.

(5) 주의 만찬에 대한 책망과 주의 사항(11 : 17-34)

주의 만찬은 주님의 대속적 죽음을 주님이 재림하실 때까지 기념하는 의
식입니다.

(6) 성령의 은사에 대한 교훈(12 : 1-14 : 40)

고린도교회의 큰 문제 중의 하나는 은사 문제였습니다. 은사에는 우열이
없으며 모든 그리스도인은 각자 받은 은사에 따라 주님의 몸(교회)을 섬겨야
합니다. 모든 은사는 교회를 세우기 위해 주신 것입니다. 교회의 덕을 세우
지 못하는 은사는 잘못된 것입니다. 은사는 반드시 교회를 세우는데 사용되
어야 합니다.

(7) 부활의 복음(15 : 1-58)

부활의 복음을 전하지 않는 교회는 잘못된 교회입니다. 고린도교회의 성
도 중에는 부활은 이미 지나갔다고 주장하는 사람들이 있었습니다. 물론 예
수 그리스도의 부활은 과거의 것입니다. 그러나 성도의 부활과 불신자(악
인)의 부활은 아직도 미래의 것입니다. 예수님이 다시 오실 때, 그리스도
안에서 죽은 모든 그리스도인들은 완전한(영광스러운) 몸으로 부활하게 될
것입니다. 나는 개인적으로 헨델의 메시야(오라토리오) 중에서 하나님의 나
팔이 울려 퍼질 때 그리스도인들이 부활하게 되는 장면이 담긴 베이스가 노
래하는 제46곡을 제일 좋아합니다. 예수님의 부활을 찬양하는 '할렐루야'
도 놀랍지만 그것이 우리와 아무런 상관이 없다면 그 의미는 퇴색되고 마는
것입니다.

그리스도의 부활은 우리들의 부활을 보증해 주는 첫 열매입니다(15 : 20).
"보라 내가 너희에게 비밀을 말하노니 우리가 다 잠잘 것이 아니요 마지막
나팔에 순식간에 홀연히 다 변화하리니 나팔 소리가 나매 죽은 자들이 썩지
아니할 것으로 다시 살고 우리도 변화하리라"(15 : 51-52)

고린도전서 안에 부활장(15장)이 포함되어 있는 것을 나는 너무나 감사하
게 생각합니다. 15장이 없는 고린도전서를 한 번 상상해 보십시오. 얼마나

다행한 일입니까! 우리들은 고린도전서에 부활장이 있음을 찬양해야 할 것입니다.

성경이 말하는 부활은 몸의 부활이지 영의 부활이 아닙니다. 회생은 죽었던 사람이 다시 살아나는 것이지만 그는 다시 죽습니다. 그러나 부활은 다시는 죽지 아니하는 몸으로 살아나는 것입니다. 그래서 부활을 복음이라고 하는 것입니다. 부활이 빠진 복음은 복음이 아닙니다. 필자는 내 몸이 어느 날 예수님의 부활체와 똑같은 몸으로 부활하게 된다는 사실을 조금도 의심하지 않습니다.

부활의 복음, 부활의 소망을 주신 주님을 찬양합시다! 우리 모두 소리를 높여 부활의 복음을 자신 있게 증거합시다. 사람들이 만들어 낸 모든 종교에는 이런 복음이 들어있질 않습니다. 그야말로 우리가 누릴 최고의 기쁜 소식인 것입니다.

예수 죽음 내 죽음!

예수 부활 내 부활!

예수 승천 내 승천!

예수 천국 내 천국!

할렐루야!

(8) 실제적인 문제들(16 : 1-24)

"성도를 위하는 연보에 대하여는 내가 갈라디아 교회들에게 명한 것같이 너희도 그렇게 하라 매주일 첫날에 너희 각 사람이 이를 얻은 대로 저축하여 두어서 내가 갈 때에 연보를 하지 않게 하라"(16 : 1-2)

"이제는 지나는 길에 너희 보기를 원치 아니하노니 이는 주께서 만일 허락하시면 얼마 동안 너희와 함께 유하기를 바람이라"(16 : 7)

"깨어 믿음에 굳게 서서 남자답게 강건하여라 너희 모든 일을 사랑으로 행하라"(16 : 13-14)

위로의 책

◎ **본 문** : 우리의 모든 환란 중에서 우리를 위로하사 우리로 하여금 하나님께 받는

위로로써 모든 환란 중에 있는 자들을 능히 위로하게 하시는 이시로다 (1 : 4)

◎ **주   제** : 하나님의 위로는 어떤 고난도 견디어 이기게 한다

◎ **키워드** : 위로들

고린도후서는 바울의 어떤 다른 서신보다
더 바울 자신의 모습을 잘 드러내고 있습니다.
그러므로 우리는 이 서신을 바울의 "자기 계시" 라고 부르고 싶은 것입니다.
특별히 그의 사랑의 깊이와 능력은 매우 놀라운 것으로
그 비결은 "그리스도의 사랑" 이었습니다.
"그리스도의 사랑이 우리를 강권하시는도다 우리가 생각건대
한 사람이 모든 사람을 대신하여 죽었은 즉 모든 사람이 죽은 것이라" (5 : 14).
바울은 신체적으로 약해서 때때로 고생했으며(1 : 8-10, 12 : 7-9),
끝이 없는 박해와 위험한 고난 중에도 결코 사역을 중단하지 않았습니다(11 : 23-33).
그것은 위대한 그리스도의 사랑이 그를 강권했기 때문에 가능했던 것입니다.
12장에서 바울은 14년 간이나 숨겨 두었던 비밀(체험)을 공개하기도 했습니다.
그리고 이 서신에는 주옥 같은 비유들이 많이 들어있다는 것이 특징 중의 하나입니다
(2 : 15, 3 : 3, 12-18, 4 : 7, 5 : 20 등등).

1. 우리는 이 책의 배경과 목적을 이해해야 합니다.

바울은 그의 두 번째 편지인 이 서신을 디도 편으로 보낸 후, 서둘러 에베소를 떠났습니다. 아마 폭풍 때문이었을 것입니다(행 19 : 23, 20 : 1). 천천히 드로아로 간 후 거기서 고린도에서 돌아오는 디도를 만나려고 했던 것 같습니다.

그러나 디도의 돌아옴이 지연되자 바울은 그의 고린도전서에 대한 고린도교회 의 반응이 대단히 궁금했던 것입니다. 큰 근심 중에 그는 에게 해를 건너 마게도 냐(빌립보)로 갔는데 그곳에서 마침내 디도를 만나게 되었습니다(2 : 12-13, 7 : 5-6). 그때 바울은 병중에 있었던 것 같습니다. "우리가 마게도냐에 이르렀을 때에 도 우리 육체가 편치 못하고 사방으로 환란을 당하여 밖으로는 다툼이요 안으로는 두려움이라"(7 : 5)

바울은 디도를 통해 고린도전서가 고린도교회를 회개시켰다는 사실을 알게 되 었습니다(7 : 7-16). 그러나 동시에 새로운 위험이 고린도교회에 들어왔다는 사실 도 알게 되었는데 그것은 곧 유대주의자들이 예루살렘교회로부터 소개 편지를 가 지고 와서 바울의 사도권을 부인하면서 다른 복음을 전하기 시작했다는 것이었습 니다. 그 결과 다른 복음에 동조하는 사람들이 생겨났던 것입니다.

그래서 바울은 왜 자기가 고린도교회를 방문할 수 없는지에 대해 설명한 후(1 : 15-24, 2 : 1-3), 고린도전서에 대한 그들의 반응을 칭찬하고(7 : 4-15), 회개한 범 죄자를 용서할 것(2 : 6-9)과, 아직도 회개치 아니하고 있는 몇몇 성도들에 대한 경 고(11 : 3-4, 13), 거짓 교사(유대주의자)에 대한 경고(12 : 21, 13 : 2), 그의 사도 권에 대한 옹호(11장 - 12장), 그리고 경제적으로 어려움을 당하고 있는 예루살렘 교회의 성도들을 돕기 위한 약속 헌금을 독촉하기 위해 이 서신을 썼던 것입니다.

2. 우리는 이 책의 중요한 점들을 기억할 필요가 있습니다.

구약에서는 전능하신(Almighty) 하나님이 자주 언급되고 있으나 신약에서는 겨우 10번 밖에 나오지 않는 데 그 중에 9번은 요한계시록에 있고, 나머지 한 번 이 이 서신 6 : 18에 나옵니다. "너희에게 아버지가 되고 너희는 내게 자녀가 되리 라 전능하신 주의 말씀이니라 하셨느니라"

요한계시록과 고린도후서는 성도들이 감당하기 어려운 핍박과 고난이 성도들을

단련하는 도구가 된다고 가르치고 있으며, 그러한 때에 전능하신 하나님으로부터
위로와 공급이 오게 됨을 가르치고 있습니다.

이 서신에서 가장 중요한 교훈은 재정적으로 여유 있는 교회는 재정적으로 빈약한 교회를 반드시 도와주어야 한다는 것입니다. "이제 너희의 유여(裕餘)한 것으로 저희 부족한 것을 보충함은 후에 저희 유여한 것으로 너희 부족한 것을 보충하여 평균하게 하려 함이라"(8 : 14) 이 말씀은 오늘날 한국의 여유(餘裕) 있는 교회들이 귀담아 들어야 할 말씀이라고 생각합니다.

3. 우리는 이 책을 "위로의 책"이라고 부릅니다.

1. 시작된 위로(1 : 1-3 : 18)

바울은 소아시아의 에베소에 머물고 있을 때 감당할 수 없을 정도의 심한 고난을 받았는데, 살 소망까지 끊어질 정도였습니다. "형제들아 우리가 아시아(소아시아)에서 당한 환란을 너희가 알지 못하기를 원치 아니하노니 힘에 지나도록 심한 고생을 받아 살 소망까지 끊어지고 우리 마음에 사형 선고를 받은 줄 알았으니 이는 우리로 자기를 의뢰하지 말고 오직 죽은 자를 다시 살리시는 하나님만 의뢰하게 하심이라"(1 : 8-9)

이제는 죽는가보다 할 그때에 하나님의 구원의 위로가 그에게 임했던 것입니다. "찬송하리로다 그는 우리 주 예수 그리스도의 하나님이시요 자비의 아버지시요 모든 위로의 하나님이시며 우리의 모든 환란 중에서 우리를 위로하사 우리로 하여금 하나님께 받는 위로로써 모든 환란 중에 있는 자들을 능히 위로하게 하시는 이시로다 그리스도의 고난이 우리에게 넘친 것같이 우리의 위로도 그리스도로 말미암아 넘치는도다"(1 : 3-5)

하나님의 큰 위로를 경험한 바울은 이제 그가 받은 위로로 같은 고난을 받고 있는 고린도교회의 성도들을 위로할 수 있게 된 것입니다. "우리가 환란받는 것도 너희의 위로와 구원을 위함이요 혹 위로 받는 것도 너희의 위로를 위함이니 이 위로가 너희 속에 역사하여 우리가 받는 것 같은 고난을 너희도 견디게 하느니라 너희를 위한 우리의 소망이 견고함은 너희가 고난에 참여하는 자가 된 것 같이 위로에도 그러한 줄을 앎이라"(1 : 6-7)

뿐만 아니라 바울은 회개한 고린도교회의 형제(고전 5 : 1)를 용서하고 위로하라고 권면할 수 있는 경지에까지 이르렀던 것입니다(2 : 7-8). 1 : 6에 의하면 위로의 목적은 고난을 견디게 하는데 있습니다. 견딜 수 없는 고난에 처한 사람에게는 오로지 위로가 필요할 따름입니다.

그리스도인은 심한 고난 중에도 하나님의 위로를 경험하기 때문에 만족할 수 있습니다. "우리가 무슨 일이든지 우리에게서 난 것같이 생각하여 스스로 만족할 것이 아니니 우리의 만족은 오직 하나님께로서 났느니라"(3 : 5) 성령님은 고난 중에 있는 성도들로 하여금 하나님의 위로를 경험케 하여 만족케 하는 과정을 통과케 하심으로써 성도들을 주님의 형상으로 빚어 가시는 것입니다(롬 8 : 29-30).

2. 계속되고 있는 위로(4 : 1-7 : 16)

바울은 에베소를 떠나 드로아에 가서 동역자 디도가 오기를 기다렸으나 그가 오지 아니하므로 근심하며 괴로워하다 마게도냐로 건너갔습니다. "내가 그리스도의 복음을 위하여 드로아에 이르매 주 안에서 문이 내게 열렸으되 내가 내 형제 디도를 만나지 못하므로 내 심령이 편치 못하여 저희를 작별하고 마게도냐로 갔노라"(2 : 12-13)

마게도냐에서 다시 바울은 사방으로부터 환란을 당했습니다. 그러나 하나님은 그러한 바울에게 디도를 보내어 위로해 주셨던 것입니다. "우리가 마게도냐에 이르렀을 때에도 우리 육체가 편치 못하고 사방으로 환란을 당하여 밖으로는 다툼이요 안으로는 두려움이라 그러나 비천한 자들을 위로하시는 하나님이 디도의 옴으로 우리를 위로하셨으니"(7 : 5-6)

디도의 도착 자체가 바울에게는 큰 위로가 되었으며, 더욱이 고린도교회가 바울의 편지를 받고 회개하였다는 디도의 보고는 바울의 마음을 너무나 기쁘게 해 주었던 것입니다. "저의 온 것뿐 아니요 오직 저가 너희에게 받은 그 위로로 위로하고 너희의 사모함과 애통함과 나를 위하여 열심 있는 것을 우리에게 고함으로 나로 더욱 기쁘게 하였느니라"(7 : 7)

바울은 4장-6장에서 자신이 지금 수행하고 있는 사역(4 : 1, 5 : 18, 6 : 3)이 얼마나 중요한 것인가를 그가 받은 고난과 교리를 통해 입증하고 있습니다(4 : 18,

사역의 원동력은 그리스도의 사랑입니다. "그리스도의 사랑이 우리를 강권하시는도다…"(5 : 14) 그리스도의 사랑에 감전되어 본 사람만이 그리스도로부터 위탁받은 사역을 감당해 낼 수 있습니다. "저가 모든 사람을 대신하여 죽으심은 산 자들로 하여금 다시는 저희 자신을 위하여 살지 않고 오직 저희를 대신하여 죽었다가 다시 사신 자를 위하여 살게 하려 함이니라"(5 : 15)

3. 확장되고 있는 위로(8 : 1-13 : 13)

"마지막으로 말하노니 형제들아 기뻐하라 온전케 되며 위로를 받으며 마음을 같이 하며 평안할지어다…"(13 : 11) 바울은 고린도후서를 통해 고린도교회의 성도들이 위로 받기를 원했고, 또 경제적으로 어려움을 당하고 있는 예루살렘교회의 성도들을 위해 약속한 연보를 거두어 보냄으로써 예루살렘교회의 성도들을 위로하고자 했던 것입니다.

사실 예루살렘교회의 유대주의자들 때문에 바울은 항상 어려움을 겪곤 했던 것입니다. 그럼에도 불구하고 바울은 지금 그 예루살렘교회를 돕고자 하는 것입니다.

"또 네 이웃을 사랑하고 네 원수를 미워하라 하였다는 것을 너희가 들었으나 나는 너희에게 이르노니 너희 원수를 사랑하며 너희를 핍박하는 자를 위하여 기도하라"(마 5 : 43-44) "네 원수가 주리거든 먹이고 목마르거든 마시우라 그리함으로 네가 숯불을 그 머리에 쌓아 놓으리라 악에게 지지 말고 선으로 악을 이기라"(롬 12 : 20-21) 지금 하나님의 위로는 당시 바울을 괴롭히고 있는 예루살렘교회에까지 확장되어 나가고 있는 것을 볼 수 있습니다. 이것이 하나님의 원리이고, 이것이 하나님의 방법입니다. 할렐루야!

갈라디아서
자유의 책

◎ **본　문** : 그리스도께서 우리로 자유케 하려고 자유를 주셨으니
　　　　　그러므로 굳세게 서서 다시는 종의 멍에를 메지 말라 (5 : 1)
◎ **주　제** : 예수 그리스도만이 유일하게 참 자유를 주신다
◎ **키워드** : 자유와 속박

갈라디아서는 갈라디아 지방에 있는
"여러 교회들에게" 써 보냈던 바울의 서신입니다.
"함께 있는 모든 형제로 더불어 갈라디아 여러 교회들에게
우리 하나님 아버지와 주 예수 그리스도로 좇아
은혜와 평강이 있기를 원하노라" (1 : 2-3).
갈라디아는 소아시아의 중앙에 위치하고 있는
로마의 한 주로서 여러 민족들이 섞여 살았는데
그 중에 골인들(Gauls)이 가장 많았습니다.
골인들은 주전 300년 경 이 지방을 정복한 후, 그 곳에 정착했는데
그 땅 이름을 자기네들의 이름을 따서 붙였던 것입니다.
(갈라디아는 그리스어 이름이며, 로마인들은 그곳을 갈리아(Gallia)
혹은 골(Gaul)이라고 불렀음)
오늘날도 여행자들이 여행을 하다보면
갈라디아 지방에서 목축을 하고 있는 주민들과
서부 프랑스 농민들의 금발머리와 푸른 눈에서
그들이 서로 같은 민족(혈통)임을 쉽게 알아 볼 수가 있습니다.

1. 우리는 먼저 갈라디아 교인들의 영적 타락에 대해 알고 있어야 합니다.

바울은 그의 2차 선교 여행 중(행 16 : 6), 병 때문에 갈라디아 지방에서 요양을 하게 되었는데(4 : 13), 그때 바울은 그 곳 사람들에게 복음을 전했으며, 그 결과로 교회들이 생겨나게 되었던 것입니다. "어리석도다 갈라디아 사람들아 예수 그리스도께서 십자가에 못 박히신 것이 너희 눈앞에 밝히 보이거늘 누가 너희를 꾀더냐"(3 : 1)

그들은 즉시 바울을 하나님의 사자(Messenger)로 받아들였을 뿐만 아니라 아낌없는 사랑도 표현했던 것입니다. "너희의 복이 지금 어디 있느냐 내가 너희에게 증거하노니 너희가 할 수만 있었더면 너희의 눈이라도 빼어 나를 주었으리라"(4 : 15)

그러나 골인(혹은 켈트족)들의 기질이 그러하듯이 그들은 바울이 떠난 후, 유대주의자들(행 15 : 1, 4 : 17, 6 : 12-13)이 와서 행함에 의한 구원과 할례의 필요성을 가르치자 서둘러 그들의 이단 교리를 받아들였던 것입니다. "그리스도의 은혜로 너희를 부르신 이를 이같이 속히 떠나 다른 복음 좇는 것을 내가 이상히 여기노라"(1 : 6)

갈라디아교회들이 곁길로 들어섰다는 소식을 전해 들은 바울은 서둘러(대필자도 없이) 자기 손으로 이 서신 전부를 써서 급히 갈라디아 지방으로 보냈습니다. "내 손으로 너희에게 이렇게 큰 글자로 쓴 것을 보라"(6 : 11) 바울은 시력이 좋지 않아서 대부분의 서신을 대필자를 통해 썼었습니다.

2. 우리는 이 책의 특색을 이해할 필요가 있습니다.

우리는 이 서신에서 4가지 특색을 찾아볼 수가 있습니다.

1. 바울은 찬양이나 감사에 대한 단 한마디의 언급도 없이 이 서신을 끝까지 책망의 어조로 써 내려갔습니다. 바울은 대단히 화가 나 있었던 것입니다.

2. 이 서신에는 기도의 요청이 전혀 없습니다. 타락자들에게 어떻게 기도를 요청할 수 있었겠습니까? 또한 타락자가 감히 누구를 위해 기도할 수 있었겠습니까?

3. 이 책은 신약의 어떤 책에서보다도 그리스도인의 자유를 위협하는 유대주의와 의식(형식)주의로부터의 탈피를 강조하고 있습니다. 그래서 이 서신은 교리적으로 대단히 중요한 것입니다. "진리를 알지니 진리가 너희를 자유케 하리라"(요 8 : 32)

4. 바울은 다른 어떤 서신에서보다 이 서신에서 "이신 득의"의 교리를 강조했으며, 또 모든 형식주의에 반대되는 그리스도인의 내면성과 영성에 대하여 강조했습니다. "그 아들을 이방에 전하기 위하여 그를 내 속에 나타내시기를 기뻐하실 때에 내가 곧 혈육과 의논하지 아니하고"(1 : 16) "내가 그리스도와 함께 십자가에 못 박혔나니 그런즉 이제는 내가 산 것이 아니요 오직 내 안에 그리스도께서 사신 것이라 이제 내가 육체 가운데 사는 것은 나를 사랑하사 나를 위하여 자기 몸을 버리신 하나님의 아들을 믿는 믿음 안에서 사는 것이라"(2 : 20) "너희가 아들인 고로 하나님이 그 아들의 영을 우리 마음 가운데 보내사 아바 아버지라 부르게 하셨느니라"(4 : 6) "나의 자녀들아 너희 속에 그리스도의 형상이 이루기까지 다시 너희를 위하여 해산하는 수고를 하노니"(4 : 19)

3. 우리는 이 책을 "자유의 책" 혹은 "변덕에 대한 책망의 책"이라고 부릅니다.
1. 서론(1 : 1-9)

바울은 이 서신을 냉랭한 인사로 시작해서(1 : 1-5) 곧바로 그들의 경박한 변덕에 대해 엄히 책망해 내려가고 있습니다. "그리스도의 은혜로 너희를 부르신 이를 이같이 속히 떠나 다른 복음 좇는 것을 내가 이상히 여기노라"(1 : 6) 우리는 여기서 골(Gaul)인들의 변덕적이고 유동적인 기질과 그것에 대한 바울의 분노를 엿볼 수 있습니다.

"그러나 우리나 혹 하늘로부터 온 천사라도 우리가 너희에게 전한 복음 외에 다른 복음을 전하면 저주를 받을지어다"(1 : 8) 비진리에 대해서 단호한 바울을 통해 우리는 위대한 사도의 진면목을 볼 수 있습니다. 비진리에 대해 관대한 것은 그 비진리에 동조하는 것이 되고 맙니다. "누구든지 이 교훈을 가지지 않고 너희에게 나아가거든 그를 집에 들이지도 말고 인사도 말라 그에게 인사하는 자는 그 악한 일에 참예하는 자임이니라"(요이 1 : 10-11)

다시 강조하거니와 우리는 이단 사이비 교리에 대해서는 충분히 엄격하고, 단호해야 합니다.

2. 바울이 전한 복음과 바울의 사도권(1 : 10-2 : 15)

1 : 10-24은 바울이 갈라디아인들에게 전했던 복음은 주님으로부터 직접 계시받은 것이므로 결코 변경되거나 가감될 수 없는 성질의 것임을 말하고 있습니다. "형제들아 내가 너희에게 알게 하노니 내가 너희에게 전한 복음이 사람의 뜻을 따라 된 것이 아니라 이는 내가 사람에게서 받은 것도 아니요 배운 것도 아니요 오직 예수 그리스도의 계시로 말미암은 것이라"(1 : 11-12)

뿐만 아니라 바울은 사도 베드로를 면책한 사실을 들어서 자신의 사도권을 입증하였습니다. "게바가 안디옥에 이르렀을 때에 책망할 일이 있기로 내가 저를 면책하였노라"(2 : 11)

3. 믿음에 의한 구원과 성령에 의한 자유(2 : 16-5 : 26)

"사람이 의롭게 되는 것은 율법의 행위에서 난 것이 아니요 오직 예수 그리스도를 믿음으로 말미암는 줄 아는 고로 우리도 그리스도 예수를 믿나니 이는 우리가 율법의 행위에서 아니고 그리스도를 믿음으로서 의롭다 함을 얻으려 함이라 율법의 행위로서는 의롭다함을 얻을 육체가 없느니라"(2 : 16) "… 만일 의롭게 되는 것이 율법으로 말미암으면 그리스도께서 헛되이 죽으셨느니라"(2 : 21)

하나님과 인간과의 연합도 오직 믿음에 의해서만 가능한 것입니다. "내가 그리스도와 함께 십자가에 못 박혔나니 그런즉 이제는 내가 산 것이 아니요 오직 내 안에 그리스도께서 사신 것이라 이제 내가 육체 가운데 사는 것은 나를 사랑하사 나를 위하여 자기 몸을 버리신 하나님의 아들을 믿는 믿음 안에서 사는 것이라"(2 : 20)

하나님의 피조물인 인간이 하나님의 영을 받는 것도 율법의 행위로서가 아니라 믿음으로 되는 것입니다(3 : 1-22). "…너희가 성령을 받은 것은 율법의 행위로냐 듣고 믿음으로냐… 아브라함이 하나님을 믿으매 이것을 그에게 의로 정하셨다 함과 같으니라"(3 : 2,6)

3 : 23-4 : 31은 믿음을 통해 사람이 하나님의 자녀로 됨을 가르치고 있습니다.

"너희가 다 믿음으로 말미암아 그리스도 예수 안에서 하나님의 아들이 되었으니"
(3 : 26) "형제들아 너희는 이삭과 같이 약속의 자녀라"(4 : 28)

5장은 성령을 좇아 행할 때, 율법의 멍에와 육체의 소욕으로부터 자유케 됨을
가르치고 있습니다. "오직 성령의 열매는 사랑과 희락과 화평과 오래 참음과 자비
와 양선과 충성과 온유와 절제니 이같은 것을 금지할 법이 없느니라"(5 : 22-23)

4. 결론(6 : 1-18)

"자기의 육체를 위하여 심는 자는 육체로부터 썩어진 것을 거두고 성령을 위하
여 심는 자는 성령으로부터 영생을 거두리라"(6 : 8)

그리스도인의 삶은 영적인 것이고, 그리스도인의 삶에 있어서 내면성은 외형적
인 의식보다 훨씬 중요한 것입니다. "그러나 내게는 우리 주 예수 그리스도의 십
자가 외에 결코 자랑할 것이 없으니 그리스도로 말미암아 세상이 나를 대하여 십
자가에 못 박히고 내가 또한 세상을 대하여 그러하니라"(6 : 14)

사랑하는 독자여, 형식을 영성보다 소중히 여기려 하는 우리의 옛 사람은 반드
시 십자가로 넘겨져야만 합니다. 우리들의 영적인 삶을 방해하는 가장 큰 원수는
우리 자신입니다. 우리의 육신(자아)이 십자가를 통해 죽어야만 우리는 자유인이
되고 성령 충만한 사람이 될 수 있는 것입니다. "형제들아 우리 주 예수 그리스도
의 은혜가 너희 심령에 있을지어다 아멘"(6 : 18).

주님의 은혜는 우리의 외형이 아니라 우리의 심령에 임하는 것입니다. 우리의
내면(심령)이 새로워지면 우리의 모든 것도 새로워집니다. 21세기는 영성이 빈약
한 그리스도인은 견디어 내기가 힘들 것입니다. 때문에 우리는 우리의 내면 세계를
견고하게 세우는 일에 우리의 힘을 다 해야 합니다. 만약 우리가 우리의 내면 세계
를 소홀히 하면 우리 모두는 급변하는 세계 속에서 맥없이 무너져 내리고 말 것입
니다. "또한 너희가 이 시기를 알거니와 자다가 깰 때가 벌써 되었으니 이는 이제
우리의 구원이 처음 믿을 때보다 가까웠음이니라 밤이 깊고 낮이 가까왔으니 그러
므로 우리가 어두움의 일을 벗고 빛의 갑옷을 입자 낮에와 같이 단정히 행하고 방
탕과 술 취하지 말며 음란과 호색하지 말며 쟁투와 시기하지 말고 오직 주 예수 그
리스도로 옷 입고 정욕을 위하여 육신의 일을 도모하지 말라"(롬 13 : 11-14)

에베소서
교회론의 책

◎ **본　문** : 또 만물을 그 발 아래 복종하게 하시고 그를 만물 위에 교회의 머리로

　　　　　주셨느니라 교회는 그의 몸이니 만물 안에서 만물을 충만케

　　　　　하시는 자의 충만이니라 (1 : 22-23)

◎ **주　제** : 교회에 충만한 것이 세상을 충만케 한다

◎ **키워드** : 하나됨과 다양함

이 서신은 바울이 에베소교회를 설립한 지 약 10년 후,

그가 로마의 감옥에 처음 투옥되어 있는 동안

A.D. 62년 혹은 63년에 기록된 것입니다.

피어슨(Pierson)박사는 이 서신에 대해 아래와 같이 언급했습니다.

"이 서신은 문체의 장엄함에 있어서 다른 모든 서신을 능가하며

또한 이 서신은 그 주제를 떠받치고 있는 위엄과,

개념과 용어 양면에서 발하고 있는 어떤 광채 때문에

바울의 서신들 중에서도 가장 뛰어나다."

1. 우리는 먼저 에베소교회의 설립에 대해 알고 있을 필요가 있습니다.

무엇보다 중요한 것은 에베소교회는 사도 바울에 의해 설립되었다는 것입니다. A.D. 54년 봄, 그의 첫 에베소 방문 기간은 매우 짧았습니다. 왜냐하면 서원한 것을 수행하기 위해 정해진 날까지 예루살렘에 도착해야만 했기 때문입니다(행 18 : 18-21).

그러나 그는 후에 다시 와서 3년 동안 머물면서 온 마음과 힘을 다해 에베소교회를 말씀으로 섬겼던 것입니다(행 19 : 1-20). "그러므로 너희가 일깨어 내가 삼년이나 밤낮 쉬지 않고 눈물로 각 사람을 훈계하던 것을 기억하라"(행 20 : 31)

2. 우리는 이제 이 책의 주제를 상고해 보도록 합시다.

에베소서의 주제는 바울이 비밀(mystery)이라고 불렀던 것이었는데(3 : 4) 그 것은 곧 그리스도의 몸인 교회를 가리킵니다. 몸된 교회가 아니고 몸인 교회입니다.

구약에서 교회는 완전하게 가려져 있었으나 주님께서 부활하신 후, 세상에 드러난 그 모습은 신비 자체였습니다. "곧 계시로 내게 비밀을 알게 하신 것은 내가 이미 대강 기록함과 같으니 이것을 읽으면 그리스도의 비밀을 내가 깨달은 것을 너희가 알 수 있으리라 이제 그의 거룩한 사도들과 선지자들에게 성령으로 나타내신 것같이 다른 세대에서는 사람의 아들들에게 알게 하지 아니하셨으니"(3 : 3-5)

교회는 어떤 연합체(association)나 기구(institution)가 아니라 구원받은 성도들을 지체(member)로 한 살아 있는 유기체(living organism)입니다. "이는 이 방인들이 복음으로 말미암아 그리스도 예수 안에서 함께 후사가 되고 함께 지체가 되고 함께 약속에 참예하는 자가 됨이라"(3 : 6) 성경에서 말하는 교회는 교권 제도(hierarchy)나 건물이나 재산, 프로그램이나 활동이 아니고 생명이 지배하는 유기체인 것입니다.

바울은 에베소교회에 편지를 쓸 때, 왜 군이 교회론에 초점을 맞추어 썼을까요? 에베소의 시민들은 에베소가 소아시아의 관문 역할을 하는 항구 도시임과 동시에 아데미 신전(the Temple of Antemis)이 그 도시에 있음으로 해서 매우 우쭐해 있었습니다.

에베소의 아데미 신전은 그 크기가 아덴의 파르테논(the Parthenon of Athens)신전의 4배나 되는 것이었습니다. 이 신전 때문에 에베소는 성지(관광 자원)가 되었던 것입니다. "우리의 이 영업만 천하여질 위험이 있을 뿐 아니라 큰 여신 아데미의 전각도 경홀히 여김이 되고 온 아시아와 천하가 위하는 그의 위엄도 떨어질까 하노라 하더라"(행 19 : 27)

많은 관광객과 순례자(경배자)들이 에베소를 방문했기 때문에 에베소는 기념품 생산과 식당과 숙박업 등으로 매우 흥청거렸으며 경제적으로 매우 호황을 누리고 있었습니다. 불국사와 석굴암이 있는 경주를 생각하면 우리는 쉽게 에베소란 도시를 이해할 수 있습니다.

바울이 그러한 도시에 가서 복음을 전했을 때, 데메드리오라는 은장색(銀匠色)이 마침내 소요를 일으켜 바울로 하여금 어쩔 수 없이 에베소를 떠나게 만들었습니다(행 19 : 23-20 : 1).

로마 옥중의 바울이 에베소교회를 생각했을 때, 무엇이 그의 마음속에 떠올랐겠습니까? 그것은 다름 아닌 데메드리오 사건과 그 도시를 장악하고 있는 종교적인 제도와 연합체(종교적이면서 경제적인)의 조직들이었던 것입니다.

주님은 바울에게 살아 있는 유기체인 그리스도의 교회(몸)만이 사단의 도구인 종교적인 제도와 조직들을 파괴할 수 있는 하나님의 강력한 도구(?)임을 보여 주셨습니다. 생명체(유기체)만이 생명 없는 조직체를 이길 수 있는 것입니다. 이것은 굉장히 중요한 진리입니다. 연약한 새싹이 딱딱한 땅을 이겨내고, 살아 있는 물고기가 흐르고 있는 강물을 이기고 거슬러 올라가는 위대한 사실을 생각해 보시길 바랍니다.

성부 하나님께서는 인류의 죄를 대속하시기 위한 성육신한 몸만이 아닌, 예수 그리스도로 하여금 영광받게 하시려는 다른 몸을 예비해 두셨는데 그것이 곧 하나님의 교회인 것입니다. 오, 놀라운 하나님의 지혜여!

골로새서도 교회론을 다루고 있긴 하지만 그 강조점이 에베소서와는 다른 것입니다. 에베소서는 교회가 그리스도의 "몸"임을 강조하는데 비해 골로새서는 그 몸의 머리인 "그리스도"를 강조하고 있습니다. 그러므로 우리는 에베소서를 골로새서와 함께 공부할 필요가 있습니다.

3. 우리는 이 서신을 "교회의 책" 이라고 부릅니다.

1. 교회는 사람입니다(1 : 1-2 : 22)

교회는 조직도, 제도도, 연합체도 아닌 그리스도 안에서 거듭난 하나님의 자녀들로 이루어진 "한 새 사람"입니다. "원수된 것 곧 의문에 속한 계명의 율법을 자기 육체로 폐하셨으니 이는 이 둘로 자기 안에서 한 새 사람을 지어 화평하게 하시고"(2 : 15) 바울은 즐겨 교회를 이루는 자들을 "성도"라고 불렀는데(1 : 1), 이 말은 도덕적, 영적 우월성을 나타내는 말입니다. 신약성서에서 이 말은 "하나님이 쓰시기 위해 갈라 세웠다"라는 의미를 담고 있습니다.

교회를 구성하는 사람들은 선택받은 중요한 사람들입니다. "찬송하리로다 하나님 곧 우리 주 예수 그리스도의 아버지께서 그리스도 안에서 하늘에 속한 모든 신령한 복으로 우리에게 복 주시되 곧 창세 전에 그리스도 안에서 우리를 택하사…"(1 : 3-4) 그리스도인은 왜 중요한 사람입니까? 그것은 "하늘에 속한 모든 신령한 복"을 교회를 이루는 성도들에게 부어 주셨기 때문입니다. 또한 교회가 중요한 것은 교회를 이루는 성도들을 하나님의 기업(상속자)으로 삼으셨기 때문입니다. "모든 일을 그 마음의 원대로 역사하시는 자의 뜻을 따라 우리가 예정을 입어 그 안에서 기업이 되었으니"(1 : 11) 그리스도인들은 하나님의 모든 것을 상속받게 될 상속자들인 것입니다. 왜 부모가 자식에게 상속을 합니까? 자식은 부모로부터 생명을 받은 가장 소중한 존재이기 때문입니다. 부모에게 있어서 자식보다 소중한 것이 무엇이겠습니까?

교회는 변화된 사람들로 구성된 유기체입니다. 사망에서 생명에로 변화된 사람들(2 : 1-10), 적대의 관계에서 화합의 관계로 변화된 사람들(2 : 11-22)이 교회인 것입니다. "원수 된 것 곧 의문에 속한 계명의 율법을 자기 육체로 폐하셨으니 이는 이 둘로 자기의 안에서 한 새 사람을 지어 화평하게 하시고 또 십자가로 이 둘을 한 몸으로 하나님과 화목하게 하려 하심이라 원수된 것을 십자가로 소멸하시고 또 오셔서 먼 데 있는 너희(이방인)에게 평안을 전하고 가까운 데 있는 자들(유대인)에게 평안을 전하셨으니 이는 저로 말미암아 우리 둘이 한 성령 안에서 아버지께 나아감을 얻게 하려 하심이라"(2 : 15-18)

교회는 결과적으로 거인중의 거인입니다. 그 머리(예수 그리스도)는 천국에 있

고 그 몸은 이 지구 위에 있기 때문입니다. 천국과 지구를 점령하고 있는 거인을
한 번 상상해 보십시오. 역사상 교회를 상대로 싸워서 이겨낸 개인이나 조직체나
국가는 존재하지 않습니다. 그야말로 무적의 거인인 것입니다.

2. 교회는 몸입니다(3 : 1-4 : 16)

바울은 3 : 1-13에서 4번이나 교회를 "비밀"(mystery)이라고 불렀는데 이 말은
오히려 "신비" 혹은 "불가사의"라고 번역했으면 좋을 뻔했습니다.

사람의 몸이 신비스러운 여러 기능을 가진 여러 지체들로 이루어져 있으면서도
서로 용납하듯이, 교회도 그와 똑같은 비밀(신비체)인 것입니다. "… 사랑 가운데
서 서로 용납하고 평안의 매는 줄로 성령의 하나 되게 하신 것을 힘써 지키라 몸
이 하나이요 성령이 하나이니 이와 같이 너희가 부르심의 한 소망 안에서 부르심
을 입었느니라"(4 : 2-4) 교회란 "불러냄을 받은 사람들"이란 뜻입니다.

교회에 여러 은사들을 주신 것은 성도를 구비시켜 그리스도의 몸을 세우기 위해
서입니다. "우리 각 사람에게 그리스도의 선물의 분량대로 은혜를 주셨나니"(4 :
7) "그가 혹은 사도로 혹은 선지자로 혹은 복음 전하는 자로 혹은 목사와 교사로
주셨으니 이는 성도를 온전케 하며 봉사의 일을 하게 하며 그리스도의 몸을 세우
려 하심이라"(4 : 11-12) 성령의 은사 중에는 기능의 은사도 있지만 직분의 은사도
있는 것입니다. 어떤 교회에서는 목사의 직분을 인정하지 않는 것을 볼 수 있는데
그것은 비성서적입니다. 사도의 직분(은사)이 중요했듯이 오늘날 목사와 복음 전
도자의 직분도 동일하게 중요합니다. 그것은 성령의 은사(선물)이기 때문입니다.
목사는 교회에 내려준 하나님의 가장 큰 선물 중의 하나입니다.

"몸은 하나인데 많은 지체가 있고 몸의 지체가 많으나 한 몸임과 같이 그리스도
도 그러하니라 우리가 유대인이나 헬라인이나 종이나 자유자나 다 한 성령으로 세
례를 받아 한 몸이 되었고 또 다 한 성령을 마시게 하셨느니라 몸은 한 지체뿐 아
니라 여럿이니"(고전 12 : 12-14)

3. 교회는 그리스도의 몸입니다(4 : 17-6 : 23)

"너희가 전에는 어두움이더니 이제는 주 안에서 빛이라 빛의 자녀들처럼 행하라

빛의 열매는 모든 착함과 의로움과 진실함에 있느니라"(5 : 8-9)

그리스도를 머리로 하는 교회는 예수님을 이 세상에 재현해 내는 현재적 성육신 (Incarnation)입니다. 예수님은 우리 안에서 우리를 통해서 사랑하고 치료하고 복음을 전하길 원하십니다. 그리스도를 닮은 교회는 살아 계시는 예수님의 현현 (Manifestation)인 것입니다.

교회는 하나님을 본받는 하나님의 자녀들로 구성되어 있습니다. "그러므로 사랑을 입은 자녀같이 너희는 하나님을 본받는 자가 되고"(5 : 1) 교회는 그리스도처럼 성령으로 충만을 받아 어두운 세상에서 빛으로 나타나야 하는 것입니다. "너희가 전에는 어두움이더니 이제는 주 안에서 빛이라 빛의 자녀들처럼 행하라"(5 : 8) "술 취하지 말라 이는 방탕한 것이니 오직 성령의 충만을 받으라"(5 : 18)

교회는 그리스도께서 아버지에게 복종하신 것같이 그리스도께 복종해야 합니다. "이는 남편이 아내의 머리됨이 그리스도께서 교회의 머리됨과 같음이니 그가 친히 몸의 구주시니라 그러나 교회가 그리스도에게 하듯 아내들도 범사에 그 남편에게 복종할지니라"(5 : 23-24)

교회는 그리스도께서 성령의 충만을 받으신 후에 사단과 그의 조직(세력)에 대항해서 싸우신 것처럼 하나님의 전신갑주를 입고 역시 같은 싸움을 싸우지 않으면 안 됩니다.

교회는 할 일 없는 한가한 사람들의 협회나 조직체가 아니고 무서운 영적 전쟁을 위해 부름을 받은 하나님의 군대이기 때문입니다. "종말로 너희가 주 안에서와 그 힘의 능력으로 강건하여지고 마귀의 궤계를 능히 대적하기 위하여 하나님의 전신갑주를 입으라 우리의 씨름은 혈과 육에 대한 것이 아니요 정사와 권세와 이 어두움의 세상 주관자들과 하늘에 있는 악의 영들에게 대함이라 그러므로 하나님의 전신갑주를 취하라 이는 악한 날에 너희가 능히 대적하고 모든 일을 행한 후에 서기 위함이라"(6 : 10-13)

빌립보서
"모든"의 책

◎ **본　문** : 주 안에서 항상 기뻐하라 내가 다시 말하노니 기뻐하라 …
　　　　　주께서 가까우시니라 아무것도 염려하지 말고 오직 모든 일에
　　　　　기도와 간구로 너희 구할 것을 감사함으로 하나님께 아뢰라 (4 : 4-6)
◎ **주　제** : 화평 중에 선교하는 교회가 아름답다
◎ **키워드** : 감사와 풍족함

빌립보는 마게도냐의 옛 도시였습니다.
먼 옛날에는 다른 이름으로 불렸으나
B.C. 356년에 빌립(알렉산더 대왕의 아버지)에 의해 합병된 후,
빌립보로 개명되었던 것으로 빌립보란
"빌립에게 속한 땅" 이란 뜻을 가지고 있습니다.
후에 빌립보는 로마의 식민지가 되었는데(행 16 : 12),
그들은 주(州) 총독의 지배하에 있지 아니하고
그들 자신의 원로원과 통치자들에 의해 다스림을 받았습니다.
그래서인지 빌립보는 여러면으로 여유가 있었고 관대했습니다.

1. 우리는 먼저 빌립보교회에 대해 알아보는 것이 좋습니다.

빌립보교회는 A.D. 57년 경, 바울의 제2차 선교 여행 때에 세워진 유럽에서의 첫 교회입니다(행 16 : 11-15).

빌립보교회는 처음에 루디아라는 한 여성도의 헌신에 크게 힘입은 바 있었으나 후에 다른 두 여자들에 의해 문제가 발생했으며, 바울은 그 일로 마음이 상하기도 했습니다. "내가 유오디아를 권하고 순두게를 권하노니 주 안에서 같은 마음을 품으라"(4 : 2)

그러나 빌립보 교회는 물질적으로 너그러운 모범적인 교회로서 선교사(바울)를 물질적으로 계속해서 도와주었던 아름다운 교회였습니다. "빌립보 사람들아 너희도 알거니와 복음의 시초에 내가 마게도냐를 떠날 때에 주고 받는 내 일에 참예한 교회가 너희 외에 아무도 없었느니라 데살로니가에 있을 때에도 너희가 한 번 두 번 나의 쓸 것을 보내었도다"(4 : 15-16)

뿐만 아니라 바울이 로마의 감옥에 투옥되었다는 소식을 듣자 그들은 다시 에바브로디도 편으로 물질적 지원을 보내기도 했습니다. "내가 주 안에서 크게 기뻐함은 너희가 나를 생각하던 것이 이제 다시 싹이 남이니 너희가 또한 이를 위하여 생각은 하였으나 기회가 없었느니라"(4 : 10) "내게는 모든 것이 있고 또 풍부한지라 에바브로디도 편에 너희의 준 것을 받으므로 내가 풍족하니 이는 받으실 만한 향기로운 제물이요 하나님을 기쁘시게 한 것이라"(4 : 18)

후한 선교헌금은 선교사만 기쁘게 하는 것이 아니고 그 선교사를 불러서 파송하신 하나님을 기쁘시게 하는 것입니다. 지금 한국교회가 숫자적으로는 미국 다음으로 많은 선교사들을 세계에 파송하고 있습니다. 이것은 하나님 보시기에 기뻐하실 만한 일일 것입니다. 문제가 있는 선교사들이 없지는 않지만 그래도 우리 한국교회는 선교사들에게 후한 교회로 남아 있어야 합니다.

2. 우리는 이 서신의 배경을 이해할 필요가 있습니다.

1. 로마에 도착한 에바브로디도가 어떤 병으로 거의 죽게 되었다는 소식을 빌립보교회가 듣고 크게 근심하고 있었기 때문에 바울은 그가 회복되자마자 그를 급히 빌립보로 돌려보내면서 이 서신을 함께 보냈던 것입니다.

"그러나 에바브로디도를 너희에게 보내는 것이 필요한 줄로 생각하노니 그는 나의 형제요 함께 수고하고 함께 군사된 자요 너희 사자로 나의 쓸 것을 돕는 자라 그가 너희 무리를 간절히 사모하고 자기 병든 것을 너희가 들은 줄을 알고 심히 근심한지라 저가 병들어 죽게 되었으나 하나님이 저를 긍휼히 여기히 여기셨고 저뿐 아니라 또 나를 긍휼히 여기사 내 근심 위에 근심을 면하게 하셨느니라 그러므로 내가 더욱 급히 저를 보낸 것은 너희로 저를 다시 보고 기뻐하게 하며 내 근심도 덜려 함이니 이러므로 너희가 주 안에서 모든 기쁨으로 저를 영접하고 또 이와 같은 자들을 존귀히 여기라"(2 : 25-29)

2. 이 서신은 특별히 주목할만 하거나 심오하진 않지만 바울의 서신 중에 감미로운 것 중의 하나입니다. 우리는 이 서신을 통해 선교에 후히 지원하는 교회에 대한 선교사의 마음이 어떠한지를 잘 이해할 수가 있습니다.

3. 우리는 이 책의 목적을 알고 있어야 합니다.

1. 이 서신은 빌립보교회의 후한 선물(선교 후원금)에 대해 감사하기 위해 쓰여진 것입니다. 의외로 물질적인 도움을 받고도 감사하지 않는 사람들이 많은데 우리는 이 점에 있어서 위대한 그리스도인인 바울로부터 감사할 줄 아는 법을 배워야 하겠습니다.

2. 이 서신은 교회의 화평과 유용성을 파괴하는 의견의 불일치를 제거하기 위하여 쓰여진 것입니다. "내가 유오디아를 권하고 순두게를 권하노니 주 안에서 같은 마음을 품으라"(4 : 2). 그래서 이 서신에는 "모든", "같은", "하나"등의 말들이 많이 사용되고 있습니다.

4. 우리는 이 책을 "모든의 책" 이라고 부르는 것이 좋겠습니다.

빌립보서에서 두드러지게 사용된 말은 "기뻐하다"와 "즐거워하다"입니다. 그러나 그것들보다 훨씬 더 많이 사용된 낱말이 있으니 곧 "모든"입니다. 무려 26회나 사용된 것입니다.

1. 모든 성도에게 문안(1 : 1-2)

"그리스도 예수의 종 바울과 디모데는 그리스도 예수 안에서 빌립보에 사는 모든 성도와 또는 감독들과 집사들에게 편지하노니 하나님 우리 아버지와 주 예수 그리스도에게로서 은혜와 평강이 너희에게 있을지어다"(1 : 1-2) "모든 성도"라고 말함으로써 일치의 중요성을 강조했습니다.

2. 모든 성도를 위한 기도(1 : 3-11)

빌립보교회는 참으로 아름다운 교회였습니다. 그 교회는 설립 초기부터 계속해서 바울의 선교 사역에 동참자(후원자)가 되었던 것입니다. "첫날부터 이제까지 복음에서 너희가 교제함을 인함이라"(1 : 5) "… 나의 매임과 복음을 변명함과 확정함에 너희가 다 나와 함께 은혜에 참예한 자가 됨이라"(1 : 7)

그래서 바울은 "너희가 내 마음에 있음이며"라는 따뜻한 말을 할 수 있었고, 또 "내가 너희를 생각할 때마다 나의 하나님께 감사하며 간구할 때마다 너희 무리 (all)를 위하여 기쁨으로 항상 간구함"(1 : 3-4)이라고 쓸 수 있었던 것입니다.

빌립보교회와 같은 교회가 많아진다면 얼마나 하나님께 영광이 되겠습니까?

3. 모든 성도를 격려하기 위한 바울의 투옥(1 : 12-30)

"형제들아 나의 당한 일(투옥)이 도리어 복음의 진보가 된 줄을 너희가 알기를 원하노라"(1 : 12) 바울의 투옥이 어떻게 빌립보교회의 모든 성도에게 격려가 될 수 있었을까요? 첫째는 바울의 투옥으로 로마 황제의 친위대 사람들에게 복음을 전할 수 있게 되어서 몇 사람이 구원함을 받았고, 둘째는 바울의 투옥으로 인하여 성도들의 전도열이 더욱 불타오르게 되었으며, 셋째는 바울의 투옥 때문에 빌립보교회의 자랑거리가 더욱 풍성하게 되었기 때문입니다. "내가 다시 너희와 같이 있음으로 그리스도 예수 안에서 너희 자랑이 나를 인하여 풍성하게 하려 함이라"(1 : 26)

바울은 "이는 내게 사는 것이 그리스도니 죽는 것도 유익함이니라"(1 : 21)고 소리 높여 외칠 수 있었던 것입니다. "우리가 알거니와 하나님을 사랑하는 자 곧 그 뜻대로 부르심을 입은 자들에게는 모든 것이 합력하여 선을 이루느니라"(롬 8 : 28)

4. 모든 성도의 모범이신 그리스도의 낮아지심과 겸손(2 : 1-30)

"마음을 같이하여 같은 사랑을 가지고 뜻을 합하며 한 마음을 품어 아무 일에 든지 다툼이나 허영으로 하지 말고 오직 겸손한 마음으로 각각 자기보다 남을 낫게 여기고"(2 : 2-3) 교회가 일치 화합되려면 모든 성도가 한 마음을 품어야 합니다. 어떻게 해야 한 마음을 품을 수 있을까요? 모두가 그리스도 예수의 마음을 품으면 됩니다. "너희 안에 이 마음을 품으라 곧 그리스도 예수의 마음이니"(2 : 5)

"그리스도 예수의 마음"이란 도대체 어떤 마음일까요? 그리스도 예수의 마음이란 겸손한 마음이고 아버지께 복종하는 마음입니다. "그는 근본 하나님의 본체시나 하나님과 동등됨을 취할 것으로 여기지 아니하시고 오히려 자기를 비어 종의 형체를 가져 사람들과 같이 되었고 사람의 모양으로 나타나셨으매 자기를 낮추시고 죽기까지 복종하셨으니 곧 십자가에 죽으심이라"(2 : 6-8)

우리는 그리스도의 성육신과 그리스도의 십자가를 통해 최고의 겸손과 최고의 복종을 보게 됩니다. 창조주가 피조물로 되셨고, 창조주가 피조물을 위해 대신해서 죽으셨으니 그 이상의 겸손과 복종을 어디서 볼 수 있단 말입니까? "이러므로 하나님이 그를 지극히 높여 모든 이름 위에 뛰어난 이름을 주사"(2 : 9)

하나님은 반드시 겸손한 자를 높이시는 분이십니다. "젊은 자들아 이와 같이 장로들에게 순복하고 다 서로 겸손으로 허리를 동이라 하나님이 교만한 자를 대적하시되 겸손한 자들에게는 은혜를 주시느니라 그러므로 하나님의 능하신 손 아래서 겸손하라 때가 되면 너희를 높이시리라"(벧전 5 : 5-6)

5. 모든 성도를 위한 경고(3 : 1-21)

사도 바울은 이 부분에 이르러 자기 내세우기를 좋아하는 유대주의자들을 경계할 뿐만 아니라 완전주의자들에 대해서도 경계하고 있습니다. 바울이 "내가 이미 얻었다 함도 아니요 온전히 이루었다 함도 아니라 오직 내가 그리스도 예수께 잡힌 바 된 그것을 잡으려고 좇아가노라"(3 : 12)고 한 말은 완전주의자들을 염두에 두고 한 것입니다. "오직 우리가 어디까지 이르렀든지 그대로 행할 것이라"(3 : 16)

무엇보다도 놀라운 것은 바울이 "형제들아 너희는 함께 나를 본 받으라…"고 말한 것입니다. 바울이 그렇게 말할 때 그가 특히 강조한 것은 "나는 아직 내가 잡은 줄로 여기지 아니하고 오직 한 일 즉 뒤에 있는 것은 잊어버리고 앞에 있는 것을 잡으려고 푯대를 향하여 …좇아가노라"(3 : 13-14)는 것이었습니다.

완전주의자들은 자신을 사랑할 수 없으며 또 항상 다른 사람들과 끊임없이 시비를 하기 때문에 교회를 하나되게 하는데 큰 장애물이 되는 것입니다. 그래서 바울은 그런 사람들을 경계하고자 했던 것입니다.

6. 모든 성도를 위한 권면(4 : 1-20)

바울은 유오디아와 순두게에게 주 안에서 같은 마음을 품으라고 권면한 후에 그 교회의 목사에게는 복음을 위해 특별히 헌신했던 부인들과 바울의 동역자들을 잘 도와주라고 권면하였습니다(4 : 2-3).

빌립보서 4 : 6의 기도에 대한 권면은 너무나 유명한 것입니다. "아무것도 염려하지 말고 오직 모든 일에 기도와 간구로 너희 구할 것을 감사함으로 하나님께 아뢰라 그리하면 모든 지각에 뛰어난 하나님의 평강이 그리스도 예수 안에서 너희 마음과 생각을 지키시리라"(4 : 6-7)

빌립보서 4 : 10-13의 바울의 간증은 수많은 그리스도인들에게 행복의 비결을 가르쳐 준 보석과도 같은 교훈입니다. "내가 주 안에서 크게 기뻐함은 너희가 나를 생각하던 것이 이제 다시 싹이 남이니 너희가 또한 이를 위하여 생각은 하였으나 기회가 없었느니라 내가 궁핍하므로 말하는 것이 아니라 어떠한 형편에든지 내가 자족하기를 배웠노니 내가 비천에 처할 줄도 알고 풍부에 처할 줄도 알아 모든 일에 배부르며 배고픔과 풍부와 궁핍에도 일체의 비결을 배웠노라 내게 능력 주시는 자 안에서 내가 모든 것을 할 수 있느니라"(4 : 10-13)

7. 모든 성도가 모든 성도에게 문안함(4 : 21-23)

"그리스도 예수 안에 있는 성도에게 각각 문안하라 나와 함께 있는 형제들이 너희에게 문안하고 모든 성도들이 너희에게 문안하되 특별히 가이사집 사람 중 몇이니라 주 예수 그리스도의 은혜가 너희 심령에 있을지어다"(4 : 21-23) 모든 성도에게 참으로 필요로 하는 것은 좋은 집, 좋은 차가 아니라 우리 주 예수 그리스도의 은혜입니

다. 그리스도의 은혜란 자격을 따질 수 없고, 내 힘으로 얻어 낼 수도 없으며, 영원
히 갚을 수도 없는 것입니다. 그래서 우리는 이것을 놀라운 은혜(Amaging Grace)
라고 말하는 것입니다.

골로새서

머리의 책

◎ **본 문** : 누구든지 일부러 겸손함과 천사 숭배함을 인하여 너희 상을
빼앗지 못하게 하라 저가 그 본 것을 의지하여 그 육체의 마음을 좇아
헛되이 과장하고 머리를 붙들지 아니하는지라 온 몸이 머리로 말미암아
마디와 힘줄로 공급함을 얻고 연합하여 하나님이 자라게 하심으로
자라느니라 (2 : 18-19)

◎ **주 제** : 영지주의(이단)는 배격되어야 마땅하다

◎ **키워드** : (배격되어야 할) 요소들과 (붙잡아야 할) 핵심

골로새교회는 바울에 의해 세워지지 않았으며(2 : 1),
이 서신이 기록되던 때까지는 방문한 적도 없었던 것 같습니다.
골로새교회는 지금 바울과 함께 로마에 투옥되어 있는 에바브라(몬 1 : 23)에 의해
세워졌던 것 같습니다. "이와 같이 우리와 함께 종된 사랑하는 에바브라에게
너희가 배웠나니 그는 너희를 위하여 그리스도의 신실한 일꾼이요
성령 안에서 너희 사랑을 우리에게 고한 자니라" (1 : 7-8).
에바브라는 바울이 3년간 에베소에서 사역했을 때, 구원받았던 것 같습니다.
골로새는 브루기아 지방의 한 도시로 에베소에서는
동쪽으로 160km 지점이고 라오디게아에서는 16km,
히에라볼리에서도 16km 떨어진 곳에 위치하고 있었던 도시로서
많은 유대인들을 포함한 여러 민족들이 어울려 살았던 국제 도시였습니다.

1. 우리는 무엇보다 이 교회에 들어온 이단에 대해 알고 있어야 합니다.

1. 바울은 에바브라를 통해 골로새교회를 위협하는 위험한 이단이 그 교회에 들어 왔다는 사실을 알게 되었습니다. 우리는 골로새서의 내용을 보아 그 이단이 유대주 의(율법주의)와 이방 철학과 신비 종교의 요소(미신)들을 혼합시켜 놓은 것임을 쉽게 알 수 있습니다. 나중에 그 이단을 "영지주의(Gnosticism)"라고 부르게 되었 습니다.

영지주의자들은 모든 것을 두 개념으로 갈라놓았는데, 곧 영적인 것들과 연관된 선과 물질적인 세계와 연관된 악이 있다는 것입니다. 이들의 이론 체계(이원론)에 의하면 영적인 것은 결코 물질적인 세계와 접촉할 수 없다는 것으로 그러니 영지 주의자들은 예수 그리스도의 성육신(The Incarnation)을 거절할 수밖에 없었던 것입니다. 하나님은 절대로 사람으로 될 수 없고 또 인간 세상에로 들어올 수도 없다는 것이 그들의 강력한 주장이었습니다.그들은 구원이란 속사람(영혼)을 참 지식의 힘으로 물질적인 감옥(몸)으로부터 풀어놓아 주는 것이라고 말하면서 몸의 부활을 철저하게 배격했습니다. 그들은 하나님께서 이 물질 세계로부터 너무나 멀 리 떨어져 존재하시기 때문에 천사와 같은 중재자를 통해서만 이 물질 세계와 접 근할 수 있다고 믿었습니다.

뿐만 아니라 천사들은 각각 그 정도가 다른 영성을 지니고 있어서 하나님과 세 상 사이에는 그런 천사들로 연결되어 있어 인간은 그 천사들에게 기도해야만 하나 님께로 나아갈 수 있다고 주장하면서 천사 숭배의 의식을 행하였던 것입니다.

또한 영지주의자들은 사람이 만족스러운(행복한) 삶을 살려고 하면 악한 육체는 종교 의식과 고행과 금욕과 엄격한 규칙적 생활을 통해 억압(통제)해야만 한다고 주장했습니다.

2. 결과적으로 그들은 예수 그리스도의 최고의 주 되심과 그 신성을 거부함으로써 그리스도를 왕좌에서 몰아냈고, 또 그들은 그리스도의 유일한 중보권마저 파괴한 후, 그를 단지 많은 중재자(천사)중의 한 존재로 격하시켰던 것입니다. 참으로 영지주의 는 용납할 수 없는 이단인 것입니다.

우리는 철저하게 성경에 기초를 둔 건전한(sound) 교리와 굳센 믿음을 견지해야만 합니다. 그리하여야만 우리는 하나님으로부터 인정받을 것이고 또한 우리의 수고에 대한 상급을 받게 될 것입니다. "누구든지 일부러 겸손함과 천사 숭배함을 인하여 너희 상을 빼앗지 못하게 하라…"(2 : 18)

2. 우리는 이 서신의 중요성을 경시(간과)하지 말아야 합니다.

1. 골로새서는 앞에서 언급했던 이단의 가르침에 대한 참된 신앙(교리)을 제시하고 있다는 점에서 매우 중요한 가치를 지니고 있습니다. 2천 년, 교회 역사상 한국교회처럼 급성장한 예가 없습니다. 이점에서 보면 우리 모두가 함께 기뻐해야 할 일이지만 그러나 한편 한국교회처럼 건전치 못한 이단과 사이비를 많이 배출한 예도 드물다 하겠습니다. 바울의 목회서신이 그토록 강조했던 "건전한 교리"를 우리들도 이 마지막 시대를 살면서 강조해야겠다는 생각이 듭니다. "때가 이르리니 사람이 바른 교훈(sound doctrine)을 받지 아니하며 귀가 가려워서 자기의 사욕을 좇을 스승을 많이 두고"(딤후 4 : 3) "내가 마게도냐로 갈 때에 너를 권하여 에베소에 머물라 한 것은 어떤 사람들을 명하여 다른 교훈(교리)을 가르치지 말며"(딤전 1 : 3)

2. 하나님은 어떤 분이신가? 우리는 어떻게 그분에게로 나아갈 수 있는가? 하나님께서 약속하고 있는 복스러운 삶을 우리가 어떻게 경험할 수 있는가?

이 큰 3가지 질문에 대한 답을 제시해 주고 있다는 점에서 골로새서는 매우 중요한 내용의 서신입니다. 우리는 교리만으로는 만족할 수가 없기에 실재의 삶이 행복하고 만족스러워야 하는 것입니다. 그러므로 골로새서는 중요한 것입니다.

3. 특별히 충만한(풍성한) 삶을 갈망함에 있어서 골로새서는 그것이 머리이신 그리스도를 통해서만 가능하다고 가르쳐 주고 있기 때문에 이 서신은 매우 중요한 것입니다. "도적(사단)이 오는 것은 도적질하고 죽이고 멸망시키려는 것 뿐이요 내가 온 것은 양으로 생명을 얻게 하고 더 풍성히 얻게 하려는 것이라"(요 10 : 10) 풍성한 삶, 만족스러운 삶, 영적인 삶은 오직 그리스도를 통해서만 가능한 것입니다. 그리스도를 놓치면 모든 것을 놓치는 것이고, 그리스도를 잃으면 모든 것을 잃는 것입니다. 우리는 언제나 그리스도에게 굳게 붙어 있어야만 합니다.

3. 우리는 이 책을 "머리의 책" 이라고 부릅니다.

골로새서는 예수 그리스도를 머리로 묘사하고 있는데 그것은 그분이 모든 만물의 근원이시고 설립자이시고 주관자이시기 때문입니다. 예수 그리스도는 보이는 것과 보이지 않는 모든 것의 머리이시고(2 : 10), 예수 그리스도는 무엇보다 그분의 몸인 교회의 머리이십니다. "그는 몸인 교회의 머리라 그가 근본이요 죽은 자들 가운데서 먼저 나신(부활하신)자니 이는 친히 만물의 으뜸이 되려 하심이요"(1 : 18)

머리(그리스도)를 붙잡아야지 사람이나 사람에게서 나온 어떤 것들에 매달리면 그 사람은 반드시 낭패를 보게 될 것입니다. "곧 붙잡지도 말고 맛보지도 말고 만지지도 말라 하는 것이니 이 모든 것은 쓰는 대로 부패에 돌아가리라 사람의 명과 가르침을 좇느냐 이런 것들은 자의적 숭배와 겸손과 몸을 괴롭게 하는 데 지혜 있는 모양이나 오직 육체 좇는 것을 금하는 데는 유익이 조금도 없느니라(2 : 21-23)

1. 머리의 영광(1 : 1-2 : 3)

예수 그리스도는 보이지 아니하시는 하나님의 형상이시며(1 : 15), 모든 피조물의 창조주이십니다. "만물이 그에게 창조되되 하늘과 땅에서 보이는 것들과 보이지 않는 것들과 혹은 보좌들이나 주관들이나 정사들이나 권세들이나 만물이 다 그로 말미암고 그를 위하여 창조되었고 또한 그가 만물보다 먼저 계시고 만물이 그 안에 함께 섰느니라"(1 : 16-17) 그분은 모든 존재와 능력과 지위에 있어서 으뜸이십니다. 아멘.

예수님께서는 하나님의 새 창조(1 : 13-14)와, 그분의 새 백성인 교회 안에서도 역시 으뜸이십니다. 그분은 자신이 탄생시킨 교회의 머리이십니다(1 : 18). 뿐만 아니라 지금도 모든 피조물을 붙들고 계시며(1 : 17), 그 안에는 지혜와 지식의 모든 보화가 감추어 있습니다(2 : 3). 성육신 하신 그리스도 안에는 "아버지의 독생자의 영광이요 은혜와 진리가 충만"(요 1 : 14)하게 거하고 있는 것입니다.

2. 머리에 대한 도전(2 : 4-23)

머리이신 그리스도에게 감히 "공교한 말"(2 : 4)로 도전하는 자들이 있었으니 곧

영지주의자들입니다. 그리스도인은 결코 어떤 이단과도 타협해서는 안 됩니다. 왜
냐하면 예수 그리스도만이 우리의 생명이시고, 우리가 굳게 붙들어야만 할 유일한
머리이시기 때문입니다.

우리는 결코 우리 자신의 영적 능력이나 금욕 생활만 의지하지 말고, 오직 예수
님만을 의지해야 합니다. 예수님을 믿는다는 말의 참 뜻은 바로 여기에 있습니다.
"그러므로 너희가 그리스도 예수를 주로 받았으니 그 안에서 행하되 그 안에 뿌리
를 박으며 세움을 입어 교훈을 받은 대로 믿음에 굳게 서서 감사함을 넘치게 하라
누가 철학과 헛된 속임수로 너희를 노략할까 주의하라 이것이 사람의 유전과 세상
의 초등 학문을 좇음이요 그리스도를 좇음이 아니니라 그 안에는 신성의 모든 충
만이 육체로 거하시고 너희도 그 안에서 충만하여졌으니 그는 모든 정사와 권세의
머리시라"(2 : 6-10)

3. 머리 안에서의 새로운 삶(3 : 1-4 : 6)

그리스도인이 된다는 말은 "옛 사람"을 벗어버리고 "새 사람"을 입는다는 것을
의미합니다. "너희가 서로 거짓말을 말라 옛 사람과 그 행위를 벗어버리고 새 사
람을 입었으니 이는 자기를 창조하신 자의 형상을 좇아 지식에까지 새롭게 하심을
받는 자니라"(3 : 9-10)

예수 그리스도의 삶은 우리들의 삶의 모델입니다. 용서와 사랑과 감사와 순종과
충성은 새로운 삶의 특징입니다. 만유이시고 만유 안에 계신 그리스도만이 새로운
삶을 가능케 하는 생명입니다.

"우리 생명이신 그리스도께서 나타나실 그 때에 너희도 그와 함께 영광 중에 나
타나리라"(3 : 4) "거기는 헬라인과 유대인이나 할례당과 무할례당이나 야인이나
스구디아인이나 종이나 자유인이 분별이 있을 수 없나니 오직 그리스도는 만유시
요 만유 안에 계시니라"(3 : 11)

그리스도인의 삶은 한 마디로 더 많은 것을 얻거나 모으는데 있지 아니하고 더
욱 많이 베푸는데 있습니다. 예수 그리스도의 삶이 그러하셨습니다. 사랑하는 독
자여, 거짓 교사들이 우리를 속이지 못하도록 우리는 진리로 허리띠를 띠고 믿음
위에 굳게 서서 정진해야만 하겠습니다.

4. 머리 안에서의 새로운 교제(4 : 7-18)

누구든지 그리스도 안에 있으면 새로운 피조물입니다. 새로운 피조물에게는 새로운 친구와의 새로운 코이노니아(교제)가 있게 마련입니다. "두기고가 내 사정을 다 너희에게 알게 하리니 그는 사랑을 받는 형제요 신실한 일꾼이요 주 안에서 함께 된 종이라 내가 저를 특별히 너희에게 보낸 것은 너희로 우리 사정을 알게 하고 너희 마음을 위로하게 하려 함이라 신실하고 사랑을 받는 형제 오네시모를 함께 보내노니 그는 너희에게서 온 사람이라 저희가 여기 일을 다 너희에게 알게 하리라"(4 : 7-9)

아리스다고, 마가, 유스도, 에바브라, 누가, 데마, 눔바, 아킵보 등은 모두가 주님 안에서 만난 바울의 영원한 형제들이고 친구들인 것입니다. 바울은 그들과의 교제와 우정을 깊게 하고 있습니다. "나 바울은 친필로 문안하노니 나의 매인 것을 생각하라 은혜가 너희에게 있을지어다"(4 : 18)

데살로니가전서
재림의 책 I

◎ **본 문** : 또 죽은 자들 가운데서 다시 살리신 그의 아들이 하늘로부터
강림하심을 기다린다고 말하니 이는 장래 노하심에서
우리를 건지시는 예수시니라 (1 : 10)

◎ **주 제** : 예수님의 재림은 그리스도인에게 있어서 가장 큰 소망이다

◎ **키워드** : 소망들

이 서신은 사도 바울의 여러 서신 중 제일 처음 것으로
A.D. 52년 경 고린도에서 기록되었던 것입니다.
데살로니가교회는 바울의 제2차 선교 여행 때 불과 3주간의 사역의
열매로 세워졌으나 매우 견고하게 세워졌던 교회입니다(행 17 : 1-9).
때문에 바울은 데살로니가교회를 생각 할 때면
항상 하나님께 감사하였던 것입니다. "우리가 너희 무리를 인하여
항상 하나님께 감사하고 기도할 때에 너희를 말함은" (1 : 2).
그러므로 데살로니가교회는 기는 과정 없이
걷고 뛰었다고 말할 수 있습니다(행 3 : 7-9).

1. 우리는 먼저 이 서신의 배경을 살펴보는 것이 좋습니다.

1. 3：1-8에 의하면 이 서신은 디모데가 아덴에서 돌아왔을 때 쓰여진 것입니다. 바울은 데살로니가교회가 매우 활기차고 건강한 상태에 있다는 보고를 받고서 매우 기뻐하였습니다.

그러나 데살로니가교회 안에 재림에 대한 오해와 유대주의자들의 방해 공작이 들어왔다는 소식을 듣고 그는 서둘러 이 서신을 쓰게 되었던 것입니다. 데살로니가교회의 성도들 중에는 이미 세상을 떠난 성도들 가운데 주님이 다시 오실 때에 주님과 함께 하지 못할 것이란 생각 때문에 슬퍼하고 있었으며, 또 어떤 이들은 주님께서 곧 재림하신다는 생각에 압도되어 일하는 것(직업)을 중단하기까지 했던 것입니다(4：11-18). 그래서 바울은 그들의 오해와 오류를 바로잡기 위해 이 서신을 쓰게 되었던 것입니다.

2. 신약성서 260장 중에는 주님의 재림에 대해 무려 318번이나 언급하고 있는데 이것은 곧 마태복음에서 요한계시록까지의 매 20절마다 1절씩이 주님의 재림에 대해 언급하고 있다는 결론이 됩니다. 얼마나 놀라운 사실입니까! 그 중에서도 데살로니가전서는 책 전체가 주님의 재림 문제를 다루고 있다고 해도 과언이 아닙니다. 그래서 우리는 이 책을 재림의 책이라고 부르게 되는 것입니다.

2. 우리는 이 책을 "재림의 책" 이라고 불러야 합니다.

신약성서 가운데 매 장마다 주님의 재림을 언급하고 있는 책은 데살로니가전서 밖에 없습니다(1：10, 2：19, 3：13, 4：13-18, 5：1-11,23).

그야말로 데살로니가전서는 "재림의 책" 입니다.

1. 주님의 재림, 새 신자를 고무하는 소망(1：1-10)

(1) 인사(1：1)

"바울과 실루아노와 디모데는 하나님 아버지와 주 예수 그리스도안에 있는 데살로니가인의 교회에 편지하노니 은혜와 평강이 너희에게 있을 지어다"

바울은 그의 동반자이었던 실루아노(실라)와 디모데와 함께 이 편지를 보내고 있는 것입니다. 우리는 여기서 바울의 위대한 팀스피릿(team spirit)을 볼 수 있습니다.

(2) 감사(1 : 2-8)

● 믿음의 역사 때문에(1 : 3)

데살로니가전서 1 : 3은 매우 중요한 구절입니다. 그것은 참된 믿음은 반드시 역사하게 된다는 진리를 가르치고 있기 때문입니다. 행함(역사)이 없는 믿음은 죽은 믿음입니다(약 2 : 17). 데살로니가교회의 성도들의 믿음은 역사하는 믿음이었습니다. 오늘날도 참된 믿음을 가지고 있는 성도들은 열매(역사)를 맺습니다.

하나님의 존재와 십자가의 대속을 믿는 믿음도 역사하지만 하나님의 능력에 대한 믿음은 반드시 큰 역사를 이루고야 마는 것입니다. 이처럼 믿음은 역사에 의해 입증됩니다.

● 사랑의 수고 때문에(1 : 3)

믿음은 역사하지만 사랑은 수고하는 것입니다. 수고하지 않는 사랑은 가짜입니다. 자녀에 대한 부모의 사랑은 수고(봉사)를 통해 나타나는 것입니다. 예수님에 대한 성도의 사랑도 교회(예수님의 몸)를 섬기는 수고(봉사)를 통해 나타나는 것입니다. 이것은 진리로서 절대로 속일 수가 없는 것입니다. 머리(그리스도)를 사랑하는 사람은 그 몸(교회)까지도 사랑합니다. 몸을 사랑하지 않으면서 머리를 사랑한다고 말하는 사람은 거짓말하고 있는 것입니다. "만일 누구든지 주를 사랑하지 아니하거든 저주를 받을지어다"(고전 16 : 22) 바울은 얼마나 주님(교회)을 사랑하는 사람이었습니까? "내가 이제 너희(골로새교회)를 위하여 받는 괴로움을 기뻐하고 그리스도의 남은 고난을 그의 몸된 교회를 위하여 내 육체에 채우노라"(골 1 : 24)

● 소망의 인내 때문에(1 : 3)

우리 모두는 인내의 가치를 잘 압니다. 그러나 인내한다는 것이 얼마나 힘든 것인지! 인내는 참으로 소중한 것입니다. 그렇다면 누가 인내할 수 있을까요? 이것이 문제입니다. 1 : 3은 소망이 있는 사람이 인내할 수 있음을 가르치고 있습니다. 절망 중에 있는 사람은 결코 인내하지 못합니다. 오직 미래에 대해 소망이 있는 사람만이 현재의 핍박과 고난(역경)중에 인내할 수 있는 것입니다. 바울은 "우리 주 예수 그리스도에 대한 소망의 인내"라고 진술했습니다. 예수님의 재림에 대한 소망이 확실한 사람은 어떠한 시련과 고난 중에서도 인내할 수 있습니다. 오. 소망의 위대함이여!

● 택하심 때문에(1 : 4)
　"하나님의 사랑하심을 받은 형제들아 너희를 택하심을 아노라"

● 복음의 영접 때문에(1 : 5)
　"이는 우리 복음이 말로만 너희에게 이른 것이 아니라 오직 능력과 성령과 큰 확신으로 된 것이니…"

● 모범이 된 것 때문에(1 : 7)
　"그러므로 너희가 마게도냐와 아가야 모든 믿는 자의 본이 되었는지라"

(3) 회심(1 : 9-10)
● 우상을 버리고 하나님께로 전향하다(1 : 9)
　"… 너희가 어떻게 우상을 버리고 하나님께로 돌아와서 사시고 참되신 하나님을 섬기며" 타락이 하나님을 버리고(배반하고) 우상에게로 돌아서는 것이라면 회개와 믿음은 우상을 버리고 하나님께로 돌아오는 것입니다. 이에 대한 가장 훌륭한 모델은 탕자와 사마리아 여인과 삭개오라 할 수 있습니다. 니고데모와 사울(바울)도 여기에 포함될 수 있습니다.

● 봉사하기 위한 회심(1 : 9)
　하나님을 섬긴다는 것은 특권 중의 특권입니다. 학생이 학교에 남아서 선생님을 섬기는 것은 얼마나 놀라운 특권이었습니까!

현대인들은 돈(Money)과 성(Sex)과 권력(Power)을 섬기는 일에 매우 열중하는 것 같습니다. 그러나 우리 그리스도인은 하나님을 섬기는 일에 열중해야 마땅합니다.

● 소망(기대)케 하는 회심(1 : 10)

구원받은 사람은 예수님의 재림을 소망하게 됩니다. 왜냐하면 예수님이 재림하실 때, 우리들에게 약속하신 대로 우리가 기대하고 있는 모든 놀라운 것들을 받게 되기 때문입니다. 그래서 주님의 재림을 복된 소망(Blessed Hope)이라고 하는 것입니다. "… 그의 아들이 하늘로부터 강림하심을 기다린다고 말하니…"

2. 주님의 재림, 충성스러운 종을 격려(위로)하는 소망(2 : 1-20) 2장은 바울의 봉사(사역)의 본질을 놀랍게 요약하고 있습니다.

(1) 결과를 기대하는 봉사(2 : 1)

"형제들아 우리가 너희 가운데 들어감이 헛되지 않은 줄을 너희가 친히 아나니"

(2) 용감한 봉사(2 : 2)

"너희 아는 바와 같이 우리가 먼저 빌립보에서 고난과 능욕을 당하였으나 우리 하나님을 힘입어 많은 싸움 중에 하나님의 복음을 너희에게 말하였노라"

(3) 근면한 봉사(2 : 3)

"우리의 권면은 간사에서나 부정에서 난 것도 아니요 궤계에 있는 것도 아니라" 근면한 봉사는 올바른 동기에서 나오는 것입니다. 동기가 잘못되어 있으면 적당히 봉사하는 것이 그 생리인 것입니다.

(4) 오직 하나님의 영광만을 위한 봉사(2 : 4-6)

"오직 하나님의 옳게 여기심을 입어 복음 전할 부탁을 받았으니 우리가 이와 같이 말함은 사람을 기쁘게 하려 함이 아니요 오직 우리 마음을 감찰하시는 하나님을 기쁘시게 하려 함이라"(2 : 4)

(5) 자기 자녀에게 하듯 하는 봉사(2 : 7-9)

"오직 우리가 너희 가운데서 유순한 자 되어 유모가 자기 자녀를 기름과 같이 하였으니"(2 : 7)

(6) 하나님께 합당히 행하려 한 봉사(2 : 10-12)

"너희도 아는 바와 같이 우리가 너희 각 사람에게 아비가 자기 자녀에게 하듯 권면하고 위로하고 경계하노니 이는 너희를 부르사 자기 나라와 영광에 이르게 하시는 하나님께 합당히 행하게 하려 함이니라"(2 : 11-12)

(7) 성공적인 봉사(2 : 13-18)

"이러므로 우리가 하나님께 쉬지 않고 감사함은 너희가 우리에게 들은 바 하나님의 말씀을 받을 때에 사람의 말로 아니하고 하나님의 말씀으로 받음이니 진실로 그러하다 이 말씀이 또한 너희 믿는 자 속에서 역사하느니라"(2 : 13)

(8) 주님께서 재림하셔서 주실 위대한 보상을 바라본 봉사(2 : 19-20)

"우리의 소망이나 기쁨이나 자랑의 면류관이 무엇이냐 그의 강림하실 때 우리 주 예수 앞에 너희가 아니냐 너희는 우리의 영광이요 기쁨이니라"

3. 주님의 재림, 신자를 정결케 하는 소망(3 : 1-4 : 12)

(1) 바울의 열심(3 : 1-4)

"우리 형제 곧 그리스도 복음의 하나님의 일꾼인 디모데를 보내노니 이는 너희를 굳게 하고 너희 믿음에 대하여 위로함으로 누구든지 이 여러 환란 중에 요동치 않게 하려 함이라 우리로 이것을 당하게 세우신 줄을 너희가 친히 알리라"(3 : 2-3)

(2) 바울의 배려와 그 보답(3 : 5-8)

"지금은 디모데가 너희에게로부터 와서 너희 믿음과 사랑의 기쁜 소식을 우리에게 전하고 또 너희가 항상 우리를 잘 생각하여 우리가 너희를 간절히 보고자 함과 같이 너희도 우리를 간절히 보고자 한다 하니 이러므로 형제들아 우리가 모든 궁핍과 환란 가운데서 너희 믿음으로 말미암아 너희에게 위로를 받았노라"(3 : 6-7)

(3) 재림은 자극제(3 : 9-4 : 8)

● 양육케 하는 자극제(3 : 10)

"주야로 심히 간구함은 너희 얼굴을 보고 너희 믿음의 부족함을 온전케 하려 함이라"

● 거룩케 하는 자극제(3 : 13, 4 : 2-8)

"너희 마음을 굳게 하시고 우리 주 예수께서 그의 모든 성도와 함께 강림하실 때에 하나님 우리 아버지 앞에서 거룩함에 흠이 없게 하시기를 원하노라"(3 : 13)

● 견실히 행하게 하는 자극제(4 : 1)

"… 하나님께 기쁘시게 할 것을 우리에게 받았으니 곧 너희 행하는 바라 더욱 많이 힘쓰라"

● 형제를 더욱 사랑하게 하는 자극제(4 : 9-10)

"형제 사랑에 관하여는 너희에게 쓸 것이 없음은 너희가 친히 하나님의 가르치심을 받아 서로 사랑함이라 너희가 온 마게도냐 모든 형제를 대하여 과연 이것을 행하도다 형제들아 권하노니 더 많이 하고"

(4) 재림을 기다리는 참 신자는 결코 자기의 일(직업)을 중단하지 않는다
(4 : 11-12).
"또 너희에게 명한 것 같이 종용하여 자기 일을 하고 너희 손으로 일하기
를 힘쓰라"(4 : 11)

4. 주님의 재림, 유족을 위로하는 소망(4 : 13-18)
그리스도 안에서 죽은 사랑하는 자들은 주님께서 다시 오실 때 먼저 일어날 것
입니다(4 : 13-16). "주께서 호령과 천사장의 소리와 하나님의 나팔로 친히 하늘로
좇아 강림하시리니 그리스도 안에서 죽은 자들이 먼저 일어나고 그 후에 우리 살
아 남은 자도 저희와 함께 구름 속으로 끌어 올려 공중에서 주를 영접하게 하시리
니 그리하여 우리가 항상 주와 함께 있으리라"(4 : 16-17)

5. 주님의 재림, 미지근한 그리스도인을 분발케 하는 소망(5 : 1-28)
(1) 주님의 재림이 불신자들에게는 밤에 도적이 불시에 들이닥치는 것 같은
사건이 될 것입니다(5 : 1-23). "주의 날이 밤에 도적같이 이를 줄을 너희 자
신이 자세히 앎이라"(5 : 2)

(2) 그러나 성도들은 놀라지 않습니다. 왜냐하면 성도들은 주님의 재림을 고
대하고 있었기 때문입니다. "형제들아 너희는 어두움에 있지 아니하매 그 날
이 도적같이 너희에게 임하지 못하리니 너희는 다 빛의 아들이요 낮의 아들
이라 우리가 밤이나 어두움에 속하지 아니하나니"(5 : 4-5)

(3) 이 사실은 우리를 영적으로 깨어있게 만듭니다(5 : 6-28).
"… 또 너희 온 영과 혼과 몸이 우리 주 예수 그리스도 강림하실 때에 흠
없게 보전되기를 원하노라 너희를 부르시는 이는 미쁘시니 그가 또한 이루시
리라"(5 : 23-24)

데살로니가후서

재림의 책 II

◎ **본 문** : 그 날에 강림하사 그의 성도들에게서 영광을 얻으시고

　　　　모든 믿는 자에게서 기이히 여김을 얻으시리라

　　　　(우리의 증거가 너희에게 믿어졌음이라) (1 : 10)

◎ **주 제** : 주님은 우리에게 기회를 주시려고 더디 오신다

◎ **키워드** : 교정과 격려

바울은 데살로니가교회에 첫 편지를 보낸 지 얼마 안돼서

(약 반년으로 보는 학자들이 많음)

다시 이 두 번째 편지를 보냈습니다.

이 편지 역시 재림에 대한 교훈을 중심으로 하고 있습니다.

1. 우리는 먼저 이 서신의 동기와 목적을 살펴보도록 합시다.

1. 첫 편지를 보낸 후, 얼마 되지 않아 소위 사도 바울이 보냈다는 모조 편지와 함께 거짓 구두 메시지가 데살로니가교회의 성도들 사이에 유포되고 있었는데 그 내용인즉 지금 그들은 대환란, 곧 크고 두려운 "주의 날"을 통과하고 있다는 것이었습니다.

그래서 바울은 그러한 잘못을 바로 잡기 위해 이 두 번째 편지를 쓰게 되었던 것입니다. "혹 영으로나 혹 말로나 혹 우리에게서 받았다 하는 편지로나 주의 날이 이르렀다고 쉬 동심하거나 두려워하거나 하지 아니할 그것이라"(2 : 2)

2. 이 서신은 심한 핍박 중에 있는 데살로니가교회의 성도들을 격려하기 위하여 쓰여졌습니다(1 : 4-7). "그리고 너희의 참는 모든 핍박과 환란 중에서 너희 인내와 믿음을 인하여 하나님의 여러 교회에서 우리가 친히 자랑함이라 이는 하나님의 공의로운 심판의 표요 너희로 하여금 하나님 나라에 합당한 자로 여기심을 얻게 하려 함이니 그 나라를 위하여 너희가 또한 고난을 받느니라"(1 : 4-5)

3. 사도 바울은 주의 재림이 가까웠으니 일할 필요가 없다하여 규모 없이(놀고 먹음) 행하고 있는 몇몇 형제들을 권면하기 위하여 이 서신을 썼습니다. "형제들아 우리 주 예수 그리스도의 이름으로 너희를 명하노니 규모 없이 행하고 우리에게 받은 유전대로 행하지 아니하는 모든 형제에게서 떠나라"(3 : 6)

"우리가 너희와 함께 있을 때에도 너희에게 명하기를 누구든지 일하기 싫어하거든 먹지도 말게 하라 하였더니 우리가 들은즉 너희 가운데 규모 없이 행하여 도무지 일하지 아니하고 일만 만드는 자들이 있다 하니 이런 자들에게 우리가 명하고 주 예수 그리스도 안에서 권하기를 종용히 일하여 자기 양식을 먹으라 하노라"(3 : 10-12)

2. 우리는 이 책에서 중요한 두 가지 교훈을 발견할 수 있습니다.

1. 바울은 "주의 날"이 오기 전에 먼저 큰 배도(2 : 3)와 성도들을 위한 주님의 공중재림(1 : 7-10), 그리고 적그리스도의 출현(2 : 3-10)이 있을 것이며 그 후에 주님께서 친히 그의 성도들과 함께 오실 것이라고 가르쳤습니다. "그 때에 불법한 자가 나타나

리니 주 예수께서 그 입의 기운으로 저를 죽이시고 강림하여 나타나심으로 폐하시리라"(2 : 8)

2. 바울이 그의 첫 서신에서 그리스도 안에서 자는(죽은) 성도들도 주님의 재림 때 부활해서 주님의 재림에 동참하게 될 것임을 가르쳤다면 이 두 번째 서신에서는 재림 때 살아있는 성도들은 "주의 날"의 심판으로부터 면제될 것과 또 주님은 "홀연히" 오시지, "즉시" 오시지는 않을 것이라고 가르쳤습니다(살전 5 : 3)

3. 우리는 이 책도 "재림의 책"이라고 불러야 합니다.
데살로니가교회의 가장 심각한 문제는 재림론에 있었습니다. 그래서 두 번째 편지도 주님의 재림 문제를 다룰 수밖에 없었던 것입니다.

1. 핍박과 주님의 재림(1 : 1-12)
데살로니가교회의 성도들은 첫 번째 편지인 바울의 칭찬(1장)에 대해 다소 저항감을 가졌던 것 같습니다.

바울은 그들의 믿음과 사랑이 성장하고 그들이 박해 앞에서도 굳건히 서 있는 일로 인하여 하나님께 감사하고 또 여러 교회에서 자랑하는 것도 당연하다고 답변한 후, 주님의 재림 때 있을 핍박 자들에 대한 하나님의 공의로운 심판과 핍박당한 자들에게 주실 영광(상급)을 상기시킴으로써 고난 중에 있는 성도들을 격려했던 것입니다. 우주는 도덕적인 우주이고, 하나님은 공의로운 하나님이십니다. "나를 인하여 너희를 욕하고 핍박하고 거짓으로 너희를 거스려 모든 악한 말을 할 때에는 너희에게 복이 있나니 기뻐하고 즐거워하라 하늘에서 너희의 상이 큼이라‥"(마 5 : 11-12)

2. 배도와 거역과 주님의 재림(2 : 1-12)
데살로니가교회의 성도들 중에는 "주의 날"이 이미 시작되었다고 믿는 사람들이 있었지만 그러나 바울은 결코 그렇게 가르친 적이 없었습니다. 바울은 주님의 재림에 앞서 하나님께 대한 대대적이고도 최종적인 배도와 거역이 있을 것이라고 가르쳐 주었습니다.

배도는 진리에서 떠난 교회들에 의해서 거역은 적그리스도에 의해 일어날 것입니다. "주의 날"에 적그리스도는 예루살렘 성전에 자기를 상징하는 우상을 세운 후 자신을 가리켜 하나님이라고 할 것입니다(계 13 : 14-15). "저는 대적하는 자라 범사에 일컫는 하나님이나 숭배함을 받는 자 위에 뛰어나 자존하여 하나님 성전에 앉아 자기를 보여 하나님이라 하느니라"(2 : 4)

그러나 주님께서 재림하실 때, 적그리스도와 그의 세력은 섬멸될 것입니다. 승리는 주님의 것이며 재림하실 때 성취될 것입니다(계 19 : 11-16, 19-20). "그 때에 불법한 자가 나타나리니 주 예수께서 그 입의 기운으로 저를 죽이시고 강림하여 나타나심으로 폐하시리라"(2 : 8)

7절의 "막는 자"는 교회에 임재해 계시는 성령 하나님을 가리키고, 10절의 "멸망하는 자들"은 복음을 거절한 사람들을 가리킵니다. 사실상 그들은 사단처럼 불의(악)를 좋아하는 악한 자들입니다. "진리를 믿지 않고 불의를 좋아하는 모든 자로 심판을 받게 하려 하심이니라"(2 : 12)

3. 봉사와 주님의 재림(2 : 13-3 : 18)

주님의 재림이 생각보다 늦어지는 것은 성도들에게 기회를 주시려는 주님의 배려입니다.

(1) 주님께 충성할 기회를 주시려고(2 : 15)

"이러므로 형제들아 굳게 서서 말로나 우리 편지로 가르침을 받은 유전을 지키라" "유전"이란 관습이 아니라 사도들이 충실하게 전해 주었던 바 예수님에 대한 진리와 예수님의 교훈들을 가리키는 말입니다.

(2) 복음이 온 세계에 전파되게 하시려고(3 : 1)

복음은 만민을 위한 것이므로 반드시 온 천하에 전파되어야만 하는 것입니다. "또 가라사대 너희는 온 천하에 다니며 만민에게 복음을 전파하라"(막 16 : 15) "이 천국 복음이 모든 민족에게 증거되기 위하여 온 세상에 전파되

리니 그제야 끝이 오리라"(마 24 : 14)

(3) 하나님의 종들을 위해 기도할 수 있는 기회를 주시려고(3 : 2)

기도의 권능은 부활의 권능과 성육신의 권능 다음으로 가는 위대한 권능입니다. 데살로니가전서 5 : 13에 의하면 하나님의 종들은 가장 귀히 여겨야 할 자들이고 배나 존경해야 할 자들이므로 성도들은 마땅히 그들을 위해 기도해야만 합니다. 예루살렘교회는 옥중에 있는 그들의 목자인 베드로를 위해 기도했으며 하나님은 권능 있게 그 기도에 응답해 주셨던 것입니다.

성도들은 서로를 위해 기도해야 하지만 특별히 하나님의 종들을 위해 기도해야 합니다. "또한 우리를 무리하고 악한 사람들에게서 건지옵소서 하라 믿음은 모든 사람의 것이 아님이라"(3 : 2) 바울이 여기서 언급한 믿음은 기도 응답에 대한 확고한 믿음을 가리킵니다.

(4) 하나님의 사랑을 충분히 깨닫고 주님의 인내를 배워 알게 하시려고(3 : 5)

딸들이 언제 어머니의 사랑을 깨닫게 됩니까? 시집가서 자신도 어머니가 되고 난 후에야 어머니의 사랑을 깨닫게 되는 것입니다. 하나님의 사랑도 우리가 영적으로 성숙해 감에 비례해서 깨닫게 되고, 주님의 인내도 오랜 고난의 생활을 통해서 배우게 되는 것입니다. "주께서 너희 마음을 인도하여 하나님의 사랑과 그리스도의 인내에 들어가게 하시기를 원하노라"(3 : 5)

(5) 일할 수 있는 기회를 주시려고(3 : 6-14)

"어떻게 우리를 본받아야 할 것을 너희가 스스로 아나니 우리가 너희 가운데서 규모 없이 행하지 아니하며 누구에게서든지 양식을 값없이 먹지 않고 오직 수고하고 애써 주야로 일함은 너희 아무에게도 누를 끼치지 아니하려 함이니"(3 : 7-8)

자기 손으로 일하는 자만이 주님께서 우리를 위해 친히 행하셨던 그 많은 일들의 가치를 알 수 있습니다. 그러므로 일하지 않고 먹는 것은 죄가 되는 것입니다.

(6) 과오에 대해 긍휼을 베풀 수 있는 기회를 주시려고(3 : 15)

"누가 이 편지에 한 우리 말을 순종치 아니하거든 그 사람을 지목하여 사귀지 말고 저로 하여금 부끄럽게 하라 그러나 원수와 같이 생각지 말고 형제같이 권하라"(3 : 14-15)

디모데전서
질서가 있는 교회의 책

◎ **본 문** : 내가 속히 네게 가기를 바라나 이것을 네게 쓰는 것은 만일 내가 지체하면
너로 하나님의 집에서 어떻게 행하여야 할 것을 알게 하려 함이니
이 집은 살아 계신 하나님의 교회요 진리의 기둥과 터이니라 (3 : 14-15)

◎ **주 제** : 질서 있는 교회가 바람직한 교회이다

◎ **키워드** : 질서와 능력

이 서신의 수신자인 디모데는
그리스인 아버지와 유대인 어머니 사이에서 태어났습니다.
"바울이 더베와 루스드라에도 이르매 거기 디모데라 하는 제자가 있으니
그 모친은 믿는 유대 여자요 부친은 헬라인이라" (행 16 : 1)
디모데는 바울이 그의 제1차 선교 여행 중
루스드라에서 사역하고 있었을 때 주님을 영접하였습니다(행 14장).
그때 그의 나이는 약 15세였습니다.
"믿음 안에서 참 아들 된 디모데에게 편지하노니…" (1 : 2)
디모데는 7년이 지난 후 은혜 안에서 많이 성장하여 좋은 평판을 얻고 있을 때
바울의 동역자가 되었으며(행 16 : 2-3),
그때부터 바울과 디모데 사이에 아름다운 우정이 시작되었는데
그 우정은 평생 계속되었고 또한 서로에게 큰 도움이 되었던 것입니다.
"디모데의 연단을 너희가 아나니 자식이 아비에게 함같이
나와 함께 복음을 위하여 수고하였느니라" (빌 2 : 22)

1. 우리는 먼저 이 서신의 배경을 이해할 필요가 있습니다.

바울은 서바나(스페인)를 방문하기 전, 그의 첫 투옥으로부터 풀려난 직후에(롬 15 : 24, 28, 몬 1 : 22) 마게도냐와 에베소 등지를 방문하였습니다.

에베소에 오래 머물 수 없게 되자 그는 대신 디모데를 그 곳에 머물게 하여 사역을 감독하도록 했습니다. 이 분리가 디모데에게는 매우 고통스러운 시련이었습니다. "내가 마게도냐로 갈 때에 너를 권하여 에베소에 머물라 한 것은 어떤 사람들을 명하여 다른 교훈을 가르치지 말며"(1 : 3) "네 눈물을 생각하여 너 보기를 원함은 내 기쁨이 가득하게 하려 함이니"(딤후 1 : 4)

바울은 감수성이 예민하고, 두려움을 잘 타고, 강하지 못한 디모데를 격려할 필요가 있었습니다. 그래서 바울은 고린도에서 이 서신을 써서 디모데에게 보냈던 것입니다.

2. 우리는 이 서신의 특성도 이해할 필요가 있습니다.

디모데에게 보내 졌던 두 편지와 디도에게 보내졌던 한 편지를 우리는 목회서신이라고 부릅니다. 그것들은 회중에게 보내어진 것이 아니고 개인에게 보내어 졌던 것입니다. 바울이 그 서신들을 쓸 때 나이가 70세 정도였으므로 우리는 그 편지들 안에서 위대한 노사도가 사역자들과 일꾼들에게 남긴 고별사를 대할 수 있습니다. 모세와 여호수아의 고별사가 우리에게 큰 감동과 교훈을 주었듯이 바울의 고별사 또한 우리에게 감동과 교훈을 주고 있습니다.

우리는 이들 목회서신 안에서 노인의 원숙한 지혜와 용기 그리고 충성심을 볼 수 있습니다. 세기를 초월하여 모든 그리스도인 일꾼들은 이 서신을 통해 격려와 도전과 도움을 받아왔습니다. 어떤 탁월한 사역자는 자신의 영적 투쟁을 위해 매 주 토요일 저녁마다 이 서신들을 읽었다고 합니다. 귀담아 들을 만한 가치가 있는 말이 아닐까요?

3. 우리는 이 책을 "질서가 있는 교회의 책" 이라고 부릅니다.

하나님은 질서의 하나님이시기 때문에 하나님의 권능은 질서가 있는 곳에서 나타납니다. 하나님은 기드온에게 무질서한 21,700명의 장정들을 돌려보내게 하셨고 질서 있는 소수 300명의 정병으로 미디안의 큰 군대를 격파케 하셨던 것입니다. 성경 어디를 보아도 하나님께서는 사람(성도)을 자신의 동역자로 쓰시는 것을 볼 수 있습니다. 우리는 이 사실로 인해 하나님을 찬양해야 마땅합니다.

질서는 훈련을 통해 생겨나는 것으로 훈련은 매우 중요합니다. 잘 훈련된 소수가 항상 큰 무리를 이끌어 가는 것처럼 역사는 훈련받은 소수의 사도들이 강력한 로마제국도 정복했음을 보여 줍니다. 훈련된 소수, 질서 있는 소수를 길러내는 사역을 우리는 제자사역이라고 합니다.

1. 건전한 교리의 필요성(1 : 1-20)

에베소와 그 주변에서 행한 바울의 사역(설교)은 엄청난 반응을 불러 일으켰습니다(행 19장). 거의 하룻밤 사이에 수많은 사람들이 주님을 영접했습니다. 그러나 바울은 그들이 쉽게 거짓 교리에 의해 손상을 입을 수 있다는 사실을 잘 알고 있었습니다. "내가 떠난 후에 흉악한 이리가 너희에게 들어와서 그 양떼를 아끼지 아니하며 또한 너희 중에서도 제자들을 끌어 자기를 좇게 하려고 어그러진 말을 하는 사람들이 일어날 줄을 내가 아노니"(행 20 : 29-30)

10년 후에 그의 우려는 현실로 나타나고야 말았습니다. 외경에 나오는 유대의 신화들과 족보들(1 : 4)이 잘못된 가르침의 기초가 되었던 것입니다. 이것은 구약의 율법에 대한 잘못된 접근으로까지 이어졌습니다. 따라서 디모데는 그러한 것들이 더 이상 퍼지지 못하게 막아야만 했던 것입니다.

진리의 메시지는 한가한 사색이 아닌 믿음과 사랑과 깨끗한 양심을 가져야만 합니다. 그러나 대체로 사람들은 생활(행동)보다는 변론을 더 좋아하는 경향이 있습니다. 30여 년의 경력과 20년 동안 복음과 함께 여행을 하였던 사도 바울은 건전한 교리(1 : 10)에서 이탈하면 교회가 무질서하게 된다는 사실을 너무나 잘 알고 있었습니다. 그러므로 우리도 거짓 교리의 누룩이 우리들의 교회에 들어오지 못하도록 잘 살피고 경계해야 할 것입니다.

2. 공중기도의 중요성(2 : 1-8)

교회의 중요한 첫째 의무는 기도하는 것입니다. 그리스도인들이 평안한 삶을 영

위하면서 온 세상에 복음을 전할 수 있게 하는 것은 기도의 응답 안에서만 가능한 것이기 때문입니다.

"그러므로 내가 첫째로 권하노니 모든 사람을 위하여 간구와 기도와 도고와 감사를 하되 임금들과 높은 지위에 있는 모든 사람을 위하여 하라 이는 우리가 모든 경건과 단정한 중에 고요하고 평안한 생활을 하려 함이니라 이것이 우리 구주 하나님 앞에 선하고 받으실 만한 것이니 하나님은 모든 사람이 구원을 받으며 진리를 아는 데 이르기를 원하시느니라"(2 : 1-4) "그러므로 각처에서 남자들이 분노와 다툼이 없이 거룩한 손을 들어 기도하기를 원하노라"(2 : 8)

긍정적이고 건설적인 사람은 지도자를 위해 기도하고, 부정적이고 파괴적이며 반역적인 사람은 지도자를 위해 기도하지 않습니다. 그래서 올바른 사람들의 공중 기도는 회중(교회)을 질서 있게 만드는 것입니다. 하나님은 질서 있는 교회를 통해 권능을 나타내십니다. 교회에서 하나님의 권능을 볼 수 없다면 그 교회는 무질서한 교회입니다.

교회는 거룩한 사람들의 기도에 의해 질서 있게 되고, 하나님의 권능이 머물러 있게 되는 것입니다.

3. 여자의 역할(2 : 9-15)

성경은 여자가 남자와 동등한 하나님의 자녀임을 선언합니다. '너희는 유대인이나 헬라인이나 종이나 자주자나 남자나 여자 없이 다 그리스도 예수 안에서 하나이니라"(갈 3 : 28) 그러나 여자들이 교회를 주장하는 것은 하나님의 의도하신 바는 아닙니다. 하나님 앞에서 남자와 여자는 평등하지만 삶에 있어서의 역할은 서로 다른 것입니다.

사도 바울은 믿는 여자들에 대해 말할 때 의복에 대해서 보다는 오히려 태도(자세)에 대해 말했습니다. "여자는 일절 순종함으로 종용히 배우라 여자의 가르치는 것과 남자를 주관하는 것을 허락지 아니하노니 오직 종용할지니라"(2 : 11-12)

여자들이 자신의 위치를 지키면 가정과 교회와 국가에 질서가 생기고 특별히 그러한 교회는 세상을 향해 놀라운(거룩한) 빛을 발하게 되며, 그러한 교회를 통해 주님의 이름은 크게 높임을 받게 될 것입니다.

4. 감독과 집사의 필수적인 자격(3 : 1-13)

교회 안에는 감독의 직분과 집사의 직분이 있습니다. "미쁘다 이 말이여 사람이 감독의 직분을 얻으려하면 선한 일을 사모한다 함이로다"(3 : 1) "이에 이 사람들을 먼저 시험하여 보고 그 후에 책망할 것이 없으면 집사의 직분을 하게 할 것이요"(3 : 10)

감독은 오직 한 가지 일을 사모해야 하며, 먼저 자신의 가정을 잘 다스려야 하고, 외인들에게서도 좋은 평가를 받아야 합니다. 집사의 경우도 감독과 같이 모든 면에서 모범이 되어야 하며 특히 집사의 부인들은 남편들과 같이 단정하고 참소하지 말고 절제하며 모든 주님의 일에 충성스러워야 합니다.

자격을 갖춘 감독과 집사들이 있는 교회는 질서가 있으며 결과적으로 능력이 있는 교회가 되는 것입니다. 한국교회가 자격을 갖춘 직분자들로 가득한 교회가 되기를 기원합니다.

5. 목회자의 영적 의무(3 : 14-6 : 21)

(1) 목회자는 진리의 말씀으로 거짓 교리를 막아야 하고, 삶의 모범을 통해 양무리를 올바로 양육해야 합니다(4장). 올바른 양육을 하려면 목회자 자신이 항상 공부해야 하며, 그것을 가지고 권하는 것과 가르치는 것에 착념해야만 합니다. "네가 이것으로 형제를 깨우치면 그리스도 예수의 선한 일꾼이 되어 믿음의 말씀과 네가 좇는 선한 교훈으로 양육을 받으리라"(4 : 6)

"누구든지 네 연소함을 업신여기지 못하게 하고 오직 말과 행실과 사랑과 믿음과 정절에 대하여 믿는 자에게 본이 되어 내가 이를 때까지 읽는 것과 권하는 것과 가르치는 것에 착념하라"(4 : 12-13).

(2) 목회자는 노인들을 공경해야 하며 특히 보살펴 드릴 사람이 없는 참 과부는 교회의 명부에 올려놓고 봉양해야 합니다. "늙은이를 꾸짖지 말고 권하되 아비에게 하듯 하며 젊은이를 형제에게 하듯 하고 늙은 여자를 어미에게 하듯 하며 젊은 여자를 일절 깨끗함으로 자매에게 하듯 하라 참 과부인 과부를 경대하라"(5 : 1-3) "과부로 명부에 올릴 자는 나이 육십이 덜 되지 아니

하고 한 남편의 아내이었던 자로서 선한 행실의 증거가 있어 혹은 자녀를 양육하며 혹은 나그네를 대접하며 혹은 성도들의 발을 씻기며 혹은 환란당한 자들을 구제하며 혹은 모든 선한 일을 좇은 자라야 할 것이요"(5 : 9-10)

(3) 목회자는 동역자인 장로들을 신중히 선택해야 하고, 그 직무에 해당하는 존경을 해야 합니다.

"잘 다스리는 장로들을 배나 존경할 자로 알되 말씀과 가르침에 수고하는 이들을 더할 것이니라 성경에 일렀으되 곡식을 밟아 떠는 소의 입에 망을 씌우지 말라 하였고 또 일꾼이 그 삯을 받는 것이 마땅하다 하였느니라"
(5 : 17-18)

"아무에게나 경솔히 안수하지 말고 다른 사람의 죄에 간섭지 말고 네 자신을 지켜 정결케 하라"(5 : 22)

(4) 목회자는 피고용인들로 하여금 고용주를 더 잘 섬기게 해야 합니다
(6 : 1-2)

"무릇 멍에 아래 있는 종들은 자기 상전들을 범사에 마땅히 공경할 자로 알지니 이는 하나님의 이름과 교훈으로 훼방을 받지 않게 하려 함이라 믿는 상전이 있는 자들은 그 상전을 형제라고 경히 여기지 말고 더 잘 섬기게 하라 이는 유익을 받는 자들이 믿는 자요 사랑을 받는 자임이니라 너는 이것들을 가르치고 권하라"

(5) 목회자는 신앙을 치부의 길로 생각하는 사람들을 경계해야 합니다
(6 : 5-10)

"마음이 부패하여지고 진리를 잃어버려 경건을 이익의 재료로 생각하는 자들의 다툼이 일어나느니라"(6 : 5) "부하려 하는 자들은 시험과 올무와 여러 가지 어리석고 해로운 정욕에 떨어지나니 곧 사람으로 침륜과 멸망에 빠지게 하는 것이라 돈을 사랑함이 일만 악의 뿌리가 되나니 이것을 사모하는 자들이 미혹을 받아 믿음에서 떠나 많은 근심으로써 자기를 찔렀도다"(6 : 9-10)

(6) 목회자(하나님의 사람)는 주님의 재림 때 받게 될 상급과 하나님의 영광만을 위해 선한 싸움을 싸워나가야만 합니다(6 : 11-16).

"오직 너 하나님의 사람아 이것들을 피하고 의와 경건과 믿음과 사랑과 인내와 온유를 좇으며 믿음의 선한 싸움을 싸우라 영생을 취하라 이를 위하여 네가 부르심을 입었고 많은 증인 앞에서 선한 증거를 증거하였도다" (6 : 11-12)

(7) 목회자는 무엇보다도 이단의 교리를 피해야 합니다(6 : 20-21).

"디모데야 네게 부탁한 것을 지키고 거짓되이 일컫는 지식의 망령되고 허한 말과 변론을 피하라 이것을 좇는 사람들이 있어 믿음에서 벗어났느니라 은혜가 너희와 함께 있을지어다"

디모데후서

충성의 책

◎ **본 문** : 내 아들아 그러므로 네가 그리스도 예수 안에 있는 은혜 속에서 강하고
또 네가 많은 증인 앞에서 내게 들은 바를 충성된 사람들에게 부탁하라
저희가 또 다른 사람들을 가르칠 수 있으리라 (2 : 1-2)

◎ **주 제** : 주님은 충성스러운 제자와 끝까지 함께 가신다

◎ **키워드** : (충성스러운 제자의) 여러 모습들

디모데후서는 바울에 의해 쓰여진 서신 중 최후의 것으로
그리스도를 만난 후, 평생을 주님께 헌신하여 충성했던 바울이
이제 다시 투옥되어 죽음을 눈앞에 둔 상황에서
그는 누가와 함께 단 둘이 감옥에서
디모데를 다시 만날 수 있기를 열망하고 있는 것입니다.
그러나 우리는 그의 서신에서 자기 연민이나
후회의 빛은 전혀 찾아 볼 수가 없습니다.
바울은 얼마나 위대한 사람이었습니까!
그가 이 세상에 마지막 남겨 놓고 간 말(디모데후서)은
그를 뒤따르는 모든 그리스도인들에게 큰 격려와 함께 위로와
도전의 샘이 되어오고 있고, 그는 한점 의심이나 두려움 없이
자신의 죽음을 담담하게 맞이하고 있었던 것입니다.
경주는 끝이 나고 이제 그의 앞에는
오로지 영광스러운 상급(면류관)만이 그를 기다리고 있었습니다.

1. 우리는 이 서신의 배경을 알고 있어야 합니다.

바울은 디모데전서를 써 보낸 후, 고린도를 떠나 디도와 함께 그레데로 항해를 했는데, 교회를 바로 잡게 하기 위해서 디도를 그 곳에 남겨둘 수밖에 없었습니다. "내가 너를 그레데에 떨어뜨려 둔 이유는 부족한 일을 바로잡고 나의 명한 대로 각 성에 장로들을 세우게 하려 함이니"(딛 1 : 5)

그리고 나서 바울은 과동(過冬)하기 위해 니고볼리로 가면서(딛 3 : 12) 드로비모는 밀레도에, 에라스도를 고린도에 남겨 두었던 것입니다. "에라스도는 고린도에 머물렀고 드로비모는 병듦으로 밀레도에 두었노니"(4 : 20)

바울은 니고볼리에 머무는 동안에 서둘러 드로아를 잠깐 방문한 것 같은데 그때 그는 가보의 집에서 갑자기 체포되었기 때문에 그의 소중한 책들과 양피지와 심지어는 겉옷마저 챙길 수가 없었던 것입니다. "네가 올 때에 내가 드로아 가보의 집에 둔 겉옷을 가지고 오고 또 책은 특별히 가죽 종이에 쓴 것을 가져오라" (4 : 13)

그의 두 번째 로마 투옥은 첫 번째 것과는 성질이 매우 달랐습니다. 지난번에는 자신이 빌린 셋집에서 자유롭게 사람들과 만날 수 있었지만, 지금은 오직 오네시보로만이 위험을 무릅쓰면서 그를 만날 수 있었을 뿐입니다. "원컨대 주께서 오네시보로의 집에 긍휼을 베푸시옵소서 저가 나를 자주 유쾌케 하고 나의 사슬에 매인 것을 부끄러워 아니하여 로마에 있을 때에 나를 부지런히 찾아 만났느니라" (1 : 16-17)

바울은 이미 네로(Nero)앞에 한 번 선 적이 있으나, 그 후로는 그것이 지연되고 있었으며(4 : 16-18), 그는 겨울이 지나기 전에 다시 한 번 네로(Nero)앞에 서기를 기대하면서 이 서신을 디모데에게 쓰고 있었던 것입니다. 디모데후서를 받고서 디모데가 바울이 처형(순교)되기 전에 로마를 방문했었는지는 불분명합니다. 그러나 한 가지 확실한 것은, 바울은 자신의 죽음을 알고 있었다는 것입니다. "관제와 같이 벌써 내가 부음이 되고 나의 떠날 기약이 가까왔도다 내가 선한 싸움을 싸우고 나의 달려갈 길을 마치고 믿음을 지켰으니 이제 후로는 나를 위하여 의의 면류관이 예비되었으므로 주 곧 의로우신 재판장이 그 날에 내게 주실 것이니 내게만 아니라 주의 나타나심을 사모하는 모든 자에게니라"(4 : 6-8)

2. 우리는 이 책을 "충성의 책"이라고 불러야 합니다.

바울은 죽음을 눈앞에 두고도 끝까지 주님과 사역에 충성하였습니다. "맡은 자들에게 구할 것은 충성이니라"(고전 4 : 2)

1. 핍박에도 불구하고 주님과 주님의 복음과 주님의 종들에게 충성함(1 : 1-18)

(1) 노(老)사도 바울은 주님께 대한 변함없는 충성 때문에 갇힌 자가 되었던 것입니다. "그러므로 네가 우리 주의 증거와 또는 주를 위하여 갇힌 자 된 나를 부끄러워 말고 오직 하나님의 능력을 좇아 복음과 함께 고난을 받으라"(1 : 8)

충성스러운 사람은 감사하는 사람입니다. "나의 밤낮 간구하는 가운데 쉬지 않고 너를 생각하여 청결한 양심으로 조상 적부터 섬겨오는 하나님께 감사하고"(1 : 3) 바울은 자신의 불편한 처지에 대해 불평하기를 그친 지 이미 오래 되었던 것입니다. 오히려 그는 디모데를 생각하면서 깊은 감사에 젖어 들었던 것입니다. 믿음이 모든 사람의 것이 아니듯이 감사도 모든 사람의 것은 아닙니다. 오직 충성스러운 사람만이 범사에(역경 중에도) 감사할 수 있는 것입니다.

(2) 주님은 바울을 주님의 복음을 위한 반포자와 사도와 교사로 임명하셨습니다. "내가 이 복음을 위하여 반포자와 사도와 교사로 세우심을 입었노라"(1 : 11)

바울이 투옥된 것은 복음에 대한 그의 충성심 때문이었습니다. "이를 인하여 내가 또 이 고난을 받되 부끄러워하지 아니함은 나의 의뢰한 자를 내가 알고 또한 나의 의탁한 것을 그 날까지 저가 능히 지키실 줄을 확신함이라"(1 : 12) "나의 달려갈 길과 또 주 예수께 받은 사명 곧 하나님의 은혜의 복음 증거하는 일을 마치려 함에는 나의 생명을 조금도 귀한 것으로 여기지 아니하노라"(행 20 : 24)

그래서 바울은 감히 디모데에게 "… 복음과 함께 고난을 받으라"고 말할 수 있었던 것입니다(1 : 8).

(3) 하나님은 주님과 주님의 복음에 대해 충성하는 종들에게 충성스러운 성
도들을 보내어 격려해 주셨습니다(1 : 15-18).

　사랑하는 독자여, 우리들도 주님과 주님의 복음과 주님의 종들에게 충성
하는 사람들이 됩시다. 충성스러운 사람들에 의해 복음은 전파되고, 충성스
러운 사람들에 의해 하나님의 나라는 확장되고, 충성스러운 사람들에 의해
주님의 몸은 세워지게 되는 것입니다.

2. 핍박과 배도에 대처할 수 있는 충성스러운 종(2 : 1-26)
　(1) 핍박과 배도에 대처할 수 있는 충성스러운 종이란 자기에게 맡겨진 양무
리 가운데 충성스러운 사람들을 제자로 삼아 추수할 일꾼으로 길러낼 줄 아
는, 마치 군대의 조교와 같은 사람입니다. "또 네가 많은 증인 앞에서 내게
들은 바를 충성된 사람들에게 부탁하라 저희가 또 다른 사람들을 가르칠 수
있으리라"(2 : 2)

　(2) 핍박과 배도에 대처할 수 있는 충성스러운 종은 자기를 군사로 모집한
주님을 기쁘시게 하기 위해 기꺼이 고난에 참여하는 군사와 같은 사람입니
다. "네가 그리스도 예수의 좋은 군사로 나와 함께 고난을 받을지니 군사로
다니는 자는 자기 생활에 얽매이는 자가 하나도 없나니 이는 군사로 모집한
자를 기쁘게 하려 함이라"(2 : 3-4)

　(3) 핍박과 배도에 대처할 수 있는 충성스러운 종은 면류관(상급)을 얻을 때
까지 법대로 경기하는 운동선수와 같은 사람입니다. "경기하는 자가 법대로
경기하지 아니하면 면류관을 얻지 못할 것이며"(2 : 5)

　(4) 핍박과 배도에 대처할 수 있는 충성스러운 종은 수확을 거둘 때까지 인
내하며 수고하는 농부와 같은 사람입니다. "수고하는 농부가 곡식을 먼저 받
는 것이 마땅하니라"(2 : 6)

(5) 핍박과 배도에 대처할 수 있는 충성스러운 종은 진리의 말씀을 옳게 갈라 놓을 줄 아는 학자와 같은 사람입니다. "네가 진리의 말씀을 옳게 분변하며(dividing) 부끄러울 것이 없는 일꾼으로 인정된 자로 자신을 하나님 앞에 드리기를 힘쓰라"(2 : 15)

(6) 핍박과 배도에 대처할 수 있는 충성스러운 종은 주님께 항상(계속) 쓰임을 받을 수 있는 깨끗한 그릇과 같은 사람입니다. "큰 집에는 금과 은의 그릇이 있을 뿐 아니요 나무와 질그릇도 있어 귀히 쓰는 것도 있고 천히 쓰는 것도 있나니 그러므로 누구든지 이런 것에서 자기를 깨끗하게 하면 귀히 쓰는 그릇이 되어 거룩하고 주인의 쓰심에 합당하며 모든 선한 일에 예비함이 되리라"(2 : 20-21)

3. 배도에도 불구하고 주님과 주님의 말씀에 충성함(3 : 1-4 : 8)

바울은 주님의 재림이 가까워 올수록 교회 안에 배도 자들이 일어나 발악하게 될 것이라고 경고(3 : 5-6, 4 : 3-4)하면서, 경건한 생활(3 : 12)과, 중단 없는 성경 교육, 말씀 전파(3 : 15-4 : 2)와, 인내(4 : 2)와, 고난(4 : 5)으로 대처해야 한다고 엄히 명하였습니다. "하나님 앞과 산 자와 죽은 자를 심판하실 그리스도 예수 앞에서 그의 나타나실 것과 그의 나라를 두고 엄히 명하노니 너는 말씀을 전파하라 때를 얻든지 못 얻든지 항상 힘쓰라 범사에 오래 참음과 가르침으로 경책하며 경계하며 권하라"(4 : 1-2)

바울은 자신의 죽음을 앞에 두고, 이단에 대한 마지막 경고와 투쟁과 용기와 인내를 촉구하고 있는 것입니다. 이단에 대항해서 승리를 거두려면 우리에겐 쉽게 포기하지 않는 강한 지도자가 필요합니다. "내가 선한 싸움을 싸우고 나의 달려갈 길을 마치고 믿음을 지켰으니 이제 후로는 나를 위하여 의의 면류관이 예비되었으므로…"(4 : 7-8)

4. 끝까지 주님께서는 그의 충성스러운 종의 곁에 서 주심(4 : 9-22)

바울은 곧 처형될 처지에 놓여 있었습니다(4 : 6-7). 그러나 격려를 필요로 하는 때에 바울의 동료들은 바울을 저버린 채 떠나가 버렸습니다. '너는 어서 속히 내게로 오라 데마는 이 세상을 사랑하여 나를 버리고 데살로니가로 갔고 그레스게는 갈라디아로 디도는 달마디아로 갔고 누가만 나와 함께 있느니라 네가 올 때에 마가를 데리고 오라 저가 나의 일에 유익하니라'(4 : 9-11)

그럼에도 불구하고 신실하신 주님(2 : 13)은 약속하신 대로(마 28 : 20) 바울의 곁에 서서 바울을 강건케 해 주셨습니다. "주께서 내 곁에 서서 나를 강건케 하심은 나로 말미암아 전도의 말씀이 온전히 전파되어 이방인으로 듣게 하심이니 내가 사자의 입에서 건지웠느니라"(4 : 17)

아프리카의 위대한 선교사였던 리빙스턴(D. Living Stone : 1813 - 1873)이 안식년이 되어 영국으로 돌아왔을 때 옥스퍼드대학에서 설교를 했는데, 그때 한 사람으로부터 어떻게 그런 악조건 가운데서 그토록 위대한 사역을 감당해 낼 수 있었는지에 대해 질문을 받았습니다. 그때 그는 마태복음 28장의 마지막 절로 대답해 주었다고 합니다. "볼지어다 내가 세상 끝날까지 너희와 항상 함께 있으리라"

창조주이시면서 구속주이신 예수 그리스도만이 우리의 일생을 책임질 수 있는 유일한 분이시므로, 우리는 그분에게 주저함 없이 우리의 일생을 맡겨야 합니다. 신실하신 그분만이 우리를 배신하지 않고 끝까지 우리를 도와주실 것입니다. 오직 그분만이 우리의 구주이시고, 우리의 주님이십니다.

바울의 주님은 우리들의 주님이시기도 합니다!

선한 일을 위한 소명의 책

◎ **본 문** : 범사에 네 자신으로 선한 일의 본을 보여 교훈의 부패치 아니함과
경건함과 책망할 것이 없는 바른 말을 하게 하라 이는 대적하는 자로
하여금 부끄러워 우리를 악하다 할 것이 없게 하려 함이라 (2 : 7-8)

◎ **주 제** : 선한 사람이 선한 일을 할 수 있다

◎ **키워드** : 선행들

디도는 바울의 회심자 중의 한 사람이었습니다.
"같은 믿음을 따라 된 나의 참 아들 디도에게 편지하노니…" (1 : 4)
그는 바울의 초기 사역을 통해 주님께로 인도되었음에 틀림이 없습니다.
왜냐하면 그가 제1차 선교 여행이 끝나 갈 무렵에 바울과 바나바와 함께
예루살렘으로 동행했기 때문입니다. "14년 후에 내가 바나바와 함께
디도를 데리고 다시 예루살렘에 올라갔노니" (갈 2 : 1)
(바울의 예루살렘 방문은 그가 회심한지 17년 후의 일이었음)
디도는 디모데와는 여러 면에서 달랐습니다.
디모데는 유대인으로서 바울에 의해 할례를 받았으나,
디도는 순수한 이방인으로서 할례를 받지 않았습니다.
"그러나 나와 함께 있는 헬라인 디도라도
억지로 할례를 받게 아니하였으니" (갈 2 : 3)
그는 또한 디모데보다 영육간에 연장자였음에 틀림이 없습니다.
그는 디모데보다 신체적으로나 도덕적으로 훨씬 강한 사람이었습니다.
그래서 바울은 디도에 대해서는 별로 염려하는 말을 하지 않았지만,
디모데에 대해서는 매우 염려를 하였던 것입니다.
바울은 디모데와 디도를 서로 다른 방법으로 다루었던 것입니다.

1. 우리는 먼저 그레데인들의 성품을 이해할 필요가 있습니다.

바울은 그레데 섬을 한 번 방문한 적이 있는데 그때, 그 곳 교회의 질서를 바로 잡을 필요가 있어서 유능한 디도(고후 2 : 13, 7 : 5-7, 13 -14, 8 : 6, 16-23, 딤후 4 : 10)를 그 곳에다 남겨 두게 되었습니다. "내가 너를 그레데에 떨어뜨려 둔 이 유는 부족한 일을 바로잡고 나의 명한 대로 각 성에 장로들을 세우게 하려 함이 니"(1 : 5)

바울은 그레데 사람들의 좋지 못한 성품을 잘 알고 있었습니다. "… 그레데인들 은 항상 거짓말쟁이며 악한 짐승이며 배만 위하는 게으름장이라"(1 : 12) 그레데인 들은 상습적인 거짓말쟁이들이어서 헬라인들은 "그레데인화하다(거짓말장이가 되 다)"라는 새로운 동사를 만들어 낼 정도로 그들의 거짓말은 유명한 것이었습니다.

그리고 그들은 성미가 급한데다 변덕스럽고 난폭하기가 이를 데가 없었기 때문 에 바울은 그들을 엄하게 다스리라고 제자 디도에게 당부하였습니다. "이 증거가 참되도다 그러므로 네가 저희를 엄히 꾸짖으라 이는 저희로 하여금 믿음을 온전케 하고"(1 : 13)

그레데 교회는 오순절 때, 예루살렘에 왔다가 베드로의 설교를 듣고 구원받은 사 람들이 돌아가서 세웠을 것임에 틀림이 없습니다. "그레데인과 아라비아인들이라 우 리가 다 우리의 각 방언으로 하나님의 큰 일을 말함을 듣는도다 하고"(행 2 : 11)

2. 우리는 이 책의 주제에 관심을 기울여야 합니다.

디도서의 주제는 하나님의 은혜에 의한 삶의 변화와 다루기 힘든 사람들을 훈련 시켜 그들로 하여금 "선한 일"을 하게 한다는 것입니다. 잠깐 선한 일에 대해 생 각해 봅시다. 바울의 목회서신에서 자주 언급한 선한 일이란 말의 "선한"이란 형 용사의 헬라어는 카로스(kalos)로서 그 어근의 의미는 "아름다운" 혹은 "고상한" 입니다. 이 말은 도덕적으로 뿐만 아니라 미학적인 의미도 담고 있습니다.

그러나 바울이 이 말을 사용할 때는 신학에다 깊이 뿌리를 내리고 있었던 것입 니다. 예수님께서 죽으신 것은 우리를 악에서 건져내고, 우리를 정결케 하고, 또 우리로 하여금 선한 일에 열심있게 하려 함에 있었던 것입니다. "그가 우리를 대 신하여 자신을 주심은 모든 불법에서 우리를 구속하시고 우리를 깨끗하게 하사 선

한 일에 열심하는 친 백성이 되게 하려 하심이니라"(2 : 14)

선한 일은 우리 안에 거하시는 성령의 역사의 결과로 자연스럽게 흘러나오는 것이기 때문에, 구원받은 그리스도인에게 있어서 선행은 필연적인 것이라 할 수 있습니다. "이 말이 미쁘도다 원컨대 네가 이 여러 것에 대하여 굳세게 말하라 이는 하나님을 믿는 자들로 하여금 조심하여 선한 일을 힘쓰게 하려 함이라 이것은 아름다우며 사람들에게 유익하니라"(3 : 8)

디도서는 선행의 구체적인 실례들로 가득한 책입니다. 나그네를 대접함(1 : 8), 절제함(1 : 8), 다른 사람들을 권면함(1 : 9), 절제(2 : 1), 남편과 자녀들을 사랑함(2 : 4), 친절함(2 : 5), 신뢰할만한 봉사(2 : 10), 공정하고 경건한 삶(2 : 12), 화평함 참된 겸손(3 : 2)과, 그 외에도 다른 많은 선행들이, 자신의 삶은 말할 것도 없고 다른 많은 사람들의 삶을 풍요롭게 해 주는 것입니다.

한 마디로 선행이란 우리 그리스도인의 삶을 풍성하게 하기 위한 하나님의 계획이자, 성령님의 역사의 결과인 것입니다. 디도서의 핵심은 여기에 있습니다.

3. 우리는 이 책을 "선한 일을 위한 소명의 책"이라고 부릅니다.
하나님은 바울과 디도와 우리 모두를 선한 일을 하게 하려고 부르신 것입니다.

1. 인사(1 : 1-4)
바울은 주님에 의해 특별한 과업을 위탁받은 종(bondslave)이었습니다. 특별한 과업이란, 하나님의 백성들로 하여금 믿음과 경건에 이르게 하는 "진리의 지식"에 도달케 하는 것이었습니다. "하나님의 종이요 예수 그리스도의 사도인 바울 곧 나의 사도된 것은 하나님의 택하신 자들의 믿음과 경건함에 속한 진리의 지식과 영생의 소망을 인함이라 이 영생은 거짓이 없으신 하나님이 영원한 때 전부터 약속하신 것인데"(1 : 1-2)

2. 그레데에서의 사역(1 : 5-16)
바울이 디도를 그레데에 남겨 둔 이유는 부족한 일을 바로 잡는 것과 각 교회에 자질을 갖춘 장로들을 세우게 하는 것이었습니다. 디모데전서 3장과 디도서 1장에 나오는 장로(감독)의 자질은 전부가 도덕적인 자질들이라는데 특별한 의미가 있는 것입니다. 도덕적으로 문제가 있는 사람은 영적 지도자가 될 수 없는 것입니다.

영적 지도력은 존경으로부터 나오는 것입니다. 목사가 성도들로부터 존경을 받지 못하면 지도력을 행사할 수가 없는 것입니다. 목사의 지도력은 직함에 있지 않고 존경에 있습니다. 존경심을 잃어버린 목사는 이미 그 교회의 지도자가 아닙니다. 성도들은 도덕적으로 탁월한 목사를 존경하는 것입니다.

3. 가르치는 사역(2 : 1-15)

그레데의 잘못을 바로 잡는데는 올바른 지도자(디도)에 의한 올바른 교훈(sound doctrine)이 필요했습니다. "오직 너는 바른 교훈에 합한 것을 말하여"(2 : 1) 뿐만 아니라 가르친 바를 디도 자신이 먼저 실천함으로 본이 되어야만 했습니다. "범사에 네 자신으로 선한 일의 본을 보여 교훈의 부패치 아니함과 경건함과"(2 : 7)

하나님의 은혜가 우리를 구원하신 목적은 첫째, 이 세상에서 근신하며 의롭고 경건할 것(2 : 12)과 둘째, 그리스도의 재림을 기다리며 사는 것(2 : 13)과 셋째, 선한 일에 열심하는 특별한 백성이 되게 하는 것입니다(2 : 14).

그리스인들의 교육 목표는 교양인이 되게 하는 것과 사회 공동체의 일원이 되게 하는 것이었습니다. 그러나 신구약 성경이 말하는 교육의 목표는 믿음이 있는 사람이 되게 하는 것과 경건한 사람이 되게 하는 것입니다. 믿음이 있는 사람과 경건한 사람은 반드시 선한 일에 열심있게 되는 것입니다.

4. 선한 일(3 : 1-11)

바울은 디도서에서 선한 일의 실천을 특별히 강조하고 있습니다. 선한 시민으로 살고, 선한 이웃으로 살라고 권면하고 있습니다. "너는 저희로 하여금 정사와 권세 잡은 자들에게 복종하며 순종하며 모든 선한 일 행하기를 예비하게 하며 아무도 훼방하지 말며 다투지 말며 관용하며 범사에 온유함을 모든 사람에게 나타낼 것을 기억하게 하라"(3 : 1-2)

사역자들의 행실은 그들의 메시지에 손상을 입힐 수도 있고, 메시지를 더욱 강화시킬 수도 있습니다. 그리스도인들은 가정에서, 교회에서, 그리고 사회에서 자제하고 순종하며 남을 존경하면서 살도록 하나님께서 부르셨습니다.

선행은 구원의 기초나 공로가 아니라 구원의 결과 혹은 구원의 열매라고 할 수 있습니다. "우리도 전에는 어리석은 자요 순종치 아니한 자요 속은 자요 각색 정욕과 행락에 종노릇한 자요 악독과 투기로 지낸 자요 가증스러운 자요 피차 미워한 자이었으나 우리 구주 하나님의 자비와 사람 사랑하심을 나타내실 때에 우리를 구원하시되 우리의 행한 바 의로운 행위로 말미암지 아니하고 오직 그의 긍휼하심을 좇아 중생의 씻음과 성령의 새롭게 하심으로 하셨나니 성령을 우리 구주 예수 그리스도로 말미암아 우리에게 풍성히 부어 주사 우리로 저의 은혜를 힘입어 의롭다 하심을 얻어 영생의 소망을 따라 후사가 되게 하려 하심이라"(3 : 3-7)

5. 마지막 인사(3 : 12-15)

"또 우리 사람들도 열매 없는 자가 되지 않게 하기 위하여 필요한 것을 예비하는 좋은 일에 힘쓰기를 배우게 하라"(3 : 14)

바울은 항상 열매를 기대하며 사역했습니다. 전도와 설교와 가르침과 권면과 칭찬(격려)과 책망과 편지 쓰기와 여행 등등. 그의 이 모든 것은 열매를 얻기 위한 사역이었던 것입니다.

하나님도 우리들의 열매에 관심이 있으십니다. 주님께서는 열매 없는 무화과나무를 저주하셨습니다. 모든 나무들은 열매가 있어 아름다운 것입니다. 모든 곡식들도 열매가 있을 때 귀한 것입니다. 우리도 열매가 많은 사람들이 되어야 하겠습니다.

마지막으로 우리의 수고가 열매로 나타나려면 우리에게 필요한 것들을 미리 미리 준비해 야 합니다. 이처럼 바울의 마지막 인사의 중심은 열매였습니다.

빌레몬서

용서의 책

◎ **본 문** : 저가 잠시 떠나게 된 것은 이를 인하여 저를 영원히 두게 함이니

이후로는 종과 같이 아니하고 종에서 뛰어나 곧 사랑 받는 형제로 둘 자라

내게 특별히 그러하거든 하물며 육신과 주안에서 상관된 네게랴

그러므로 네가 나를 동무로 알진대 저를 영접하기를 내게 하듯하고 (1 : 15-17)

◎ **주 제** : 위대한 동일시는 자유를 가져온다

◎ **키워드** : 동일시들

로버트슨 니콜(W. Robertson Nicoll) 경은
"만약 내가 어떤 저작의 명예를 탐낸다면 그것은 곧 나의 편지 중 어떤 것이
나의 친구들의 인생 투쟁이 끝났을 때 그들의 책상 안에서 발견되는 것이다."
바울이 그런 명예를 탐내었는지 아닌지는 알 수 없으나
그의 한 서신은 빌레몬에 의해 간직되었습니다.
바울의 모든 서신 중 이 사신(私信)만이 유일하게 보존되어 오늘까지 이른 것입니다.
이 서신은 바울의 모든 서신 중에 가장 짧은 것이지만
그러나 완전한 하나의 보석입니다.

1. 우리는 이 서신의 배경을 살펴 볼 필요가 있습니다.

빌레몬(골로새교회의 중요한 성도이었음)의 노예인 오네시모가 주인의 소유를 도적질한 후, 로마로 도망쳐 갔습니다. 그는 결국 로마의 감옥에 투옥되었으며 그 곳에서 바울을 만나 회심하게 되었던 것입니다. 바울의 영향 아래서 그는 놀랍게 변화되어 갔으며, 바울을 헌신적으로 섬김으로 해서 사도로부터 큰 사랑과 신뢰를 받게 되었습니다.

그러나 그는 빌레몬의 법적인 노예였기 때문에 바울은 그를 계속 그의 곁에 머물게 할 수가 없었습니다. 그래서 바울은 그를 그의 주인에게 돌려보내기로 결정한 후, 이 서신을 쓰게 되었던 것입니다. 결국 오네시모는 이 서신을 지참한 채 빌레몬에게로 돌아갔습니다.

2. 우리는 이제 바울의 문제(Dilemma)를 생각해 보아야 할 단계에 이르렀습니다.

1. 바울은 도망쳐 나온 노예를 로마법에 따른 잔인한 형벌로부터 구해 주고 싶었습니다. 어떻게 해야 했을까요?

2. 그는 빌레몬을 잘 달래서 오네시모에게 심한 굴욕을 주지 않게 하고, 한편 오네시모에게는 자기의 죄를 가볍게 여기지 않도록 하려 했습니다.

이것이 노(老)사도가 직면했던 딜레마였던 것입니다.

3. 우리는 이제 바울의 전략을 한 번 알아보도록 합시다.

1. 바울은 죄수(오네시모)가 혼자서 그 주인을 만나게 해서는 안 되겠다고 생각했습니다. 그래서 바울은 골로새로 돌아가는 두기고로 하여금 오네시모를 데리고 가도록 하였던 것입니다. "두기고가 내 사정을 다 너희에게 알게 하리니 그는 사랑을 받는 형제요 신실한 일꾼이요 주 안에서 함께 된 종이라 내가 저를 특별히 너희에게 보낸 것은 너희로 우리 사정을 알게 하고 너희 마음을 위로하게 하려 함이라 신실하고 사랑을 받는 형제 오네시모를 함께 보내노니 그는 너희에게서 온 사람이라 저희가 여기 일을 다 너희에게 알게 하리라"(골 4 : 7-9)

2. 바울은 두기고와 함께 돌아갈 오네시모를 위해 중재의 서신을 빌레몬에게로 써 보내게 되었습니다. 이 편지(빌레몬서)는 요령과 예의 면에서 가히 모범적이라 할 수 있습니다.

3. 바울은 골로새서(두기고 편으로 보냈음)를 통해 오네시모를 교회 앞에 소개 시켜 주었습니다(골 4 : 9). 이 상황 속에 빌레몬이 어떻게 오네시모를 용서하지 않을 수가 있었겠습니까? 바울은 그야말로 탁월한 중재자였던 것입니다.

4. 우리는 이 서신의 중요성(가치)을 알고 있어야 합니다.

1. 바울의 성품(인격)을 보다 섬세하게 보여 주고 있다는 점에서 이 서신은 매우 높은 가치를 지니고 있습니다. 그는 예의 바르고, 은혜롭고, 사랑스럽고, 겸손하고, 거룩하고, 비이기적이었습니다. 한 마디로 말해서 바울은 고매한 인격을 소유한 신사였습니다.

2. 바울의 요령과 지혜를 보여 준다는 점에서 이 서신은 정말 중요한 것입니다. 이 서신은 은혜롭고, 요령 있는, 섬세한 탄원으로 인해 가히 걸작품이라고 할 수 있습니다.

3. 사회 개혁의 복음적인 방법을 제시하였다는 점에서 이 서신은 높은 가치를 지니고 있습니다. "이후로는 종과 같이 아니하고 종에서 뛰어나 곧 사랑 받는 형제로 둘 자라 내게 특별히 그러하거든 하물며 육신과 주 안에서 상관된 네게랴 그러므로 네가 나를 동무로 알진대 저를 영접하기를 내게 하듯 하고 저가 만일 네게 불의를 하였거나 네게 진 것이 있거든 이것을 내게로 회계하라"(1 : 16-18)

4. 이 책은 구속의 놀라운 진리(비유)를 보여 주고 있다는 점에서 가장 높은 가치를 지니고 있습니다. "저가 만일 네게 불의를 하였거나 네게 진 것이 있거든 이것을 내게로 회계하라"(1 : 18) 얼마나 놀랍습니까? 구속의 진리를 이렇게 분명하게 보여 주는 이야기가 또 있을까요? 필자는 성경 66권 중에 빌레몬서가 들어있다는 사

실로 인하여 하나님 아버지께 박수치며 감사드리고, 또한 춤을 추면서 찬양드리고
싶습니다.

5. 우리는 이 책을 "용서의 책" 이라고 불러야 합니다.

1. 인사(1 : 1-3)

압비아는 아마 빌레몬의 아내였을 것이고, 아킵보는 아마 빌레몬의 아들이었을 것입니다. 바울과 빌레몬의 관계는 개인적으로 또한 사역의 측면에서도 매우 친밀한 관계였습니다.

2. 빌레몬의 성품에 대한 칭찬(1 : 4-7)

"내가 항상 내 하나님께 감사하고 기도할 때에 너를 말함은 주 예수와 및 모든 성도에 대한 네 사랑과 믿음이 있음을 들음이니"(1 : 4-5)

빌레몬은 성도들에 대한 사랑과 주님께 대한 믿음이 탁월함으로써 골로새교회의 성도들로부터 존경을 받고 있었습니다. 뿐만 아니라 그는 골로새교회의 성도들의 마음을 늘 평안하게 해 주었고, 사도 바울의 마음에도 기쁨과 위로를 끼쳤던 사람이었습니다. 오늘 우리들의 곁에도 빌레몬과 같은 사람들이 많이 있어야 하겠습니다.

3. 오네시모를 위한 중재(1 : 8-21)

사도 바울은 오네시모 건에 있어서 빌레몬에게 명령도 할 수 있는 입장에 있었지만 그는 오히려 간곡히 호소하는 방법을 택했습니다. "이러므로 내가 그리스도 안에서 많은 담력을 가지고 네게 마땅한 일로 명할 수 있으나 사랑을 인하여 도리어 간구하노니 나이 많은 나 바울은 지금 또 예수 그리스도를 위하여 갇힌 자 되어 갇힌 중에서 낳은 아들 오네시모를 위하여 네게 간구하노라"(1 : 8-10)

바울이 오네시모를 위해 중재에 나선 것은 그가 바울에게 믿음의 아들이었고, 또한 옥중의 바울을 열과 성을 다해 잘 섬겼기 때문입니다. 그래서 바울은 그를 심복이라고 불렀던 것입니다. "저가 전에는 네게 무익하였으나 이제는 나와 네게 유익하므로 네게 저를 돌려 보내노니 저는 내 심복이라"(1 : 11-12)

"오네시모"란 이름의 뜻은 "유익한"이지만 바울은 재치 있게 "저가 전에는 네게 무익하였다"라고 말하고 있습니다. 그러나 중요한 것은 과거가 아니고 현재입니다. "이제는 나와 네게 유익하므로"

바울은 정말로 오네시모를 필요로 했습니다. 그러나 바울은 그를 일단 빌레몬에게 돌려보내기로 했던 것입니다. 너무나 훌륭한 결정이었습니다. "저를 내게 머물러 두어 내 복음을 위하여 갇힌 중에서 네 대신 나를 섬기게 하고자 하나 다만 네 승낙이 없이는 내가 아무 것도 하기를 원치 아니하노니 이는 너의 선한 일이 억지 같이 되지 아니하고 자의로 되게 하려 함이로라"(1 : 13-14)

바울은 15절에서 보듯이 빌레몬에게 하나님의 섭리를 알게 함으로써 오네시모를 기쁘게 맞이할 수 있도록 돕고 있는 것을 볼 수 있습니다. 어떤 사건의 배후에 있는 하나님의 섭리를 발견하고 나면, 우리는 원망이나 불평 대신 오히려 감사할 수 있게 됩니다.

바울은 다시 오네시모의 유용성을 강조하면서 그를 정중하게 형제로 받아들이라고 호소하고 있으며(1 : 16-17), 17절에서는 자신을 오네시모와 동일시하고 있음을 볼 수 있습니다. 얼마나 감동스러운 장면입니까? 이 점에서 바울은 우리 주님의 놀라운 모형이 되고 있는 것입니다. 주님은 십자가에서 자신을 죄인들과 동일시 하셨고, 부활하실 때에도 역시 죄인들을 자기와 같은 의인으로 여기셨던 것입니다. "예수는 우리 범죄 함을 위하여 (십자가에) 내어 줌이 되고 또한 우리를 의롭다 하심을 위하여 살아나셨느니라"(롬 4 : 25)

오 나의 사랑하는 독자여, 위대한 사도 바울의 말을 들어 보십시오. "…네가 나의 말보다 더 행할 줄을 아노라"(1 : 21) 전해 내려오는 말에 의하면 바울의 말(믿음)대로 오네시모는 자유인이 되었을 뿐만 아니라 그는 나중에 에베소교회의 감독을 거쳐 영광스러운 순교자가 되었다고 합니다.

오 위대한 바울이여!

오 위대한 빌레몬이여!

오 위대한 오네시모여!

당신들을 부르시고, 당신들과 동행하시면서, 당신들을 쓰신

오 놀라우신 주님을 찬양합니다!

4. 인사와 맺는 말(1 : 22-25)

오네시모를 위한 중재의 말을 모두 끝낸 후, 사도 바울은 골로새교회를 방문하고 싶은 자신의 간절한 마음을 피력했습니다. "오직 너는 나를 위하여 처소를 예비하라 너희 기도로 내가 너희에게 나아가게 하여 주시기를 바라노라"(1 : 22)

사실 사도 바울이 오네시모를 위해 그렇게 간절히 중재한 것도 주님의 몸인 교회를 위해서였습니다.

"내가 이제 너희를 위하여 받는 괴로움을 기뻐하고
그리스도의 남은 고난을 그의 몸된 교회를 위하여 내 육체에 채우노라"(골 1 : 24)

히브리서
제5 복음서의 책

◎ **본 문** : 그러므로 우리에게 큰 대제사장이 있으니 승천하신 자 곧 하나님
아들 예수시라 우리가 믿는 도리를 굳게 잡을지어다 (4 : 14)
◎ **주 제** : 예수 그리스도는 어떤 것과도 비교될 수 없을 만큼 우월하시다
◎ **키워드** : 우월성들

히브리서는 기독교 신앙과 유대교 신앙 사이에서 방황하고 있는
유대 그리스도인들을 위해 기록되었습니다.
콜리지(Coleridge)는 로마서가 기독교의 필요성을 입증한 것이라면
히브리서는 기독교의 우수성을 입증한 것이라고 매우 명쾌하게 지적했습니다.
히브리서의 저자는 그리스도인의 신앙의 우수성을 입증하는데 있어서
옛것(구약)을 하찮게 만들지 않고 오히려
옛것의 성취로서의 새것을 진술하였던 것입니다.
히브리서는 하나의 서신이라기보다는 한편의 논문이라고 보아야 할 것입니다.
사실 히브리서는 로마서와 쌍벽을 이루는
교회 역사상 가장 놀라운 논문 중의 한편입니다.

1. 우리는 먼저 이 책의 배경을 살펴보아야 합니다.

혹독한 유대교의 박해 때문에 유대 그리스도인들은 흔들리고 있었습니다. 그들은 예수 그리스도를 구주로 믿은 것 때문에 유대교의 모든 것(성전, 제사, 절기, 제사장 등)을 잃어버렸다고 생각하면서 서서히 방황하기 시작했던 것입니다. 시간이 흐르면서 그들은 그리스도인의 특권을 경시하기 시작했으며, 그 결과로 그들은 깊은 침체의 늪으로 빠져 들어가고 있었습니다.

2. 우리는 이 책의 놀라운 가치를 인식하고 있어야 합니다.

히브리서는 오늘날의 그리스도인들을 위해 특별히 필요한 책입니다. 히브리서는 무엇보다도 우리들로 하여금 구약성서를 바르게 이해하도록 도움을 주는 책입니다.

그보다 더 중요한 점은 히브리서가 우리들을 지금도 살아 계시는 구주와 연결시켜 준다는데 있습니다. 히브리서는 제1세기의 유대 그리스도인들처럼 방황하고 있는 현대 그리스도인들에게 크고 놀라운 해방(release)을 제공하기 때문에 그 가치는 너무나 큰 것입니다.

3. 우리는 이 책을 "제5 복음서"라고 부를 수 있습니다.

히브리서의 주제가 "우월하신 그리스도"이기 때문에 우리는 이 책을 "제5 복음서" 라고 부를 수 있는 것입니다.

1. 그리스도의 품격과 사역의 영광(1 : 1-10 : 18)

예수 그리스도는 누구와도 비교될 수 없는 품격의 소유자이시고, 그리고 그 누구도 행할 수 없는 위대한 일들을 이루신 능력자이십니다.

(1) 선지자들보다 우월하신 그리스도(1 : 1-3)

히브리서는 그리스도의 신성에 대한 주장과 함께 시작이 되고 있습니다. "옛적에 선지자들로 여러 부분과 여러 모양으로 우리 조상들에게 말씀하신 하나님이 이 모든 날 마지막에 아들로 우리에게 말씀하셨으니 이 아들을 만유의 후사로 세우시고 또 저로 말미암아 모든 세계를 지으셨느니라 이는 하나님의 영광의 광채시요 그 본체의 형상이시라 그의 능력의 말씀으로 만물을 붙드시며 죄를 정결케 하는 일을 하시고 높은 곳에 계신 위엄의 우편에 앉으셨느니라"(1 : 1-3)

유대인 그리스도인들은 하나님께서 그들의 조상들에게 말씀하실 때, 선지자들을 통해 말씀하셨다는 사실을 잘 알고 있었습니다. 그래서 그들은 선지자들을 감히 예수님과 비교하는 유혹을 받게 되었던 것입니다. 그분은 만유의 상속자이시며 우주의 유지자이십니다. 또한 그분은 사람들의 죄를 정결케 하신 후에 승천하셔서 하나님 보좌 우편에서 그분의 백성들을 위해 중보하시는 중보자이십니다. 선지자들이 감히 어떻게 비교가 될 수 있단 말입니까?

(2) 천사들보다 우월하신 그리스도(1 : 4-2 : 18)

예수 그리스도는 어떤 천사와도 비교될 수 없을 만큼 뛰어나신 하나님의 아들이시며 온 세상을 다스리려고 다시 오실 때까지 하나님의 보좌 우편에 앉아 계시면서 모든 천사들을 직접 부리시는 하나님이십니다. "모든 천사들은 부리는 영으로서 구원 얻을 후사들을 위하여 섬기라고 보내심이 아니뇨"(1 : 14)

"장차 오는 세상"은 천사들이 아닌 예수 그리스도가 다스리도록 되어 있는 것입니다. "하나님이 우리의 말한 바 장차 오는 세상을 천사들에게는 복종케 하심이 아니라"(2 : 5) "만물을 그 발 아래 복종케 하셨느니라 하였으니 만물로 저에게 복종케 하셨은 즉 복종치 않은 것이 하나도 없으나 지금 우리가 만물이 아직 저에게 복종한 것을 보지 못하고"(2 : 8)

예수 그리스도가 사람으로 오신 것은 사람들을 마귀(타락한 천사)의 종노릇에서 건지시기 위함입니다. "자녀들은 혈육에 함께 속하였으매 그도 또한 한 모양으로 혈육에 함께 속하심은 사망으로 말미암아 사망의 세력을 잡은 자 곧 마귀를 없이 하시며 또 죽기를 무서워하므로 일생에 매여 종노릇하는 모든 자들을 놓아 주려 하심이니"(2 : 14-15)

예수 그리스도는 누구십니까? 예수 그리스도는 천사들을 친히 창조하셨던

창조주로서 천사들을 어떻게 감히 예수 그리스도와 비교할 수 있단 말입니
까? 어림도 없는 일입니다!

(3) 모세보다 우월하신 그리스도(3 : 1-19)

모세는 이스라엘을 한 국가로 만들어 낸 위대한 사람이었습니다. 그는 애굽에서 종 노릇하고 있던 이스라엘 백성들을 해방시켜 내었을 뿐만 아니라 그들에게 율법과 성막을 세운 자로 유대인들에게 있어서 모세보다 존경받을 만한 인물이란 그리 많지 않습니다. 그러나 그는 하나님의 집에서 섬겼던 종에 불과합니다. 그렇지만 예수 그리스도는 하나님의 집에서 아들로서 충성하셨습니다. 아들과 종 사이에는 비교 못할 차이가 있습니다. "모세는 장래에 말할 것을 증거하기 위하여 하나님의 온 집에서 사환으로 충성하였고 그리스도는 그의 집 맡은 아들로 충성하였으니 우리가 소망의 담대함과 자랑을 끝까지 견고히 잡으면 그의 집이라"(3 : 5-6)

이스라엘 백성들이 광야에서 모세의 지도력에 순종해야만 했던 것처럼 모든 인류는 그리스도를 믿고 그에게 순종해야 합니다. "듣고 격노케 하던 자가 누구뇨 모세를 좇아 애굽에서 나온 모든 이가 아니냐 또 하나님이 사십 년 동안에 누구에게 노하셨느뇨 범죄 하여 그 시체가 광야에 엎드러진 자에게가 아니냐 또 하나님이 누구에게 맹세하사 그의 안식에 들어오지 못하리라 하셨느뇨 곧 순종치 아니하던 자에게가 아니냐 이로 보건대 저희가 믿지 아니하므로 능히 들어가지 못한 것이라"(3 : 16-19)

모세! 그는 진정 위대한 사람이었지만 그러나 그리스도와는 비교될 수 없는 사람이었습니다.

(4) 여호수아보다 우월하신 그리스도(4 : 1-13)

모세의 후계자였던 여호수아도 이스라엘 백성들의 존경을 받던 인물 중의 하나였습니다. 그러나 그도 이스라엘을 가나안 땅으로는 인도해 들였지만 하나님의 안식에로는 이끌지 못했습니다.

그러나 예수 그리스도는 믿는 자들을 하나님의 안식에로 인도해 주시는

분이십니다. "저희와 같이 우리도 복음 전함을 받은 자이나 그러나 그 들은 바 말씀이 저희에게 유익되지 못한 것은 듣는 자가 믿음을 화합지 아니함이 라"(4 : 2)

"수고하고 무거운 짐진 자들아 다 내게로 오라 내가 너희를 쉬게 하리라 나는 마음이 온유하고 겸손하니 나의 멍에를 메고 내게 배우라 그러면 너희 마음이 쉼을 얻으리니 이는 내 멍에는 쉽고 내 짐은 가벼움이라" (마 11 : 28-30)

여호수아 또한 예수 그리스도와 비교할 수 없습니다.

(5) 아론보다 우월하신 그리스도(4 : 14-8 : 13)

아론(5 : 4)은 하나님이 친히 세웠던 이스라엘의 초대 대제사장으로 그는 거룩하신 하나님과 죄인된 백성 사이의 중재자로서 백성들의 큰 존경을 받던 사람이었습니다. 그러나 아론은 자신의 죄를 위해서도 제물을 드려야만 했던 불완전한 사람이었지만 반면 예수 그리스도는 완전한 큰 대제사장으로서 그에게 의지하는 모든 사람을 능히 하나님께로 인도하시는 유일한 길이시고, 유일한 진리이시며, 유일한 생명이십니다.

"예수께서 가라사대 내가 곧 길이요 진리요 생명이니 나로 말미암지 않고 는 아버지께로 올 자가 없느니라"(요 14 : 6)

아론 또한 예수 그리스도와 비교할 수가 없습니다.

(6) 모든 제물보다 우월하신 그리스도(9 : 1-10 : 18)

예수 그리스도는 크고도 완전한 대제사장이실 뿐만 아니라 자신 또한 완전한 제물도 되시는 분이십니다. 구약에 의한 어떤 제물도 인간의 죄를 깨끗케 하지 못합니다. "율법은 장차 오는 좋은 일의 그림자요 참 형상이 아니므로 해마다 늘 드리는 바 같은 제사로는 나아오는 자들을 언제든지 온전케 할 수 없느니라 그렇지 아니하면 섬기는 자들이 단번에 정결케 되어 다시 죄를 깨닫는 일이 없으리니 어찌 드리는 일을 그치지 아니하였으리요 그러나 이 제사들은 해마다 죄를 생각하게 하는 것이 있나니 이는 황소와 염소의 피가

능히 죄를 없이 하지 못함이라"(10 : 1-4)

그러나 스스로 제물이 되신 예수 그리스도는 모든 사람을 더러운 죄에서 온전히 깨끗게 하십니다. "그리스도께서 장래 좋은 일의 대제사장으로 오사 손으로 짓지 아니한 곧 이 창조에 속하지 아니한 더 크고 온전한 장막으로 말미암아 염소와 송아지의 피로 아니하고 오직 자기 피로 영원한 속죄를 이루사 단번에 성소에 들어가셨느니라 염소와 황소의 피와 및 암송아지의 재로 부정한 자에게 뿌려 그 육체를 정결케 하여 거룩케 하거든 하물며 영원하신 성령으로 말미암아 흠 없는 자기를 하나님께 드린 그리스도의 피가 어찌 너희 양심으로 죽은 행실에서 깨끗하게 하고 살아 계신 하나님을 섬기게 못하겠느뇨"(9 : 11-14)

그러므로 예수 그리스도는 구약의 어떤 제물과도 비교 될 수 없는 우월한 제물이십니다. "그러므로 하늘에 있는 것들의 모형은 이런 것들로써 정결케 할 필요가 있었으나 하늘에 있는 그것들은 이런 것들보다 더 좋은 제물로 할지니라"(9 : 23)

구약의 제물들 역시 예수 그리스도와 비교될 수 없으며, 그것은 말도 안 됩니다.

예수 그리스도의 우월성을 입증하는 데 이 정도면 충분하지 않습니까? 예수 그리스도를 믿고, 순종하고, 헌신하고, 충성하는데 매진해야 합니다. 방황하고 의심하고 불신하는 사람은 정말 어리석은 사람입니다.

2. 그리스도의 인격과 사역의 결과 – 그리스도인의 삶(10 : 19-13 : 25)

(1) 하나님께 나아갈 수 있는 담력을 줍니다(10 : 19)

"그러므로 형제들아 우리가 예수의 피를 힘입어 성소에 들어갈 담력을 얻었나니"

(2) 믿음으로 말미암아 살게 됩니다(10 : 38)

"오직 나의 의인은 믿음으로 말미암아 살리라 또한 뒤로 물러가면 내 마음이 저를 기뻐하지 아니하리라 하셨느니라"

(3) 믿음으로 말미암아 승리하게 됩니다(11장)

"믿음이 없이는 기쁘시게 못하나니 하나님께 나아가는 자는 반드시 그가 계신 것과 또한 그가 자기를 찾는 자들에게 상주시는 이심을 믿어야 할지니라"(11 : 6)

"믿음은 바라는 것들의 실상이요 보지 못하는 것들의 증거니"(11 : 1)

(4) 성도들에게는 하나님의 사랑의 징계가 있습니다(12장)

"또 아들들에게 권하는 것같이 너희에게 권면하신 말씀을 잊었도다 일렀으되 내 아들아 주의 징계하심을 경히 여기지 말며 그에게 꾸지람을 받을 때에 낙심하지 말라 주께서 그 사랑하시는 자를 경계하시고 그의 받으시는 아들마다 채찍질하심이니라 하였으니"(12 : 5-6)

(5) 여러 측면에서 변화된 삶을 살게 됩니다(13장)

"형제 사랑하기를 계속하고 손님 대접하기를 잊지 말라 이로써 부지중에 천사들을 대접한 이들이 있었느니라 자기도 함께 갇힌 것같이 갇힌 자를 생각하고 자기도 몸을 가졌은 즉 학대받는 자를 생각하라 모든 사람은 혼인을 귀히 여기고 침소를 더럽히지 않게 하라 음행하는 자들과 간음하는 자들을 하나님이 심판하시리라 돈을 사랑치 말고 있는 바를 족한 줄로 알라 그가 친히 말씀하시기를 내가 과연 너희를 버리지 아니하고 과연 너희를 떠나지 아니하리라 하셨느니라 그러므로 우리가 담대히 가로되 주는 나를 돕는 자시니 내가 무서워 아니 하겠노라 사람이 내게 어찌하리요 하노라"(13 : 1-6)

야고보서
믿음과 행위의 책

◎ **본 문** : 혹이 가로되 너는 믿음이 있고 나는 행함이 있으니 행함이 없는
　　　　　　네 믿음을 내게 보이라 나는 행함으로 내 믿음을 네게 보이리라 (2 : 18)

◎ **주 제** : 참된 믿음은 행위를 통해 나타난다

◎ **키워드** : 믿음과 행함

야고보서는 유대 그리스도인에 의해 기록되었기 때문에
그 문체와 분위기에 있어서 대체로 유대적입니다.
이 서신을 풀 수 있는 열쇠는 야고보(예수님의 동생)라는
사람의 인격과 성품으로써 그는 준엄하고 엄격해서 다분히
구약의 선지자를 연상케 하며 그의 문체는 무뚝뚝하고 담대하며 빠릅니다.
그리고 그는 은유의 사람입니다(1 : 6,10,17-18,21,23, 5 : 5).
내증(內證)에 따라, 권위자들은 대체로 이 서신을 신약성서의 서신들 중에
처음 것으로 추정함으로써 A.D. 45년에서 53년 사이에 기록되었음에
틀림이 없습니다. 이것은 매우 중요한 사실입니다.
왜냐하면 많은 사람들이 야고보서는 바울의 로마서에 대항하기 위해
쓰여진 것이라고 생각하고 있기 때문입니다.
사실은 야고보서가 기록될 당시에 로마서는 아직 세상에 나타나지 않았습니다.
따라서 야고보는 믿음을 반대하기 위해서가 아니라
도리어 믿음을 세우기 위해서 이 서신을 기록한 것으로 볼 수 있습니다.

1. 우리는 먼저 이 책의 배경 및 목적을 살펴보아야 합니다.

1. 유대 그리스도인들은 심각한 시련과 유혹을 통과하고 있었습니다. 때문에 그들에게는 위로와 격려가 필요했습니다.

2. 초대 유대 그리스도인의 회중 가운데 심상치 않은 혼란이 일어나고 있었습니다. 때문에 이 서신은 그들의 혼란을 바로 잡기 위해서 쓰여지게 되었던 것입니다.

3. 당시에 믿음과 행위를 갈라놓는 경향이 있었습니다. 때문에 이 서신은 살아 있는 참된 믿음은 행위에 의해 입증됨을 보여 주려고 기록한 것입니다. 믿음과 행위는 동전의 안팎과 같은 것입니다.

2. 우리는 이 책의 키워드에 주의를 기울일 필요가 있습니다.

야고보서의 키워드는 "믿음"과 "행위"입니다. 믿음은 16회 사용되었고, 행위는 15회나 사용되었습니다.

3. 우리는 이 책을 "믿음과 행위의 책" 이라고 부릅니다.

1. 인사(1 : 1)

"하나님과 주 예수 그리스도의 종 야고보는 흩어져 있는 열 두 지파에게 문안하노라" 우리는 이 인사말에서 야고보의 무뚝뚝한 성품을 엿볼 수 있습니다.

2. 믿음은 유혹에 의해 검증되고 드러납니다(1 : 2-21)

참된 믿음은 자주 사단에 의해 시험(유혹)을 받는 것이 사실입니다. 욥이 시험을 받았던 것도 그의 참된 믿음 때문이었습니다. 욥의 믿음은 시험을 통해 정금같이 단련되었고 온 세상에 찬란하게 드러났습니다.

"내 형제들아 너희가 여러 가지 시험을 만나거든 온전히 기쁘게 여기라 이는 너희 믿음의 시련이 인내를 만들어 내는 줄 너희가 앎이라 인내를 온전히 이루라 이는 너희로 온전하고 구비하여 조금도 부족함이 없게 하려 함이라"(1 : 2-4)

3. 믿음은 행함에 의해 드러납니다(1 : 22-2 : 26)

영을 육안으로 볼 수 없듯이 믿음도 육안으로 볼 수 없는 것입니다. 그럼에도

불구하고 예수 그리스도를 믿는 믿음은 그 어떤 것보다도 실제적인 것으로 우리는
우리의 믿음을 숨길 수가 없습니다.

"이와 같이 행함이 없는 믿음은 그 자체가 죽은 것이라 혹이 가로되 너는 믿음
이 있고 나는 행함이 있으니 행함이 없는 네 믿음을 내게 보이라 나는 행함으로
내 믿음을 네게 보이리라"(2 : 17-18)

특별히 야고보는 가난한 자보다 부자에게 더 많은 관심을 쏟는 속물근성인 자들
에게 강하게 책망하였습니다. "너희는 도리어 가난한 자를 괄시하였도다 부자는
너희를 압제하며 법정으로 끌고 가지 아니하느냐 저희는 너희에게 대하여 일컫는
바 그 아름다운 이름을 훼방하지 아니하느냐"(2 : 6-7)

4. 믿음은 말에 의해 드러납니다(3 : 1-18)

무엇보다도 믿음은 말에 의해 드러나는 것입니다. 그래서 야고보 선생은 입에
재갈 먹이는 문제에 대해 강력하게 말씀하셨습니다. 특히 교회 안에서 선생이 되
고자 하는 자는 먼저 자신의 혀를 절제할 수 있어야 합니다.

야고보의 두려운 서술은 결코 과장이 아닙니다. "혀는 곧 불이요 불의의 세계라
혀는 우리 지체 중에서 온 몸을 더럽히고 생의 바퀴를 불사르나니 그 사르는 것이
지옥 불에서 나느니라"(3 : 6) 말은 너무나 파괴적이어서 수년간에 쌓아 온 수양과
명성, 관계와 선한 사업을 순식간에 망쳐놓을 수도 있습니다.

그리고 부주의하고 악의에 찬 선동적인 발언 한마디가 걷잡을 수 없는 결과를
초래할 수도 있습니다. 그러므로 혀는 반드시 위임된 권위 아래서 엄격한 훈련을
받아야만 하는 것입니다.

5. 믿음은 경건한 삶에 의해 입증되는 것입니다(4 : 1-17)

세상의 정체를 제대로 파악하고 있는 그리스도인은 의외로 그 숫자가 적은 것
같습니다. 세상은 하나님과 그분의 자녀들(그리스도인)에 대해 항상 적대적인 것
입니다. 그럼에도 불구하고 그리스도인들은 세상과 벗하는 일에 부끄러움을 느끼
지 않는 것 같습니다. (물론 모든 그리스도인이 그런 것은 아닙니다.) 그리스도
인들이 세상을 사랑하면 그리스도인들 사이에는 끊임없는 싸움과 다툼이 있게 마

런입니다. "너희 중에 싸움이 어디로 다툼이 어디로 좇아 나느뇨 너희 지체 중에서 싸우는 정욕으로 좇아 난 것이 아니냐 너희가 욕심을 내어도 얻지 못하고 살인하며 시기하여도 능히 취하지 못하나니 너희가 다투고 싸우는도다"(4 : 1-2) "간음하는 여자들이여 세상과 벗된 것이 하나님의 원수임을 알지 못하느뇨 그런즉 누구든지 세상과 벗이 되고자 하는 자는 스스로 하나님과 원수되게 하는 것이니라"(4 : 4)

하나님께 대한 순복과 사단의 유혹들을 대적함으로써 주님의 뜻을 따라 살 때, 우리의 믿음은 세상에서 찬란하게 그 빛을 발하게 될 것입니다. "그런즉 너희는 하나님께 순복할지어다 마귀를 대적하라 그리하면 너희를 피하리라 하나님을 가까이 하라 그리하면 너희를 가까이 하시리라 죄인들아 손을 깨끗이 하라 두 마음을 품은 자들아 마음을 성결케 하라"(4 : 7-8)

6. 믿음은 인내에 의해 드러납니다(5 : 1-12)

인내의 중요성과 그 가치는 아무리 강조해도 지나침이 없습니다. 인내는 고난에 대한 원망 없는 오래 참음이며, 인내는 그 속에서 주님의 도우심을 기다리는 것입니다. 욥은 극심한 고난을 인내로써 견딘 후에 주님으로부터 큰 위로와 축복(보상)을 받았던 것입니다. 인내는 쓰지만 그러나 그 열매는 매우 달콤한 것입니다.

"그러므로 형제들아 주의 강림하시기까지 길이 참으라 보라 농부가 땅에서 나는 귀한 열매를 바라고 길이 참아 이른 비와 늦은 비를 기다리나니"(5 : 7)

7. 믿음은 기도에 의해 드러납니다(5 : 13-20)

엘리야는 우리와 성정이 같은 사람이었지만 기도를 통해 하나님의 능력을 마음껏 세상에 나타내었던 자였습니다. 엘리야는 믿음으로 기도했습니다. 믿음의 기도는 역사하는 큰 힘을 가지고 있습니다. 하나님은 그러한 기도에 응답하시어 병자도 고치시며 죄를 용서해 주십니다. 중요한 것은 기름이 아니고 믿음의 기도인 것입니다. "너희 중에 고난 당하는 자가 있느냐 저는 기도할 것이요 즐거워하는 자가 있느냐 저는 찬송할지니라 너희 중에 병든 자가 있느냐 저는 교회의 장로들을 청할 것이요 그들은 주의 이름으로 기름을 바르며 위하여 기도할지니라 믿음의 기

도는 병든 자를 구원하리니 주께서 저를 일으키시리라 혹시 죄를 범하였을지라도
사하심을 얻으리라"(5 : 13-15)

　사람들의 모든 죄를 사하여 주시는 그리스도께로 인도해 오는 것보다 더 중요한 일은 없습니다. "내 형제들아 너희 중에 미혹하여 진리를 떠난 자를 누가 돌아서게 하면 너희가 알 것은 죄인을 미혹한 길에서 돌아서게 하는 자가 그 영혼을 사망에서 구원하며 허다한 죄를 덮을 것이니라(5 : 19-20)

"내가 너희에게 이르노니 이와 같이 죄인 하나가 회개하면
하늘에서는 회개할 것 없는 의인 아흔 아홉을 인하여
기뻐하는 것보다 더하리라"(눅 15 : 7)

"사람이 만일 온 천하를 얻고도 제 목숨을 잃으면 무엇이 유익하리요"
(막 8 : 36)

베드로전서

고난의 책

◎ **본　문** : 사랑하는 자들아 너희를 시련 하려고 오는 불 시험을 이상한 일
　　　　　당하는 것 같이 이상히 여기지 말고 오직 너희가 그리스도의 고난에
　　　　　참여하는 것으로 즐거워하라 이는 그의 영광을 나타내실 때에
　　　　　너희로 즐거워하고 기뻐하게 하려함이라 (4 : 12-13)

◎ **주　제** : 영광은 고난의 값을 지불한 성도에게만 주어진다

◎ **키워드** : 고난(시련)들

　　　　　베드로전서는 베드로의 생애가 거의 끝나갈 무렵(A.D. 60년경)
　　　　한 교회가 세워져 있던 바벨론에 머물 동안 박해로 인해 흩어져 있던
　　　유대 그리스도인들을 대상으로 실라편에 써보냈던 그의 첫 서신이었습니다.
"내가 신실한 형제로 아는 실루아노(실라)로 말미암아 너희에게 간단히 써서 권하고
　　　　　이것이 하나님의 참된 은혜임을 증거하노니
　　　너희는 이 은혜에 굳게 서라 함께 택하심을 받은 바벨론에 있는
　　교회가 너희에게 문안하고 내 아들 마가도 그리하느니라" (5 : 12-13)
　　　　　베드로전서는 두 가지 목적으로 기록되었는데
　　첫째는, 초기의 그리스도인들 사이에 퍼지고 있던 오해(바울과 베드로는
근본적인 신앙에 있어서 서로 다른 견해들을 가지고 있었다)를 제거하는 것과
둘째는, 극심한 환란과 혹독한 핍박을 당하고 있던 그리스도인들을 담대하도록
　격려하므로 주님께서 그들에게 맡긴 사역을 성취케 하는 것이었습니다.

1. 우리는 무엇보다도 변화된 베드로에 대해 관심을 가져야 합니다.

복음서에서 보는 베드로와 베드로전서에서 보는 베드로 사이에는 커다란 차이가 있습니다. 복음서에서는 변화산에서 변화되셨던 주님을 보았던 베드로를 볼 수 있고, 베드로전서에서는 하나님의 은혜로 말미암아 변화되어 있는 베드로를 볼 수 있습니다.

복음서에서 베드로는 용감한 듯 하나 실제로는 겁이 많고, 성급하고, 침착치 못하고, 들떠 있는, 그리고 때로는 경솔하고, 세상 권력에 대한 야심을 버리지 못하는 자였으나, 베드로전서에서의 변화된 베드로는 인내하고, 평안하고, 오래 참으며, 의지하고, 사랑하고, 동정함으로써 과거에 보였던 경솔함과 육신적인 용기는 이미 성화되어 있음을 볼 수 있습니다. 우리는 여기서 하나님의 은혜의 위력을 볼 수 있습니다.

또한 우리는 이 서신을 통해 베드로는 소망의 사도임을 알 수 있습니다. 바울을 "믿음의 사도", 요한을 "사랑의 사도"라고 부른다면 우리는 베드로는 "소망의 사도"라고 부를 수 있습니다.

"찬송하리로다 우리 주 예수 그리스도의 아버지 하나님이 그 많으신 긍휼대로 예수 그리스도의 죽은 자 가운데서 부활하심으로 말미암아 우리를 거듭나게 하사 산 소망이 있게 하시며"(1 : 3) "그러므로 너희 마음의 허리를 동이고 근신하여 예수 그리스도의 나타나실 때에 너희에게 가져올 은혜를 온전히 바랄지어다"(1 : 13)

"너희는 저를 죽은 자 가운데서 살리시고 영광을 주신 하나님을 그리스도로 말미암아 믿는 자니 너희 믿음과 소망이 하나님께 있게 하셨느니라"(1 : 21) "너희 마음에 그리스도를 주로 삼아 거룩하게 하고 너희 속에 있는 소망에 관한 이유를 묻는 자에게는 대답할 것을 항상 예비하되 온유와 두려움으로 하고"(3 : 15)

2. 우리는 이 책의 특징을 알고 있어야 합니다.

베드로전서는 우리에게 주님의 참된 제자의 모습을 선명하게 보여 준다는 데 그 특징이 있습니다. 주님의 참된 제자는 주님으로부터 배운 바 교훈(진리)을 다른 사람들에게 부지런히 가르치는 사람입니다.

〈참고 성구〉
행 5 : 15,34 → 벧전 1 : 17, 마 16 : 18 → 벧전 2 : 4-8,
요 10 : 1,11 → 벧전 2 : 25, 눅 23 : 46 → 벧전 4 : 19,
요 21 : 15,17 → 벧전 5 : 2, 요 13 : 4-5 → 벧전 5 : 5

3. 우리는 이 책을 "고난의 책" 이라고 부를 수 있습니다.

"고난"이란 말이 이 짧은 서신 안에서 무려 21회나 사용되었으며, 매 장마다 그리스도의 고난이 언급되고 있습니다. 베드로는 자신의 경험을 통해 고난의 주님을 잘 이해할 수 있었던 것입니다. 베드로는 고난의 확실한 증인이었습니다.

1. 구원과 관련된 고난(1 : 1-13)

"믿음의 결국 곧 영혼의 구원을 받음이라"(1 : 9) 구원받은 신자는 고난의 때에도 기뻐할 수 있습니다. 그것은 그가 하나님의 보호 대상이란 사실을 알고 있고, 또 미래에 대한 산 소망을 가지고 있기 때문입니다.

뿐만 아니라 구원받은 그리스도인은 고난이 금보다 귀하다는 사실도 알고 있기 때문에 고난 중에도 찬양할 수가 있는 것입니다. "그러므로 너희가 이제 여러 가지 시험을 인하여 잠깐 근심하게 되지 않을 수 없었으나 오히려 크게 기뻐하도다"(1 : 6) "너희가 세상에 속하였으면 세상이 자기의 것을 사랑할 터이나 너희는 세상에 속한 자가 아니요 도리어 세상에서 나의 택함을 입은 자인 고로 세상이 너희를 미워하느니라 내가 너희더러 종이 주인보다 더 크지 못하다 한 말을 기억하라 사람들이 나를 핍박하였은즉 너희도 핍박할 터이요 내 말을 지켰은즉 너희 말도 지킬 터이라"(요 15 : 19-20) "나를 인하여 너희를 욕하고 핍박하고 거짓으로 너희를 거스려 모든 악한 말을 할 때에는 너희에게 복이 있나니 기뻐하고 즐거워하라 하늘에서 너희의 상이 큼이라 너희 전에 있던 선지자들을 이같이 핍박하였느니라"(마 5 : 11-12)

2. 거룩과 관련된 고난(1 : 14-3 : 22)

"내가 거룩하니 너희도 거룩할지어다"(1 : 16) 이것은 거룩하신 주님의 거룩한 명령(계명)입니다. 베드로전서는 죄인이 어떻게 거룩하게 될 수 있는지에 대해 잘 가르치고 있는 책으로써 첫째는, 그리스도의 보혈에 의해 거룩하게 됩니다. "너희가 알거니와 너희 조상의 유전한 망령된 행실에서 구속된 것은 은이나 금 같이 없어질 것으로 한 것이 아니요 오직 흠 없고 점 없는 어린양 같은 그리스도의 보배로운 피로 한 것이니라"(1 : 18-19)

둘째는, 그리스도의 몸의 한 지체가 됨으로 거룩하게 됩니다. "사람에게는 버린 바가 되었으나 하나님께는 택하심을 입은 보배로운 산 돌이신 예수에게 나아와 너희도 산 돌같이 신령한 집으로 세워지고 예수 그리스도로 말미암아 하나님이 기쁘게 받으실 신령한 제사를 드릴 거룩한 제사장이 될지니라"(2 : 4-5)

셋째는, 고난을 통해 거룩하게 됩니다. "애매히 고난을 받아도 하나님을 생각함으로 슬픔을 참으면 이는 아름다우나 죄가 있어 매를 맞고 참으면 무슨 칭찬이 있으리요 오직 선을 행함으로 고난을 받고 참으면 이는 하나님 앞에 아름다우니라 이를 위하여 너희가 부르심을 입었으니 그리스도도 너희를 위하여 고난을 받으사 너희에게 본을 끼쳐 그 자취를 따라오게 하려 하셨느니라 저는 죄를 범치 아니하시고 그 입에 궤사도 없으시며 욕을 받으시되 대신 욕하지 아니하시고 고난을 받으시되 위협하지 아니하시고 오직 공의로 심판하시는 자에게 부탁하시며"(2 : 19-23)

3. 고난을 통해서만 얻을 수 있는 주님과의 교제(4 : 1-19)

"… 육체의 고난을 받은 자가 죄를 그쳤음이니"(4 : 1) 고난은 그리스도인을 거룩하게 만듭니다. 뿐만 아니라 고난은 그리스도인으로 하여금 주님과의 교제를 넓고도 깊게 만듭니다. 요한일서 1장에서는 그리스도인이 빛 가운데 행할 때, 주님과의 교제가 이루어진다고 가르칩니다.

그리고 베드로전서는 그리스도인이 고난에 처했을 때, 주님과의 교제가 더욱 질적 양적으로 풍성하게 됨을 가르쳐 줍니다. "사랑하는 자들아 너희를 시련하려고 오는 불 시험을 이상한 일 당하는 것같이 이상히 여기지 말고 오직 너희가 그리스도의 고난에 참예하는 것으로 즐거워하라 이는 그의 영광을 나타내실 때에 너희로 즐거워하고 기뻐하게 하려 함이라 너희가 그리스도의 이름으로 욕을 받으면 복 있

는 자로다 영광의 영 곧 하나님의 영이 너희 위에 계심이라"(4 : 12-14)

그래서 베드로는 그리스도인을 가리켜 "하나님의 뜻대로 고난받는 자"라고 불렀던 것입니다(4 : 19).

욥과 요셉은 의인으로서 고난을 받았으며, 그들은 그 받은바 고난을 통해 주님과의 보다 깊은 교제로 들어갈 수가 있었던 것입니다. "고난 당한 것이 내게 유익이라 이로 인하여 내가 주의 율례를 배우게 되었나이다"(시 119 : 71)

4. 영광과 관련된 고난(5 : 1-4)

사람들은 고난 없는 영광을 원하지만 주님은 고난(십자가)후에 영광(부활과 승천)에 들어가셨던 것입니다. 우리는 하나님이 어떤 분이신 지 바르게 이해해야 합니다. "너희 중 장로들에게 권하노니 나는 함께 장로된 자요 그리스도의 고난의 증인이요 나타날 영광에 참예할 자로라"(5 : 1) "오직 너희가 그리스도의 고난에 참예하는 것으로 즐거워하라 이는 영광을 나타내실 때에 너희로 즐거워하고 기뻐하게 하려 함이라"(4 : 13) "너희 믿음의 시련이 불로 연단하여도 없어질 금보다 더 귀하여 예수 그리스도의 나타나실 때에 칭찬과 영광과 존귀를 얻게 하려 함이라"(1 : 7).

우리가 주님의 영광에 참예하려면 고난에도 함께 동참해야만 합니다(롬 8 : 17). 또 한가지 우리가 잊지 말아야 할 사실은 영광은 현재에 속한 것이 아니고 미래에 속한 것이란 사실입니다. "생각건대 현재의 고난은 장차 우리에게 나타날 영광과 족히 비교할 수 없도다"(롬 8 : 18)

급하게 영광을 얻으려는 사람은 급하게 영광을 포기하게 마련이고, 쉽게 영광을 얻으려는 사람은 고난이 올 때 쉽게 낙심하게 되는 법입니다. 반드시 값은 지불되어야 하는 것입니다. 구원은 은혜이고 선물이지만 영광은 절대로 값을 지불한 사람에게만 주어지는 것입니다. 영광을 원하십니까? 그렇다면 고난이라는 값 지불하기를 두려워하지 마십시오!

5. 고난 중에 기억해야 할 사실들(5 : 5-14)

첫째로, 세상에 있는 다른 모든 그리스도인들도 동일한 고난을 당하고 있다는 사실을 잊지 말아야 합니다. "너희는 믿음을 굳게 하여 저를 대적하라 이는 세상에 있는 너희 형제들도 동일한 고난을 당하는 줄을 앎이니라"(5 : 9)

둘째로, 우리가 당하는 고난은 잠깐이지만 우리가 받게 될 영광은 영원한 것이란 사실을 기억해야 합니다. "모든 은혜의 하나님 곧 그리스도 안에서 너희를 부르사 자기의 영원한 영광에 들어가게 하신 이가 잠깐 고난을 받은 너희를 친히 온전케 하시며 굳게 하시며 강하게 하시며 터를 견고케 하시리라"(5 : 10)

셋째로, 그리스도인들은 그리스도의 고난의 증인들인 하나님의 사람들에게 순복하면서(5 : 5), 염려는 주님께 맡기고(5 : 7), 믿음을 굳게 하여 우는 사자인 사단을 대적해야만 합니다(5 : 8-9). 그래야만 고난의 사람들이 마침내 승리할 수 있는 것입니다. "권력이 세세 무궁토록 그에게 있을지어다 아멘"(5 : 11)

베드로후서

부패에 대한 경고의 책

◎ **본 문** : 그러므로 사랑하는 자들아 너희가 이것을 바라보나니 주 앞에서 점도 없고
　　　　흠도 없이 평강 가운데서 나타나기를 힘쓰라 (3 : 14)

◎ **주 제** : 하나님의 말씀이 부패를 예방하고 치료한다

◎ **키워드** : (부패에 대항할 수 있는) 방편들

베드로후서는 3장에 불과하지만
중요한 내용들을 담고 있는 책입니다.
그 내용인즉 베드로의 임박한 죽음(1 : 14)과
그의 변화 산상의 체험(1 : 18),
그리고 그리스도인의 놀라운 미덕들(1 : 5-8)과
마지막 날(3 : 4-11)과 바울 서신에 대한 찬사(3 : 15-16) 등입니다.
특별히 바울 서신에 대한 찬사는 매우 중요한 의미가 있는 대목입니다.

1. 우리는 먼저 이 책의 특징을 살펴보는 것이 좋습니다.

1. 지식에 대한 강조가 이 서신의 첫째 특징입니다. 지식에 관한 말이 무려 16회나 사용되었는데 그리스도를 아는 지식과 바른 길에 대한 지식(2 : 15)과 의의 도에 대한 지식(2 : 21)이야말로 이단 사상(영지주의)을 막을 수 있는 최고의 수단이라고 할 수 있습니다.

"저희가 바른 길을 떠나 미혹하여 브올의 아들 발람의 길을 좇는도다 그는 불의의 삯을 사랑하다가"(2 : 15) "의의 도를 안 후에 받은 거룩한 명령을 저버리는 것보다 알지 못하는 것이 도리어 저희에게 나으니라"(2 : 21)

2. 성경의 영감에 대해 말씀하고 있는 두 성구 중의 하나가 이 서신에 나옵니다. "먼저 알 것은 경의 모든 예언은 사사로이 풀 것이 아니니 예언은 언제든지 사람의 뜻으로 낸 것이 아니요 오직 성령의 감동하심을 입은 사람들이 하나님께 받아 말한 것임이니라"(1 : 20-21)〔참고로 성경의 영감에 대해서 언급하고 있는 다른 성구는 딤후 3 : 16입니다.〕

2. 우리는 이 책의 목적을 알고 나면 내용을 쉽게 이해할 수 있습니다.

이 서신은 첫 번째 서신과는 전적으로 다른 목적 하에 기록되었습니다. 첫 번째 것은 고난과 핍박 중에 있는 성도들을 격려(지원)하기 위해 기록되었지만, 두 번째 것은 거짓 교사들과 그들의 부패와 부패의 원인인 그들의 교리에 대해 경고하고, 그리스도인들을 그것들로부터 보호하기 위해 기록되었습니다. 이 서신에는 주님의 고난에 대한 언급은 단 한 번도 찾아 볼 수가 없습니다. 첫 번째 서신에는 원수들과의 만남이 얘기되어지나 두 번째 서신에는 어둠이 언급되면서 진리의 등불이 우리에게 얼마나 중요한지를 알려 주고 있습니다. "또 우리에게 더 확실한 예언이 있어 어두운데 비취는 등불과 같으니 날이 새어 샛별이 너희 마음에 떠오르기까지 너희가 이것을 주의하는 것이 가하니라"(1 : 19)

베드로전서는 위로하기 위해, 베드로후서는 경고하기 위해 기록되었습니다. 그래서 우리는 베드로전서에서는 많은 고난을, 베드로후서에서는 많은 부패를 보게 되는 것입니다.

3. 우리는 이 책을 "부패에 대한 경고의 책"이라고 합니다.

1. 도덕적인 부패(1 : 1-14)

도덕적인 부패를 어떻게 막을 수 있는지는 하나님께서 가장 잘 아십니다.

(1) 보배로운 믿음이 있어야 합니다(1절)

"예수 그리스도의 종과 사도인 시몬 베드로는 우리 하나님과 구주 예수 그리스도의 의를 힘입어 동일하게 보배로운 믿음을 우리와 같이 받은 자들에게 편지하노니"

보배로운 믿음이란 예수 그리스도를 자신의 구주로 믿는 믿음입니다(행 16 : 31). 그리고 보배로운 믿음이란 하나님이 계신 것과 또한 상 주시는 분이심을 믿는 믿음입니다. "믿음이 없이는 기쁘시게 못하나니 하나님께 나아가는 자는 반드시 그가 계신 것과 또한 그가 자기를 찾는 자들에게 상 주시는 이심을 믿어야 할지니라"(히 11 : 6)

(2) 더욱 많은 은혜와 평강을 얻어야 합니다(2절)

"하나님과 우리 주 예수를 앎으로 은혜와 평강이 너희에게 더욱 많을지어다"

은혜(사랑)는 사람을 긍정적으로 변화시키고, 하나님의 평강은 우리를 도덕적 부패로부터 구해 줍니다.

(3) 생명과 경건에 속한 모든 것을 받아야 합니다(3절)

"그의 신기한 능력으로 생명과 경건에 속한 모든 것을 우리에게 주셨으니 이는 자기의 영광과 덕으로써 우리를 부르신 자를 앎으로 말미암음이니라"

새 생명과 경건한 언행은 그리스도인을 도덕적인 부패로부터 지켜줍니다.

(4) 하나님의 성품에 참예해야 합니다(4절)

"이로써 그 보배롭고 지극히 큰 약속을 우리에게 주사 이 약속으로 말미암아 너희로 정욕을 인하여 세상에서 썩어질 것을 피하여 신의 성품에 참예하는 자가 되게 하려 하셨으니"

소극적으로는 도덕적인 부패를 피해야 하지만 적극적으로는 하나님의 성품을 나의 것으로 삼아야 합니다. 하나님의 성품이면 인간의 도덕적 부패를 막는데 충분한 것입니다. 썩은 물을 퍼내기도 해야 하지만 맑은 물을 계속 공급하면 더러운 웅덩이는 고쳐지는 것입니다. 하나님의 성품은 그리스도와 그분의 말씀과 기도를 통해 우리에게 공급되는 것입니다.

(5) 영적 근시를 피해야 합니다(5-9절)

영적 근시안을 가진 사람은 순간적인 쾌락(도덕적 부패)에 빠질 위험성이 있습니다. 그러나 영적으로 원시안을 가진 자는 주님이 주실 보상을 바라보고 고난을 두려워하지 않게 됩니다. "믿음으로 모세는 장성하여 바로의 공주의 아들이라 칭함을 거절하고 도리어 하나님의 백성과 함께 고난받기를 잠시 죄악의 낙을 누리는 것보다 더 좋아하고 그리스도를 위하여 받는 능욕을 애굽의 모든 보화보다 더 큰 재물로 여겼으니 이는 상 주심을 바라봄이라"(히 11 : 24-26)

(6) 소명과 사명을 응시해야 합니다(10절)

현대인들이 그토록 도덕적으로 연약한 이유는 하나님의 부르심과 사명의식이 결여되어 있기 때문입니다. 하나님의 소명과 부여받은 사명에 대해 확실한 의식이 있는 그리스도인이라면 결코 도덕적으로 부패할 수가 없는 것입니다. "그러므로 형제들아 더욱 힘써 너희 부르심과 택하심을 굳게 하라 너희가 이것을 행한즉 언제든지 실족지 아니하리라"

(7) 진리와 죽음에 대해 생각해야 합니다(12-14절)

"이러므로 너희가 이것을 알고 이미 있는 진리에 섰으나 내가 항상 너희로 생각하게 하려 하노라 내가 이 장막에 있을 동안에 너희를 일깨워 생각하게 함이 옳은 줄로 여기노니 이는 우리 주 예수 그리스도께서 내게 지시하신 것 같이 나도 이 장막을 벗어날 것이 임박한 줄을 앎이니라"

진리를 생각하고, 자신의 죽음을 생각하는 것은 그리스도인을 도덕적 부패로부터 구해줍니다.

2. 교리적인 부패(1 : 15-2 : 22)

베드로후서에서 언급되고 있는 "거짓 선지자" 혹은 "멸망케 할 이단"은 영지주의를 가리킵니다. 베드로는 '안다'라는 동사와 '진리' 혹은 '지식'란 말을 이 서신에서 자주 사용하고 있습니다.

교리적인 부패는 오직 성경말씀(진리)으로써만 예방과 치료가 가능합니다. "예언(성경)은 언제든지 사람의 뜻으로 낸 것이 아니요 오직 성령의 감동하심을 입은 사람들이 하나님께 받아 말한 것임이니라"(1 : 21)

모든 혼란과 무질서와 문제 등 우리의 참된 모습은 우리가 큰 영광 중에 계신 하나님 앞에 설 때 비로소 드러나게 되며, 하나님의 말씀에 의해 치료(교정)받기 시작하는 것입니다.

"우리 주 예수 그리스도의 능력과 강림하심을 너희에게 알게 한 것이 공교히 만든 이야기를 좇은 것이 아니요 우리는 그의 크신 위엄을 친히 본 자라 지극히 큰 영광 중에서 이러한 소리가 그에게 나기를 이는 내 사랑하는 아들이요 내 기뻐하는 자라 하실 때에 저가 하나님 아버지께 존귀와 영광을 받으셨느니라 이 소리는 우리가 저와 함께 거룩한 산에 있을 때에 하늘로서 나옴을 들은 것이라" (1 : 16-18)

교회가 하나님의 말씀을 경히 여길 때, 이단들은 여기 저기서 발호하므로 문제가 있을 때일수록 우리는 하나님의 음성을 들어야 합니다.

베드로후서 2장은 영지주의의 정체를 폭로한 것입니다.

3. 부패에 맞설 수 있는 견고함(3 : 1-18)

견고한 성도만이 도덕적, 교리적 부패에 대항해서 맞설 수 있습니다. "그러므로 사랑하는 자들아 너희가 이것을 미리 알았은즉 무법한 자들의 미혹에 이끌려 너희 굳센 데서 떨어질까 삼가라"(3 : 17) 누가 과연 진리에 견고한 성도입니까? 요한일서 2 : 14에 의하면 하나님의 말씀을 자신 안에 많이 간직하고 있는 성도입니다.

"… 내가 너희에게 쓴 것은 너희가 강하고 하나님의 말씀이 너희 속에 거하시고 너희가 흉악한 자를 이기었음이라"

베드로가 그의 두 번째 서신을 "오직 우리 주 곧 구주 예수 그리스도의 은혜와 저를 아는 지식에서 자라가라…"(3 : 18)는 명령(권면)으로 끝맺고 있는 것은 결국 지식에서 성장한 사람, 곧 굳센 자만이 도덕적 및 교리적 부패에 대항해서 승리할 수 있음을 교훈하는 것입니다.

요한일서

교제와 확신의 책

◎ **본 문** : 저가 빛 가운데 계신 것 같이 우리도 빛 가운데 행하면

우리가 서로 사귐이 있고 그 아들 예수의 피가 우리를 모든 죄에서

깨끗하게 하실 것이요 (1 : 7)

아들이 있는 자에게는 생명이 있고

하나님의 아들이 없는 자에게는 생명이 없느니라 (5 : 12)

◎ **주 제** : 생명이 있는 성도는 교제와 확신을 가질 수 있다

◎ **키워드** : 생명(영생)과 교제와 확신

사도 요한은 사람들을 믿음으로 인도하기 위해
요한복음을 기록했으나
요한일서는 그리스도인들의 믿음을
굳게 하기 위해 기록하였습니다.

1. 우리는 먼저 이 책의 목적을 살펴보도록 합시다.

사도 요한이 본서를 기록할 때는 다른 사도들은 이미 주님께로 간 뒤였으며 요한은 혼자 남아서 진리를 위해 전투를 계속하고 있었던 것입니다. 당시의 교회에 있어서 가장 큰 문제는 유대교와 다른 이교로부터 개종한 사람들이 기독교 신앙에다 그들의 이전 종교적, 도덕적, 철학적 이론들을 혼합시켜 놓은 이단설의 범람이었습니다.

그 이단설을 가리켜 "영지주의"라고 하는데, 그들은 자신들을 "영지자"라고 부르면서 사도적 신앙을 고수하는 사람들을 경멸하였던 것입니다. 이들에 맞써 사도 요한은 이 서신 1 : 1-2에서 자신은 주님으로부터 직접 들었을 뿐만 아니라 그를 직접 보았고 또한 만져보기까지 했다고 증언함으로써 예수 그리스도의 인성을 강력하게 증거했습니다.

그리고 그는 4 : 1-3에서 그리스도의 인성을 부인하는 자들을 단호하게 탄핵하였던 것입니다. "… 거짓 선지자가 세상에 나왔음이니라 하나님의 영은 이것으로 알지니 곧 예수 그리스도께서 육체로 오신 것을 시인하는 영마다 하나님께 속한 것이요 예수를 시인하지 아니하는 영마다 하나님께 속한 것이 아니니 이것이 곧 적그리스도의 영이니라 오리라 한 말을 너희가 들었거니와 이제 벌써 세상에 있느니라"

사도 요한은 계속해서 그리스도인이야말로 인간의 사색에서 나온 것이 아닌 "계시로 말미암는 참된 지식의 소유자"라고 강조하였던 것입니다.

"우리가 저에게서 듣고 너희에게 전하는 소식이 이것이니 곧 하나님은 빛이시라 그에게는 어두움이 조금도 없으시니라"(1 : 5) "너희는 거룩하신 자에게서 기름부음을 받고 모든 것을 아느니라"(2 : 20) "너희는 주께 받은바 기름부음이 너희 안에 거하나니 아무도 너희를 가르칠 필요가 없고 오직 그의 기름부음이 모든 것을 너희에게 가르치며 또 참되고 거짓이 없으니 너희를 가르치신 그대로 주 안에 거하라"(2 : 27)

"안다"는 말과 그와 대등한 말이 이 서신에서 32번이나 사용되었다는 것은 이 서신을 바르게 이해하는데 필수적인 요소라 할 수 있습니다.

2. 우리는 무엇보다 이 책의 구조와 가치를 인식할 필요가 있습니다.

요한의 서신은 바울과 베드로의 서신과는 다릅니다. 바울과 베드로는 문제들을 차례로 다루어 나가지만, 요한은 먼저 주제를 소개한 후 전개하다 다시 그 주제로 되돌아오는 형식을 반복함으로써 그 주제를 다룰 뿐만 아니라 대조적인 말들을 많이 사용한다는 점이 특징입니다.

요한일서는 주님께서 요한복음 14 : 19-24을 성취하신 것을 우리에게 보여 주고 있기 때문에 엄청난 가치를 지니고 있습니다. "조금 있으면 세상은 다시 나를 보지 못할 터이로되 너희는 나를 보리니 이는 내가 살았고 너희도 살겠음이라 그날에는 내가 아버지 안에 너희가 내 안에 내가 너희 안에 있는 것을 너희가 알리라" (요 14 : 19-20)

"천지는 없어지겠으나 내 말은 없어지지 아니하리라"(눅 21 : 33)

3. 우리는 이 책을 "교제와 확신의 책" 이라고 부릅니다.

생명은 상호간에 교제하게 되고, 교제하는 생명은 어떤 확신들을 갖게 되는 것입니다. 이것은 중요한 생명 현상이고, 또한 생명의 법칙입니다.

1. 교제하는 생명은 기뻐합니다(1 : 1-10)

"우리가 보고들은 바를 너희에게도 전함은 너희로 우리와 사귐이 있게 하려 함이니 우리의 사귐은 아버지와 그 아들 예수 그리스도와 함께 함이라 우리가 이것을 씀은 우리의 기쁨이 충만케 하려 함이로라"(1 : 3-4)

사도 요한이 이 서신을 쓰는 첫 번째 목적은 성도들로 하여금 올바른 교제권 안에서 충만한 기쁨을 누리게 하려는 것이었습니다. 충만한 기쁨을 누리려면 성부와 성자 하나님께서 임재해 계시는 교회 안에서 성령 충만한 성도들과 교제하여야 합니다.

구원의 확신을 가지고 있는 성도라 할지라도 다른 성도와의 교제가 없게 되면 영적 침체를 면할 길이 없습니다. 성도들간의 친밀한 교제는 충만한 기쁨을 가져다 줍니다. 이 말은 진리입니다.

2. 교제하는 생명은 승리를 경험하게 합니다(2 : 1-17)

사도 요한이 이 서신을 쓰는 두 번째 목적은 성도로 하여금 교제를 통해 죄에 대한 승리를 확보해 주자는 것입니다. 성도와의 교제가 어떻게 승리를 가져다 준다는 것입니까? 성도간의 교제는 성도에게 기쁨을 주며, 그 기쁨은 성도에게 능력이 됩니다. 기쁨을 상실한 성도는 능력을 상실한 성도입니다. 이것은 진리입니다. "어리석은 자는 온갖 말을 믿으나 슬기로운 자는 그 행동을 삼가느니라 지혜로운 자는 두려워하여 악을 떠나나 어리석은 자는 방자하여 스스로 믿느니라"(잠 14 : 15-16) "나의 자녀들아 내가 이것을 너희에게 씀은 너희로 죄를 범치 않게 하려함이라…"(2 : 1)

성도와의 교제는 또한 성도에게 인내를 주며, 인내는 성도에게 능력이 됩니다. 이것은 확실한 진리입니다. "인내를 온전히 이루라 이는 너희로 온전하고 구비하여 조금도 부족함이 없게 하려 함이라"(약 1 : 4)

교제는 기쁨과 인내를 주며, 기쁨과 인내는 능력이 되어 죄를 이기게 하는 것입니다.

3. 교제하는 생명은 경계와 보호를 받게 됩니다(2 : 18-4 : 6)

"너희를 미혹케 하는 자들에 관하여 내가 이것을 너희에게 썼노라"(2 : 26)

사도 요한이 이 서신을 쓰는 세 번째 목적은 성도를 이단으로부터 경계하고 보호하자는 것입니다. 영지주의자들은 보다 높은 차원의 하나님에 대한 지식을 가졌다고 착각하였던 사람들이었습니다. 그들은 영적인 것은 선하고, 물질적인 것은 악하다고 생각하면서 육체의 일은 어떤 것도 영의 순결을 더럽힐 수 없다고 주장함으로써 사람들을 성적 부도덕으로 이끌었던 것입니다.

바울과 베드로가 "건전한 교리"를 그토록 강조하였던 것도 바로 이점 때문이었습니다. 우리가 바로 알아야 할 것은 몸으로 행하는 모든 것은 우리의 영에 결정적인 영향을 미친다는 것입니다. 하와는 손으로 선악과를 따서 입으로 그것을 먹었으며, 가인은 아벨을 손으로 쳐죽였고, 다윗은 몸으로 간음죄를 범하였던 것입니다. 몸으로 행하는 모든 악은 죄가 되는 것입니다. 우리는 성도와의 거룩한 교제를 통해 악한 자들로부터 보호함을 받을 필요가 있습니다.

4. 교제하는 생명은 확신 안에 거할 수 있습니다(4 : 7-5 : 21)

"내가 하나님의 아들의 이름을 믿는 너희에게 이것을 쓴 것은 너희로 하여금 너희에게 영생이 있음을 알게 하려 함이라"(5 : 13)

사도 요한이 이 서신을 쓰는 네 번째 목적은 성도로 하여금 기록된 말씀을 통해 확신을 갖게 하자는 것입니다. 사람들은 누구나 확신을 갖고 싶어합니다. 구원에 대한 확신, 기도 응답에 대한 확신, 승리에 대한 확신, 행복에 대한 확신 등을 갖고 싶어하는 것입니다. 그러나 확신은 계시의 말씀을 통해서만 얻을 수 있는 것이지요. 기록된 말씀(계시)을 떠나서는 확신은 없습니다. 기분이나 감정이나 느낌이나 이성을 좇아오는 것이 아닙니다. 우리에게 가장 확실한 것은 성경입니다. 오직 성경만이 우리에게 참된 확신을 줍니다. 오직 성경만을 확신의 근거로 삼아야 합니다. 이것은 진리입니다.

현대인들은 헤겔의 정반합의 원리에 의해 확신을 잃기 시작했습니다. 흔들리지 않는 확신을 원한다면 성경으로 돌아가야 합니다. 다른 길은 없습니다. 헛수고를 피해야 합니다.

소위 그리스도인이라고 하는 사람들 중에 감정이나 느낌을 통해 확신을 얻고자 하는 사람들이 있는데 그것은 잘못된 길입니다. 감정이나 느낌은 절대로 우리에게 올바른 확신을 주지 못합니다. 우리가 항상 경험하는 바와 같이 감정이나 느낌은 하루에도 수없이 변합니다. 그렇기 때문에 하나님이 인정하시는 참된 확신은 오직 기록된 하나님의 말씀(계시)을 통해서만 사람들에게 오는 것입니다. 다른 것에 의존하지 마십시오. 다른 길, 다른 방법에의 참된 확신이란 존재하질 않습니다.

오, 말씀을 믿는 신앙의 위대함이여!

말씀을 믿는 신자의 행복함이여!

우리도 마르틴 루터(Martin Luther)처럼

오직 믿음(Sola fide), 오직 성경(Sola Scriptura)을 외쳐야만 합니다.

요한이서

진리의 책

◎ **본　문** : 장로는 택하심을 입은 부녀와 그의 자녀에게 편지하노니
　　　　　내가 참으로 사랑하는 자요 나뿐 아니라 진리를 아는
　　　　　모든 자도 그리하는 것은 우리 안에 거하여
　　　　　영원히 우리와 함께할 진리를 인함이로라 (1 : 1-2)
◎ **주　제** : 진리는 비진리와 구별되고 보호되어야 한다
◎ **키워드** : 진리와 사랑과 경계

요한이서는 도입부에서 저자의 이름이 언급되어 있지 않기 때문에
저자 문제가 계속 논의되어 오고있는 책입니다.
그러나 대부분의 흔적을 볼 때 사도 요한이 이 서신의 저자였음을 증거해 줍니다.
이 서신은 요한일서와 매우 유사합니다.
13개의 절 중에서 8개 절이 의미와 표현 면에 있어서
요한일서와 일치하고 있습니다.
요한이 이 서신을 쓰고 있었을 때 매우 늙었음이 짐작됩니다.
그가 자신을 가리켜 "장로" 라고 부르고 있는 것으로 보아
적어도 90세는 되었을 것으로 봅니다.

1. 우리는 먼저 이 책의 특수성을 살펴보는 것이 좋습니다.

1. 이 서신은 신약성서 중에서 유일하게 "부녀"(lady)에게 보내어졌던 것입니다.

2. 이 서신은 사신(私信)으로, 알 수 없는 어떤 그리스도인 부인과 그녀의 가족들에게 보내졌는데, 사도들의 사신 왕래의 한 아름다운 본보기라 할 수 있습니다.

3. "부녀"가 누구인지는 확실치 않습니다. 그러나 구전에 의하면 베다니의 마르다가 이 서신의 수신자였다고 합니다. 벵겔(Bengel)은 말하기를 헬라어 쿠리아(Kuria)는 히브리어 "마르다"와 일치한다고 했습니다. 만약 이것이 사실이라면 13절에서 언급하고 있는 "자매"는 마리아임에 틀림이 없는 것입니다.

2. 우리는 이제 이 책의 목적에 눈길을 돌리도록 합시다.

1. 부녀에게 그녀의 자녀 소식을 전하기 위해 이 서신은 기록되었습니다(4절). "너의 자녀 중에 우리가 아버지께 받은 계명대로 진리에 행하는 자를 내가 보니 심히 기쁘도다"

2. 부녀와 그녀의 가족들로 하여금 거짓 교사들에게 속지 않도록 경계하기 위해 이 서신은 기록되었습니다(7-11절). "미혹하는 자가 많이 세상에 나왔나니 이는 예수 그리스도께서 육체로 임하심을 부인하는 자라 이것이 미혹하는 자요 적그리스도니 너희는 너희를 삼가 우리의 일한 것을 잃지 말고 오직 온전한 상을 얻으라" (7-8절)

3. 우리는 이 책의 키워드를 손에 넣어야 합니다.

1. 의심할 여지없이 "진리"가 이 서신의 키워드입니다. 1절에서 두 번, 2절과 3절과 4절에서는 각각 한 번씩 사용되었습니다.

2. "진리"가 세 의미로 사용되었습니다. 첫째 그리스도의 몸을 위한 가르침(1절, 4절)이고, 둘째 그리스도 자신을 의미하며, 셋째 "참으로"란 의미(1절)입니다.

3. 이 서신은 우리에게 진리의 본성(영원성)과 진리의 시험과 진리의 열매와 진리의 성격(단호함)과 진리의 방어에 대해 가르치고 있습니다.

4. 우리는 이 책을 "진리의 책" 이라고 불러야 합니다.

1. 진리 안에서 사랑함(1절)

요한은 수신자의 직함(택하심을 입은) 사용하기를 주저하지 않았습니다. 얼마나 아름답고 고상한 직함입니까! "장로는 택하심을 입은 부녀와 그의 자녀에게 편지하노니 내가 참으로 사랑하는 자요 나뿐 아니라 진리를 아는 모든 자도 그리하는 것은" 진리는 그리스도인들 사이에 존재하는 사랑의 근원이자 이유입니다. 진리로 해서 사랑이 생겨났고, 진리 때문에 사랑하는 것입니다. 사도 요한이 여기서 언급한 진리는 교회를 위해, 교회에 주어진 말씀을 가리킵니다. "저희를 진리로 거룩하게 하옵소서 아버지의 말씀은 진리니이다"(요 17 : 17)

진리 안에 참된 사랑이 있고, 진리 안에 참된 교제가 있습니다. 요한은 물론이고 "부녀와 그의 자녀"를 아는 모든 성도들도 진리 안에서 그들을 사랑하였습니다.

2. 진리를 인하여 서로를 사랑함(2절)

"우리 안에 거하여 영원히 우리와 함께 할 진리를 인함이로다" 우리 안에 거할 뿐 아니라 우리와 영원히 함께 할 진리란 무엇일까요? "내가 곧 진리"라고 말씀하셨던 주님이 바로 진리이십니다. 자연인들은 진리가 인격임을 모른 채 살아가고 있습니다. 그러나 성령으로 거듭난 사람들은 예수 그리스도가 진리라는 사실에 대해 조금도 의심이 없습니다. 그리스도인들이 서로를 사랑하는 것은 진리이신 그리스도로 말미암는 것입니다. 즉, 그리스도 때문에 그리스도인들은 서로를 사랑하게 되는 것입니다.

3. 진리 안에서의 인사말(3절)

"은혜와 긍휼과 평강이 하나님 아버지와 아버지의 아들 예수 그리스도로부터 진리와 사랑 가운데서 우리와 함께 있으리라"

다른 서신에서는 볼 수 없는 색다른 인사의 형태입니다. 인간은 누구나 하나님의 "은혜"와 "긍휼"과 "평강"이 필요합니다. 그러나 그것들은 "진리"와 "사랑"안에서만 나오는 것입니다. 진리는 예수님이시고 사랑은 성부 하나님이십니다. 성부와 성자 안에서만 우리는 은혜와 긍휼과 평강을 발견할 수 있습니다.

4. 진리 안에서 행함(4-6절)

수신자의 자녀 중 한 아들은 지금 요한의 곁에서 요한과 함께 사역에 임하고 있었던 것입니다. "너의 자녀 중에 우리가 아버지께 받은 계명대로 진리에 행하는 자를 내가 보니 심히 기쁘도다"(4절). 진리는 그 안에서 행하라고 주신 것이지 감상(?)이나 하라고 주신 것은 아닙니다.

그리스도인은 서로 사랑해야 합니다. "부녀여 내가 이제 네게 구하노니 서로 사랑하자 이는 새 계명같이 네게 쓰는 것이 아니요 오직 처음부터 우리가 가진 것이라"(5절) 사랑은 계명을 실천할 때 나타나는 것입니다. 예수 그리스도의 사랑은 자기의 유익을 구하지 않고 오히려 자기를 희생하는 것입니다. 성경이 말하는 사랑과 진리는 함께 손을 잡고 나란히 전진하는 것입니다. 진리가 없는 사랑, 사랑이 없는 진리는 모조품일 따름입니다.

5. 진리의 시험(7-9절)

그리스도의 인성을 부인하는 자는 적그리스도이고 거짓 선생입니다. "미혹하는 자가 많이 세상에 나왔나니 이는 예수 그리스도께서 육체로 임하심을 부인하는 자라 이것이 미혹하는 자요 적그리스도니"(7절)

그리스도인은 그리스도의 교훈으로 만족해야 하고 또 만족할 수 있습니다. "지나쳐 그리스도 교훈 안에 거하지 아니하는 자마다 하나님을 모시지 못하되 교훈 안에 거하는 이 사람이 아버지와 아들을 모시느니라"(9절)

주님의 교훈 안에 계속 머무는 자가 면류관을 받게 될 것입니다. "너희는 너희를 삼가 우리의 일한 것을 잃지 말고 오직 온전한 상을 얻으라"(8절)

6. 진리의 방어(10-13절)

복음을 전하기 시작한 초기부터 여행을 하는 복음전도자들과 교사들이 있었습

니다. 대개는 사도 중 한 사람이 그 책임자(팀장)였습니다. 그러나 그들 주위에는
거짓 사도들과 거짓 교사들 또한 돌아다니고 있었습니다. 그래서 요한은 그들을
엄히 경계할 필요가 있다고 생각했던 것입니다. "누구든지 이 교훈을 가지지 않고
너희에게 나아가거든 그를 집에 들이지도 말고 인사도 말라 그에게 인사하는 자는
그 악한 일에 참예하는 자임이니라"(10-11절)

이단자들은 악한 자들이고 그들이 하는 일은 "악한 일"입니다. 이단자들에게 친절
을 베푸는 것은 곧 악한 일에 동참하는 것입니다. 그러므로 우리는 이단자들을 엄
히 경계해야 합니다. 그것은 진리의 보전을 위해 반드시 수행해야 할 조처인 것입
니다.

요한삼서

참된 권위의 책

◎ **본 문** : 내가 두어 자를 교회에게 썼으나 저희 중에 으뜸 되기를 좋아하는
디오드레베가 우리를 대접하지 아니하니 이러므로 내가 가면
그 행한 일을 잊지 아니하리라 저가 악한 말로 우리를 망령되이 폄론하고도
유위부족하여 형제들을 접대치도 아니하고 접대하고자 하는 자를 금하여
교회에서 내어 쫓는도다 (1 : 9-10)

◎ **주 제** : 섬기는 지도력(Servant-Leadership)이 참된 지도력이다

◎ **키워드** : 환영과 대접

요한삼서는 노(老)사도 요한에 의해
"참으로 사랑하는 가이오"에게 보내어졌던 서신입니다.
"장로는 사랑하는 가이오 곧 나의 참으로 사랑하는 자에게 편지하노라" (1 : 1)
이 서신에는 중요한 교리적 교훈은 없으나
교권제도(Hierarchy)의 씨(시작)를
우리에게 보여 준다는 점에서 매우 큰 가치를 지니고 있습니다.
뿐만 아니라 우리는 이 서신에서
사도권의 참된 모습을 볼 수 있습니다.

1. 우리는 먼저 이 책의 목적을 살펴보도록 합시다.

1. 초기의 대부분의 사역자들은 무보수의 순회 복음전도자들이었습니다. "이는 저희가 주의 이름을 위하여 나가서 이방인에게 아무 것도 받지 아니함이라"(1 : 7) 따라서 그들은 도시나 마을을 지나갈 때, 그 곳에 정착하고 있던 그리스도인들의 친절에 의지할 수밖에 없었던 것입니다.

2. 가이오가 속해 있던 교회에는 디오드레베라는 악한 사람이 있습니다. 그 교회의 친절한 성도들이 복음전도자들이 올 때, 영접하여 대접하는 것을 금했던 것입니다(1 : 10).

요한은 이 문제에 대해 이미 편지를 보냈으나 디오드레베의 반응은 부정적이었습니다. 뿐만 아니라 그는 사도 요한의 사도권조차도 거부할 정도로 완악했던 것입니다(1 : 9-10).

3. 노(老)사도는 관대하고도 따뜻한 마음의 소유자인 가이오에게 과거의 친절에 대해 칭찬하면서 계속해서 주의 종들을 잘 대접하라고 권면하고 있습니다(1 : 5-6,8). 이어서 그는 그가 다음에 교회를 방문하면 디오드레베를 엄히 다스리겠다고 약속하기 위해 이 서신을 썼던 것입니다(1 : 10).

2. 우리는 이 책에서 대조적인 세 인물을 볼 수 있습니다.

1. 가이오는 매우 친절하고, 관대하고, 후하게 대접할 줄 아는 사람이었습니다. 그리스도인이라면 누구나 그래야 마땅한 것입니다.

2. 디오드레베는 매우 오만불손한 사람이었습니다.
   (1) 그는 나서기를 좋아했고,
   (2) 그는 요한의 편지를 거부했고,
   (3) 그는 요한을 후욕했고,
   (4) 그는 복음전도자들을 대접하지 않았고,
   (5) 그는 복음전도자를 냉대하도록 가르쳤고,
   (6) 그는 복음전도자를 후대하는 성도들을 교회에서 쫓아냈습니다.

3. 데메드리오는 뭇 사람들로부터 칭찬받는 사람이었습니다. "데메드리오는 뭇사람에게도 진리에게도 증거를 받았으며 우리도 증거하노니 너는 우리의 증거가 참된 줄을 아느니라"(1 : 12) 모범적으로 봉사하면서 교회의 덕을 세우는 사람은 어느 시대 어느 교회에서나 뭇사람들로부터 존귀히 여김을 받게 되는 것입니다.

3. 우리는 이 책을 "참된 권위의 책"이라고 부릅니다.

1. 사도의 사랑(1 : 1)

"장로는 사랑하는 가이오 곧 나의 참으로 사랑하는 자에게 편지하노라" 요한은 2절과 5절에서도 가이오를 "사랑하는 자여"라고 부름으로써 가이오에 대한 깊은 사랑을 표현하였던 것입니다. 하나님의 사랑이 독생자와 그분의 말씀을 통해 우리에게 표현되었듯이 우리들도 우리들의 마음속에 있는 사랑을 표현할 줄 알아야겠습니다. 사랑의 말을 자주 하는 것이 가장 좋은 훈련이라고 생각합니다.

2. 사도의 기도(1 : 2)

"사랑하는 자여 네 영혼이 잘 됨같이 네가 범사에 잘 되고 강건하기를 내가 간구하노라" 얼마나 놀라운 기도입니까? 얼마나 훈훈한 기도입니까? 그러나 한국의 많은 교회들이 이 기도를 성도들을 기복 신앙으로 이끄는 데 잘못 사용했던 것은 참으로 안타까운 일입니다. 사도 요한은 영혼이 잘 되기를 먼저 기도했는데 많은 사람들은 영혼 구원은 뒷전으로 미뤄 놓고 세속적인 성공과 건강에만 몰두한 채 살아가고 있었습니다. 영혼이 잘 되기 위해서는 때때로 사업도 실패하고, 건강도 잃는 경험이 필요한 것입니다. 건강하고 사업이 너무 잘 되고 있는 사람들 중에는 영혼을 돌볼 틈이 없고 대체로 교만한 자들인 경우가 있습니다. 영혼이 잘 되고, 그 다음에 사업도 잘 되고 건강해야 합니다. 우선 순위가 중요한 것입니다.

3. 사도의 기쁨(1 : 3-4)

사도 요한은 그의 두 번째 서신에서 "진리에 행하는" 성도를 볼 때(요이 1 : 4) 심히 기쁘다고 언급했고, 여기 요한삼서에서도 가이오가 "진리 안에서 행한다"는 소식을 듣고 누구보다도 기뻐하는 것을 볼 수 있습니다.

사도 요한이 기뻐한 것은 곧 사도 요한의 심령에 내주해 계시는 주님이 기뻐하신 것을 의미합니다. 우리 모두 진리 안에서 행하는 사람들이 될 수 있기를 바랍니다.

4. 사도의 칭찬과 권면(1 : 5-8)

사도 요한은 가이오가 하나님의 사람들(무보수 순회 복음전도자들)을 환대한 것 때문에 칭찬하였던 것입니다. 요한은 또한 복음전도자를 영접하는 것은 "진리를 위하여 함께 수고하는 자"가 됨을 상기시키면서 계속 주님의 일에 동참하라고 권면하고 있습니다. 주님께서는 주님의 이름으로 어린아이에게 냉수 한 그릇을 대접해도 반드시 보상하겠다고 약속하셨습니다. 그 약속은 지금도 유효합니다!

5. 사도의 경고(1 : 9-11)

사도 요한은 자기의 편지를 거부하고 자기를 후욕했을 뿐만 아니라 복음전도자들을 냉대하도록 가르친 디오드레베를 직접 가서 반드시 처벌하겠다고 힘주어 경고했습니다. 5절의 "나그네 된 자들"은 곧 순회 복음전도자들을 가리킵니다.

"형제 사랑하기를 계속하고 손님 대접하기를 잊지 말라 이로써 부지중에 천사들을 대접한 이들이 있었느니라"(히 13 : 1-2)

6. 사도의 칭찬(1 : 12)

이번에는 데메드리오를 칭찬하고 있는데, 그는 요한의 동역자로서 이 서신을 가이오에게 전했던 성도입니다. "데메드리오는 뭇사람에게도 진리에게도 증거를 받았으며" 뭇사람과 진리이신 주님께로부터 인정을 받는다는 것은 결코 쉬운 일이 아닙니다. 그러나 주님의 몸을 신실하게 섬기는 성도들은 반드시 그런 보상을 받게 됩니다.

7. 사도의 설명(1 : 13-15)

사도 요한은 자기가 왜 긴 서신을 쓰지 않았는지에 대해 편지 마지막에 그 이유를 밝혔습니다. "먹과 붓으로 쓰기를 원치 아니하고 속히 보기를 바라노니 또한 우리가 면대하여 말하리라"(1 : 13-14)

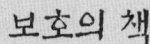

유다서
보호의 책

◎ **본 문** : 사랑하는 자들아 내가 우리의 일반으로 얻은 구원을 들어
　　　　　 너희에게 편지 하려는 뜻이 간절하던 차에 성도에게 단번에
　　　　　 주신 믿음의 도를 위하여 힘써 싸우라는 편지로 너희를
　　　　　 권하여야 할 필요를 느꼈노니 (1 : 3)

◎ **주 제** : 하나님은 자기 백성을 보호(방어)하신다

◎ **키워드** : (배도에 대한) 보호의 방책들

이 서신은 A.D. 69년 경 우리들의 주님과 야고보의 동생이었던
유다(마 13 : 55, 막 6 : 3)에 의해 기록되었습니다.
야고보서의 저자처럼 유다도 역시 사도는 아니었으나
그는 뜨거운 영의 소유자였고 특별히 예언적 열정으로 충만했습니다.
그는 대단히 엄격했지만 따뜻한 사랑의 마음 또한 잃지 않았습니다(1 : 3,17,20).
이 서신은 특정 교회나 특정 사람을 위해 쓴 것이
아니기 때문에 "일반 서신" 이라고 합니다.

1. 우리는 먼저 이 책의 목적을 알고 있어야 합니다.

1. 3절에 의하면 유다는 구원에 대한 논문을 쓰려고 했습니다. 그러나 성령님께서는 그를 강권하여 믿음에 대한 서신을 쓰게 하셨던 것입니다. 왜냐하면 이미 초대교회 안에는 배반자들과 고의로 그리스도를 믿는 믿음을 거절한 자들(그러면서도 아직 회원권을 보유하고 있는 사람들)로 말미암은 절박한 위험이 있었기 때문입니다.

유다는 그들을 경고하고, 또 성도들로 하여금 그들을 감시하게 하려고 이 서신을 썼던 것입니다.

2. 이 서신은 종말에 이르기 전의 배도의 역사와 야심적인 타락한 천사들, 자기 의의 가인과 음란한 소돔인들과 반역적인 이스라엘과 욕심 많은 발람과 패역한 고라에 대해 엄중한 심판을 기록하고 있습니다. 때문에 성경 중의 어떤 책보다도 더 엄숙함을 느끼게 합니다. 우리는 이 성경을 통해 배도자들을 향한 엄중한 경고의 목소리를 들을 수 있습니다.

2. 우리는 이 책의 주목할 만한 특징을 알고 있어야 합니다.

1. 이 서신은 성경 중에서 유일하게 모세의 시체에 대한 싸움(1 : 9)과 에녹의 예언(1 : 14-15)에 대해 기록하고 있습니다.

2. 3가지 영원한 것들에 대한 언급도 특이한 것입니다.
    (1) 영원한 결박(1 : 6)
    (2) 영원한 불(1 : 7)
    (3) 영원한 생명(1 : 21)

3. 키워드는 4번 언급된 "지키다"와 "지킴을 받다"입니다(1 : 1,6,21,24). 그래서 유다서를 "보호의 책"이라고 부르는 것입니다.

3. 우리는 이 책을 "보호의 책"이라고 불러야 합니다.

1. 주님의 백성은 하나님에 의해 보호를 받습니다(1 : 1-2)

유다는 그의 인사말에서 자신을 "예수 그리스도의 종"과 "야고보의 형제"라고 했으며, 수신자들은 "부르심을 입은 자"와 "지키심을 입은 자들"이라고 불렀습니다. 그렇습니다. 그리스도인이란 주님의 부르심을 받고 응답한 자들이며(마 11 : 28), 또한 하나님의 전능한 능력에 의해 보호하심을 받는 자들인 것입니다. "참새 두 마리가 한 앗사리온에 팔리는 것이 아니냐 그러나 너희 아버지께서 허락지 아니하시면 그 하나라도 땅에 떨어지지 아니하리라 너희에게는 머리털까지 다 세신 바 되었나니 두려워하지 말라 너희는 많은 참새보다 귀하니라"(마 10 : 29-31)

베드로와 바울은 유대인과 이방인의 사도(대표)로서 대표적인 보호를 받았던 사람들이었습니다(행 12 : 1-11, 행 21 : 31-32, 행 23 : 12-32).

"… 나의 의뢰한 자를 내가 알고 또한 나의 의탁한 것을 그 날까지 저가 능히 지키실 줄을 확신함이라"(딤후 1 : 12)

2. 보호를 받은 백성은 믿음의 도를 지키기 위해 싸워야 합니다(1 : 3-4)

하나님의 능한 손에 의해 보호하심을 받는 성도들은 믿음으로 구원받는다는 진리를 지키기 위해 싸우지 않으면 안 됩니다. 그러나 당시의 거짓 선생들은 믿음은 단번에 오는 것이 아니고 오랜 수양과 고행을 통해서 얻게 된다고 가르치고 있었습니다(이 말은 곧 행위에 의한 구원을 가리키는 것).

그러나 예수 그리스도를 구원자와 주님으로 믿는 믿음은 성령님께서 우리의 영안을 열어 주시는 순간, 단번에 주어지는 하나님의 선물인 것입니다. 그러한 믿음은 온 세상에 전파되게 마련이고, 그러한 믿음은 또한 변질되지 않도록 지켜져야만 하는 것입니다.

"첫째는 내가 예수 그리스도로 말미암아 너희 모든 사람을 인하여 내 하나님께 감사함은 너희 믿음이 온 세상에 전파됨이로다"(롬 1 : 8) "사랑하는 자들아 내가 우리의 일반으로 얻은 구원을 들어 너희에게 편지하려는 뜻이 간절하던 차에 성도에게 단번에 주신 믿음의 도를 위하여 힘써 싸우라는 편지로 너희를 권하여야 할 필요를 느꼈노니 이는 가만히 들어온 사람 몇이 있음이라 저희는 옛적부터 이 판결을 받기로 미리 기록된 자니 경건치 아니하여 우리 하나님의 은혜를 도리어 색욕거리로 바꾸고 홀로 하나이신 주재 곧 우리 주 예수 그리스도를 부인하는 자니

라"(1 : 3-4)

배도자(이단자)들은 항상 "가만히 들어와서" 그들의 거짓 교리로 교회의 분열을 조장합니다(1 : 4). 그러므로 성도들은 그들과 싸워야만 하는 것입니다(1 : 3). 믿음은 노력 없이 은혜로 받게 되지만 믿음은 투쟁함으로 지켜야만 하는 것입니다. 그래서 유다는 성도들에게 믿음의 도를 위하여 싸우라고 도전했던 것입니다.

3. 심판으로부터 보호를 받지 못했던 과거의 배도들(1 : 5-7)

하나님은 믿음을 배반한 이스라엘 백성들을 광야에서 멸하셨고, 하나님은 자기의 위치를 지키지 않고 하나님께 도전했던 천사들을 영원한 결박으로 흑암에 가두셨으며, 우상 숭배와 다른 색(Homo Sex)을 따라간 소돔과 고모라와 그 이웃 도시들을 영원한 불로 심판하셨습니다. "너희가 본래 범사를 알았으나 내가 너희로 다시 생각나게 하고자 하노라 주께서 자기 백성을 애굽에서 구원하여 내시고 후에 믿지 아니하는 자들을 멸하셨으며 또 자기의 지위를 지키지 아니하고 자기 처소를 떠난 천사들을 큰 날의 심판까지 영원한 결박으로 흑암에 가두셨으며 소돔과 고모라와 그 이웃 도시들도 저희와 같은 모양으로 간음을 행하며 다른 색을 따라 가다가 영원한 불의 형벌을 받음으로 거울이 되었느니라"(1 : 5-7)

4. 믿음을 지키지 않는 자들에게는 반드시 심판이 옵니다(1 : 8-19)

배도자들은 꿈을 믿고, 부도덕하고, 권위를 무시할 뿐만 아니라 천사들을 창조자로 믿는 자들입니다. "그러한데 꿈꾸는 이 사람들도 그와 같이 육체를 더럽히며 권위를 업신여기며 영광을 훼방하는도다 천사장 미가엘이 모세의 시체에 대하여 마귀와 다투어 변론할 때에 감히 훼방하는 판결을 쓰지 못하고 다만 말하되 주께서 너를 꾸짖으시기를 원하노라 하였거늘 이 사람들은 무엇이든지 그 알지 못하는 것을 훼방하는도다 또 저희는 이성 없는 짐승같이 본능으로 아는 그것으로 멸망하느니라"(1 : 8-10)

그들은 또한 가인처럼 자기 의로 구원받겠다는 자들이고, 발람처럼 물질적인 보수를 위해서는 어떤 짓도 거침없이 행하는 욕심쟁이들이고, 패역한 고라처럼 하나님께서 위임하지도 아니한 일에 뛰어드는 자들이고(1 : 11), 그들은 또한 원망하는 자들이고, 불만을 토하는 자들이고, 정욕을 따라 행할 뿐만 아니라, 자기 자랑과 아첨하는 입술을 가진 자들입니다(1 : 16).

그리고 그들은 당을 짓는 자며, 거듭나지 못한 자며, 성령도 없는 자들입니다 (1 : 19). 그들에게는 에녹의 예언대로 주님께서 재림하실 때 처참한 심판이 내려 질 것입니다(1 : 14-15).

5. 주님의 백성들은 하나님의 사랑 안에서 보호를 받습니다(1 : 20-23)

어린아이들이 부모의 사랑 안에서 보호를 받듯이 성도들도 하나님의 사랑 안에 서 보호를 받을 것입니다. "하나님의 사랑이 우리에게 이렇게 나타난 바 되었으니 하나님이 자기의 독생자를 세상에 보내심은 저로 말미암아 우리를 살리려 하심이 니라"(요일 4 : 9)

6. 성도는 거침(비틀거림)으로부터 보호를 받습니다(1 : 24-25)

"능히 너희를 보호하사 거침이 없게 하시고 너희로 그 영광 앞에 흠이 없이 즐 거움으로 서게 하실 자 곧 우리 구주 홀로 하나이신 하나님께 우리 주 예수 그리 스도로 말미암아 영광과 위엄과 권력과 권세가 만고전부터 이제와 세세에 있을지 어다 아멘"(1 : 24-25)

성도에게는 집요한 사단의 유혹과 공격이 있습니다. 그래서 구원받은 성도들도 때로는 비틀거리게 되는 것입니다. 그러나 안심해도 좋은 것은 하나님의 능한 손 이 항상 우리를 붙들어 주시기 때문입니다. 하나님의 능한 손이 비틀거리는 이스 라엘 백성들을 강력한 애굽의 군대로부터 보호해 주셨고, 미친 짓까지 연출할 수 밖에 없었던 연약한 다윗도 하나님의 능한 손이 보호해 주셨기 때문에 사울의 끈 덕진 공격으로부터 견디어 낼 수 있었던 것입니다.

에베소서의 말씀대로 하나님의 전신갑주(Armor of God)가 성도들을 바로 서 있 을 수 있게 합니다(엡 6 : 10-13).

8

요한계시록

예언서

또 내가 보니 죽은 자들이 무론대소하고 그 보좌 앞에 섰는데
책들이 펴 있고 또 다른 책이 펴졌으니 곧 생명책이라
죽은자들이 자기 행위를 따라 책들에 기록된대로 심판을 받으니
(계 20 : 12)

요한계시록

승리자의 책

◎ **본 문** : 내가 볼 때에 그 발 앞에 엎드러져 죽은 자같이 되매
그가 오른손을 내게 얹고 가라사대 두려워 말라
나는 처음이요 나중이니 곧 산 자라 내가 전에 죽었었노라 볼지어다
이제 세세토록 살아 있어 사망과 음부의 열쇠를 가졌노니 (1 : 17-18)

◎ **주 제** : 예수 그리스도는 완전한 승리자가 되시기 위해 다시 오신다

◎ **키워드** : 만왕의 왕 만주의 주

요한계시록은 성경 66권 중에서
가장 해석하기 어려운 책으로 널리 알려져 있습니다.
그래서 읽는 자에게 특별한 축복이 약속되어 있음에도 불구하고
매우 등한시되고 있는 것이 사실입니다.
"이 예언의 말씀을 읽는 자와 듣는 자들과 그 가운데 기록한 것을
지키는 자들이 복이 있나니 때가 가까움이라"(1 : 3)
요한계시록에는 사단의 최후 몰락에 대한 언급이 매우 많기 때문에
사단은 이 책을 어떤 다른 책들보다도 더 싫어하는 것입니다.
과학자들이 어려운 과학에 연구에 연구를 거듭하듯이 우리들도
비록 이 책이 신비스럽고 어렵더라도 성령님의 도우심에 의지하면서
읽고, 묵상하고, 상고하지 않으면 안 되는 것입니다.
왜냐하면 이 책은 성경 전체의 최후 결론들을 담고 있기 때문입니다.

1. 우리는 이 책에서 더할 나위 없는 성경의 마무리를 볼 수 있습니다.

브라운(Brown)목사는 창세기와 요한계시록 사이에 존재하는 놀라운 조화를 다음과 같이 지적하였습니다.

"창세기에서 나는 땅(지구)이 창조되는 것을 보지만, 요한계시록에서는 그것이 지나가는 것을 본다. 창세기에서 태양과 달이 나타나는 것을 보지만 요한계시록에서는 그것들이 필요 없게 되는 것을 본다. 창세기에서는 인간을 위한 안식처인 한 동산이 있음을 보지만 요한계시록에서 민족들을 위한 안식처인 한 성이 있음을 본다. 창세기에서는 첫 아담의 결혼이 있지만 요한계시록에는 둘째 아담의 결혼이 있다. 창세기에는 저 큰 원수 사단의 소름끼치는 첫 출현이 있지만 요한계시록에는 그의 최후의 파멸이 나온다.

창세기에는 슬픔과 고통의 제막식이 있고, 그에 따라 당신은 첫 흐느낌의 소리를 듣게 되고, 첫 눈물을 또한 보게 되지만 요한계시록에는 더 이상의 슬픔이나 고통은 없어지고 모든 눈물은 씻겨지고 있다. 창세기에서 우리는 죄로 말미암아 떨어지고 있는 저주의 음성을 듣게 되나 요한계시록에서 더 이상 저주가 존재하지 않음을 읽게 된다. 창세기에서 우리는 인간이 생명나무가 있는 동산에서 쫓겨나고 있는 것을 보지만 요한계시록에서 우리는 생명나무에 자유롭게 나아 갈 수 있도록 그 곳으로 다시 환영받고 있는 것을 보게 된다."

2. 우리는 이 책을 잘 이해하기 위해 3가지 실마리에 주목해야 합니다.

본서를 올바로 이해하려면 우리는 다음의 몇 가지 사실에 유의해야 하고, 또 그것들을 항상 마음에 간직하고 있어야 합니다.

1. 요한계시록은 예수 그리스도를 완전한 승리자로 묘사하고 있습니다. 요한계시록을 공부하면 할수록 이 책은 예수 그리스도를 증거하기 위해 기록되었음을 쉽게 알 수 있습니다.

우리는 이 책에서 적어도 26번 그리스도의 희생 제물로써의 칭호인 "어린양"을 읽을 수 있습니다. 그 외에도 그리스도에 대한 다른 여러 칭호들을 읽을 수 있습니다.

2. 3장 마지막 절 이후엔 지상에서는 더 이상 교회에 대한 언급이 없다는 사실에 주목해야 합니다. 데살로니가전서 4장에서 바울이 말했던 교회의 휴거가 요한계시록 3장과 4장 사이에서 일어났다고 보아야 할 것입니다. 요한계시록 4장 이후에는 끔찍한 환란, 곧 무시무시한 심판들이 나올 뿐입니다.

3. 수사학상의 회상(재현)의 법칙에 주의해야만 합니다. 우리는 보통 우리가 본 어떤 큰 행진이나 국가적인 큰 사건을, 사랑하는 사람들에게 이야기할 때 회상의 법칙에 따라 주제를 반복해서 말하는 것입니다. 요한도 역시 그의 계시록에서 정확하게 이 회상의 법칙을 사용하고 있는 것입니다.

지상의 심판과 주 예수의 최후 승리를 4 : 1-11 : 18에서 서술한 후 다시 11 : 19-16 : 21과 17 : 1-22 : 21에서 거듭 거듭 주제(주 예수 그리스도의 최후 승리)로 되돌아오고 있는 것입니다.

3. 우리는 이 책을 "승리자의 책"이라고 부릅니다.

1. 땅의 임금들의 머리가 되신 예수 그리스도(1 : 1-20)

요한계시록은 "예수 그리스도의 계시"입니다. 요한의 계시가 아니고 예수 그리스도의 계시란 말입니다. 그리고 요한계시록은 여러 개의 계시들이 아니고 하나로 이어지는 계시입니다. "땅의 임금들의 머리가 되신 예수 그리스도" 곧 "구름을 타고 오실" 위대한 심판주를 보여 주는 책이 곧, 요한계시록입니다.

요한계시록은 사도 요한이 보았던 예수 그리스도의 계시입니다. 계시하시고, 계시되신 분은 예수 그리스도이시고 요한은 단지 그 계시를 보았을 뿐입니다. 우리들도 요한과 함께 그 계시를 볼 수 있게 되었으니 얼마나 큰 영광이며 축복입니까!

2. 일곱 별을 붙잡고 일곱 금 촛대 사이에 다니시는 예수 그리스도(2 : 1-3 : 22)

일곱 별은 일곱 교회의 담임목사들을 가리키고, 일곱 촛대는 일곱 교회를 가리킵니다. 요한계시록 2장과 3장에 나오는 일곱 교회는 사도 시대에 실존했던 교회이면서 또한 사도 시대로부터 시작해서 예수 그리스도께서 재림하실 때까지의 시대적인 교회를 우리에게 보여 주는 것입니다.

예수 그리스도는 모든 교회를 관찰하고 계시며, 예수 그리스도는 모든 교회들을 알고 계시고, 그리고 예수 그리스도는 모든 교회들을 심판하십니다.

성부의 환상(4 : 2-3)에 이르기 전에 성자의 환상(1-3장)이 먼저 나온 것에 유의하시길 바랍니다. 성자를 통해서만 우리는 성부에게 도달할 수 있는 것입니다. "예수께서 가라사대 내가 곧 길이요 진리요 생명이니 나로 말미암지 않고는 아버지께로 올 자가 없느니라 너희가 나를 알았더면 내 아버지도 알았으리로다 이제부터는 너희가 그를 알았고 또 보았느니라 빌립이 가로되 주여 아버지를 우리에게 보여 주옵소서 그리하면 족하겠나이다 예수께서 가라사대 빌립아 내가 이렇게 오래 너희와 함께 있으되 네가 나를 알지 못하느냐 나를 본 자는 아버지를 보았거늘 어찌하여 아버지를 보이라 하느냐"(요 14 : 6-9)

3. 세상 나라가 우리 주와 그 그리스도의 나라가 됨(4 : 1-11 : 18)

하늘로 들림을 받은 요한이 보았던 것은 심판의 보좌(4장), 심판의 책(5장), 인을 뗌으로 시작되는 환란의 날(6장), 자기 백성을 구원하시는 주님(7장), 점점 심해지는 재난(8 : 1-11 : 14), 재림하시는 주님이 거두시게 될 완전한 승리(11 : 15-18)였습니다.

우리들은 살아 계시고, 그리고 반드시 다시 오실 예수 그리스도를 소망 삼아 순종하고, 인내하면서 싸워야 합니다. 예수님은 세상 나라를 인수받기 위해 다시 오시는 것입니다. "일곱째 천사가 나팔을 불매 하늘에 큰 음성들이 나서 가로되 세상 나라가 우리 주와 그 그리스도의 나라가 되어 그가 세세토록 왕노릇하시리로다 하니"(11 : 15)

오직 예수 그리스도만이 세세토록 왕노릇하시기는 분이십니다. 주 예수여 오시옵소서! 우리들은 당신의 재림을 진심으로 환영하오며, 그리고 학수고대하나이다!

4. 어린양은 만주의 주시요 만왕의 왕이시므로 저희를 이길 것임(11 : 19-18 : 24)

4 : 1-11 : 18은 하나님의 보좌에서 세속의 악들을 보고 계시며, 11 : 19-18 : 24은 하나님의 성전에서 영적인 악들을 보고 있습니다. 그리고 4 : 1-11 : 18은 영광

받으신 그리스도로 시작되고 있으나, 11 : 19-18 : 24은 사단에게 미움을 받아 죽임당할 뻔했던 아기 예수로 시작되고 있습니다.

우리는 11 : 19-18 : 24에서 가공할 악의 삼위일체를 볼 수 있습니다. 그러나 연합된 악의 세력은 최후의 승리자에 의해 패배당할 것입니다. 어린양은 특별히 바벨론을 엄중하게 심판하실 것입니다. 주 예수여 오시옵소서!

5. 그리스도로 더불어 왕노릇 함(19 : 1-22 : 21)

우리는 여기서 최후의 일들을 보게 됩니다. 어린양의 혼인과 그분의 재림(19장), 사단의 최후와 불신자들의 최후(20장), 새 하늘과 새 땅과 새 예루살렘(21장, 22장)의 장엄한 도래를 우리는 볼 수 있습니다.

사랑하는 독자여, 요한계시록은 결코 그리스도인들을 겁주거나 위협하기 위해 쓰여진 것이 아니고, 그리스도인들을 격려하여 사단과의 싸움에서 승리하게 하려는데 그 목적이 있는 것입니다. 많은 경우에 요한계시록을 이용하여 그리스도인들을 위협하고 있는 일들을 볼 수 있는데 결코 겁을 먹거나 위축되는 일이 없기를 바랍니다. 잘 읽어보십시오. 요한계시록은 고난과 핍박 중에 있는 성도들을 격려하기 위해 쓰여진 책(冊)임에 틀림이 없습니다. 필자는 요한계시록을 읽을 때마다 소망이 넘치게 되고 용기 백배하게 됨을 경험합니다.

고난과 핍박 중에 있는 그리스도인이 계십니까? 일어나 머리를 들고 주님을 찬양하십시오! 우리들의 주님은 반드시 돌아오시며 지금 오고 계십니다. 주님께서 임하십니다(Maranatha, 고전 16 : 22)!

"이것들을 증거하신 이가 가라사대 내가 진실로 속히 오리라 하시거늘 아멘 주 예수여 오시옵소서(Maranatha, 22 : 20-21)!"

할렐루야! 요한계시록을 주신 주님을 찬양합니다!

비전북 출판사는 오직 믿음으로만 살았던 개혁 신앙을 계승 발전시키고
다시 오실 주님의 길을 예비하는 마음으로 21세기에도 역동적인 신앙을 세우는데
꿈과 비전을 품고 예배와 삶의 일치를 이루는 출판 공동체입니다.

한눈에 보는 66권

저자 : 김 석 규
발행처 : **비전북출판사**
전화 : (02)966-3090 / 팩스 : (02)3293-6620
공급처 : **비전북**
전화 : (031)907-3927 / 팩스 : (080)403-1004

값 12,000원